# 公路工程计量与计价

钟 芮 主 编
何秋培 副主编

清华大学出版社
北京

## 内 容 简 介

本书以公路工程各结构物的计量与计价为主线，依据《公路工程建设项目概算预算编制办法》(JTG 3830—2018)、《公路工程预算定额》(JTG/T 3832—2018)、《公路工程标准施工招标文件》(2018年版)、《公路工程预算定额》释义手册、工程项目实际图纸和工程数量表编写而成，内容充实。全书穿插了丰富的工程实际案例，详细讲解了编制一份招标文件的过程，做到理论与实际相结合。本书共分为8章，主要内容包括公路工程基本知识，路基工程，防护与支挡工程，涵洞工程，路面工程，桥梁工程，隧道工程安全设施、绿化及环境保护措施等内容。

本书既可作为普通高等院校土木工程、交通工程、工程管理、工程造价等相关专业的教材，也可供公路工程造价及工程技术人员使用，还可作为工程造价编制、管理人员的培训教材或参考书。

本书封面贴有清华大学出版社防伪标签，无标签者不得销售。
版权所有，侵权必究。举报：010-62782989，beiqinquan@tup.tsinghua.edu.cn。

**图书在版编目(CIP)数据**

公路工程计量与计价/钟芮主编. —北京：清华大学出版社，2023.3(2024.9重印)
ISBN 978-7-302-62645-9

Ⅰ.①公… Ⅱ.①钟… Ⅲ.①道路工程－工程造价 Ⅳ.①U415.13

中国国家版本馆 CIP 数据核字(2023)第 024047 号

**责任编辑**：郭丽娜
**封面设计**：曹　来
**责任校对**：袁　芳
**责任印制**：刘海龙

**出版发行**：清华大学出版社
　　**网　　址**：https://www.tup.com.cn，https://www.wqxuetang.com
　　**地　　址**：北京清华大学学研大厦 A 座　　**邮　编**：100084
　　**社 总 机**：010-83470000　　**邮　购**：010-62786544
　　**投稿与读者服务**：010-62776969，c-service@tup.tsinghua.edu.cn
　　**质量反馈**：010-62772015，zhiliang@tup.tsinghua.edu.cn
　　**课件下载**：https://www.tup.com.cn，010-83470410
**印 装 者**：三河市君旺印务有限公司
**经　　销**：全国新华书店
**开　　本**：185mm×260mm　　**印　张**：16　　**字　数**：387千字
**版　　次**：2023年5月第1版　　**印　次**：2024年9月第2次印刷
**定　　价**：59.50元

产品编号：099776-02

# 前　言

自《中华人民共和国招标投标法》实施以来已经 20 多年,招标投标制在公路工程建设市场得到全面的应用,现在的公路工程招标投标中普遍采用清单计价法来进行计价。《公路工程建设项目概算预算编制办法》(JTG 3830—2018)(本书简称《编制办法》)、《公路工程预算定额》(JTG/T 3832—2018)(本书简称《预算定额》)及其相关配套规范大约每隔 10 年更新一次,本书依据 2018 年规范编写而成,为普通高等院校土木工程、交通工程、工程管理、工程造价等相关专业的学生提供一本现行规范下的公路工程计量与计价方面的教材。党的二十大报告指出,教育、科技、人才是全面建设社会主义现代化国家的基础性、战略性支撑。一流的专业建设,需要一流的课程支撑,本书就是在这样的理念下编写而成的。为社会提供路桥隧造价专业人才,将细节颇多的造价抽丝剥茧,一步一引导,教会初学者遵从施工、设计等要求,遵循造价相关规范,结合客观事实完成造价工程。

本书共分为 8 章。全书穿插了丰富的工程实际案例,详细讲解了公路工程项目如何组价、算量的全过程,具体内容安排如下:第 1 章公路工程基本知识,对《编制办法》,公路工程清单,《预算定额》、人、材、机预算单价的计算及使用方法讲解;第 2 章路基工程,讲解了路基土石方的工程量计算及组价、清淤换填组价、路基排水组价等内容;第 3 章防护与支挡工程,重点讲解了防护工程中的挂三维网植草护坡、骨架护坡和锥坡的组价,还讲解了不同材质和结构的挡墙的组价;第 4 章涵洞工程,对预制混凝土盖板涵和箱涵的组价进行了详细讲解;第 5 章路面工程,分别对碎石垫层、水稳碎石(即水泥稳定碎石)基层、沥青混凝土面层、封层、黏层、透层、土路肩加固和中央分隔带做了详细的组价讲解;第 6 章桥梁工程,对桥梁上部结构的预制 T 形梁、湿接缝和钢绞线以及桥梁下部结构的桥墩、盖梁、挡块的工艺、图纸和组价技巧进行了详细的讲解,重点讲解了桥梁钻孔灌注桩的计量与计价;第 7 章隧道工程,对隧道的洞身开挖、喷锚衬砌、洞身衬砌的组价进行了讲解;第 8 章安全设施、绿化及环境保护措施,对钢筋混凝土护栏进行了详细的组价讲解,对喷播植草和乔木种植进行了细致的组价讲解。

  本书由重庆城市科技学院的钟芮任主编,中铁长江交通设计集团有限公司的何秋培任副主编。具体的编写分工如下:第 1~5 章和第 8 章由钟芮编写,第 6、7 章由何秋培编写。

  本书在编写过程中得到珠海纵横创新软件有限公司何银龄、邹芝达的指导和帮助,在此一并感谢!

  限于编者的学识和实践经验,书中难免存在不足之处,恳请读者批评、指正。

编 者<br>2023 年 1 月

本书介绍

纵横软件的安装

课程安排

# 目 录

第 1 章 公路工程基本知识 ·········································· 1
 1.1 概述 ····························································· 1
  1.1.1 公路与市政道路的区别 ························· 1
  1.1.2 公路工程的全寿命周期 ························· 1
 1.2 公路工程概算预算编制办法 ························· 2
  1.2.1 编制方法 ··············································· 2
  1.2.2 建筑安装工程费 ····································· 2
  1.2.3 土地使用及拆迁补偿费 ······················· 14
  1.2.4 工程建设其他费 ··································· 15
  1.2.5 预备费 ················································· 19
  1.2.6 建设期贷款利息 ··································· 20
 1.3 公路工程清单 ············································· 20
  1.3.1 工程量清单说明的编制 ······················· 20
  1.3.2 工程细目的编制 ··································· 22
  1.3.3 清单表达形式 ······································· 23
 1.4 公路工程预算定额 ······································· 25
  1.4.1 预算定额的概念与作用 ······················· 25
  1.4.2 预算定额的编制原则与依据 ··············· 25
  1.4.3 预算定额的编制方法 ··························· 27
  1.4.4 预算定额的表现形式 ··························· 29
  1.4.5 预算定额总说明 ··································· 31
 1.5 人、材、机预算单价 ··································· 32
  1.5.1 人工单价 ············································· 32
  1.5.2 材料单价 ············································· 33
  1.5.3 机械台班单价 ······································· 36

第 2 章 路基工程 ······················································ 41
 2.1 路基土石方工程 ··········································· 41
  2.1.1 路基土石方工程数量表 ······················· 41
  2.1.2 路基土石方专业名词 ··························· 42
  2.1.3 土石方组价 ········································· 45

## 2.2 软土地基处理 …… 64
### 2.2.1 挖除淤泥 …… 65
### 2.2.2 碎石垫层 …… 66
## 2.3 路基排水 …… 68
### 2.3.1 混凝土盖板边沟 …… 68
### 2.3.2 浆砌片石排水沟 …… 75

# 第3章 防护与支挡工程 …… 78
## 3.1 挡土墙 …… 78
### 3.1.1 浆砌片石挡土墙 …… 79
### 3.1.2 扶壁式挡土墙 …… 84
### 3.1.3 例题讲解 …… 87
## 3.2 边坡防护 …… 90
### 3.2.1 挂三维网植草护坡 …… 90
### 3.2.2 衬砌拱护坡 …… 94
### 3.2.3 锚杆框架梁护坡 …… 97
### 3.2.4 锥坡 …… 106

# 第4章 涵洞工程 …… 111
## 4.1 盖板涵 …… 113
### 4.1.1 盖板涵（预制吊装）施工工艺流程 …… 113
### 4.1.2 盖板涵工程数量表 …… 113
### 4.1.3 盖板涵组价 …… 115
## 4.2 箱涵 …… 129
### 4.2.1 箱涵（现浇）施工工艺流程 …… 129
### 4.2.2 箱涵工程数量表 …… 130
### 4.2.3 箱涵组价 …… 131

# 第5章 路面工程 …… 135
## 5.1 碎石垫层 …… 137
## 5.2 水泥稳定基层 …… 140
### 5.2.1 厂拌法施工工艺流程 …… 140
### 5.2.2 水泥碎石组价 …… 140
### 5.2.3 例题讲解 …… 144
## 5.3 沥青混凝土面层 …… 146
### 5.3.1 热拌热铺沥青混合料施工工艺流程 …… 146
### 5.3.2 沥青混凝土面层组价 …… 147
### 5.3.3 例题讲解 …… 151
## 5.4 封层、黏层、透层 …… 151
### 5.4.1 封层 …… 151
### 5.4.2 黏层 …… 153
### 5.4.3 透层 …… 155

## 5.5 路面其他 ··· 156
### 5.5.1 土路肩加固 ··· 156
### 5.5.2 中央分隔带 ··· 158

## 第 6 章 桥梁工程 ··· 165
### 6.1 桥梁上部结构 ··· 165
#### 6.1.1 预制安装预应力 T 形梁 ··· 166
#### 6.1.2 现浇连续段 ··· 178
#### 6.1.3 预应力钢绞线 ··· 181
### 6.2 桥梁下部结构 ··· 188
### 6.3 桥梁基础结构 ··· 199

## 第 7 章 隧道工程 ··· 210
### 7.1 洞身开挖 ··· 212
### 7.2 喷锚衬砌 ··· 216
### 7.3 洞身衬砌 ··· 224

## 第 8 章 安全设施、绿化及环境保护措施 ··· 229
### 8.1 现浇混凝土护栏 ··· 229
### 8.2 环境绿化 ··· 233
#### 8.2.1 喷播植草 ··· 233
#### 8.2.2 乔木栽种 ··· 234

## 附录 ··· 238
附录 A 全国冬季施工气温区划分表(节选) ··· 238
附录 B 全国雨季施工雨量区及雨季期划分表(节选) ··· 239
附录 C 重庆费率表 ··· 240
附录 D 路面材料计算基础数据 ··· 242
附录 E 定额人工、材料、设备单价表(节选) ··· 244
附录 F 重庆市交通局关于发布重庆市公路工程补充性造价依据(2019-1)的通知 ··· 246
附录 G 水稳碎石 94∶6 建安费表 ··· 247

## 参考文献 ··· 248

# 第 1 章 公路工程基本知识

## 1.1 概 述

公路是指经交通运输主管部门验收认定的城间、城乡间、乡间能行驶汽车的公共道路。公路工程是以公路为对象进行的规划、设计、施工、养护与管理工作的全过程及其工程实体的总称。公路的规模有大有小,为了便于区分,我国对公路进行等级划分,根据划分角度不同,主要有以下两种划分方式。

(1) 功能型等级是主要按交通量划分的,根据公路的使用任务、功能和流量进行划分,我国将公路划分为高速公路、一级公路、二级公路、三级公路、四级公路共五个等级。其中,高速公路和一级公路为高等级公路,二级公路居中,三、四级公路为低等级公路。

(2) 按行政级别型等级划分,公路分为国道、省道、县道和乡道。

### 1.1.1 公路与市政道路的区别

公路与市政道路的区别

除了公路外,市政工程也是以汽车和行人通行的工程设施。市政工程是指市政设施建设工程,一般是指在城市区、镇(乡)规划建设范围内设置的,基于政府的责任和义务,为居民提供有偿或无偿公共产品和服务的各种建筑物、构筑物、设备等。虽然公路和市政道路工程都包含路基、路面、桥梁、隧道等工程,但两者依然有诸多差异。

首先,等级划分不同,市政道路划分为快速路、主干道、次干道、支路、立体交叉工程。其次,各自的管理者不同,公路的管理者是交通行政部门,市政工程的管理者是城市建设行政部门,管理者不同,各自的项目资金来源不同,对应的预算编制规范也不同,比如公路工程预算主要采用由中华人民共和国交通运输部编著的《公路工程标准施工招标文件——工程量清单计量规则》和《公路工程预算定额》,属于全国定额,而市政工程预算定额则一般是由地方城乡建设委员会编著的《工程量计算规则》和《市政工程计价定额》,属于地区定额。最后,它们的服务功能不同,公路服务的对象主要是车,主要强调驾乘感受、行驶安全、舒适,而市政道路服务的对象是人和车,强调通畅、可达性,包括周边建设,如地下管网、人行道、广场、绿化等,除了交通外,还有人文关怀。

本课程相关规范

### 1.1.2 公路工程的全寿命周期

我国于 21 世纪初提出运用全寿命周期理念进行公路设计,将整个公路项目阶段划分为

公路中涉及的造价

决策阶段、设计阶段、招投标阶段、施工阶段、竣工及交付阶段以及使用和养护阶段,各个阶段所做工程内容不同,对应的造价内容也会有较大差异。决策阶段做的是投资估算,用的是《公路工程估算指标》(JTG/T 3821—2018);设计阶段包含初步设计概算、修正概算和施工图预算,用的是《公路工程概算定额》(JTG/T 3831—2018)和《公路工程预算定额》(JTG/T 3832—2018)(以下简称《预算定额》);招投标阶段包含清单编制及清单报价编制,清单报价执行市场价,编制报价时,可参考使用《预算定额》;使用和养护阶段用的是《公路隧道养护工程预算定额》(JTG/T M72-01—2017)、《公路桥梁养护工程预算定额》(JTG/T 5612—2020)以及各省(区、市)的养护预算定额。

在做项目造价时,应根据项目所处生命周期的阶段选择对应的定额标准,然后进行对应的组价。其中,在整个项目中,《预算定额》的内容划分最细,涵盖范围最广,全寿命周期中占用时间最长,应用最广。因此,本书重点讲解《预算定额》的使用方法和技巧,并对项目进行招投标清单组价编制。

## 1.2　公路工程概算预算编制办法

编制办法
讲解

### 1.2.1　编制方法

《公路工程建设项目概算预算编制办法》(JTG 3830—2018)(以下简称《编制办法》)由交通运输部编写,适用于编制新建、改(扩)建的公路工程建设项目的概算和预算,作为公路工程行业标准,与《公路工程概算定额》(JTG/T 3831—2018)、《预算定额》《公路工程机械台班费用定额》(JTG/T 3833—2018)等规范配套使用。《编制办法》有着提纲挈领的作用,编制清单时,必须根据《编制办法》的相关要求进行费用的计算。

概预算的费用组成如图1-1所示。

### 1.2.2　建筑安装工程费

建筑安装工程费包括直接费、设备购置费、措施费、企业管理费、规费、利润、税金和专项费用。建筑安装工程费除专项费用外,其他均按"价税分离"计价规则计算,即各项费用均以不含增值税可抵扣进项税额的价格(费率)进行计算,具体要素价格适用增值税税率执行财税部门的相关规定。定额建筑安装工程费包括定额直接费、定额设备购置费的40%、措施费、企业管理费、规费、利润、税金和专项费用,定额直接费包括定额人工费、定额材料费、定额施工机械使用费。

**1. 直接费**

直接费

直接费是指施工过程中耗费的构成工程实体和有助于工程形成的各项费用,包括人工费、材料费、施工机械使用费。

1)人工费

人工费是指列入概算、预算定额的直接从事建筑安装工程施工的生产工人开支的各项费用,包括计时工资或计件工资、津贴、补贴、特殊情况下支付的工资。

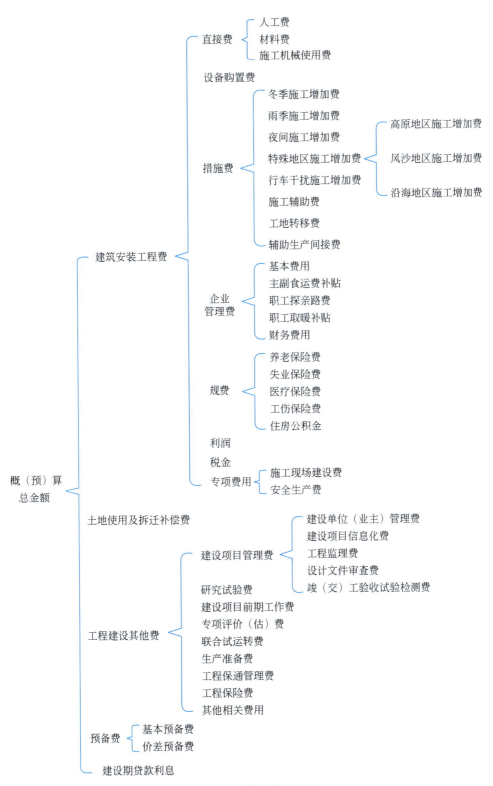

图 1-1 概预算的费用组成

人工费以概算、预算定额人工工日数乘以综合工日单价计算。

人工费标准按照本地区公路建设项目的人工工资统计情况以及公路建设劳务市场情况进行综合分析、确定人工工日单价。人工工日单价由省级交通运输主管部门制定、发布,并适时进行动态调整。人工工日单价仅作为编制概算、预算的依据,不作为施工企业实发工资的依据。公路概(预)算定额人工为综合工日单价,不区分工种,即公路建设所有用工(如小工、混凝土工、钢筋工、木工、起重工、张拉工、隧道掌子面开挖工、交通工程安装工、施工机械工等)都采用同一综合工日单价。综合工日单价已包括由个人缴纳的社会保险费中的养老保险费、失业保险费、医疗保险费(生育保险除外)和住房公积金。

2) 材料费

材料费是指施工过程中耗用的构成工程实体的原材料、辅助材料、构配件、零件、半成品或成品等,按工程所在地的材料价格计算的费用。

材料预算价格由材料原价、运杂费、场外运输损耗、采购及保管费组成。

$$\text{材料预算价格}=(\text{材料原价}+\text{运杂费})\times(1+\text{场外运输损耗率})\times(1+\text{采购及保管费率})-\text{包装品回收价值} \quad (1-1)$$

(1) 各种材料原价按下列规定计算。

外购材料:外购材料价格参照本行政区域内交通运输主管部门发布的价格和按调查的市场价格进行综合取定。

自采材料:自采的砂、石、黏土等,按定额中开采单价加辅助生产间接费和矿产资源税(如有)计算。

(2) 运杂费是指材料自供应地点至工地仓库(施工地点存放材料的地方)的费用,包括装卸费、运费,如果发生,还应计算囤存费及其他杂费(如过磅、标签、支撑加固、路桥通行等费用)。

通过铁路、水路和公路运输的材料,应按调查的市场运价计算运费。

当一种材料有两个以上的供应点时,应根据不同的运距、运量、运价采用加权平均的方法计算运费。由于概算、预算定额中已考虑了工地运输便道的特点,以及定额中已计入了"工地小搬运"的费用,因此汽车运输平均运距中不得乘调整系数,也不得在工地仓库或堆料场之外再加场内运距或二次倒运的运距。

对于有容器或包装的材料及长大轻浮材料,应按规定的毛质量计算。桶装沥青、汽油、柴油按每吨摊销一个旧汽油桶计算包装费(不计回收)。

(3) 采购及保管费。材料采购及保管费是指在组织采购、保管过程中,所需的各项费用及工地仓库的材料储存损耗。它是以材料的原价加运杂费及场外运输损耗的合计数为基数,乘以采购及保管费费率计算。

钢材的采购及保管费费率为0.75%,燃料、爆破材料为3.26%,其余材料为2.06%。商品水泥混凝土、沥青混合料和各类稳定土混合料、外购的构件、成品及半成品的预算价格计算方法与材料相同。商品水泥混凝土、沥青混合料和各类稳定土混合料不计采购及保管费,外购的构件、成品及半成品的采购及保管费费率为0.42%。

3) 施工机械使用费

施工机械使用费是指列入概算、预算定额的工程机械和工程仪器仪表台班数量,按相应的施工机械台班费用定额计算的费用等。

(1) 工程机械使用费。机械台班预算价格应按现行《公路工程机械台班费用定额》(JTG/T 3833—2018)计算,机械台班单价由不变费用和可变费用组成。其中,不变费用包括折旧费、检修费、维护费、安拆辅助费等;可变费用包括机上人员人工费、动力燃料费、车船税。可变费用中的人工工日数及动力燃料消耗量,应以机械台班费用定额中的数值为准。台班人工费工日单价同生产工人人工费单价。动力燃料费用则按材料费的计算规定计算。

(2) 工程仪器仪表使用费。是指机电工程施工作业所发生的仪器仪表使用费,以施工仪器仪表台班耗用量乘以施工仪器仪表台班单价计算。

工程仪器仪表台班预算价格应按现行《公路工程机械台班费用定额》(JTG/T 3833—2018)计算。台班人工费工日单价同生产工人人工费单价。动力燃料费用则按材料费的计算规定计算。

当工程用电为自行发电时,电动机械每度(kW·h)电的单价可由下述公式计算:

$$A = 0.15K/N \tag{1-2}$$

式中:$A$——每度(kW·h)电单价,元;
$K$——发电机组的台班单价,元;
$N$——发电机组的总功率,kW。

**2. 设备购置费**

设备购置费是指为满足公路初期运营、管理需要购置的构成固定资产标准的设备和虽低于固定资产标准但属于设计明确列入设备清单的设备的费用,包括渡口设备,隧道照明、消防、通风的动力设备,公路收费、监控、通信、路网运行监测、供配电及照明设备等。

**3. 措施费**

措施费包括冬季施工增加费、雨季施工增加费、夜间施工增加费、特殊地区施工增加费、行车干扰施工增加费、施工辅助费和工地转移费。

为了满足公路施工单位组织施工生产的需要,不同工程取费标准是不同的,《编制办法》中将工程类别进行如下划分,以方便组价时提供准确的费率。

(1) 土方:指人工及机械施工的土方工程、路基掺灰、路基换填及台背回填。

(2) 石方:指人工及机械施工的石方工程。

(3) 运输:指用汽车、拖拉机、机动翻斗车和船舶等器械运送土石方、路面基层和面层混合料、水泥混凝土及预制构件和绿化苗木等物料的过程。

(4) 路面:指路面所有结构层工程、路面附属工程、便道以及特殊路基处理工程(不含特殊路基处理中的圬工构造物)。

(5) 隧道:指隧道土建工程(不含隧道的钢材及钢结构)。

(6) 构造物Ⅰ:指砍树挖根、拆除工程、排水、防护、特殊路基处理中的圬工构造物、涵洞、交通安全设施、拌和站(楼)安拆工程、便桥、便涵、临时电力和电信设施、临时轨道、临时码头、绿化工程等工程。

(7) 构造物Ⅱ:指小桥、中桥、大桥、特大桥工程。

(8) 构造物Ⅲ:指商品水泥混凝土的浇筑、商品沥青混合料和各类商品稳定土混合料的铺筑、外购混凝土构件、设备安装工程等。

(9) 技术复杂大桥:指钢管拱桥、斜拉桥、悬索桥、单孔跨径在120m以上(含120m)和基础水深在10m以上(含10m)的大桥主桥部分的基础、下部和上部工程(不含桥梁的钢材及钢结构)。

(10) 钢材及钢结构：指所有工程的钢材及钢结构等工程。

关于措施费的具体内容如下。

(1) 冬季施工增加费是指按照公路工程施工及验收规范所规定的冬季施工要求，为保证工程质量和安全生产所需采取的防寒保温设施，以及因工效降低和机械作业效率降低及技术操作过程的改变等所增加的有关费用。

① 冬季施工增加费的内容包括因冬季施工所需增加的一切人工、机械与材料的支出；施工机械所需修建的暖棚(包括拆、移)，增加其他保温设备购置费用；因施工组织设计确定，须增加的一切保温、加温等有关支出；清除工作地点的冰雪等与冬季施工有关的其他各项费用。

② 全国冬季施工气温区划分表见《编制办法》中"附录D 全国冬季施工气温区划分表"，本书附录A有节选。

③ 冬季施工增加费的计算方法是根据各类工程的特点，规定各气温区的取费标准。为了简化计算手续，采用全年平均摊销的方法，即不论是否在冬季施工，均按规定的取费标准计取冬季施工增加费。

④ 当一条路线穿过两个以上的气温区时，可分段计算或按各区的工程量比例求得全线的平均增加率，计算冬季施工增加费。

⑤ 冬季施工增加费以各类工程的定额人工费和定额施工机械使用费之和为基数，按工程所在地的气温区选用表1-1所列的费率计算。

表1-1 冬季施工增加费费率表　　　　　　　　　　　　单位：%

| 工程类别 | 冬季期平均温度/℃ | | | | | | | | 准一区 | 准二区 |
|---|---|---|---|---|---|---|---|---|---|---|
| | -1以上 | | -4～-1 | | -7～-4 | -10～-7 | -14～-10 | -14以下 | | |
| | 冬一区 | | 冬二区 | | 冬三区 | 冬四区 | 冬五区 | 冬六区 | | |
| | Ⅰ | Ⅱ | Ⅰ | Ⅱ | | | | | | |
| 土方 | 0.835 | 1.301 | 1.800 | 2.270 | 4.288 | 6.094 | 9.140 | 13.720 | — | — |
| 石方 | 0.164 | 0.266 | 0.368 | 0.429 | 0.859 | 1.248 | 1.861 | 2.801 | | |
| 运输 | 0.166 | 0.25 | 0.354 | 0.437 | 0.832 | 1.165 | 1.748 | 2.643 | | |
| 路面 | 0.566 | 0.842 | 1.181 | 1.371 | 2.449 | 3.273 | 4.909 | 7.364 | 0.073 | 0.198 |
| 隧道 | 0.203 | 0.385 | 0.548 | 0.710 | 1.175 | 1.52 | 2.269 | 3.425 | | |
| 构造物Ⅰ | 0.652 | 0.940 | 1.265 | 1.438 | 2.607 | 3.527 | 5.291 | 7.936 | 0.115 | 0.288 |
| 构造物Ⅱ | 0.868 | 1.240 | 1.675 | 1.902 | 3.452 | 4.693 | 7.028 | 10.542 | 0.165 | 0.393 |
| 构造物Ⅲ | 1.616 | 2.296 | 3.114 | 3.523 | 6.403 | 8.680 | 13.020 | 19.520 | 0.292 | 0.721 |
| 技术复杂大桥 | 1.019 | 1.444 | 1.975 | 2.230 | 4.057 | 5.479 | 8.219 | 12.338 | 0.170 | 0.446 |
| 钢材及钢结构 | 0.04 | 0.101 | 0.141 | 0.181 | 0.301 | 0.381 | 0.581 | 0.861 | — | — |

注：绿化工程不计冬季施工增加费。

冬季气温区的划分，根据气象部门提供的满15年的气温资料确定的。从每年秋冬第一次连续5d出现室外日平均温度在5℃以下、日最低温度在-3℃以下的第一天算起，至第二年春夏最后一次连续5d出现同样温度的最末一天为冬季期，冬季期内平均气温在-1℃以上者为冬一区，-4～-1℃者为冬二区，-7～-4℃者为冬三区，-10～-7℃者为冬四区，-14～-10℃者为冬五区，-14℃以下者为冬六区。冬一区内平均气温低于0℃的连续天数在70d以内的为Ⅰ副区，70d以上的为Ⅱ副区；冬二区内平均气温低于0℃的连续天数在100d以内的为Ⅰ副区，100d以上的为Ⅱ副区。气温高于冬一区，但砖石混凝土工程施工须采取一定措施的地区为准冬季区。准冬季区分两个副区，简称准一区和准二区。凡一年内日最低气温在0℃以下的天数多于20d的，日平均气温在0℃以下的天数少于15d的为准一区，多于15d的为准二区。若当地气温资料与《编制办法》附录D中划定的冬季气温区划分有较大出入时，可按当地气温资料及上述划分标准确定工程所在地的冬季气温区。

(2) 雨季施工增加费是指在雨季期间施工时，为保证工程质量和安全生产所需采取的防雨、排水、防潮和防护措施，以及因工效降低、机械作业率降低和技术操作过程的改变等所需增加的有关费用。

① 雨季施工增加费的内容包括因雨季施工所需增加的费用的支出，包括工作效率的降低及易被雨水冲毁的工程所增加的清理坍塌基坑和堵塞排水沟、填补路基边坡冲沟等工程内容；路基土方工程的开挖和运输，因雨季施工（非土壤中水影响）而引起的粘附工具、降低工效所增加的费用；因疏导雨水必须采取的挖临时排水沟以及防止基坑坍塌所需的支撑、挡板等防护措施费用；材料因受潮、受湿的耗损费用；增加防雨、防潮设备的费用；因河水高涨致使工作困难等其他有关雨季施工所需增加的费用。

② 全国雨季施工雨量区及雨季期划分表见《编制办法》中"附录E 全国雨季施工雨量区及雨季期划分表"，本书附录B有节选。

③ 雨季施工增加费的计算方法，是将全国划分为若干雨量区和雨季期，并根据各类工程的特点规定各雨量区和雨季期的取费标准。为了简化计算手续，采用全年平均摊销的方法，即不论是否在雨季施工，均按规定的取费标准计取雨季施工增加费。

④ 当一条路线通过不同的雨量区、经历不同的雨季期时，应分别计算雨季施工增加费，或按工程量比例求得平均的增加率，计算全线雨季施工增加费。

⑤ 雨季施工增加费以各类工程的定额人工费和定额施工机械使用费之和为基数，按工程所在地的雨量区、雨季期选用表1-2所列的费率计算。

雨量区和雨季期的划分，应根据气象部门提供的满15年的降雨资料确定。凡月平均降雨天数在10d以上，月平均日降雨量在3.5～5.0mm之间者为Ⅰ区，月平均日降雨量在5mm以上者为Ⅱ区。若当地气象资料与《编制办法》附录E所划定的雨量区及雨季期出入较大时，可按当地气象资料及上述划分标准确定工程所在地的雨量区及雨季期。

(3) 夜间施工增加费是指根据设计、施工技术规范和合理的施工组织要求，必须在夜间施工或必须昼夜连续施工而发生的夜班补助费，夜间施工降效、施工照明设备摊销及照明用电等费用。夜间施工增加费以夜间施工工程项目的定额人工费与定额施工机械使用费之和为基数，按表1-3所列的费率计算。

表 1-2 雨季施工增费费率表

单位：%

| 工程类别 | 雨季期（月数） | | | | | | | | | | | | | | |
|---|---|---|---|---|---|---|---|---|---|---|---|---|---|---|---|
| | 1 | 1.5 | 2 | | 2.5 | | 3 | | 3.5 | | 4 | | 4.5 | | |
| | | | | | | | | | 雨量区 | | | | | | |
| | | | Ⅰ | Ⅱ | Ⅰ | Ⅱ | Ⅰ | Ⅱ | Ⅰ | Ⅱ | Ⅰ | Ⅱ | Ⅰ | Ⅱ | |

| 工程类别 | 1 | 1.5 | 2 Ⅰ | 2 Ⅱ | 2.5 Ⅰ | 2.5 Ⅱ | 3 Ⅰ | 3 Ⅱ | 3.5 Ⅰ | 3.5 Ⅱ | 4 Ⅰ | 4 Ⅱ | 4.5 Ⅰ | 4.5 Ⅱ | 5 Ⅰ | 5 Ⅱ | 6 Ⅰ | 6 Ⅱ | 7 Ⅰ | 7 Ⅱ | 8 Ⅰ | 8 Ⅱ |
|---|---|---|---|---|---|---|---|---|---|---|---|---|---|---|---|---|---|---|---|---|---|---|
| 土方 | 0.140 | 0.175 | 0.245 | 0.385 | 0.315 | 0.455 | 0.385 | 0.525 | 0.455 | 0.595 | 0.525 | 0.7 | 0.595 | 0.805 | 0.665 | 0.939 | 0.764 | 1.114 | — | 1.289 | — | 1.499 |
| 石方 | 0.105 | 0.140 | 0.212 | 0.349 | 0.280 | 0.420 | 0.349 | 0.491 | 0.418 | 0.563 | 0.487 | 0.667 | 0.555 | 0.772 | 0.626 | 0.876 | 0.701 | 1.018 | — | 1.194 | — | 1.373 |
| 运输 | 0.142 | 0.178 | 0.249 | 0.391 | 0.320 | 0.462 | 0.391 | 0.568 | 0.462 | 0.675 | 0.533 | 0.781 | 0.604 | 0.888 | 0.675 | 0.959 | 0.781 | 1.136 | — | 1.314 | — | 1.527 |
| 路面 | 0.115 | 0.153 | 0.230 | 0.366 | 0.306 | 0.480 | 0.366 | 0.557 | 0.425 | 0.634 | 0.501 | 0.71 | 0.578 | 0.825 | 0.654 | 0.940 | 0.749 | 1.093 | — | 1.267 | — | 1.459 |
| 隧道 | — | — | — | — | — | — | — | — | — | — | — | — | — | — | — | — | — | — | — | — | — | — |
| 构造物Ⅰ | 0.098 | 0.131 | 0.164 | 0.262 | 0.196 | 0.295 | 0.229 | 0.360 | 0.262 | 0.426 | 0.327 | 0.491 | 0.393 | 0.557 | 0.458 | 0.622 | 0.524 | 0.753 | — | 0.884 | — | 1.015 |
| 构造物Ⅱ | 0.106 | 0.141 | 0.177 | 0.282 | 0.247 | 0.353 | 0.282 | 0.424 | 0.318 | 0.494 | 0.388 | 0.565 | 0.459 | 0.636 | 0.530 | 0.742 | 0.600 | 0.883 | — | 1.059 | — | 1.201 |
| 构造物Ⅲ | 0.200 | 0.266 | 0.366 | 0.565 | 0.466 | 0.699 | 0.565 | 0.832 | 0.665 | 0.998 | 0.765 | 1.164 | 0.898 | 1.331 | 1.031 | 1.497 | 1.164 | 1.730 | — | 1.996 | — | 2.295 |
| 技术复杂大桥 | 0.109 | 0.181 | 0.254 | 0.363 | 0.290 | 0.435 | 0.363 | 0.508 | 0.435 | 0.580 | 0.508 | 0.689 | 0.580 | 0.798 | 0.653 | 0.907 | 0.725 | 1.052 | — | 1.233 | — | 1.414 |
| 钢材及钢结构 | — | — | — | — | — | — | — | — | — | — | — | — | — | — | — | — | — | — | — | — | — | — |

注：室内和隧道内工程及设备安装工程不计雨季施工增加费。

表 1-3　夜间施工增加费费率表　　　　　　　　　　　　单位:%

| 工程类别 | 费　率 | 工程类别 | 费　率 |
|---|---|---|---|
| 构造物Ⅱ | 0.903 | 技术复杂大桥 | 0.928 |
| 构造物Ⅲ | 1.702 | 钢材及钢结构 | 0.874 |

注:设备安装工程及金属标志牌、防撞钢护栏、防眩板(网)、隔离栅、防护网等不计夜间施工增加费。

(4) 特殊地区施工增加费包括高原地区施工增加费、风沙地区施工增加费和沿海地区施工增加费三项。

① 高原地区施工增加费是指在海拔 2000m 以上地区施工,由于受气候、气压的影响,致使人工、机械效率降低而增加的费用。

当一条路线通过两个以上(含两个)不同的海拔分区时,应分别计算高原地区施工增加费,或按工程量比例求得平均的增加率,计算全线高原地区施工增加费。

高原地区施工增加费以各类工程的定额人工费与定额施工机械使用费之和为基数,乘以相应的费率计算。

② 风沙地区施工增加费是指在内蒙古及西北地区的非固定沙漠地区施工时,由于受风沙影响,按照施工及验收规范的要求,为保证工程质量和安全生产而增加的有关费用。内容包括防风、防沙及气候影响的措施费,人工、机械效率降低增加的费用,以及积沙、风蚀的清理修复等费用。全国风沙地区公路施工区划分见《编制办法》中附录F　全国风沙地区公路施工区划分表。

当一条路线穿过两个以上不同风沙区时,按路线长度经过不同的风沙区加权计算项目全线风沙地区施工增加费。

风沙地区施工增加费以各类工程的定额人工费和定额施工机械使用费之和为基数,乘以相应的费率计算。

③ 沿海地区施工增加费是指工程项目在沿海地区施工受海风、海浪和潮汐的影响,致使人工、机械效率降低等所需增加的费用。本项费用由沿海各省(市、区)的省级交通运输主管部门制定具体的适用范围(地区)。沿海地区施工增加费以各类工程的定额人工费和定额施工机械使用费之和为基数,乘以相应的费率计算。

(5) 行车干扰施工增加费是指由于边施工边维持通车,受行车干扰的影响,致使人工、机械效率降低而增加的费用。该费用以受行车影响部分的工程项目的定额人工费和定额施工机械使用费之和为基数,按表 1-4 所列的费率计算。

表 1-4　行车干扰增加费费率表　　　　　　　　　　　　单位:%

| 工程类别 | 施工期间平均每昼夜双向行车次数(机动车、非机动车合计) | | | | | | | |
|---|---|---|---|---|---|---|---|---|
| | 51~100 | 101~500 | 501~1000 | 1001~2000 | 2001~3000 | 3001~4000 | 4001~5000 | 5000 以上 |
| 土方 | 1.499 | 2.343 | 3.194 | 4.118 | 4.775 | 5.314 | 5.885 | 6.468 |
| 石方 | 1.279 | 1.881 | 2.618 | 3.479 | 4.035 | 4.492 | 4.973 | 5.462 |
| 运输 | 1.451 | 2.230 | 3.041 | 4.001 | 4.641 | 5.164 | 5.719 | 6.285 |
| 路面 | 1.390 | 2.098 | 2.802 | 3.487 | 4.046 | 4.496 | 4.987 | 5.475 |

续表

| 工程类别 | 施工期间平均每昼夜双向行车次数(机动车、非机动车合计) | | | | | | | |
|---|---|---|---|---|---|---|---|---|
| | 51～100 | 101～500 | 501～1000 | 1001～2000 | 2001～3000 | 3001～4000 | 4001～5000 | 5000以上 |
| 隧道 | — | — | — | — | — | — | — | — |
| 构造物Ⅰ | 0.924 | 1.386 | 1.858 | 2.320 | 2.693 | 2.988 | 3.313 | 3.647 |
| 构造物Ⅱ | 1.007 | 1.516 | 2.014 | 2.512 | 2.915 | 3.244 | 3.593 | 3.943 |
| 构造物Ⅲ | 0.948 | 1.417 | 1.896 | 2.365 | 2.745 | 3.044 | 3.373 | 3.713 |
| 技术复杂大桥 | | | | | | | | |
| 钢材及钢结构 | | | | | | | | |

注:对于新建工程、中断交通进行封闭施工,或为保证交通正常通行而修建保通便道的改(扩)建工程,不计行车干扰施工增加费。

(6)施工辅助费包括生产工具用具使用费、检验试验费和工程定位复测、工程点交、场地清理等费用。施工辅助费以各类工程的定额直接费为基数,按表1-5所列的费率计算。

表1-5 施工辅助费费率表　　　　　　　　　　　　　　单位:%

| 工程类别 | 费率 | 工程类别 | 费率 |
|---|---|---|---|
| 土方 | 0.521 | 构造物Ⅰ | 1.201 |
| 石方 | 0.470 | 构造物Ⅱ | 1.537 |
| 运输 | 0.154 | 构造物Ⅲ | 2.729 |
| 路面 | 0.818 | 技术复杂大桥 | 1.677 |
| 隧道 | 1.195 | 钢材及钢结构 | 0.564 |

① 生产工具用具使用费是指施工所需不属于固定资产的生产工具、检验和试验用具及仪器、仪表等的购置、摊销和维修费,以及支付给生产工人自备工具的补贴费。

② 检验试验费是指施工企业对建筑材料、构件和建筑安装工程进行一般鉴定、检查所发生的费用,包括自设试验室进行试验所耗用的材料和化学药品的费用,以及技术革新和研究试验费,不包括新结构、新材料的试验费和建设单位要求对具有出厂合格证明的材料进行检验、对构件破坏性试验及其他特殊要求检验的费用。

③ 高填方和软基沉降监测、高边坡稳定监测、桥梁施工监测、隧道施工监控量测、超前地质预报等施工监控费含在施工辅助费中,不得另行计算。

(7)工地转移费是指施工企业迁至新工地的搬迁费用。

① 工地转移费内容包括施工单位职工及随职工迁移的家属向新工地转移的车费、家具行李运费、途中住宿费、行程补助费、杂费等;公物、工具、施工设备器材、施工机械的运杂费,以及外租机械的往返费及施工机械、设备、公物、工具的转移费等;非固定工人进退场的费用。

② 工地转移费以各类工程的定额人工费和定额施工机械使用费之和为基数,按表1-6所列的费率计算。

表1-6 工地转移费费率表　　　　　　　　　　　　　　单位:%

| 工程类别 | 工地转移距离/km | | | | | |
|---|---|---|---|---|---|---|
| | 50 | 100 | 300 | 500 | 1000 | 每增加100 |
| 土方 | 0.224 | 0.301 | 0.470 | 0.614 | 0.815 | 0.036 |
| 石方 | 0.176 | 0.212 | 0.363 | 0.476 | 0.628 | 0.030 |
| 运输 | 0.157 | 0.203 | 0.315 | 0.416 | 0.543 | 0.025 |
| 路面 | 0.321 | 0.435 | 0.682 | 0.891 | 1.191 | 0.062 |
| 隧道 | 0.257 | 0.351 | 0.549 | 0.717 | 0.959 | 0.049 |
| 构造物Ⅰ | 0.262 | 0.351 | 0.552 | 0.720 | 0.963 | 0.051 |
| 构造物Ⅱ | 0.333 | 0.449 | 0.706 | 0.923 | 1.236 | 0.066 |
| 构造物Ⅲ | 0.622 | 0.841 | 1.316 | 1.720 | 2.304 | 0.119 |
| 技术复杂大桥 | 0.389 | 0.523 | 0.818 | 1.067 | 1.430 | 0.073 |
| 钢材及钢结构 | 0.351 | 0.473 | 0.737 | 0.961 | 1.288 | 0.063 |

③ 高速公路、一级公路及独立大桥、独立隧道项目转移距离按省级人民政府所在城市至工地的里程计算;二级及二级以下公路项目转移距离按地级城市所在地至工地的里程计算。

④ 工地转移里程数在表列里程之间时,费率可内插计算。工地转移距离在50km以内的工程按50km计算。

(8) 辅助生产间接费是指由施工单位自行开采加工的砂、石等自采材料及施工单位自办的人工、机械装卸和运输的间接费。

辅助生产间接费按定额人工费的3%计。该项费用并入材料预算单价内构成材料费,不直接出现在概(预)算中。

**4. 企业管理费**

企业管理费由基本费用、主副食运费补贴、职工探亲路费、职工取暖补贴和财务费用五项组成。

(1) 基本费用是指建筑安装企业组织施工生产和经营管理所需的费用,包括管理人员工资、办公费、差旅交通费、固定资产使用费、工具用具使用费、劳动保险费、职工福利费、劳动保护费、工会经费、职工教育经费、保险费、税金和其他费用。

基本费用以各类工程的定额直接费为基数,按表1-7所列的费率计算。

建安费中的企业管理费、规费、利润、税金等

表1-7 基本费用费率表　　　　　　　　　　　　　　单位:%

| 工程类别 | 费率 | 工程类别 | 费率 |
|---|---|---|---|
| 土方 | 2.747 | 运输 | 1.374 |
| 石方 | 2.792 | 路面 | 2.427 |

续表

| 工程类别 | 费率 | 工程类别 | 费率 |
|---|---|---|---|
| 隧道 | 3.569 | 构造物Ⅲ | 5.976 |
| 构造物Ⅰ | 3.587 | 技术复杂大桥 | 4.143 |
| 构造物Ⅱ | 4.726 | 钢材及钢结构 | 2.242 |

(2) 主副食运费补贴是指施工企业在远离城镇及乡村的野外施工购买生活必需品所需增加的费用。该费用以各类工程的定额直接费为基数,按表1-8所列的费率计算。

表1-8 主副食运费补贴费率表　　单位:%

| 工程类别 | 综合里程/km | | | | | | | | | | |
|---|---|---|---|---|---|---|---|---|---|---|---|
| | 3 | 5 | 8 | 10 | 15 | 20 | 25 | 30 | 40 | 50 | 每增加10 |
| 土方 | 0.122 | 0.131 | 0.164 | 0.191 | 0.235 | 0.284 | 0.322 | 0.377 | 0.444 | 0.519 | 0.07 |
| 石方 | 0.108 | 0.117 | 0.149 | 0.175 | 0.218 | 0.261 | 0.293 | 0.346 | 0.405 | 0.473 | 0.063 |
| 运输 | 0.118 | 0.13 | 0.166 | 0.192 | 0.233 | 0.285 | 0.322 | 0.379 | 0.447 | 0.519 | 0.073 |
| 路面 | 0.066 | 0.088 | 0.119 | 0.13 | 0.165 | 0.194 | 0.224 | 0.259 | 0.308 | 0.356 | 0.051 |
| 隧道 | 0.096 | 0.104 | 0.13 | 0.152 | 0.185 | 0.229 | 0.26 | 0.304 | 0.359 | 0.418 | 0.054 |
| 构造物Ⅰ | 0.114 | 0.12 | 0.145 | 0.167 | 0.207 | 0.254 | 0.285 | 0.338 | 0.394 | 0.463 | 0.062 |
| 构造物Ⅱ | 0.126 | 0.14 | 0.168 | 0.196 | 0.242 | 0.292 | 0.338 | 0.394 | 0.467 | 0.54 | 0.073 |
| 构造物Ⅲ | 0.225 | 0.248 | 0.303 | 0.352 | 0.435 | 0.528 | 0.599 | 0.705 | 0.831 | 0.969 | 0.132 |
| 技术复杂大桥 | 0.101 | 0.115 | 0.143 | 0.165 | 0.205 | 0.245 | 0.28 | 0.325 | 0.389 | 0.452 | 0.063 |
| 钢材及钢结构 | 0.104 | 0.113 | 0.146 | 0.168 | 0.207 | 0.247 | 0.281 | 0.331 | 0.387 | 0.449 | 0.062 |

注:综合里程=粮食运距×0.06+燃料运距×0.09+蔬菜运距×0.15+水运距×0.70,粮食、燃料、蔬菜、水的运距均为全线平均运距;当综合里程数在表列里程之间时,费率可内插;综合里程在3km以内的工程,按3km计取本项费用。

(3) 职工探亲路费是指按照有关规定发放给施工企业职工在探亲期间发生的往返交通费和途中住宿费等费用。该费用以各类工程的定额直接费为基数,按表1-9所列的费率计算。

表1-9 职工探亲路费费率表　　单位:%

| 工程类别 | 费率 | 工程类别 | 费率 |
|---|---|---|---|
| 土方 | 0.192 | 构造物Ⅰ | 0.274 |
| 石方 | 0.204 | 构造物Ⅱ | 0.348 |
| 运输 | 0.132 | 构造物Ⅲ | 0.551 |
| 路面 | 0.159 | 技术复杂大桥 | 0.208 |
| 隧道 | 0.266 | 钢材及钢结构 | 0.164 |

(4) 职工取暖补贴是指按规定发放给施工企业职工的冬季取暖费,和为职工在施工现场设置的临时取暖设施的费用。该费用以各类工程的定额直接费为基数,按工程所在地的气温区对应的费率计算。

(5) 财务费用是指施工企业为筹集资金提供投标担保、预付款担保、履约担保、职工工资支付担保等所发生的各种费用,包括企业经营期间发生的短期贷款利息净支出、汇兑净损失、调剂外汇手续费、金融机构手续费,以及企业筹集资金发生的其他财务费用。财务费用以各类工程的定额直接费为基数,按表1-10所列的费率计算。

表 1-10 财务费用费率表　　　　　　　　　　　单位:%

| 工程类别 | 费率 | 工程类别 | 费率 |
| --- | --- | --- | --- |
| 土方 | 0.271 | 构造物Ⅰ | 0.466 |
| 石方 | 0.259 | 构造物Ⅱ | 0.545 |
| 运输 | 0.264 | 构造物Ⅲ | 1.094 |
| 路面 | 0.404 | 技术复杂大桥 | 0.637 |
| 隧道 | 0.513 | 钢材及钢结构 | 0.653 |

**5. 规费**

规费是指按法律、法规、规章、规程规定施工企业必须缴纳的费用。它包含养老保险费、失业保险费、医疗保险费、工伤保险费和住房公积金。

各项规费以各类工程的人工费之和为基数,按国家或工程所在地法律、法规、规章、规程规定的标准计算。重庆市交通局关于发布重庆市公路工程补充性造价依据(2019-1)的通知(渝交路〔2019〕29号)中明确规定重庆的规费费率为36.6%,分别为16%养老保险费、0.5%失业保险费、10%医疗保险费、1.6%工伤保险费和8.5%住房公积金。

**6. 利润**

利润是指施工企业完成所承包工程获得的盈利,按定额直接费及措施费、企业管理费之和的7.42%计算。

**7. 税金**

税金是指国家税法规定应计入建筑安装工程造价的增值税销项税额,可按以下公式计算得到。

$$税金 = (直接费 + 设备购置费 + 措施费 + 企业管理费 + 规费 + 利润) \times 9\% \quad (1\text{-}3)$$

**8. 专项费用**

专项费用包括施工场地建设费和安全生产费。

(1) 施工场地建设费包含以下几类费用。

① 按照工地建设标准化要求进行承包人驻地、工地试验室建设,钢筋集中加工、混合料集中拌制、构件集中预制等所需的办公、生活居住房屋(包括职工家属房屋及探亲房屋),公用房屋(如广播室、文体活动室、医疗室等)和生产用房屋(如仓库、加工厂、加工棚、发电站、变电站、空压机站、停机棚、值班室等)等费用。

② 包括场区平整(山岭重丘区的土石方工程除外)、场地硬化、排水、绿化、标志、污水处

理设施、围墙隔离设施等的费用，不包括钢筋加工的机械设备、混合料拌和设备及安拆、预制构件台座、预应力张拉设备、起重及养护设备，以及概算、预算定额中临时工程的费用。

③ 包括以上范围内的各种临时工作便道（包括汽车、人力车道）、人行便道，工地临时用水、用电的水管支线和电线支线，临时构筑物（如水井、水塔等），其他小型临时设施等的搭设或租赁、维修、拆除、清理的费用；但不包括红线范围内贯通便道、进出场的临时道路、保通便道。

④ 工地试验室所发生的属于固定资产的试验设备和仪器等折旧、维修或租赁费用。

⑤ 施工扬尘污染防治措施费：裸露的施工场地覆盖防尘网、施工便道和施工场地洒水或喷洒抑尘剂，运输车辆的苫盖和冲洗、环境敏感区设置围挡，防尘标识设置，环境监控与检测等所需要的费用。

⑥ 文明施工、职工健康生活的费用。

施工场地建设费以施工场地计费基数乘以相应的费率，以累进方法计算。施工场地计费基数为定额建筑安装工程费减去专项费用。

(2) 安全生产费包括完善、改造和维护安全设施设备费用，配备、维护、保养应急救援器材、设备费用，开展重大危险源和事故隐患评估和整改费用，安全生产检查、评价、咨询费用，配备和更新现场作业人员安全防护用品支出，安全生产宣传、教育、培训费用，安全设施及特种设备检测检验费用，施工安全风险评估、应急演练等有关工作及其他与安全生产直接相关的费用。

安全生产费按建筑安装工程费（不含安全生产费本身）乘以安全生产费费率计算，费率按不少于1.5%计取。

## 1.2.3　土地使用及拆迁补偿费

土地使用及拆迁补偿费包含永久占地费、临时占地费、拆迁补偿费、水土保持补偿费及其他费用。

(1) 永久占地费包括土地补偿费、征用耕地安置补助费、耕地开垦费、森林植被恢复费和失地农民养老保险费。

① 土地补偿费包括征地补偿费、被征用土地上的青苗补偿费、征用城市郊区的菜地等缴纳的菜地开发建设基金、耕地占用税、用地图编制费及勘界费等。

② 征用耕地安置补助费是指征用耕地需要安置农业人口的补助费。

③ 耕地开垦费是指公路建设项目占用耕地的，应由建设项目法人（业主）负责补充耕地所发生的费用；没有开垦条件，或者开垦的耕地不符合要求的，按规定缴纳的耕地开垦费。公路建设项目发生跨省域补充耕地国家统筹的，应执行《国务院办公厅关于印发跨省域补充耕地国家统筹管理办法和城乡建设用地增减挂钩节余指标跨省域调剂管理办法的通知》（国办发〔2018〕16号）的规定；发生省内跨区域补充耕地的，执行本省相关规定。

④ 森林植被恢复费是指公路建设项目需要占用、征用林地的，经县级以上林业主管部门审核同意或批准，建设项目法人（业主）单位按照省级人民政府有关规定向县级以上林业主管部门预缴的森林植被恢复费。

⑤ 失地农民养老保险费是指根据国家规定为保障依法被征地农民养老而缴纳的保险费用。失地农民养老保险费按项目所在地省级人民政府的相关规定进行计算。

(2) 临时占地费包括临时征地使用费、复耕费。

① 临时征地使用费是指为满足施工所需的承包人驻地、预制场、拌和场、仓库、加工厂

(棚)、堆料场、取弃土场、进出场便道、便桥等所有的临时用地及其附着物的补偿费用。

② 复耕费是指临时占用的耕地、鱼塘等,在工程交工后将其恢复到原有标准所发生的费用。

(3) 拆迁补偿费是指被征用或占用土地地上、地下的房屋及附属构筑物,公用设施、文物等的拆除、发掘及迁建补偿费等。

(4) 水土保持补偿费应根据国家相关法律、法规规定缴纳。

(5) 其他费用是指国务院行政主管部门及省级人民政府规定的与征地拆迁相关的费用。

## 1.2.4 工程建设其他费

工程建设其他费包括建设项目管理费、研究试验费、建设项目前期工作费、专项评价(估)费、联合试运转费、生产准备费、工程保通管理费、工程保险费及其他相关费用。

**1. 建设项目管理费**

建设项目管理费包括建设单位(业主)管理费、建设项目信息化费、工程监理费、设计文件审查费、竣(交)工验收试验检测费。其中,建设单位(业主)管理费、建设项目信息化费和工程监理费均为实施建设项目管理的费用,可根据建设单位(业主)、施工、监理单位所实际承担的工作内容和工作量统筹使用。

(1) 建设单位(业主)管理费是指建设单位(业主)为进行建设项目的立项、筹建、建设、竣(交)工验收、总结等工作所发生的费用。

建设单位(业主)管理费以定额建筑安装工程费为基数,按表1-11所列的费率以累进方法计算。

表 1-11 建设单位(业主)管理费费率

| 定额建筑<br>安装工程费/万元 | 费率/% | 算例/万元 | |
|---|---|---|---|
| | | 定额建筑<br>安装工程费 | 建设单位(业主)管理费 |
| 500 及以下 | 4.858 | 500 | 500×4.858%=24.29 |
| 500~1000 | 3.813 | 1000 | 24.29+(1000-500)×3.813%=43.355 |
| 1000~5000 | 3.049 | 5000 | 43.355+(5000-1000)×3.049%=165.315 |
| 5000~10000 | 2.562 | 10000 | 165.315+(10000-5000)×2.562%=293.415 |
| 10000~30000 | 2.125 | 30000 | 293.415+(30000-10000)×2.125%=718.415 |
| 30000~50000 | 1.773 | 50000 | 718.415+(50000-30000)×1.773%=1073.015 |
| 50000~100000 | 1.312 | 100000 | 1073.015+(100000-50000)×1.312%=1729.015 |
| 100000~150000 | 1.057 | 150000 | 1729.015+(150000-100000)×1.057%=2257.515 |
| 150000~200000 | 0.826 | 200000 | 2257.515+(200000-150000)×0.826%=2670.515 |
| 200000~300000 | 0.595 | 300000 | 2670.515+(300000-200000)×0.595%=3265.515 |
| 300000~400000 | 0.498 | 400000 | 3265.515+(400000-300000)×0.498%=3763.515 |
| 400000~600000 | 0.450 | 600000 | 3763.515+(600000-400000)×0.45%=4663.515 |
| 600000~800000 | 0.400 | 800000 | 4663.515+(800000-600000)×0.4%=5463.515 |

续表

| 定额建筑<br>安装工程费/万元 | 费率/% | 算例/万元 | |
|---|---|---|---|
| | | 定额建筑<br>安装工程费 | 建设单位(业主)管理费 |
| 800000～1000000 | 0.375 | 1000000 | 5463.515＋(1000000－800000)×0.375％＝6213.515 |
| 1000000 以上 | 0.350 | 1200000 | 6213.515＋(1200000－1000000)×0.35％＝6913.515 |

(2) 建设项目信息化费是指建设单位(业主)和各参建单位用于建设项目的质量、安全、进度、费用等方面的信息化建设、运维及各种税费等费用,包括建设项目全寿命周期的建筑信息模型(building information modeling)等相关费用。建设项目信息化费以定额建筑安装工程费为基数,以累进方法计算。

(3) 工程监理费是指建设单位(业主)委托具有监理资格的单位,按施工监理规范进行全面的监督和管理所发生的费用。

① 工程监理费内容包括工作人员的工资,工资性津贴,施工现场津贴,社会保险费用(基本养老、基本医疗、失业、工伤保险),住房公积金,职工福利费,工会经费,劳动保护费,办公费,会议费,差旅交通费,办公、试验固定资产使用费(包括办公及生活房屋折旧、维修或租赁费,车辆折旧、维修、使用或租赁费,通信设备购置、使用费,测量、试验、检测设备仪器折旧、维修或租赁费,其他设备折旧、维修或租赁费等),零星固定资产购置费,招募生产工人费,技术图书资料费,职工教育经费,投标费用,合同契约公证费,法律顾问费,咨询费,业务招待费,财务费用,监理单位的临时设施费,完工清理费,竣(交)工验收费,各种税费,安全生产管理费和其他管理性开支。

② 工程监理费以定额建筑安装工程费为基数,按表1-12所列的费率以累进方法计算。

表 1-12 工程监理费费率表

| 定额建筑<br>安装工程费/万元 | 费率/% | 算例/万元 | |
|---|---|---|---|
| | | 定额建筑<br>安装工程费 | 工程监理费 |
| 500 及以下 | 3.00 | 500 | 500×3％＝15 |
| 500～1000 | 2.40 | 1000 | 15＋(1000－500)×2.4％＝27 |
| 1000～5000 | 2.10 | 5000 | 27＋(5000－1000)×2.1％＝111 |
| 5000～10000 | 1.94 | 10000 | 111＋(10000－5000)×1.94％＝208 |
| 10000～30000 | 1.87 | 30000 | 208＋(30000－10000)×1.87％＝582 |
| 30000～50000 | 1.83 | 50000 | 582＋(50000－30000)×1.83％＝948 |
| 50000～100000 | 1.78 | 100000 | 948＋(100000－50000)×1.78％＝1838 |
| 100000～150000 | 1.72 | 150000 | 1838＋(150000－100000)×1.72％＝2698 |
| 150000～200000 | 1.64 | 200000 | 2698＋(200000－150000)×1.64％＝3518 |
| 200000～300000 | 1.55 | 300000 | 3518＋(300000－200000)×1.55％＝5068 |

续表

| 定额建筑<br>安装工程费/万元 | 费率/% | 算例/万元 | |
|---|---|---|---|
| | | 定额建筑<br>安装工程费 | 工程监理费 |
| 300000~400000 | 1.49 | 400000 | 5068+(400000-300000)×1.49%=6558 |
| 400000~600000 | 1.45 | 600000 | 6558+(600000-400000)×1.45%=9458 |
| 600000~800000 | 1.42 | 800000 | 9458+(800000-600000)×1.42%=12298 |
| 800000~1000000 | 1.37 | 1000000 | 12298+(1000000-800000)×1.37%=15038 |
| 1000000以上 | 1.33 | 1200000 | 15038+(1200000-1000000)×1.33%=17698 |

（4）设计文件审查费是指在项目审批前，建设单位（业主）为保证勘察设计工作的质量，组织有关专家或委托有资质的单位，对提交的建设项目可行性研究报告和勘察设计文件进行审查所需要的相关费用。设计文件审查费以定额建筑安装工程费为基数，按相应费率以累进方法计算。

① 建设项目若有地质勘察监理，费用在此项目开支。

② 建设项目若有设计咨询（或称设计监理、设计双院制），其费用在此项目内开支。

（5）竣（交）工验收试验检测费是指公路建设项目竣（交）工验收前，由建设单位（业主）或工程质量监督机构委托有资质的公路工程质量检测单位按照有关规定对建设项目的工程质量进行检测并出具检测试验意见，以及进行桥梁动（静）载试验或其他特殊检测等所需的费用。

① 竣（交）工验收试验检测费按表1-13规定的费率计算。道路工程按主线路基长度计算，桥梁工程以主线桥梁、分离式立交、匝道桥的长度之和进行计算，隧道按单洞长度计算。

② 道路工程，高速公路、一级公路按四车道计算、二级及二级以下公路按两车道计算，每增加1个车道，按表1-13所列的费用增加10%。桥梁和隧道按双向四车道计算。每增加1个车道，费用增加15%。二级及二级以下公路的桥隧工程，按表1-13所列费用的40%计算。

表1-13 竣（交）工验收试验检测费

| 检测项目 | | | 竣（交）工验收<br>试验检测费 | 备 注 |
|---|---|---|---|---|
| 道路工程/<br>（元/km） | 高速公路 | | 23500 | 包括路基、路面、涵洞、通道、路段安全设施和机电、房建、绿化、环境保护及其他工程 |
| | 一级公路 | | 17000 | |
| | 二级公路 | | 11500 | |
| | 三级及三级以下公路 | | 5750 | |
| 桥梁工程 | 一般桥梁/（元/延米） | — | 40 | 包括桥梁范围内的所有土建、安全设施和机电、声屏障等环境保护工程及必要的动（静）载试验 |
| | 技术复杂桥梁/（元/延米） | 钢管拱 | 750 | |
| | | 连续刚构 | 500 | |
| | | 斜拉桥 | 600 | |
| | | 悬索桥 | 560 | |

续表

| 检测项目 | 竣(交)工验收试验检测费 | 备注 |
|---|---|---|
| 隧道工程/(元/延米) | 80 | 包括隧道范围内的所有土建、安全设施、机电、消防设施等 |

**2. 研究试验费**

研究试验费是指按项目特点和有关规定,在建设过程中必须进行的研究和试验所需的费用,以及支付科技成果、专利、先进技术的一次性技术转让费。

(1) 研究试验费不包括以下内容。

① 应由前期工作费(为建设项目提供或验证设计数据、资料等专题研究)开支的项目。

② 应由科技三项费用(即新产品试制费、中间试验费和重要科学研究补助费)开支的项目。

③ 应由施工辅助费开支的施工企业对建筑材料、构件和建筑物进行一般鉴定、检查所发生的费用及技术革新研究试验费。

(2) 计算方法:按设计提出的研究试验内容和要求进行编制。

**3. 建设项目前期工作费**

建设项目前期工作费是指委托勘察设计单位、咨询单位对建设项目进行可行性研究、工程勘察设计,以及设计、监理、施工招标文件及招标标底或造价控制值文件编制时,按规定应支付的费用。

(1) 建设项目前期工作费包括以下内容。

① 编制项目建议书(或预可行性研究报告)、可行性研究报告、投资估算,以及相应的勘察、设计等所需的费用。

② 通过风洞试验、地震动参数、索塔足尺模型试验、桥墩局部冲刷试验、桩基承载力试验等为建设项目提供或验证设计数据所需的专题研究费用。

③ 初步设计和施工图设计的勘察费、设计费、概(预)算编制及调整概算编制费用等。

④ 设计、监理、施工招标及招标标底(或造价控制值或清单预算)文件编制费等。

(2) 计算方法:建设项目前期工作费以定额建筑安装工程费为基数,乘以相应的费率,以累进方法计算。

**4. 专项评价(估)费**

专项评价(估)费是指依据国家法律、法规规定进行评价(估)、咨询,按规定应支付的费用。

专项评价(估)费包括环境影响评价费、水土保持评估费、地震安全性评价费、地质灾害危险性评价费、压覆重要矿床评估费、文物勘察费、通航论证费、行洪论证(评估)费、使用林地可行性研究报告编制费、用地预审报告编制费、项目风险评估费、节能评估费和社会风险评估费、放射性影响评估费、规划选址意见书编制费等费用。

计算方法:依据委托合同,或参照类似工程已发生的费用进行计列。

**5. 联合试运转费**

联合试运转费是指建设项目的机电工程,按照有关规定标准,需要进行整套设备带负荷联合试运转所需的全部费用,不包括应由设备安装工程费中开支的调试费用。

费用包括联合试运转期间所需的材料、燃料和动力的消耗,机械和检测设备使用费,工具用具和低值易耗品费,参加联合试运转的人员工资及其他费用等。

计算方法:联合试运转费以定额建筑安装工程费为基数,按 0.04% 费率计算。

### 6. 生产准备费

生产准备费是指为保证新建、改(扩)建项目交付使用后满足正常的运行、管理发生的工器具购置、办公和生活用家具购置、生产人员培训、应急保通设备购置等费用。

### 7. 工程保通管理费

工程保通管理费是指新建或改(扩)建工程需要边施工边维持通车或通航的建设项目,为保证公(铁)路运营安全、船舶航行安全及施工安全而进行交通(公路、航道、铁路)管制、交通(铁路)与船舶疏导所需的和媒体、公告等宣传费用及协管人员经费等。工程保通管理费应按设计需要进行列支。

### 8. 工程保险费

工程保险费是指在合同执行期内,施工企业按合同条款要求办理保险的费用,包括建筑工程一切险和第三方责任险。

(1) 建筑工程一切险是为永久工程、临时工程和设备及已运至施工工地用于永久工程的材料和设备所投的保险。

(2) 第三方责任险是对因实施合同工程而造成的财产(本工程除外)损失或损害,或人员(业主和承包人雇员除外)的死亡或伤残所负责进行的保险。

工程保险费以建筑安装工程费(不含设备费)为基数,按 0.4% 费率计算。

### 9. 其他相关费用

其他相关费用是指国务院行政主管部门及省级人民政府规定的其他与公路建设相关的费用,按其相关规定计算。

## 1.2.5 预备费

预备费由基本预备费和价差预备费两部分组成。

### 1. 基本预备费

基本预备费是指在初步设计和概算、施工图设计和施工图预算中难以预料的工程费用。

(1) 基本预备费包括以下内容。

① 在进行技术设计、施工图设计和施工过程中,在批准的初步设计和概算范围内所增加的工程费用。

② 在设备订货时,由于规格、型号改变的价差,材料货源变更、运输距离或方式的改变,以及因规格不同而代换使用等原因发生的价差。

③ 在项目主管部门组织竣(交)工验收时,验收委员会(或小组)为鉴定工程质量必须开挖和修复隐蔽工程的费用。

(2) 基本预备费以建筑安装工程费、土地使用及拆迁补偿费、工程建设其他费之和为基数,按下列费率计算:①设计概算按 5% 计列;②修正概算按 4% 计列;③施工图预算按 3% 计列。

### 2. 价差预备费

价差预备费是指设计文件编制年至工程交工年期间,建筑安装工程费中的人工费、材料费、设备费、施工机械使用费、措施费、企业管理费等由于政策、价格变化可能发生上浮而预留的费用,以及外资贷款汇率变动部分的费用。

(1) 计算方法:价差预备费以建筑安装工程费总额为基数,按设计文件编制年始至建设项目工程交工年终的年数和年工程造价增涨率计算。计算公式如下：

$$价差预备费 = P \times [(1+i)^{n-1} - 1] \qquad (1-4)$$

式中：$P$——建筑安装工程费总额，元；
$\quad\quad i$——年工程造价增涨率，%；
$\quad\quad n$——设计文件编制年至建设项目开工年＋建设项目建设期限，年。

（2）年工程造价增涨率按有关部门公布的工程投资价格指数计算。
（3）设计文件编制至工程交工在1年以内的工程，不列此项费用。

## 1.2.6　建设期贷款利息

建设期贷款利息是指工程项目使用的贷款部分在建设期内应计取的贷款利息，包括各种金融机构贷款、建设债券和外汇贷款等的利息。

利息计算方法：根据不同的资金来源分年度投资计算所需支付的利息，其公式如下。

$$建设期贷款利息 = \sum (上年末付息贷款本息累计 + 本年度付息贷款额 \div 2) \times 年利率 \qquad (1-5)$$

## 1.3　公路工程清单

工程量清单

公路工程清单即工程量清单是招标单位按照《公路工程标准施工招标文件》和工程内容中有关要求及技术规范的有关规定，将工程进行合理分解，据此明确工程内容和范围，并将有关工程内容数量化的一套工程数量表。标价后的工程量清单还是合同中各工程细目的单价及合同价格表。

工程量清单是合同文件的重要组成部分，是一份与技术规范相对应的文件，它是单价合同的产物，有以下作用。

（1）工程量清单可以提供合同中关于工程量的足够信息，为所有投标人提供投标报价的共同基础，以使投标单位能统一、有效而准确地编写投标文件。

（2）工程量清单是评标的基础。工程量清单由招标人提供，无论是编制标底，还是企业投标报价，都必须在清单的基础上进行，同样为评标奠定了基础。

（3）在投标单位报价及签订合同后，标有单价的工程量清单是办理中期支付和结算以及处理工程变更计价的依据。

因此，工程量清单的编制质量直接关系到建筑产品的报价，以及招投标阶段和施工阶段的造价控制。工程量清单编制包括清单说明、清单细目划分、工程数量整理等方面的工作。

### 1.3.1　工程量清单说明的编制

工程量清单说明在某些合同文件中被称为清单前言，它对工程量清单的性质、承包人填报工程量清单的单价和合同价格的要求等作了明确规定。因此，该说明在招投标期间对如何进行工程报价、在工程实施期间对工程是否进行计量与支付,以及如何进行计量与支付有实质影响。在进行工程变更及费用索赔时,它的参考作用更明显,直接影响到监理工程师对单价的确定。

工程量清单强调以下几个方面的内容。

(1) 工程量清单与其他招标文件的关系。规定工程量清单应与投标人须知、合同条款、技术规范及图纸等文件结合起来查阅与理解。

(2) 工程量清单中工程量的性质与作用。规定工程量清单的工程量是估算的或设计的预计数量,仅作为投标的共同基础,不作为最终结算与支付的依据。当工程量清单中所列工程量发生变动时,丝毫不会降低或影响合同条款的效力,也不免除承包人按规定的标准进行施工和修复缺陷的责任。

(3) 工程量计算规则。工程量计算规则是根据招标文件中包括的、有合同约束力的图纸以及有关工程量清单的国家标准、行业标准、合同条款中约定的工程量计算规则编制。约定计量规则中没有的子目,其工程量按照有合同约束力的图纸所标示尺寸的理论净量计算。工程量清单中应采用中华人民共和国法定计量单位。

(4) 承包人填报工程量清单价格时的要求如下。

① 工程量清单中的每一子目须填入单价或价格,且只允许有一个报价。

② 除非合同另有规定,工程量清单中有标价的单价和总额价均已包括为实施和完成合同工程所需的劳务、材料、机械、质检(自检)、安装、缺陷修复、管理、保险、税费、利润等费用,以及合同明示或暗示的所有责任、义务和一般风险。

③ 工程量清单中投标人没有填入单价或价格的子目,其费用视为已分摊在工程量清单中其他相关子目的单价或价格之中。承包人必须按监理人指令完成工程量清单中未填入单价或价格的子目,但不能得到结算与支付。

④ 对于符合合同条款规定的全部费用,应认为已被计入有标价的工程量清单所列各子目之中,未列子目不予计量的工作,其费用应视为已分摊在本合同工程的有关子目的单价或总额价之中。

⑤ 承包人用于本合同工程的各类装备的提供、运输、维护、拆卸、拼装等支付的费用,已包括在工程量清单的单价与总额价之中。

⑥ 工程量清单中各项金额均以人民币(元)结算。

(5) 计日工。

① 计日工劳务单价应包括基本单价及承包人的管理费、税费、利润等所有附加费。劳务基本单价包括承包人劳务的全部直接费用,如工资、加班费、津贴、福利费及劳动保护费等。附加费包括承包人的利润、管理、质检、保险、税费,易耗品的使用、水电及照明费,工作台、脚手架、临时设施费,手动机具与工具的使用及维修,以及上述各项伴随而来的费用。

② 计日工材料单价应包括基本单价及承包人的管理费、税费、利润等所有附加费。材料基本单价按供货价加运杂费(到达承包人现场仓库)、保险费、仓库管理费以及运输损耗等计算。从现场运至使用地点的人工费和施工机械使用费不包括在上述基本单价内。

附加费包括承包人的利润、管理、质检、保险、税费及其他附加费。

③ 计日工施工机械的租价应包括施工机械的折旧、利息、维修、保养、零配件、油燃料、保险和其他消耗品的费用以及全部有关使用这些机械的管理费、税费、利润和驾驶员与助手的劳

务费等费用。在计日工作业中,承包人计算所用的施工机械费用时,应按实际工作小时支付。

### 1.3.2 工程细目的编制

工程细目又称分项清单表,通常根据招标工程的不同性质分章按顺序排列。工程细目分章排列有利于将不同性质、不同位置、不同的施工阶段或其他特性不同的工程区别开来,也有利于将那些需要采用不同施工方法、不同施工阶段或成本不一样的工程区别开来。工程细目反映了施工项目中各分部分项工程及其数量,它是工程量清单的主体部分。

工程细目是由招标人根据《公路工程标准施工招标文件》、招标项目具体特点和实际需要编制,并与"投标人须知""通用合同条款""专用合同条款""技术规范""图纸"相衔接。

**1. 工程细目的内容划分**

按内容不同,工程细目可分为以下两部分。

(1) 工程量清单的"总则"部分。该部分说明合同需要发生的各种开办项目,其计价特点主要是采用总额包干,因此,其计量单位大部分为"总额"。

(2) 根据图纸需要发生的工程细目部分。该部分用于说明施工项目中各工程细目将要发生的工程量,计价特点是单价不变,实际工程量由计量确定。

**2. 工程细目的划分原则**

(1) 与技术规范保持一致性。工程量清单各工程细目在名称、单位等方面都应和技术规范相一致,以便承包人清楚各工程细目的内涵,并准确地填写各细目的单价。因此,在采用《公路工程标准施工招标文件》时,其工程细目划分应尽量与《公路工程标准施工招标文件》相一致,如果根据实际需要对某些工程细目重新予以划分,则应注意修改技术规范的相应内容(包括相应的计量与支付方法)。

(2) 便于计量支付、合同管理以及处理工程变更。工程细目的大小要科学。工程细目可大可小,如工程细目小,有利于处理工程变更的计价,但计量工作量和计量难度会因此增加;如工程细目大,可减少计量工作量,但太大则难以发挥单价合同的优势,不便于变更工程的处理(计价)。另外,工程细目大也会使得支付周期延长,承包人的资金周转发生困难,最终影响合同的正常履行和合同的严肃性。

例如,桥梁工程有基础挖方项目,因为计价中包含了基础回填等工作,所以承包人必须等到基础回填工作完成以后才能办理该项目的计量支付,其支付周期有半年甚至更长的时间,以致影响承包人的资金周转,不利于合同的正常履行。但如果将基础开挖和基础回填分成两个工程细目,则可以避免上述问题。工程细目小会增加计量工作量,但对处理工程变更和合同管理是有利的。

再如,路基挖方中弃方运距的处理问题,实践中有两种处理方案:一种是路基挖方单价中包括全部弃方运距;另一种是路基挖方中包含部分弃方运距(如 500m 或 1000m),而超过该运距的弃方运费单独计量与支付。可以说,如果能明确弃土区,而且施工中不出现变更,上述两种处理方案是一样的(而且前一种方式可减少计量工作量)。但是,一旦弃土区变更或发生设计变更,导致弃土运距发生变化,则第一种方式的单价会变得不适应,双方必须按变更工程协商确定新的单价(使投标和合同单价失效)。而采用第二种方式时,合同中的单价仍然是适用的,原则上可以按原单价办理结算。

（3）保持合同的公平性。为保持合同的公平性，应将开办项目作为独立的工程细目单列出来。开办项目往往是一些一开工就要全部或大部分发生，甚至开工前就要发生的项目，如工程保险、承包人的驻地建设、临时工程等。如将这些项目包含在其他项目的单价中，则承包人开工时上述各种款项不能及时得到支付，这不仅影响合同的公平性和承包人的资金周转，影响招标中预付款的数量（预付款的数量要增加），并且会加剧承包人的不平衡报价（承包人会将开工早的工程细目报价提高，以尽早收回成本），并因此影响变更工程的计价。

（4）保持清单的灵活性。为了使清单在实施中具有一定的灵活性，工程量清单中应各有计日工清单。设立计日工清单的目的是用来处理一些小型变更工程（小到可以用日工的形式来计价）计价，使工程量清单在造价管理上的可操作性更强。为加强承包人的计日工报价的合理性，在编制工程量清单时，应事先假定各计日工的数量。

### 3. 工程数量整理

工程量清单的工程量是反映承包人的义务量大小及影响造价管理的重要数据。整理工程量的依据是设计图纸和技术规范。整理工程量的工作是一项技术工作，绝不是简单地罗列设计文件中的工程量。在整理工程量时，应根据设计图纸及调查所得的数据，在技术规范的计量与支付方法的基础上进行综合计算。同一工程细目，其计量方法不同，所整理出来的工程量也不一样。设计文件中工程量所对应的计算方法与技术规范中的计量方法不一定一致，这就需要在整理工程量的过程中进行技术处理。在工程量的整理计算中，应认真、细致，保证其准确性，做到不重不漏，不发生计算错误。否则，会带来下列问题。

（1）一旦承包人发现工程量的错误，就会利用不平衡报价给业主带来损失。当实际工程量与清单工程量出入很大时，承包人会在总报价维持不变的基础上，对实际工程量增加的细目填报较高的单价，使得在施工过程中按实际工程量计量支付时，该项目费用增加很多，从而给业主造成损失。

（2）工程量的错误会引起合同总价的调整和索赔（或反索赔）。

（3）工程量的错误还会增加变更工程和费用索赔的处理难度。由于承包人可能采用了不平衡报价，所以当合同发生工程变更而引起工程量清单中工程量的增减时，因不平衡报价对所增减的工程量计价不适应，会使得监理人不得不和发包人及承包人协商确定新的单价来对变更工程进行计价，以致增加合同管理的难度。

（4）工程量的错误会造成投资控制和预算控制的困难。由于合同的预算通常是根据投标报价加上适当的预留费后确定的，工程量的错误还会造成项目管理中预算控制的困难和增加追加预算的难度。因此，应保证工程量的准确性，其误差最大不应超过5%。

## 1.3.3 清单表达形式

《公路工程工程量清单计量规则》主要内容如下。

（1）该规则由项目号、项目名称、项目特征、计量单位、工程量计算规则和工程内容构成。

（2）该规则项目号的编写分别按项、目、节、细目表达，根据实际情况可按厚度、标号、规格等增列细目或子细目，与工程量清单细目号对应方式示例如下：

"203-1-a 挖土方"

其中各部分含义如下。
- 2——项
- 03——目(以两位数标识,不足两位数前面补零)
- 1——节
- a——细目

(3) 项目名称以工程和费用名称命名,如有缺项,招标人可按本规则的原则进行补充,并报工程造价管理部门核备。

(4) 项目特征是按不同的工程部位、施工工艺或材料品种、规格等对项目做的描述,是设置清单项目的依据。《公路工程工程量清单计量规则》为中华人民共和国交通运输部组织编写,属于部颁清单,明确不需要对项目特征进行描述,例如,海南地区的项目特征与新疆地区差异巨大,无法对项目特征信息进行统一要求模板,因此省去项目特征的描述。

(5) 计量单位采用基本单位,除各章另有特殊规定外,均按以下单位计量:m、$m^2$、$m^3$、t、kg,以自然体计算的项目有个、棵、根、台、套、块等,没有具体数量的项目可用总额计量。

(6) 工程量计算规则是对清单项目工程量的计算规定,除另有说明外,清单项目工程量均按设计图示以工程实体的净值计算;材料及半成品采备和损耗、场内二次转运、常规的检测、试验等均包括在相应工程项目中,不另行计量。

(7) 工程内容是为完成该项目的主要工作,凡工程内容中未列的其他工作,为该项目的附属工作,应参照各项目对应的招标文件范本技术规范章节的规定或设计图纸综合考虑在报价中。

(8) 施工现场交通组织、维护费应综合考虑在各项目内,不另行计量。工程量清单项目分项计量规则式样如表 1-14 所示。

表 1-14 工程量清单项目分项计量规则——挖方路基

| 子目号 | 子目名称 | 单位 | 工程量计量 | 工程内容 |
| --- | --- | --- | --- | --- |
| 203 | 挖方路基 | | | |
| 203-1 | 路基开挖 | | | |
| -a | 挖土方 | $m^3$ | 1. 依据图纸所示地面线、路基设计横断面图、路基土石比例,采用平均断面面积法计算,包括边沟、排水沟、截水沟的土方,按照天然密实体积以立方米为单位计量;<br>2. 路床顶面以下挖松深300mm 再压实,作为挖土方的附属工作,不另行计量;<br>3. 取弃土场的绿化、防护工程、排水设施在相应章节内计量 | 1. 挖、装、运输、卸车;<br>2. 填料分理、弃土整型、压实;<br>3. 施工排水处理;<br>4. 边坡整修,路床顶面以下挖松深 300mm 再压实,路床清理 |

## 1.4 公路工程预算定额

### 1.4.1 预算定额的概念与作用

**1. 预算定额的概念**

预算定额是指在合理的施工组织设计、正常施工条件下,生产一个规定计量单位合格结构构件、分项工程所需的人工、材料和机械台班的社会平均消耗量标准。预算定额是工程建设中的一项重要的技术经济文件,是编制施工图预算的主要依据,也是确定和控制工程造价的基础。

公路工程
预算定额

**2. 预算定额的作用**

(1) 预算定额是编制施工图预算、确定建筑安装工程造价的基础。施工图设计一经确定,工程预算造价就取决于预算定额水平和人工、材料及机械台班的价格。预算定额起着控制劳动消耗、材料消耗和机械台班使用的作用,进而起着控制建筑产品价格的作用。

(2) 预算定额是编制施工组织设计的依据。施工组织设计的重要任务之一是确定施工中所需人力、物力的供求量,并做出最佳安排。施工单位在缺乏本企业的施工定额的情况下,根据预算定额,也能够比较精确地计算出施工中各项资源的需要量,为有计划地组织材料采购以及预制件加工、劳动力和施工机械的调配提供可靠的计算依据。

(3) 预算定额是施工单位进行经济活动分析的依据。预算定额规定的物化劳动和劳动消耗指标是施工单位在生产经营中允许消耗的最高标准。施工单位必须以预算定额作为评价企业工作的重要标准,作为努力实现的目标。施工单位可根据预算定额对施工中的劳动、材料、机械的消耗情况进行具体分析,以便找出并克服低功效、高消耗的薄弱环节,提高竞争能力。只有在施工中尽量降低劳动消耗,采用新技术提高劳动者素质及劳动生产率,施工单位才能取得较好的经济效益。

(4) 预算定额是编制概算定额的基础。概算定额是在预算定额的基础上综合扩大编制而成的。把预算定额作为编制依据,不但可以节省编制工作的大量人力、物力和时间,收到事半功倍的效果,还可以使概算定额在水平上与预算定额保持一致,以免造成执行中的不一致。

(5) 预算定额是合理编制招标控制价、投标报价的基础。在深化改革中,预算定额的指令性作用将日益削弱,而对施工单位按照工程个别成本报价的指导性作用仍然存在,因此预算定额作为编制招标控制价的依据和施工企业报价的基础性作用仍将存在,这也是由于预算定额本身的科学性和指导性决定的。

### 1.4.2 预算定额的编制原则与依据

**1. 预算定额的编制原则**

为保证预算定额的质量,充分发挥预算定额的作用,方便实际使用,在编制工作中,应遵循以下原则。

1) 按社会平均水平确定预算定额水平的原则

预算定额是确定和控制建筑安装工程造价的主要依据,必须按照价值规律的客观要求,即按生产过程中所消耗的社会必要劳动时间确定定额水平。因此,预算定额的平均水平是指在正常的施工条件、合理的施工组织和工艺条件、平均劳动熟练程度和劳动强度下,完成单位合格分项工程基本构造要素所需的劳动时间。

2) 简明适用的原则

简明适用,一是指编制预算定额时,对于那些主要的、常用的、价值量大的项目,应细致进行分项工程划分;对于那些次要的、不常用的、价值量相对较小的项目,则可以划分得粗一些。二是指预算定额要项目齐全,要注意补充那些因采用新技术、新结构、新材料而出现的新的定额项目。如果项目不全,缺项多,就使计价工作缺少充足可靠的依据。三是要求合理确定预算定额的计量单位,简化工程量的计算,尽可能避免同一种材料用不同的计量单位计量和一量多用,尽量减少定额附注和换算系数。

公路工程预算定额的基本运用讲解

3) 坚持统一性与差别性相结合的原则

所谓统一性,就是从培育全国统一市场规范计价行为出发,计价定额的制订规划和组织实施由国务院交通行政主管部门归口管理,由其负责全国统一定额的制订或修订工作,颁发有关工程造价管理的规章、制度、办法等。所谓差别性,就是在统一性的基础上,各部门和省、自治区、直辖市主管部门可以在自己的管辖范围内,根据本部门和本地区的具体情况制订部门和地区性定额、补充性制度和管理办法,以适应我国幅员辽阔、地区间部门发展不平衡和差异大的实际情况。

4) 专家编审的原则

定额的编制工作政策性、专业性强,任务重,贯彻专家编审的原则,便于对定额水平把握一致;使定额项目全面反映已经技术成熟,并采用新工艺、新结构和新材料的项目;有利于定额项目划分,实现工程实体消耗与工程施工措施性消耗的分离,以满足企业经济核算和按工程个别成本报价的需要;保证定额编制工作按质、按时完成,并有利于工作经验的积累和专业人员素质的提高。

5) 与公路建设相适应的原则

预算定额是为公路建设服务的,必须满足公路建设发展的需要。定额项目要能覆盖当前及今后一段时期内绝大部分工程项目。当前普遍采用或今后将普遍采用的新技术、新工艺、新材料、新设备都应在定额中得到反映,使预算定额与建设发展相适应。

工程定额是工程实践经验的科学总结,定额中所列工料机消耗量是通过对大量工程实践数据统计、分析、归纳、总结取定的,并体现社会平均水平。因此,工程定额的编制总是相对滞后于工程实践,应尽量缩短这个时间,使定额项目尽量齐全,适应建设发展的需要,促进新技术的推广。

6) 贯彻国家政策与法规的原则

预算定额作为工程造价的计价依据,涉及国家、企业和劳动者的利益,具有责任较大、通用性强、关系公共利益的特点,必须认真贯彻国家的方针政策,包括技术、经济和安全方面的法规、条例。

**2. 预算定额的编制依据**

1) 国家的有关规定

编制预算定额时,必须严格遵循国家关于基本建设的方针、政策和各项管理制度,如基本建设程序、设计文件编制办法、预算管理工作制度等。

2) 技术标准与规范

编制预算定额时,应遵循公路工程技术标准,设计规范、施工技术及验收规范等。如交通运输部缺少相关规范,则可采用其他部委的设计与施工规范、规程。

3) 设计施工图纸

编制预算定额时,应以交通运输部批准的标准设计图纸为主,没有标准设计图纸的定额项目,则可选择有代表性的设计图纸或施工详图。至于某些辅助工程(如围堰、施工平台、脚手架等),既无施工详图,又无技术资料可采用时,可根据施工技术规范的要求,绘制简图计算,并附在计算底稿内备查。

4) 公路工程施工定额

应根据各有关单位提供的公路工程施工定额资料,通过汇总、平衡、分析提出一个合理的施工定额水平,并得到主管部门同意后,作为编制预算定额的依据。

5) 其他相关资料

编制预算定额可参考的其他资料包括现行的预算定额、工料机预算价格及有关文件规定等,过去定额编制过程中积累的基础资料也是编制预算定额的依据和参考。

## 1.4.3 预算定额的编制方法

预算定额的编制大致可以分为准备工作、收集资料、编制定额、报批和修改定稿五个阶段。各阶段工作相互有交叉,有些工作还要多次反复。其中,预算定额编制阶段的主要工作如下。

**1. 预算定额的划分**

预算定额要根据交通运输部颁发的《公路工程基本建设项目设计文件编制办法》中规定的施工图设计阶段所提供的工程量深度、招标工程量清单的深度以及工程结算的便利性和准确性来划分项目,并根据各项目的工程内容将预算定额进行分类和整合。

公路工程定额分为路基工程、路面工程、隧道工程、桥涵工程、交通工程及沿线设施、绿化及环境保护工程、临时工程等部分。此外,还列有材料采集及加工、材料运输两部分内容,这是公路定额特有的,主要为在边远地区的施工单位自行开采、加工施工材料和自办材料运输编制的。

预算定额的项目划分,主要根据施工图的工程构件或部位、材料类别、施工措施以及对工程造价的影响等因素予以划分。例如,路基土石方工程按土石类别、施工方法划分项目;路面工程按工程部位、材料类别、施工方法等因素划分项目;隧道工程按开挖的土质类别、结构部位、衬砌材料类别、施工方法等因素划分项目;桥涵工程根据工程类别、结构部位、施工方法等因素划分项目。

**2. 确定预算定额的计量单位**

预算定额的计量单位主要是根据分部分项工程和结构构件的形体特征及其变化确定。由于工程内容综合,预算定额的计量单位也具有综合的性质,工程量计算规则的规定应确切反映定额项目所包含的工程内容。预算定额的计量单位关系到预算工作的繁简程度和准确性。因此,要正确地确定各分部分项工程的计量单位。

**3. 按设计图纸和相关资料计算工程量**

根据设计图纸去计算施工过程所包含的工程量,工程量的计算应统一规定计算范围和量度,做到不遗漏、不重复算量。

**4. 预算定额项目的子目确定**

对每个定额的工程项目所包含的各道工序,按各道工序的工程数量比例对人工、材料、机械消耗量逐一综合,再根据工程的难易程度,即人工、材料、机械消耗量的多少,按综合极限误差来确定是否划分子目。定额子目综合的极限误差应根据公路工程的特点,本着简化与准确相结合的原则,凡是工程量大、影响工程造价较大的项目,误差率应小($\pm 10\%$);反之,工程量小、影响工程造价不大的项目,误差率可以适当加大[$\pm(15\%\sim 20\%)$]。可按照综合误差率对定额单位的工程量与所综合成分中的主要成分的工程量进行综合平衡分析,超过最大误差率的就应划分子目,因此子目平衡分析是编制定额的重要环节。

**5. 计算预算定额工、料、机(即人、材、机)数量**

1) 由施工定额综合为预算定额的幅度差

由施工定额综合为预算定额,考虑到一些琐碎的工作难以一一计算,而且在施工中可能出现一些事先无法估计的工作及影响效率的各种因素。因此,人工工日和机械台班数应以施工定额综合后的数量增加一定的数量。通常将增加的百分比称为幅度差,增加后的数量与增加前的数量之比称为幅度差系数,则

$$幅度差系数 = \frac{增加后}{增加前} = \frac{增加前 \times (1 + 幅度差)}{增加前} = 1 + 幅度差 \tag{1-6}$$

(1) 人工幅度差主要考虑以下各种因素:工序搭接及转移工作面的间断时间;各工种交叉作业的相互影响;工作开始及结束时,由于放样交底及任务不饱满而影响产量;配合机械施工及移动管线时发生的操作间歇;检查质量及验收隐蔽工程时影响工时利用;阴雨雪或其他原因需要排除故障;其他零星工作,如临时交通指挥、安全警戒、现场挖沟排水修路、材料整理堆放、场地清扫等由于图纸或施工方法的差异而需要增加的工序及工作项目。

(2) 机械台班幅度差包括以下各种因素:正常施工组织情况下不可避免的机械空转、技术中断及合理停置时间;必要的备用台数造成的闲置台班;由于气候关系或排除故障影响台时利用;工地范围内机械转移的台式及自行式机械转移时所需的运载牵引工具;配套机械相互影响所损失的时间,以及停车场至工作地点超定额运距所需的时间;施工初期限于条件所造成的效率差及结尾时工程量不饱满所损失的时间;因供电、供水故障及水电线路的移动检修而发生的运转中断;不同厂牌机械的效率差、机械不配套造成的效率低;工程质量检查的影响。

2) 人工工日消耗量的计算方法

根据预算定额工程项目所包含的工序及其工程量,通过查阅施工定额,可计算出每一个项目的人工工日消耗量,即

$$人工工日消耗量 = \left[\sum(施工定额人工工日数 \times 工程数量)\right] \times 人工幅度差系数 \tag{1-7}$$

3) 材料消耗量的计算方法

材料消耗量是指在正常施工条件下所用的合格材料,完成单位合格产品所必须消耗的材料数,按用途划分为以下四种。

(1) 主要材料:指直接构成工程实体的材料,其中也包括成品、半成品的材料。
(2) 辅助材料:是构成工程实体除主要材料外的其他材料,如垫木钉子、铅丝等。
(3) 周转性材料:指脚手架、模板等多次周转使用的不构成工程实体的摊销性材料。
(4) 其他材料:指用量较少、难以计量的零星用料。

材料损耗量是指在正常施工条件下不可避免的材料损耗,如现场内材料运输损耗及施工操作过程中的损耗等。其关系式如下。

$$材料损耗率 = 损耗率 \div 净用量 \times 100\% \tag{1-8}$$

$$材料损耗量 = 材料净用量 \times 损耗率 \tag{1-9}$$

公路工程材料消耗定额公式如下。

$$材料消耗量 = 材料净用量 + 场内运输及操作损耗量 \tag{1-10}$$

$$材料消耗量 = 材料净用量 \times (1 + 场内运输及操作损耗率) \tag{1-11}$$

相应的场内运输及操作损耗可见《预算定额》中"附录四 定额人工、材料、设备单价表",本书附录 E 有节选。

公路工程《预算定额》中列出主要材料的规格、名称和消耗量。将在材料费中占比例很小的一些材料综合到其他材料费内;将设备钢材的原值、加工费、每年油漆、修理以及正常损耗等都综合到设备摊销费内。

4) 机械台班消耗量的确定方法

根据预算定额工程项目所包含的工序及其工程量,查阅《公路工程机械台班费用定额》(JTG/T 3833—2018),可以计算出本项目的机械台班消耗量。一个工程项目可能需要几种施工机械,分别对每一种施工机械的台班消耗量进行计算,公式如下。

$$机械台班消耗量 = \left[\sum(施工定额机械台班数 \times 工程数量)\right] \times 机械台班幅度系数 \tag{1-12}$$

公路工程预算定额中,对主要施工机械列出了机械的规格、名称和台班消耗量,并将在机械使用费中占比例很小的一些机具综合到小型机具使用费项内。

**6. 计算定额基价**

公路工程"预算定额"基价就是根据定额项目的人工、材料、机械台班消耗量,采用统一的人工、材料、机械台班定额单价计算出的直接工程费。统一的人工、材料、机械台班定额单价通常根据定额编制年北京地区的综合单价取定,其中人工、材料的规定单价列于《公路工程预算定额》的附录四中,机械台班定额单价则来源于《公路工程机械台班费用定额》的定额基价。

定额基价使全部项目的人工、材料、机械台班消耗量统一在一个水平上,便于工程人员分析、比较和测算。

### 1.4.4 预算定额的表现形式

预算定额的内容包括总说明,章、节说明,预算定额项目表及附录。

**1. 预算定额的总说明及各章、节说明**

1) 总说明的内容

(1) 预算定额的适用范围、指导思想与作用。
(2) 预算定额的编制原则、主要依据与上级下达的有关定额修编文件。
(3) 对各章、节都适用的统一规定。
(4) 定额所采用的标准与允许抽换定额的原则。
(5) 定额所包括的内容。
(6) 对定额中未包括的项目,需要编制补充定额的规定。

2) 章、节说明的内容

(1) 本章、节包括的内容。
(2) 本章、节工程项目的统一规定。
(3) 本章、节工程项目综合的内容与允许抽换的规定。
(4) 本章、节工程项目的工程量计算规则。

**2. 预算定额项目表**

预算定额项目表主要包括以下内容。

(1) 工程项目名称与定额单位。
(2) 工程项目包括的工程内容。
(3) 人工、材料、机械的名称、单位、代号与数量。
(4) 定额基价。
(5) 表注。有些定额项目下还列有在章节说明中没有包括的仅供本定额项目使用的注释。

**3. 定额附录**

1) 作用

定额附录是配合定额使用不可缺少的一个重要组成部分。定额附录的作用如下。

(1) 了解定额编制时采用的各种统一规定。
(2) 供抽换定额中混凝土强度等级、砂浆强度等级时使用的混凝土、砂浆配合比表。
(3) 编制补充预算定额所需的统一规定,如材料周转次数、规格、单位质量、代号、基价等。
(4) 便于使用单位经过施工实践核定定额水平,并对定额水平提出意见,作为修订定额的重要资料。

2) 内容

定额附录主要包括以下内容。

(1) 路面材料计算基础数据。
(2) 基本定额。基本定额是介于施工定额和预算定额之间的一种扩大施工定额,其项目是按完成某一专项作业将施工定额的有关工序加以综合制定的,根据材料的周转和摊销次数、材料场内运输及操作损耗及人工、机械的幅度差,综合为若干包括人工、材料、机械的基本定额。其目的是避免在编制预算定额时重复计算这些工序,并可统一计算方法和口径,简化计算工作。基本定额以包括定额项目名称、工程内容、定额单位、工料机消耗量表和一些附注说明为表现形式。

基本定额包括砂浆及混凝土材料消耗；脚手架、踏步、井字架工料消耗；基本定额材料规格与质量。

（3）材料的周转与摊销。具体包括混凝土和钢筋混凝土构件、块件模板材料周转与摊销次数；脚手架、踏步、井字架、金属门式吊架、吊盘等摊销次数；临时轨道铺设材料摊销；基础与打桩工程材料摊销次数；灌注桩设备材料摊销；吊装设备材料摊销次数；预制构件和块件的堆放、运输材料摊销次数。

（4）定额人工、材料、设备单价表。

## 1.4.5 预算定额总说明

公路工程
预算定额
总说明

（1）《公路工程预算定额》(JTG/T 3832—2018)（简称预算定额）是全国公路专业定额。它是编制施工图预算的依据，也是编制工程概算定额（指标）的基础，适用于公路建设新建与改扩建工程。

（2）预算定额是以人工、材料、机械台班消耗量表现的公路工程预算定额。编制预算时，其人工费、材料费和机械使用费应按现行《公路工程建设项目概算预算编制办法》(JTG 3830—2018)的规定计算。

（3）预算定额包括路基工程、路面工程、隧道工程、桥涵工程、交通工程及沿线设施、绿化及环境保护工程、临时工程、材料采集及加工、材料运输（共九章）及附录。

（4）预算定额是按照合理的施工组织和一般正常的施工条件编制的。定额中所采用的施工方法和工程质量标准是根据国家现行的公路工程施工技术及验收规范、质量评定标准及安全操作规程取定的，除定额中规定允许换算者外，均不得因具体工程的施工组织、操作方法和材料消耗与定额的规定不同而调整定额。

（5）预算定额除潜水工作每工日6h、隧道工作每工日7h外，其余均按每工日8h计算。

（6）定额中的工程内容均包括定额项目的全部施工过程。定额内除扼要说明施工的主要操作工序外，均包括准备与结束、场内操作范围内的水平与垂直运输、材料工地小搬运、辅助和零星用工、工具及机械小修、场地清理等工程内容。

（7）预算定额中的材料消耗量是按现行材料标准的合格料和标准规格料计算的。定额内材料、成品、半成品均已包括场内运输及操作损耗，编制预算时，不得另行增加。其场外运输损耗、仓库保管损耗应在材料预算价格内考虑。

（8）预算定额中周转性的材料、模板、支撑、脚手杆、脚手板和挡土板等的数量已考虑了材料的正常周转次数，并计入定额内。其中，就地浇筑钢筋混凝土梁用的支架及拱圈用的拱盔、支架，如确因施工安排达不到规定的周转次数时，可根据具体情况进行换算，并按规定计算回收，其余工程一般不予抽换。

（9）定额中列有的混凝土、砂浆的强度等级和用量，其材料用量已按《公路工程标准施工招标文件》(2018年版)附录二中配合比表规定的数量列入定额，不得重算。如设计采用的混凝土、砂浆强度等级或水泥强度等级与定额所列强度等级不同时，可按配合比表进行换算。但实际施工配合比材料用量与定额配合比表用量不同时，除配合比表说明中允许换算者外，均不得调整。混凝土、砂浆配合比表的水泥用量已综合考虑了采用不同品种水泥的因素，实际施工中不论采用何种水泥，均不得调整定额用量。

（10）预算定额中各类混凝土均未考虑外掺剂的费用,当设计需要添加外掺剂时,可按设计要求另行计算外掺剂的费用,并适当调整定额中的水泥用量。

（11）预算定额中各类混凝土均按施工现场拌和进行编制;当采用商品混凝土时,可将相关定额中的水泥、中(粗)砂、碎石的消耗量扣除,并按定额中所列的混凝土消耗量增加商品混凝土的消耗。

（12）水泥混凝土、钢筋、模板工程的一般规定列在第四章说明中,该规定同样适用于其他各章。

（13）预算定额中各项目的施工机械种类、规格是按一般合理的施工组织确定的,如施工中实际采用机械的种类、规格与定额规定的不同时,一律不得换算。

（14）预算定额中施工机械的台班消耗,已考虑了工地合理的停置、空转和必要的备用量等因素。编制预算的台班单价,应按《公路工程机械台班费用定额》(JTG/T 3833—2018)分析计算。

（15）预算定额中只列工程所需的主要材料用量和主要机械台班数量。对于次要、零星材料和小型施工机具,均未一一列出,分别列入"其他材料费"及"小型机具使用费"内,以元表示,编制预算即按此计算。

（16）其他未包括的项目,各省级公路造价管理部门可编制补充定额在本地区执行;还缺少的项目,各设计单位可编制补充定额,随同预算文件一并送审。所有补充定额均应按照本定额的编制原则、方法进行编制,并将数据上传至"公路工程造价依据信息管理平台"。

（17）定额表中注明"某某数以内"或"某某数以下"者,均包括某某数本身;而注明"某某数以外"或"某某数以上"者,则不包括某某数本身。定额内数量带"（ ）"者,则表示基价中未包括其价值。

（18）预算定额中凡定额名称中带有"※"号者,均为参考定额,使用定额时,可根据情况进行调整。

（19）预算定额的基价是人工费、材料费、机械使用费的合计价值。基价中的人工费、材料费按《预算定额》附录四计算,机械使用费按《公路工程机械台班费用定额》(JTG/T 3833—2018)计算。项目所在地海拔超过3000m时,人工、材料、机械基价应乘以系数1.3。

（20）定额中的"工料机代号"系编制概预算采用电子计算机计算时作为对工、料、机械名称识别的符号,不应随意变动。编制补充定额时,遇有新增材料或机械,编码采用7位,第1、2位取相近品种的材料或机械代号,第3、4位采用偶数编制,后3位采用顺序编制。

## 1.5 人、材、机预算单价

### 1.5.1 人工单价

人、材、机单价讲解—材料费计算

**1. 人工单价的概念**

人工单价是指工程所在地招募的工人每个工作日的平均工资。工作日是指一个工人工作的时间度量,简称"工日",按照《中华人民共和国劳动法》的规定,一个工作日的工作时间为8h。

### 2. 人工单价的组成

人工单价由计时工资或计件工资、津贴补贴和特殊情况下支付的工资等组成。

计时工资或计件工资是指按计时工资标准和工作时间或对已做工作按计件单价支付给个人的劳动报酬。

津贴补贴是指为了补偿职工特殊或额外的劳动消耗和因其他特殊原因支付给个人的津贴,以及为了保证职工工资水平不受物价影响支付给个人的物价补贴。如流动施工津贴、特殊地区施工津贴、高温(寒)作业临时津贴、高空津贴等。

特殊情况下支付的工资是指根据国家法律、法规和政策规定,因病、工伤、产假、计划生育假、婚丧假、事假、探亲假、定期休假、停工学习、执行国家或社会义务等原因按计时工资标准或计件工资标准的一定比例支付的工资。

重庆市交通局关于发布重庆市公路工程补充性造价依据(2019-1)的通知(渝交路〔2019〕29号),重庆的人工工日单价标准确定为101元/工日,具体可见本书附录F。显然,该人工费与市场人工费存在较大差异,原因有以下三点:①工作时间不同。综合工日单价通常按每天工作8h,隧道按每天工作7h,潜水工按每天工作6h考虑;公路建设市场劳务用工每天工作时间普遍与综合工日有差异。②企业应支出的四险一金不同。编制公路工程概(预)算时,由企业支付的社会保险费和住房公积金需要单独计算,而公路建设人工劳务市场价一般已包含上述费用。③其他费用计算不同。公路工程概(预)算的工人的冬天、雨天、夜天施工的补助、工地转移、取暖补贴、主副食补贴、探亲路费等单独计算,而公路建设人工劳务市场价不再单独计算。

### 3. 人工单价的确定

人工单价的计算参照上述人工单价的组成,将计时工资或计件工资、奖金、津贴补贴、特殊情况下支付的工资进行分摊,即形成了人工日工资单价。计算公式如下。

$$日工资单价 = \frac{生产工人平均月工资(计时、计件) + 平均月(奖金+津贴补贴+特殊情况下支付的工资)}{年平均每月法定工作日} \quad (1-13)$$

$$年平均每月法定工作日 = \frac{全年日历日 - 法定假日}{12} \quad (1-14)$$

## 1.5.2 材料单价

### 1. 材料单价的概念

材料单价是指材料由货源地(或交货地点)到达工地仓库(或特定堆放地方)的出库价格,包括货源地至工地仓库之间的所有费用。

材料费是指施工过程中耗用的构成工程实体的原材料、辅助材料、构配件、零件、半成品或成品等,按工程所在地的材料价格计算的费用。

材料预算价格由材料原价、运杂费、场外运输损耗、采购及保管费组成,计算公式如下。

$$材料预算价格 = (材料原价+运杂费) \times (1+场外运输损耗率) \times (1+采购及保管费率) - 包装品回收价值 \quad (1-15)$$

**2. 材料单价的确定**

1) 影响材料单价变动的因素

影响材料单价变动的因素主要有市场供需变化情况、生产成本变动、流通环节、运输的方法和距离、市场行情五个因素。

(1) 市场供需变化情况。材料原价是材料单价中最基本的组成。市场供大于求，价格下降；反之，价格上升，从而影响材料单价的涨落。

(2) 生产成本变动。材料生产成本的变动直接影响材料单价的波动。

(3) 流通环节。材料的流通环节是指组成材料整个交易过程的每次买卖行为。一般来说，材料的流通环节越少，对材料单价的影响越小。

(4) 运输的方法和距离。材料从货源地运至工地仓库，不同的运输方式（如空运、航运、汽车运输），会导致不同的运输单价；从货源地至工地仓库的距离，也会影响材料单价的大小。

(5) 市场行情。市场行情是指市场上材料流通时，材料供给、需求、流通渠道、材料购销和价格的变动情况、趋势等信息。

2) 材料单价的确定方法

(1) 材料原价的确定。在确定材料原价时，凡同一种材料因来源地、交货地、供货单位、生产厂家不同，而有几种原价时，根据不同来源地供货数量比例，采取加权平均的方法确定其综合原价。材料原价的计算公式有下列两种。

① 加权平均法的计算公式如下。

$$\text{加权平均法} = \frac{\sum(\text{各货源地的材料数量} \times \text{材料单价})}{\sum \text{各货源地的材料数量}} \quad (1\text{-}16)$$

② 权数法的计算公式如下。

$$\text{甲地权数} = \frac{\text{甲地数量}}{\sum \text{各货源地数量}} \times 100\% \quad (1\text{-}17)$$

$$\text{乙地权数} = \frac{\text{乙地数量}}{\sum \text{各货源地数量}} \times 100\% \quad (1\text{-}18)$$

$$\text{丙地权数} = \frac{\text{丙地数量}}{\sum \text{各货源地数量}} \times 100\% \quad (1\text{-}19)$$

$$\text{加权平均原价} = \sum(\text{各地原价} \times \text{各地权数}) \quad (1\text{-}20)$$

(2) 材料运杂费的确定。同一品种的材料有若干个来源地，应采用加权平均的方法计算材料运杂费。计算公式如下。

$$\text{材料运杂费} = \text{材料运输费} + \text{材料装卸费} \quad (1\text{-}21)$$

$$\text{材料运输费} = \sum(\text{各购买地的材料运输距离} \times \text{运输单价} \times \text{各地权数}) \quad (1\text{-}22)$$

$$\text{材料装卸费} = \sum(\text{各购买地的材料装卸费} \times \text{各地权数}) \quad (1\text{-}23)$$

(3) 材料运输损耗费的确定。场外运输损耗是指有些材料在正常运输过程中发生的损耗,材料场外运输损耗率如表 1-15 所示。

表 1-15　材料场外运输损耗率　　　　　　　　　　　　　　单位:%

| 材　料　名　称 | | 场外运输(包括一次装卸) | 每增加一次装卸 |
| --- | --- | --- | --- |
| 块状沥青 | | 0.5 | 0.2 |
| 石屑、碎砾石、砂砾、煤渣、工业废渣、煤 | | 1.0 | 0.4 |
| 砖、瓦、桶装沥青、石灰、黏土 | | 3.0 | 1.0 |
| 草皮 | | 7.0 | 3.0 |
| 水泥(袋装、散装) | | 1.0 | 0.4 |
| 砂 | 一般地区 | 2.5 | 1.0 |
|  | 风沙地区 | 5.0 | 2.0 |

注:汽车运水泥,当运距超过 500km 时,袋装水泥损耗率增加 0.5 个百分点。

确定材料运输损耗费的计算公式如下。

$$运输损耗费 = (材料原价 + 材料运杂费) \times 材料运输损耗率 \tag{1-24}$$

(4) 材料采购及保管费的确定。确定材料采购及保管费的计算公式如下。

$$材料采购保管费 = (材料原价 + 材料运杂费 + 材料运输损耗费) \\ \times 材料采购保管费费率 \tag{1-25}$$

**3. 材料单价计算实例**

某公路工程项目需要使用 42♯水泥 1000t,由 A、B、C 三处水泥厂获得,相关价格参数信息如表 1-16 所示,材料装卸费为 4.5 元/t,水泥的采购及保管费费率为 2.06%,水泥场外运输损耗率为 1%,请计算该品种水泥的材料预算单价。

表 1-16　水泥收购价及相关参数信息表

| 序号 | 货源地 | 数量/t | 购买价/(元/t) | 运输距离/km | 运输单价/[元/(t·km)] |
| --- | --- | --- | --- | --- | --- |
| 1 | A 地 | 500 | 355 | 100 | 0.5 |
| 2 | B 地 | 300 | 350 | 60 | 0.5 |
| 3 | C 地 | 200 | 370 | 20 | 0.7 |
|  | 总量 | 1000 |  |  |  |

【解】

1) 材料原价

(1) 加权平均法:

$$材料原价 = \frac{500 \times 355 + 300 \times 350 + 200 \times 370}{1000} = 356.5(元/t)$$

(2) 权数法：

$$A 地权数 = \frac{500}{1000} \times 100\% = 50\%$$

$$B 地权数 = \frac{300}{1000} \times 100\% = 30\%$$

$$C 地权数 = \frac{200}{1000} \times 100\% = 20\%$$

材料原价 $= 355 \times 50\% + 350 \times 30\% + 370 \times 20\% = 356.5$(元/t)

2) 材料运杂费

运输费：

材料运输费 $= 100 \times 0.5 \times 50\% + 60 \times 0.5 \times 30\% + 20 \times 0.7 \times 20\% = 36.8$(元/t)

实例中装卸车费为 4.5 元/t，因此材料运杂费为

材料运杂费 $= 36.8 + 4.5 = 41.3$(元/t)

3) 运输损耗费

运输损耗费 $= (356.5 + 41.3) \times 1\% = 4.0$(元/t)

4) 采购保管费

采购保管费 $= (356.5 + 41.3 + 4) \times 2.06\% = 8.3$(元/t)

5) 材料单价

材料单价 $= 356.5 + 41.3 + 4 + 8.3 = 410.1$(元/t)

综上所述，42#水泥的预算单价为 410.1 元/t。

### 1.5.3 机械台班单价

**1. 机械台班单价的概念**

机械台班单价是指施工机械和工程仪器仪表在正常台班运转条件下一个工作班（一般按 8h 计）所发生的全部费用，包括折旧费、大修费、经常修理费、安拆费、场外运输费、燃料动力费、人工费、养路费及车船使用税等。

(1) 工程机械使用费。机械台班预算价格应按现行《公路工程机械台班费用定额》(JTG/T 3833—2018)计算，机械台班单价由不变费用和可变费用组成。不变费用包括折旧费、检修费、维护费、安拆辅助费等；可变费用包括机上人员人工费、动力燃料费、车船税。可变费用中的人工工日数及动力燃料消耗量应以机械台班费用定额中的数值为准。台班人工费工日单价同生产工人人工费单价，动力燃料费用则按材料费的计算规定计算。

(2) 工程仪器仪表使用费是指机电工程施工作业所发生的仪器仪表使用费，以施工仪器仪表台班耗用量乘以施工仪器仪表台班单价计算。工程仪器仪表台班预算价格应按现行《公路工程机械台班费用定额》(JTG/T 3833—2018)计算。

当工程用电为自行发电时，电动机械每度(kW·h)电的单价可由下列公式计算。

$$A = 0.15K/N \tag{1-26}$$

式中：$A$——每度(kW·h)电单价，元；

$K$——发电机组的台班单价，元；

$N$——发电机组的总功率，kW。

七项费用具体含义说明如下。

① 折旧费:指施工机械在规定的耐用总台班内,陆续收回其原值(含智能信息化管理设备费)的费用。

② 检修费:指施工机械在规定的耐用总台班内,按规定的检修间隔进行必要的检修,以恢复其正常功能所需的费用。

③ 维护费:指施工机械在规定的耐用总台班内,按规定的维护间隔进行各级维护和临时故障排除所需的费用,包括为保障机械正常运转所需替换设备与随机配备工具附具的摊销费用,机械运转及日常维护所需润滑与擦拭的材料费用,以及机械停滞期间的维护费用等。

④ 安拆辅助费:指施工机械在现场进行安装与拆卸所需的人工、材料、机械和试运转费用以及机械辅助设施的折旧、搭设、拆除等费用。

⑤ 人工费:指随机操作人员的工作日工资,包括工资、各类津贴、补贴、辅助工资、劳动保护费等。

⑥ 动力燃料费:指机械在运转施工作业中所耗用的电力、固体燃料(煤、木柴)、液体燃料(汽油、柴油、重油)和水的费用。

⑦ 车船税:指施工机械按照国家、省(自治区、直辖市)规定应缴纳的车船税。

其中,第①~④项费用(折旧费、检修费、维护费、安拆辅助费)为不变费用。编制机械台班单价时,除青海、新疆、西藏等边远地区外,均应直接采用。当边远地区因机械使用年限差异及维修工资、配件材料等差价较大而需要调整不变费用时,可根据具体情况,由各省级交通运输主管部门制定系数并执行。

**2. 机械台班单价的确定**

1) 折旧费

折旧费的确定涉及机械购买价、残值率、时间价值系数、耐用总台班等因素。

- 年工作台班是指施工机具设备在年度内使用的台班数量。
- 折旧年限是指施工机具设备从开始投入使用至报废前使用的总周期年数。

折旧费的计算公式如下。

$$折旧费 = \frac{机械购买价 \times (1-残值率) \times 时间价值系数}{耐用总台班} \qquad (1-27)$$

上式中各组成因素的具体确定方法,现分述如下。

(1) 机械购买价。

机械购买价应按照机械原值、供销部门手续费和一次运杂费以及车辆购置税之和计算。①机械原值主要按照生产商或经销商的销售价格确定。②供销部门手续费和一次运杂费可按照机械原值的5%来计算。③车辆购置税应按下列公式计算。

$$车辆购置税 = 计税价格 \times 车辆购置税率(\%) \qquad (1-28)$$
$$计税价格 = 机械原值 + 供销部门手续费和一次运杂费 - 增值税 \qquad (1-29)$$

(2) 残值率。

残值率是指施工机具丧失使用价值以后,经过拆除清理所残留的、可供出售或利用的零部件、废旧材料等的价值。残值率按目前有关规定执行:运输机械2%、掘进机械5%、特大型机械3%、中小型机械4%。

### (3) 时间价值系数。

时间价值系数是指购置施工机械的资金在施工生产过程中随着时间的推移而产生的单位增值。换句话说,它是指对于同一笔资金,若不用来购置施工机械,而是用于储蓄或投资,那么在一段时间内所产生的金额增值。其计算公式如下。

$$时间价值系数 = 1 + \frac{折旧年限 + 1}{2} \times 年折现率(\%) \tag{1-30}$$

### (4) 耐用总台班。

耐用总台班是指施工机具设备从开始投入使用至报废前使用的总台班数,应按施工机械的技术指标及寿命期等相关参数确定。其计算公式如下。

$$耐用总台班 = 折旧年限 \times 年工作台班 \tag{1-31}$$

式中:年工作台班是根据有关部门对各类主要机械最近 3 年的统计资料分析确定,因此,耐用总台班又可以按下式计算。

$$耐用总台班 = 大修理间隔台班 \times 大修理周期 \tag{1-32}$$

大修理次数是指施工机具设备在其总台班内规定的检修次数。大修理间隔台班是指机械自投入使用起至第一次大修理止,或自上一次大修理后投入使用起至下一次大修理止,应达到的使用台班数。

大修理周期是指机械正常的施工作业条件下,将其寿命期(即耐用总台班)按规定的大修理次数划分为若干个周期。其计算公式如下。

$$大修理周期 = 寿命期大修理次数 + 1 \tag{1-33}$$

台班大修理费是机械使用期限内全部大修理费之和在台班费用中的分摊额,取决于一次大修理费用、大修理次数和耐用总台班的数量。其计算公式如下。

$$台班大修理费 = \frac{一次大修理费 \times 寿命期内大修理次数}{耐用总台班} \tag{1-34}$$

一次大修理费是指施工机械一次大修理发生的工时费、配件费、辅料费、油料燃料费及送修送杂费。

寿命期内大修理次数是指施工机械在其寿命期(耐用总台班)内规定的大修理次数,应参照《全国统一施工机械保养修理技术经济定额》确定。

2) 检修费

检修费是机械使用期内全部检修费之和在台班费用中的分摊额,取决于各级保养一次费用、各级保养的总次数、临时故障排除费、耐用总台班及其他附加费用等。其计算公式如下。

$$检修费 = \frac{\sum(各级保养一次费用 \times 寿命期各级保养总次数) + 临时故障排除费}{耐用总台班}$$
$$+ 替换设备和工具附具台班摊销费 + 例保辅料费 \tag{1-35}$$

式中：①各级保养一次费用，分别指机械在各个使用周期内为保证机械处于完好状况，必须按规定的各级保养间隔周期、保养范围和内容进行的一、二、三级保养或定期保养所消耗的工时、配件、辅料、油品燃料等费用，应以《全国统一施工机械保养修理技术经济定额》为基础，结合编制期市场价格综合确定。②寿命期各级保养总次数，分别指一、二、三级保养或定期保养在寿命期内各个使用周期中保养次数之和，应按照《全国统一施工机械保养修理技术经济定额》确定。③临时故障排除费，指机械除规定的大修理及各级保养以外，临时故障所需费用以及机械在工作日以外的保养维护所需润滑擦拭材料费，可按各级保养（不包括例保辅料费）费用之和的3%计算。④替换设备和工具附具台班摊销费，指轮胎、电缆、蓄电池、运输皮带、钢丝绳、胶皮管、履带板等消耗性设备和按规定随机配备的全套工具附具的台班摊销费用。⑤例保辅料费，即机械日常保养所需润滑擦拭材料的费用。替换设备和工具附具台班摊销费、例保辅料费的计算应以《全国统一施工机械保养修理技术经济定额》为基础，结合编制期市场价格综合确定。

当检修费计算公式中的各项数值难以确定时，也可按下式计算。

$$检修费 = 大修理费 \times K \tag{1-36}$$

式中：$K$ 表示台班检修费系数，参考住房和城乡建设部《全国统一施工机械台班费用定额》同类机械类别及原定额推算的方法确定。例如，自重8t以内的振动压路机，$K=5.26$；斗容量$2.0m^3$的履带式挖掘机，$K=2.14$；12.5m自动找平沥青混合料摊铺机，$K=2$。

3) 维护费

维护费按下列公式计算。

$$维护费 = 检修费 \times K \tag{1-37}$$

4) 安拆费及场外运费

安拆费及场外运费按下列公式计算。

$$安拆费及场外运费 = \frac{安装拆卸费 + 进场及出场费}{耐用总台班} \tag{1-38}$$

5) 机上人工费

机上人工费按下列公式计算。

$$机上人工费 = 人工消耗量 \times \left(1 + \frac{年制度工作日 - 年工作台班}{年工作台班}\right) \times 人工日工资单价 \tag{1-39}$$

式中：①人工消耗量是指机上司机（司炉）和其他操作人员工日消耗量。②确定年制度工作日时，应执行编制期国家有关规定。③人工日工资单价应执行编制期工程造价管理部门的有关规定。

6) 燃料动力费

燃料动力费可按下列公式计算。

$$台班燃料动力费 = 台班燃料动力消耗量 \times 燃料动力单价 \tag{1-40}$$

7）其他费用

机械台班其他费用可按下列公式计算。

$$台班其他费用 = \frac{年养路费 + 年车船使用税 + 年保险费 + 年检费用}{年工作台班} \tag{1-41}$$

或者也可以单独计算，公式如下。

$$台班养路费 = \frac{核定吨位 \times 每月每吨养路费 \times 12个月}{年工作台班} \tag{1-42}$$

$$台班车船使用税 = \frac{每年车船使用税}{年工作台班} \tag{1-43}$$

$$保险费 = \frac{按规定年缴纳保险费}{年工作台班数量} \tag{1-44}$$

年检费用应参照国家相关部分的具体规定计算。

### 3. 机械台班单价计算实例

60kW 以内的履带式推土机，规格型号为 T80，有以下信息：购买价格 87173.68 元/辆；残值率为 5%，时间价值系数约定为 1；年工作台班 150 台班，折旧年限 10 年，耐用总台班 1500 台班；一次性修理费用 9218.75 元，大修理次数为 2 次，经常维修系数 $K = 2.64$；机上人工消耗量为 2 工日，人工单价为 106.28 元/工日；每台班柴油消耗量 40.86kg，柴油单价为 7.44 元/kg。请计算该推土机定额基价。

【解】 根据计算公式计算如下。

① 折旧费：时间价值系数约定为 1。

$$折旧费 = \frac{87173.68 \times (1 - 5\%)}{1500} = 55.21(元/台班)$$

② 检修费：

$$大修理费 = \frac{9218.75 \times 2}{1500} = 12.29(元/台班)$$

$$检修费 = 12.29 \times 2.64 = 32.45(元/台班)$$

③ 维护费：

$$维护费 = 32.45 \times 2.64 = 85.67(元/台班)$$

无安拆辅助费。故

$$不变费用 = ① + ② + ③ = 55.21 + 32.45 + 85.67 = 173.42(元)$$

④ 机上人员人工费：

$$机上人员人工费 = 2 \times 106.28 = 212.56(元/台班)$$

⑤ 动力燃料费：

$$动力燃料费 = 40.86 \times 7.44 = 304(元/台班)$$

其他费为车船使用税，另计。故

$$可变费用 = ④ + ⑤ = 212.56 + 304 = 516.56(元)$$

$$基价 = 不变费用 + 可变费用 = 173.42 + 516.56 = 689.98(元)$$

# 第2章 路基工程

路基工程作为整个公路工程的重要组成部分,是路面工程的主要承载体,直接影响公路的稳定性、路面的平整度和耐久性。根据填挖情况的不同,路基横断面的典型形式有路堤、路堑和填挖结合三种类型。

## 2.1 路基土石方工程

### 2.1.1 路基土石方工程数量表

表2-1和表2-2所示为某案例项目的二级公路路基土石方数量计算表。

公路三大主图讲解

表2-1 公路路基土石方数量计算表(a)

| 桩号 | 横断面面积/m² | | 距离/m | 总数量 | 挖方分类及数量/m³ | | | | | | | | | | |
|---|---|---|---|---|---|---|---|---|---|---|---|---|---|---|---|
| | | | | | 土 | | | | | | 石 | | | | |
| | | | | | Ⅰ | | Ⅱ | | Ⅲ | | Ⅳ | | Ⅴ | | Ⅵ |
| | 挖方 | 填方 | | | % | 数量 | % | 数量 | % | 数量 | % | 数量 | % | 数量 | % | 数量 |
| K56+875 | 4.82 | 60.21 | | | | | | | | | | | | | | |
| | | | 5.0 | 12.1 | 10 | 1.2 | 10 | 1.2 | | | 40 | 4.8 | 40 | 4.8 | | |
| K56+880 | 0.0 | 113.06 | | | | | | | | | | | | | | |
| | | | 6.0 | 561.0 | 10 | 56.1 | 10 | 56.1 | | | 40 | 224.4 | 40 | 224.4 | | |
| K56+886 | 187.01 | 0.0 | | | | | | | | | | | | | | |
| | | | 6.0 | 561.0 | 10 | 56.1 | 10 | 56.1 | | | 40 | 224.4 | 40 | 224.4 | | |
| K56+892 | 0.0 | 128.33 | | | | | | | | | | | | | | |
| | | | 8.0 | 658.8 | 10 | 65.9 | 10 | 65.9 | | | 40 | 263.5 | 40 | 263.5 | | |
| K56+900 | 164.70 | 0.0 | | | | | | | | | | | | | | |
| | | | 4.5 | 370.6 | 10 | 37.1 | 10 | 37.1 | | | 40 | 148.2 | 40 | 148.2 | | |
| K56+904.500 | 0.0 | 223.44 | | | | | | | | | | | | | | |
| | | | 5.5 | 367.8 | 10 | 36.8 | 10 | 36.8 | | | 40 | 147.1 | 40 | 147.1 | | |
| K56+910 | 133.73 | 0.0 | | | | | | | | | | | | | | |
| 小计 | | | 35.0 | 2531.3 | | 253.1 | | 253.1 | | | | 1012.5 | | 1012.5 | | |
| 累计 | | | 35.0 | 2531.3 | | 253.1 | | 253.1 | | | | 1012.5 | | 1012.5 | | |

表 2-2  公路路基土石方数量计算表（b）

| 填方数量/m³ | | | 利用方数量及调配/m³ | | | | | | 远运利用及纵向调配示意 | 弃土方 | 借土填方 |
| --- | --- | --- | --- | --- | --- | --- | --- | --- | --- | --- | --- |
| | | | 本桩利用 | | 填缺 | | 挖余 | | | | |
| 总数量 | 土 | 石 | 土 | 石 | 土 | 石 | 土 | 石 | | | |
| 433.2 | 423.5 | 9.6 | 1.2 | 9.6 | 422.4 | | 1.2 | | | 1.2 | 422.4 |
| 339.2 | 56.1 | 283.1 | 56.1 | 283.1 | | | 56.1 | 165.7 | 石378.6(17m) | 56.1 | |
| 385.0 | 56.1 | 328.9 | 56.1 | 328.9 | | | 56.1 | 119.9 | | 56.1 | |
| 513.3 | 65.9 | 447.4 | 65.9 | 447.4 | | | 65.9 | 79.8 | | 65.9 | |
| 502.7 | 37.1 | 465.7 | 37.1 | 296.5 | | 169.2 | 37.1 | | | 37.1 | |
| 614.5 | 36.8 | 577.7 | 36.8 | 294.2 | | 283.5 | 36.8 | | | 36.8 | |
| 2787.9 | 675.4 | 2112.4 | 253.1 | 1659.7 | 422.4 | 452.7 | 253.1 | 365.3 | | 253.1 | 422.4 |
| 2787.9 | 675.4 | 2112.4 | 253.1 | 1659.7 | 422.4 | 452.7 | 253.1 | 365.3 | | 253.1 | 422.4 |

注：K56+876 有一处借土场可满足项目的借土需求量；弃土场在 3km 外。

## 2.1.2 路基土石方专业名词

表 2-1 中存在众多专业名词，下面对这部分专业名词进行解释。

### 1. 桩号

桩号是沿着路线的前进方向对道路的设计中心线每隔一定的距离进行编号，一般为 K×+×××的形式。例如，起点桩号为 K0+000，终点桩号为 K13+200，则表示这段路的长度为 13200m。常见的桩号还有千米桩、百米桩、50m 桩、20m 桩，上表中，起点桩号为 K56+880，终点桩号为 K56+910，路线长度 30m。

### 2. 填方面积、挖方面积

横断面中的挖方面积和填方面积是我们计算路基土石方工程量的数据，路基的横断面如图 2-1 所示。

桩点号下分别有 $A_w$ 和 $A_t$，分别对应挖方面积和填方面积。公路的横断面是指垂直于路线的前进方向所剖开的断面，挖方是指地面线高于设计线，需要从上往下开挖，从设计线到地面线之间形成的面积就是挖方面积，如图 2-1(a)所示。填方是指地面线低于设计线，需要从下往上填筑，从地面线到设计线之间形成的面积就是填方面积，如图 2-1(b)所示。

### 3. 平均断面法

平均断面法是公路工程用于计算路基土石方工程的计算方法。若相邻两断面均为填方或均为挖方且面积大小相近，则可假定两断面之间形成一个近似的棱柱体、土石方体积约为该棱柱体的体积。平均断面法的基本原理可以用图 2-2 来表达，桩号 K1 形成的挖方面积为 $S_{ABCD}$，桩号 K2 形成的挖方面积 $S_{abcd}$，连接两断面间的棱线，形成如图 2-2 所示的多棱柱，可

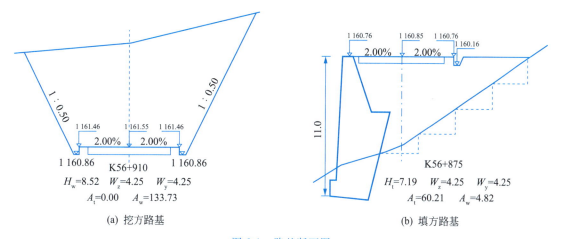

(a) 挖方路基　　　　　　　　　　(b) 填方路基

图 2-1　路基断面图

以用棱柱体积公式将这段挖方体积计算出来。

可以用下列公式近似地计算出图 2-1 所示的多棱柱的体积。

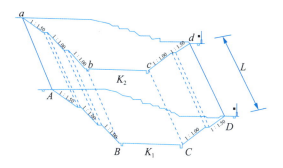

图 2-2　平均断面法

$$V = \frac{S_{ABCD} + S_{abcd}}{2} \times L \tag{2-1}$$

式中：$S_{ABCD}$——横断面 $K_1$ 的面积；

$S_{abcd}$——横断面 $K_2$ 的面积；

$L$——相邻横断面的距离。

填方体积计算方法同理。该方法计算出来的体积是有一定误差的，因此为了提高精度，要注意以下两点：①$S_{ABCD}$ 和 $S_{abcd}$ 所代表的是两个相邻横断面的面积，且同为挖方，或同为填方。②$L$ 的取值不宜过大，一般不超过 20m。

根据以上信息，可以计算 K56+875～K56+880 断面间的挖方量和填方量，如下所示。

$$V_{挖} = \frac{4.82 + 0}{2} \times 5 = 12.05 (m^3)$$

$$V_{填} = \frac{60.21 + 113.06}{2} \times 5 = 433.18 (m^3)$$

### 4. 利用方

在本项目施工段中,将挖出来的土石方运去填筑,那么这部分被运去填筑的土石方就是利用方,利用方包括本桩利用和远运利用。

本桩利用是指在相邻桩号内,既存在挖方,又存在填方,于是将挖出来的土石方直接用于填筑,这种利用方式称为本桩利用。本桩利用是最经济的一种施工方式,产生的土石方运输费很低甚至没有。若在相邻桩号内将挖方本桩利用后,仍有部分土石方多余,就称多余的土石方为挖余;同样,如果将相邻桩号内的土石方本桩利用后,仍有部分填方无法填满,那么就称未填满的这部分土石方为填缺,因此它们的数量关系如下所示。

本桩利用和挖土方组价

$$挖方 = 本桩利用 + 挖余 \tag{2-2}$$
$$填方 = 本桩利用 + 填缺 \tag{2-3}$$

远运利用就是在本桩利用完后,将挖余部分土石方运输到填缺进行填筑,这样合理利用了项目内的土石方,但远运利用方式会产生运输费,又因运输距离不会太远,所以运输成本不会太高。

### 5. 弃方和借方

纵观整个项目,若将本项目中所有的挖方拿去填筑,最后填方全部被填满,但还是出现超出的土石,那么超出的(或者不可利用的)土石方就只能弃掉,弃于弃土场,这部分超出的土石方称为弃方;若本项目中所有的挖方都拿去填筑,整个项目的填方仍有空缺,也就是说剩下的缺口已经无法通过本项目挖出来的土石方填满,那么只能去项目外的借土场进行外借,外借的这部分土石方称为借方。

根据理解,逻辑关系如图 2-3 所示。

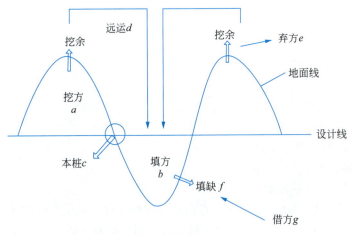

图 2-3 逻辑关系

若 $a > b$,则 $c = b$,存在 $d$,且 $d = b$,必然产生 $e$,$e = a - b$。
若 $a < b$,则 $c = a$,存在 $d$,且 $d = a$,必然产生 $g$,$e = b - a$。

值得注意的是,定额按开挖的难易程度将土壤、岩石分为六类。土壤分为三类:松土Ⅰ、普通土Ⅱ、硬土Ⅲ;岩石分为三类:软石Ⅳ、次坚石Ⅴ、坚石Ⅵ。每种土质所占挖方的百分比是由工程师对地质的勘察后得出的,造价员不得随意修改该比例。其中,松土是指砂类土、腐殖土、种植土、中密的黏性土及砂性土、松散的水分不大的黏土、含有 30mm 以下树根或灌木根的泥炭土等。它不具备回填的价值,因此松土一般都会弃置。

#### 6. 土石状态

天然方是指未经任何人工、机械扰动过的土(石)方,不同土(石)质都有着其特有的天然密实度。

压实方是指按照规范要求经过分层碾压夯实的土(石)。

根据《预算定额》第一章第一节说明(也可见本书 2.1.3 小节说明),当以填方压实体积为工程量,采用以天然密实方为计量单位的定额时,如路基填方为利用方,所采用的定额乘以下列系数;如路基填方为借方,则应在下列系数基础上增加 0.03 的损耗。状态转换系数如表 2-3 所示。

表 2-3　天然方与压实方的转换系数

| 公 路 等 级 | 土 方 | | | 石方 |
|---|---|---|---|---|
| | 松土 | 普通土 | 硬土 | |
| 二级及二级以上公路 | 1.23 | 1.16 | 1.09 | 0.92 |
| 三、四级公路 | 1.11 | 1.05 | 1.00 | 0.84 |

路基土石方的挖方体积是根据相邻断面的挖方面积计算出来的,如图 2-1(a)所示的断面图,平均断面法计算出来的体积应属于天然方,它是指将土层从地面线开挖到设计线,挖出来的土方都是未经扰动的土方,土方挖方按天然密实体积计算,石方爆破按天然密实体积计算。同理,如图 2-1(b)所示的断面图,通过平均断面法计算出来的体积应属于压实方,它是指将土石方从地面线回填碾压到设计线,这部分的填方应按夯(压)实后的体积计算。

## 2.1.3　土石方组价

#### 1. 土质路堑开挖施工工艺流程

土质路堑开挖施工工艺流程为:施工准备→场地清理→测量放样→施工堑顶截水沟→分层开挖→装运土石方→整修→路基成型。

#### 2. 土石方章节说明

本小节涉及《公路工程预算定额》(JTG/T 3832—2018)第一章第一节的相关定额,查阅定额章说明和节说明,章说明如下。

> 本章定额包括路基土、石方工程,特殊路基处理工程,排水工程和防护工程等项目。
> 土壤岩石类别划分如下:本章定额按开挖的难易程度将土壤、岩石分为六类。土壤分为三类:松土、普通土、硬土;岩石分为三类:软石、次坚石、坚石。
> 本章定额土、石分类与六级土、石分类和十六级土、石分类对照表如表 2-4 所示。

表 2-4  土石对照表

| 本章定额分类 | 松土 | 普通土 | 硬土 | 软石 | 次坚石 | 坚石 |
|---|---|---|---|---|---|---|
| 六级分类 | Ⅰ | Ⅱ | Ⅲ | Ⅳ | Ⅴ | Ⅵ |
| 十六级分类 | Ⅰ-Ⅱ | Ⅲ | Ⅳ | Ⅴ-Ⅵ | Ⅶ-Ⅸ | Ⅹ-ⅩⅥ |

《公路工程预算定额》(JTG/T 3832—2018)第一章第一节节说明如下。

(1)"人工挖运土石方""人工开炸石方""机械打眼开炸石方""控制爆破石方""抛坍爆破石方""挖掘机带破碎锤破碎石方"等定额中,已包括开挖边沟消耗的人工、材料和机械台班数量。因此,开挖边沟的数量应合并在路基土、石方数量内计算。

(2)各种开炸石方定额中,均已包括清理边坡工作。

(3)机械施工土、石方,挖方部分机械达不到,需要由人工完成的工程量由施工组织设计确定。其中,人工操作部分按相应定额乘以系数 1.15。

(4)抛坍爆破石方定额按地面横坡坡度划分,地面横坡变化复杂,为简化计算,凡变化长度在 20m 以内,以及零星变化长度累计不超过设计长度的 10% 时,可并入附近路段计算。

(5)自卸汽车运输路基土、石方定额项目和洒水汽车洒水定额项目,仅适用于平均运距在 15km 以内的土、石方或水的运输。当运距超过第一个定额运距单位时,其运距尾数不足一个增运定额单位的半数时不计;等于或超过半数时,按一个增运定额运距单位计算。当平均运距超过 15km 时,应按市场运价计算其运输费用。

(6)当需要清除路基加宽填筑部分时,按刷坡定额中普通土子目计算;当需要远运清除的土方时,按土方运输定额计算。

(7)下列数量应由施工组织设计提出,并入路基填方数量内计算。

① 清除表土或零填方地段的基底压实、耕地填前夯(压)实后,回填至原地面高程所需的土、石方数量。

② 因路基沉陷需要增加填筑的土、石方数量。

③ 为保证路基边缘的压实度须加宽填筑时,所需的土、石方数量。

(8)工程量计算规则。

① 土石方体积的计算。

除定额中另有说明者外,土方挖方按天然密实体积计算,填方按夯(压)实后的体积计算;石方爆破按天然密实体积计算。当以填方压实体积为工程量,采用以天然密实方为计量单位的定额时,如路基填方为利用方,所采用的定额乘以下列系数,如表 2-5 所示;如路基填方为借方,则应在下列系数基础上增加 0.03 的损耗。

表 2-5  土石系数换算表

| 公路等级 | 土方 | | | 石方 |
|---|---|---|---|---|
| | 松土 | 普通土 | 硬土 | |
| 二级及二级以上公路 | 1.23 | 1.16 | 1.09 | 0.92 |
| 三、四级公路 | 1.11 | 1.05 | 1.00 | 0.84 |

② 零填及挖方地段基底压实面积等于路槽底面的宽度(m)和长度(m)的乘积。
③ 抛坍爆破的工程量,按设计的抛坍爆破石方体积计算。
④ 整修边坡的工程量,按公路路基长度计算。

### 3. 挖土方

组价时,应先套清单,再套定额。挖土方的清单项如表2-6所示。

表2-6 203 挖方路基

| 子目号 | 子目名称 | 单位 | 工程量计量 | 工程内容 |
|---|---|---|---|---|
| 203 | 挖方路基 | | | |
| 203-1 | 路基开挖 | | | |
| -a | 挖土方 | m³ | 1. 依据图纸所示地面线、路基设计横断面图、路基土石比例,采用平均断面面积法计算,包括边沟、排水沟、截水沟的土方,按照天然密实体积以立方米为单位计量;<br>2. 路床顶面以下挖松深300mm再压实,作为挖土方的附属工作,不另行计量;<br>3. 取弃土场的绿化、防护工程、排水设施在相应章节内计量 | 1. 挖、装、运输、卸车;<br>2. 填料分理、弃土整型、压实;<br>3. 施工排水处理;<br>4. 边坡整修,路床顶面以下挖松深300mm再压实,路床清理 |

结合2.1.1路基土石方工程量数量表清单工程量计量中明确要求用平均断面面积法计算的断面间的体积,工程量应为普通土与松土之和:253+253=506(m³)。

挖工作:在《预算定额》的路基工程中选择可以提供土方开挖的定额,可供选择的定额如下:1-1-6人工挖运土方和1-1-9挖掘机挖装土方,公路项目中一般以大型机械来进行施工,机械达不到的地方,才由人工处理。因此,首选挖掘机施工,挖掘机对应的定额如表2-7所示。

表2-7 1-1-9 挖掘机挖装土、石方

工程内容 挖掘机就位,开辟工作面,挖土或爆破后石方,装车,移位,清理工作面。

单位:1000m³ 天然密实方

| 顺序号 | 项目 | 单位 | 代号 | 挖装土方 | | | | | | | | |
|---|---|---|---|---|---|---|---|---|---|---|---|---|
| | | | | 斗容量/m³ | | | | | | | | |
| | | | | 0.6以内 | | | 1.0以内 | | | 2.0以内 | | |
| | | | | 松土 | 普通土 | 硬土 | 松土 | 普通土 | 硬土 | 松土 | 普通土 | 硬土 |
| | | | | 1 | 2 | 3 | 4 | 5 | 6 | 7 | 8 | 9 |
| 1 | 人工 | 工日 | 1001001 | 2.7 | 3.1 | 3.4 | 2.7 | 3.1 | 3.4 | 2.7 | 3.1 | 3.4 |
| 2 | 0.6m³以内履带式液压单斗挖掘机 | 台班 | 8001025 | 2.7 | 3.16 | 3.64 | | | | | | |

续表

| 顺序号 | 项　目 | 单位 | 代　号 | 挖装土方 ||||||||| 
|---|---|---|---|---|---|---|---|---|---|---|---|---|
| | | | | 斗容量/m³ ||||||||| 
| | | | | 0.6 以内 ||| 1.0 以内 ||| 2.0 以内 ||| 
| | | | | 松土 | 普通土 | 硬土 | 松土 | 普通土 | 硬土 | 松土 | 普通土 | 硬土 |
| | | | | 1 | 2 | 3 | 4 | 5 | 6 | 7 | 8 | 9 |
| 3 | 1.0m³ 以内履带式液压单斗挖掘机 | 台班 | 8001027 | | | | 1.7 | 1.98 | 2.26 | | | |
| 4 | 2.0m³ 以内履带式液压单斗挖掘机 | 台班 | 8001030 | | | | | | | 1.14 | 1.3 | 1.47 |
| 5 | 基价 | 元 | 9999001 | 2535 | 2960 | 3391 | 2318 | 2696 | 3062 | 1998 | 2281 | 2568 |

注：土方不装车时，应乘以系数 0.87。

选择最大斗容量的挖掘机进行施工，若实际施工并非采用 2m³ 斗容量的挖掘机施工，也对组价没有任何影响，其解释可见《预算定额》总说明第四条。根据工程数量表，松土应选择 1-1-9-7 2.0m³ 以内挖掘机挖装松土，工程量为 253m³。普通土选择 1-1-9-8 2.0m³ 以内挖掘机挖装普通土，工程量为 253m³。

装工作：定额 1-1-9 挖掘机挖装土、石方的工作中已经包括了装车工作，不需要额外套装土定额。在 1-1-9 定额注释中明确提到"土方不装车时，应乘以系数 0.87"，已知不需要自卸汽车运输，就不需要装车费用，也就是说普通土对应的 1-1-9-8 定额，整体应乘以 0.87 的系数，因为普通土全部都进行了本桩利用，不需要装车费，只有软土才需要装车弃运。在纵横软件中，"定额调整"的"附注条件"项可以直接勾选"土方不装车"进行系数调整。

运输工作：本项目无远运利用的土方，但存在弃土方，因此需要对弃方运输进行组价，案例要求弃方运输距离 3km。在《预算定额》的路基工程中选择可以提供土方运输的定额，可供选择的定额如下：1-1-8 机动翻斗车、手扶拖拉机配合人工运土；1-1-11 自卸汽车运土；1-1-13 铲运机铲运土方。但能进行长距离、大体量运输的只有 1-1-11 自卸汽车运土。具体工料机内容如表 2-8 所示。

表 2-8　1-1-11 自卸汽车运土、石方

工程内容　①等待装、运、卸；②空回。　　　　　　　　　　　　　　　　　单位：1000m³ 天然密实方

| 顺序号 | 项目 | 单位 | 代号 | 土方 自卸汽车装卸质量/t | | | | | | | | | |
|---|---|---|---|---|---|---|---|---|---|---|---|---|---|
| | | | | 10 以内 | | 12 以内 | | 15 以内 | | 20 以内 | | 30 以内 | |
| | | | | 第一个 1km | 每增运 0.5km | 第一个 1km | 每增运 0.5km | 第一个 1km | 每增运 0.5km | 第一个 1km | 每增运 0.5km | 第一个 1km | 每增运 0.5km |
| | | | | 5 | 6 | 7 | 8 | 9 | 10 | 11 | 12 | 13 | 14 |
| 1 | 10t 以内自卸汽车 | 台班 | 8007015 | 6.82 | 0.83 | — | — | — | — | — | — | — | — |
| 2 | 12t 以内自卸汽车 | 台班 | 8007016 | — | — | 5.96 | 0.72 | — | — | — | — | — | — |
| 3 | 15t 以内自卸汽车 | 台班 | 8007017 | — | — | — | — | 5.01 | 0.58 | — | — | — | — |
| 4 | 20t 以内自卸汽车 | 台班 | 8007019 | — | — | — | — | — | — | 3.84 | 0.43 | — | — |
| 5 | 30t 以内自卸汽车 | 台班 | 8007020 | — | — | — | — | — | — | — | — | 2.88 | 0.32 |
| 6 | 基价 | 元 | 9999001 | 5178 | 630 | 5015 | 606 | 4643 | 538 | 4303 | 482 | 3906 | 434 |

选择 1-1-11-13 30t 以内自卸汽车运土 1km，在使用该定额时，查看《预算定额》第一章第一节说明："5. 自卸汽车运输路基土、石方定额项目和洒水汽车洒水定额项目，仅适用于平均运距在 15km 以内的土、石方或水的运输。当运距超过第一个定额运距单位时，其运距尾数不足一个增运定额单位的半数时不计；等于或超过半数时，按一个增运定额运距单位计算。当平均运距超过 15km 时，应按市场运价计算其运输费用。"其中明确提到，超过 1km 基础运距时，需要套用增运定额，则应考虑套一个 1-1-11-13，再添加 4 个 1-1-11-14 30t 以内自卸汽车运土每增运 0.5km（平均运距 15km 以内）。下面的例题讲解不同运距的运费基价计算。

【例 2-1】　自卸汽车一直作为运输工具对弃方进行运输，定额如下。

1-1-11-13 30t 以内自卸汽车运土 1km 基价 3906 元。

1-1-11-14 30t 以内自卸汽车运土每增运 0.5km(平均运距 15km 以内)434 元;那么路基挖方弃土外运 3km,运费基价是多少?

【解】 选择 1-1-11-13,基础运距 1km,基价 3906 元,还剩 2km 长度,需要用增运定额补充剩余距离,一个增运定额只能提供 0.5km,因此需要 2÷0.5=4(个)增运定额。

最后自卸汽车运输 3km,基价应为 3906+434×4=5642(元)。

纵横软件对挖土方的组价如图 2-4 所示。

| 清单编号 | 名称 | 单位 | 清单数量 | 清单单价 | 金额(F) | 备注 | 单价分析 | 专项暂定 |
|---|---|---|---|---|---|---|---|---|
| ⊟ 203-1 | 路基挖方 | | | | 103,142 | | ☑ | ☐ |
| -a | 挖土方 | m³ | 506.000 | 5.64 | 2,854 | | ☑ | ☐ |

| 编号 | 名称 | 单位 | 工程量 | 工程类别 | 调整状态 | 子目单价 | 单价 | 基价 | 建安费 | 利润 | | 税金 | |
|---|---|---|---|---|---|---|---|---|---|---|---|---|---|
| 1-1-9-7 | 2.0m³ 以内挖掘机挖装松土 | 1000m³天然密实方 | 0.253 | (01)土方 | | 1.17 | 2343.87 | | 593 | ☑ | 38 | ☑ | 49 |
| 1-1-9-8 | 2.0m³ 以内挖掘机挖装普通土 | 1000m³天然密实方 | 0.253 | (01)土方 | 定额×0.87 | 1.16 | 2328.06 | | 589 | ☑ | 37 | ☑ | 49 |
| 1-1-11-13 | 30t 以内自卸汽车运土 3km(弃松土) | 1000m³天然密实方 | 0.253 | (03)运输 | +14×4 | 3.3 | 6604.74 | | 1671 | ☑ | 106 | ☑ | 138 |

图 2-4 纵横软件对挖土方的组价

挖方填方组价

#### 4. 土方路堤施工工艺流程

土方路堤施工工艺流程:测量放样→清表施工→填前处理(换填及压实)→分层摊铺→整平→分层碾压→整修→路基成型。

#### 5. 利用土方

作为路基填筑的清单项有利用土方和借土填方,首先讨论利用土方,利用土方的清单项如表 2-9 所示。

表 2-9 利用土方清单项

| 子目号 | 子目名称 | 单位 | 工程量计量 | 工程内容 |
|---|---|---|---|---|
| 204 | 填方路基 | | | |
| 204-1 | 路基填筑(包括填前压实) | | | |
| -a | 利用土方 | m³ | 1. 依据图纸所示地面线、路基设计横断面图,按平均断面面积法计算压实的体积,以立方米为单位计量;<br>2. 当填料中石料含量小于 30% 时,适用于本条;<br>3. 满足施工需要,预留路基宽度宽填的填方量作为路基填筑的附属工作,不另行计量;<br>4. 填前压实、地面下沉增加的填方量按填料来源参照本条计量 | 1. 基底翻松、压实、挖台阶;<br>2. 临时排水、翻晒;<br>3. 分层摊铺;<br>4. 洒水、压实、刷坡;<br>5. 整型 |

清单解读:清单工程量计量要求中明确要按平均断面面积法计算工程量,且为压实体积。工程数量表数据是设计师提供的,通过核算后发现,填土方的工程量数据不能直接使用,因为天然方和压实方状态不同,不能直接加减,造价员需要对工程量进行核算,数据修正方法见例2-2。

【例 2-2】 根据工程数量表的内容,调配表的调配方式,计算利用土方清单工程量。

【解】 K56+875~K56+880 段内有 $1.2m^3$ 天然土和 $9.6m^3$ 天然石可回填利用,总填方量需要 $433.2m^3$ 的压实方,除本桩以外的缺量需要外借土方,那么本段借方量计算如下。

本段回填土压实体积:$V_{填土}=433.2-9.6÷0.92=422.7(m^3)$

本段填缺和借土压实体积:$V_{填缺}=422.7-1.04=421.6(m^3)=V_{借土}$

K56+880~K56+910 段内可供利用的土方全是挖的普通土,该数据应是天然方,结合 K56+875~K56+880 段内有 $1.2m^3$ 天然土可以进行本桩利用,本项目整体利用土方压实体积:

$$V_{利用土方}=(1.2+56.1+56.1+65.9+37.1+36.8)÷1.16=218.2m^3$$

所以利用土方清单工程量应为 $218.2m^3$,借土填方的工程量为 $421.6m^3$。

1) 填前压实

耕地填前压实是指为了保证基底的压实度,路基清表后要对原地面进行碾压夯实。在《预算定额》的路基工程中选择用于填前压实的定额,假设本项目在利用土方段内存在填前压实,且水平投影面积为 $10m^2$,《预算定额》中可供选择的定额有 1-1-5 填前压实及填前挖松,对应的工料机表如表 2-10 所示。

表 2-10 1-1-5 填前夯(压)实及填前挖松

工程内容 填前夯(压)实:原地面平整,夯(压)实。 单位:$1000m^3$

| 顺序号 | 项目 | 单位 | 代号 | 填前夯(压)实 | | | | 填前挖松 |
|---|---|---|---|---|---|---|---|---|
| | | | | 人工夯实 | 履带式拖拉机 功率/kW | | 12~15t 光轮压路机 | |
| | | | | | 75 以内 | 120 以内 | | |
| | | | | 1 | 2 | 3 | 4 | 5 |
| 1 | 人工 | 工日 | 1001001 | 25.8 | 2 | 2 | 2 | 4.9 |
| 2 | 75kW 以内履带式拖拉机 | 台班 | 8001066 | — | 0.16 | — | — | — |
| 3 | 120kW 以内履带式拖拉机 | 台班 | 8001068 | — | — | 0.11 | — | — |
| 4 | 12~15t 光轮压路机 | 台班 | 8001081 | — | — | — | 0.27 | — |
| 5 | 基价 | 元 | 9999001 | 2742 | 317 | 333 | 371 | 521 |

注:水夯(压)实时如需用水,备水费用另行计算;二级及二级以上公路的填前压实,应采用压路机压实。

根据注释要求选用定额 1-1-5-4 填前 12~15t 光轮压路机压实,《预算定额释义手册》中对定额工程量计算规则要求"按照压实地面的水平投影面积计算",定额工程量为 $10m^2$。

2）挖台阶

地面自然横坡陡于1∶5或纵坡陡于12%时，应将原地面挖成台阶。本项目案例中开挖台阶的工程量需要到设计图纸上量取计算，计算结果为K56+875～K56+880段内107.2m²，归入借土填方中计价；K56+880～K56+910段内245.8m²，归入利用土方中计价。

在《预算定额》的路基工程中选择用于挖台阶的定额，可供选择的定额有1-1-4挖土质台阶，对应的工料机表如表2-11所示。

表2-11　1-1-4挖土质台阶

工程内容　①画线挖土，台阶宽不小于1m；②将土抛到填方处。　　　　　　单位：1000m²

| 顺序号 | 项目 | 单位 | 代号 | 人工挖台阶 | | | 挖掘机挖台阶 | | |
|---|---|---|---|---|---|---|---|---|---|
| | | | | 松土 | 普通土 | 硬土 | 松土 | 普通土 | 硬土 |
| | | | | 1 | 2 | 3 | 4 | 5 | 6 |
| 1 | 人工 | 工日 | 1001001 | 17.4 | 28.1 | 43.7 | 1.6 | 1.9 | 2.1 |
| 2 | 1.0m³以内履带式液压单斗挖掘机 | 台班 | 8001027 | — | — | — | 1.12 | 1.3 | 1.49 |
| 3 | 基价 | 元 | 9999001 | 1849 | 2986 | 4644 | 1508 | 1755 | 2004 |

根据土质要求选用定额1-1-4-4挖掘机挖土质台阶松土，《预算定额释义手册》中工程量计算规则要求"按设计需要开挖的台阶面积进行计算"，结合项目图纸信息，利用方段内存在挖台阶的工程量为245.8m²。

3）路基碾压

在《预算定额》的路基工程中选择用于碾压路基的定额为1-1-18机械碾压路基，如表2-12所示。

表2-12　1-1-18机械碾压路基

工程内容　填方路基：①机械整平土方，机械解小并摊平石方；②拖式羊足碾回转碾压；③压路机前进、后退、往复碾压。

Ⅰ．填方路基　　　　　　　　　　　　　　单位：1000m³压实方

| 顺序号 | 项目 | 单位 | 代号 | 碾压土方 | | | | | | | |
|---|---|---|---|---|---|---|---|---|---|---|---|
| | | | | 高速、一级公路 | | | | 二级公路 | | | |
| | | | | 光轮压路机 | | 振动压路机 | | 光轮压路机 | | 振动压路机 | |
| | | | | 机械自身质量/t | | | | | | | |
| | | | | 12～15 | 18～21 | 10以内 | 15以内 | 20以内 | 12～15 | 18～21 | 10以内 | 15以内 |
| | | | | 1 | 2 | 3 | 4 | 5 | 6 | 7 | 8 | 9 |
| 1 | 人工 | 工日 | 1001001 | 2.1 | 2.1 | 2.1 | 2.1 | 2.1 | 2.1 | 2.1 | 2.1 | 2.1 |
| 2 | 105kW以内屈带式推土机 | 台班 | 8001004 | (1.2) | (1.2) | (1.2) | (1.2) | (1.2) | (1.2) | (1.2) | (1.2) | (1.2) |

续表

| 顺序号 | 项目 | 单位 | 代号 | 碾压土方 | | | | | | | | |
|---|---|---|---|---|---|---|---|---|---|---|---|---|
| | | | | 高速、一级公路 | | | | | 二级公路 | | | |
| | | | | 光轮压路机 | | 振动压路机 | | | 光轮压路机 | | 振动压路机 | |
| | | | | 机械自身质量/t | | | | | | | | |
| | | | | 12~15 | 18~21 | 10以内 | 15以内 | 20以内 | 12~15 | 18~21 | 10以内 | 15以内 |
| | | | | 1 | 2 | 3 | 4 | 5 | 6 | 7 | 8 | 9 |
| 3 | 120kW以内自行式平地机 | 台班 | 8001058 | 1.47 | 1.47 | 1.47 | 1.47 | 1.47 | 1.47 | 1.47 | 1.47 | 1.47 |
| 4 | 12~15t 光轮压路机 | 台班 | 8001081 | 4.61 | — | — | — | — | 3.61 | — | — | — |
| 5 | 18~21t 光轮压路机 | 台班 | 8001083 | — | 3.48 | — | — | — | — | 2.64 | — | — |
| 6 | 10t以内振动压路机(单钢轮) | 台班 | 8001088 | — | — | 3.1 | — | — | — | — | 2.25 | — |
| 7 | 15t以内振动压路机(单钢轮) | 台班 | 8001089 | — | — | — | 2.48 | — | — | — | — | 1.65 |
| 8 | 20t以内振动压路 | 台班 | 8001090 | — | — | — | — | 1.72 | — | — | — | — |
| 9 | 基价 | 元 | 9999001 | 4677 | 4591 | 4772 | 4645 | 4493 | 4090 | 3958 | 4004 | 3750 |

二级公路的路基碾压,应根据设计说明中对路基碾压机械的要求来选用定额,若设计无要求,定额 1-1-18-6~1-1-18-9 可任选其一,本案例项目选用定额 1-1-18-7 二级公路填方路基 18~21t 光轮压路机碾压土方,定额工程量要求"按设计需要压实的土、石方的压实体积计算工程量",定额工程量为与清单工程量一致的 218.2m³。

纵横软件对利用土方的组价如图 2-5 所示。

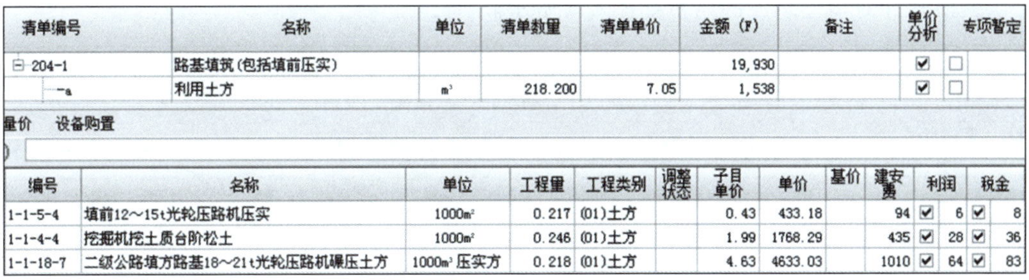

图 2-5 纵横软件对利用土方的组价

### 6. 借土填方

借土填方的清单项如表 2-13 所示。

表 2-13 借土填方的清单项

| 子目号 | 子目名称 | 单位 | 工程量计量 | 工程内容 |
|---|---|---|---|---|
| 204 | 填方路基 | | | |
| 204-1 | 路基填筑（包括填前压实） | | | |
| -d | 借土填方 | m³ | 1. 依据图纸所示地面线、路基设计横断面图，按平均断面面积法计算压实的体积，以立方米为单位计量；<br>2. 借土场绿化、防护工程、排水设施、临时用地在相应章节内计量；<br>3. 满足施工需要，预留路基宽度宽填的填方量作为路基填筑的附属工作，不另行计量；<br>4. 地面下沉增加的填方量按填料来源参照本条计量 | 1. 借土场场地清理、清除不适用材料；<br>2. 简易便道、基底翻松、压实、挖台阶；<br>3. 挖、装、运输、卸车；<br>4. 分层摊铺；<br>5. 洒水、压实、刷坡；<br>6. 施工排水处理；<br>7. 整型 |

借土填方清单工程量也要求"按平均断面面积法计算压实的体积，以立方米为单位计量"，根据利用土方的计算可得，借土填方的清单工程量为 421.6m³，借土场的场地费用、通行便道、挡防绿化等单独考虑。

挖、装、运输、卸车几项工作是针对需要借土部分的方量来考虑的，借土开挖应按照天然方计算，同时，《预算定额》中第一章第一节明确提到借方量应在天然方的基础上增加 0.03 的损耗，因此，借土开挖的工程量应如下。

$$421.6 \times (1.16 + 0.03) = 501.6 (m^3)$$

根据设计图纸信息可得，借土段内开挖台阶定额工程量为 107.2m²。

二级公路的路基碾压，定额 1-1-18-7 二级公路填方路基 18～21t 光轮压路机碾压土方的定额工程量为 421.6m³。

纵横软件对借土填方的组价如图 2-6 所示。

| 清单编号 | 名称 | 单位 | 清单数量 | 清单单价 | 金额(F) | 备注 | 单价分析 | 专项暂定 | 锁定 |
|---|---|---|---|---|---|---|---|---|---|
| -d | 借土填方 | m³ | 421.600 | 13.79 | 5,814 | | ✓ | □ | □ |

| 编号 | 名称 | 单位 | 工程量 | 工程类别 | 调整状态 | 子目单价 | 单价 | 基价 | 建安费 | 利润 | | 税金 | |
|---|---|---|---|---|---|---|---|---|---|---|---|---|---|
| 1-1-4-5 | 挖掘机挖土质台阶普通土 | 1000m² | 0.107 | (01)土方 | | 0.52 | 2056.07 | | 220 | ✓ | 14 | ✓ | 18 |
| 1-1-18-7 | 二级公路填方路基 18～21t 光轮压路机碾压土方 | 1000m³ 压实方 | 0.422 | (01)土方 | | 4.64 | 4632.70 | | 1955 | ✓ | 124 | ✓ | 161 |
| 1-1-9-8 | 2.0m³ 以内挖掘机挖装普通土 | 1000m³ 天然密实方 | 0.502 | (01)土方 | | 3.18 | 2671.31 | | 1341 | ✓ | 85 | ✓ | 111 |
| 1-1-11-13 | 30t 以内自卸汽车运土1km | 1000m³ 天然密实方 | 0.502 | (03)运输 | | 5.45 | 4575.70 | | 2297 | ✓ | 146 | ✓ | 190 |

图 2-6 纵横软件对借土填方的组价

### 7. 挖石方

挖石方的清单项如表 2-14 所示。

表 2-14　203 挖方路基

| 子目号 | 子目名称 | 单位 | 工程量计量 | 工程内容 |
|---|---|---|---|---|
| 203 | 挖方路基 | | | |
| 203-1 | 路基开挖 | | | |
| -b | 挖石方 | m³ | 1. 依据图纸所示地面线、路基设计横断面图、路基土石比例，按平均断面面积法计算，包括边沟、排水沟、截水沟的石方，按照天然体积以立方米为单位计量；<br>2. 弃土场绿化、防护工程、排水设施在相应章节内计量 | 1. 石方爆破；<br>2. 挖、装、运输、卸车；<br>3. 填料分理、弃土整型、压实；<br>4. 施工排水处理；<br>5. 边坡整修、路床顶面凿平或填平压实、路床清理 |

清单工程量计量规则中明确要求"按平均断面面积法计算"，挖石方的工程量应为软石和次坚石体积之和，工程量计算为 $1012.5+1012.5=2025(m^3)$。

1) 石方开挖

石方爆破：在《预算定额》路基工程中选择爆破开挖的定额，这些定额有 1-1-14 开炸石方、1-1-15 控制爆破石方、1-1-16 抛坍爆破石方，若设计无明确要求用控制爆破、抛坍爆破，则采用开炸石方即可，若设计明确要求石质较软，无须爆破，采用 1-1-17 挖掘机带破碎锤破碎石方也行，本案例项目采用 1-1-14 开炸石方，其对应的定额工料机如表 2-15 所示。

表 2-15　1-1-14 开炸石方

工程内容　人工开炸：①选炮位、打眼、清眼；②装药、填塞；③安全警戒；④引爆及检查结果；⑤排险；⑥撬落、撬移、解小。

机械开炸：①开工作面、收放皮管、换钻头钻杆；②选炮位、钻眼、清眼；③装药、填塞；④安全警戒；⑤引爆及检查结果；⑥排险；⑦撬落、撬移、解小。

单位：1000m³ 天然密实方

| 顺序号 | 项目 | 单位 | 代号 | 人工打眼 | | | 机械打眼 | | |
|---|---|---|---|---|---|---|---|---|---|
| | | | | 软石 | 次坚石 | 坚石 | 软石 | 次坚石 | 坚石 |
| | | | | 1 | 2 | 3 | 4 | 5 | 6 |
| 1 | 人工 | 工日 | 1001001 | 143.3 | 202.9 | 297.0 | 33.5 | 51.3 | 77 |
| 2 | 钢钎 | kg | 2009002 | 18.0 | 36.0 | 45.0 | — | — | — |
| 3 | 空心钢钎 | kg | 2009003 | — | — | — | 9 | 18 | 27 |
| 4 | φ50mm 以内合金钻头 | 个 | 2009004 | — | — | — | 17 | 25 | 32 |
| 5 | 煤 | t | 3005001 | 0.171 | 0.207 | 0.27 | — | — | — |

续表

| 顺序号 | 项目 | 单位 | 代号 | 人工打眼 | | | 机械打眼 | | |
|---|---|---|---|---|---|---|---|---|---|
| | | | | 软石 | 次坚石 | 坚石 | 软石 | 次坚石 | 坚石 |
| | | | | 1 | 2 | 3 | 4 | 5 | 6 |
| 6 | 硝铵炸药 | kg | 5005002 | 132.5 | 180 | 228.3 | 129 | 179 | 228.3 |
| 7 | 非电毫秒雷管 | 个 | 5005008 | 152 | 196 | 320 | 148 | 195 | 320 |
| 8 | 导爆索 | m | 5005009 | 81 | 104 | 126 | 79 | 103 | 126 |
| 9 | 其他材料费 | 元 | 7801001 | 12.1 | 17.7 | 22.2 | 17.6 | 25.6 | 33.1 |
| 10 | $9m^3/mim$ 以内机动空压机 | 台班 | 8017049 | — | — | — | 4.59 | 7.1 | 11.88 |
| 11 | 小型机具使用费 | 元 | 8099001 | — | — | — | 239.8 | 434 | 728.8 |
| 12 | 基价 | 元 | 9999001 | 17684 | 24913 | 36026 | 9896 | 14907 | 22695 |

开炸石方定额工程量按照天然方计算,选择 1-1-14-4 机械打眼开炸软石,定额工程量为 1012.5 $m^3$;选择 1-1-14-5 机械打眼开炸次坚石,定额工程量为 1012.5 $m^3$。

2) 利用方计算

在讲解石方的本桩利用前,得先讲解本案例需要填筑的石方(压实)总量才行。首先,工程数量表给出的总挖方量和总填方量是根据平均断面法计算的,数据正确,但挖方量的状态属性为天然状态,填方量的状态属性为压实状态,在状态不同的情况下直接对填挖量进行加减得出的数据就是错误的,造价员在计量计价的时候,一定要先自行进行核算,核算正确后才能进行组价。下面先来计算路基填筑需要的石方量。

已知本项目可以分为两段。

(1) K56+875~K56+880 段:本桩利用只有 9.6 $m^3$(天然方)的石方,无远运利用和弃方。

(2) K56+880~K56+910 段:本桩利用只有先把少量的普通土利用完后,才能用石方回填剩余的部分。填方的填石总量需要核算,以 K56+880~K56+886 为例,因填土 56.1 $m^3$ 为天然状态的普通土,则填石方应为

$$V_{填石(K56+880\sim K56+886)} = 339.2 - \frac{56.1}{1.16} = 290.8(m^3)(压实方)$$

依次类推,K56+886~K56+892 的填石量为 336.6 $m^3$(压实方);K56+892~K56+900 的填石量为 456.5 $m^3$(压实方);K56+900~K56+904.5 的填石量为 470.8 $m^3$(压实方);K56+904.5~K56+910 的填石量为 582.8 $m^3$(压实方)。计算出整个项目的填石量为

$$V_{填石} = 290.8 + 336.6 + 456.5 + 470.8 + 582.8 + \frac{9.6}{0.92} = 2148(m^3)(压实方)$$

本桩利用石方可以分为三段。

(1) K56+875~K56+880 段:本桩利用 9.6 $m^3$(天然方)的石方,无远运利用和弃方。

（2）K56+880～K56+900 段：该部分挖方大于填方，填方能被填满，本桩利用的石方就是填石量，分别为 290.8m³、336.6m³、456.5m³，总计利用石方 1084m³（压实方）考虑多余的挖方放远运到(3)段进行填筑，则(2)段总的挖余量计算如下。

$$V_{(K56+880～K56+900)挖石}=(224.4+224.4+263.5)\times 2=1424.6(m^3)（天然方）$$

$$V_{(K56+880～K56+900)挖余}=1424.6\div 0.92-1084=464.6(m^3)（压实方）$$

（3）K56+900～K56+910 段：该部分填方大于挖方，挖出的石方能被全部利用本桩利用后仍有缺方，考虑用(2)段挖余的石方，计算如下。

$$V_{(K56+900～K56+910)挖石}=148.2+148.2+147.1+147.1=590.6(m^3)（天然方）$$

$$V_{(K56+900～K56+910)缺方}=(470.8+582.8)\times 0.92-590.6=378.6(m^3)（天然方）$$

综上，远运利用可将 K56+880～K56+900 段的挖余运到 K56+900～K56+910 段，即将挖余的 464.6m³ 压实方的石方进行运输，平均运距 17m，但填缺中只需要 148.5+263=411.5（压实方）（或者 378.6（天然方）），因此实际远运石方量为 411.5（压实方）（或者 378.6（天然方）），剩下的石方 $V_{弃方石方}=464.6\times 0.92-378.6=48.8m^3$（天然方）应弃掉。最后，本桩利用体积为 2148-411.5=1736.5（压实方）（或者 1597.6（天然方））。

3）利用方组价

本桩利用可根据实际情况选择不需要运距，或只需要推土机横向运输即可。本案例项目选择用推土机横向运输，软石和次坚石各占一半，推土机推石对应的定额工料机表如表 2-16 所示。

本桩利用组价

表 2-16  1-1-12 推土机推土、石方

工程内容 推石方：①推运爆破后石方；②空回；③整理。　　　　单位：1000m³ 天然密实方

| 顺序号 | 项目 | 单位 | 代号 | 石方 ||||||||||||
|---|---|---|---|---|---|---|---|---|---|---|---|---|---|---|---|
| | | | | 推土机功率/kW ||||||||||||
| | | | | 165 以内 |||||| 240 以内 ||||||
| | | | | 第一个 20m ||| 每增运 10m ||| 第一个 20m ||| 每增运 10m |||
| | | | | 软石 | 次坚石 | 坚石 | 软石 | 次坚石 | 坚石 | 软石 | 次坚石 | 坚石 | 软石 | 次坚石 | 坚石 |
| | | | | 37 | 38 | 39 | 40 | 41 | 42 | 43 | 44 | 45 | 46 | 47 | 48 |
| 1 | 人工 | 工日 | 1001001 | 3.2 | 3.6 | 3.9 | — | — | — | 3.2 | 3.6 | 3.9 | — | — | — |
| 2 | 165kW 以内履带式推土机 | 台班 | 8001007 | 1.42 | 1.58 | 1.79 | 0.44 | 0.49 | 0.53 | — | — | — | — | — | — |

续表

| 顺序号 | 项目 | 单位 | 代号 | 石方 ||||||||||
|---|---|---|---|---|---|---|---|---|---|---|---|---|---|
| | | | | 推土机功率/kW ||||||||||
| | | | | 165 以内 ||||| 240 以内 |||||
| | | | | 第一个 20m ||| 每增运 10m ||| 第一个 20m ||| 每增运 10m ||
| | | | | 软石 | 次坚石 | 坚石 | 软石 | 次坚石 | 坚石 | 软石 | 次坚石 | 坚石 | 软石 | 次坚石 | 坚石 |
| | | | | 37 | 38 | 39 | 40 | 41 | 42 | 43 | 44 | 45 | 46 | 47 | 48 |
| 3 | 240kW以内履带式推土机 | 台班 | 8001008 | — | — | — | — | — | — | 1 | 1.12 | 1.23 | 0.32 | 0.35 | 0.38 |
| 4 | 基价 | 元 | 9999001 | 3031 | 3377 | 3806 | 834 | 929 | 1004 | 2695 | 3021 | 3311 | 754 | 824 | 895 |

注：上坡推运的坡度大于10%时，按坡面的斜距乘以表列系数作为运距，如表2-17所示。

表 2-17 推土机系数

| 坡度 $i$/% | 10＜$i$≤20 | 20＜$i$≤25 | 25＜$i$≤30 |
|---|---|---|---|
| 系数 | 1.5 | 2.0 | 2.5 |

挖出来的石方既有软石，又有次坚石，选择功率最大的定额 1-1-12-44 240kW 以内推土机推次坚石 20m 和 1-1-12-43 240kW 以内推土机推软石 20m，工程量各为天然状态下的 798.8m³。

远运利用和弃方组价

4) 远运利用组价

石方运输可以考虑推土机推石，基础运距 20m，辅助 10m 的增运定额；也可以考虑自卸汽车运石，基础运距 1km，辅助 0.5km 的增运定额。本路基 378.6m³ 天然方的石方需要进行远运利用，平均运距 17m，选用推土机即可。因此，再次选用定额 1-1-12-44 240kW 以内推土机推次坚石 20m 和 1-1-12-43 240kW 以内推土机推软石 20m，工程量各为天然状态下的 189.3m³。

5) 弃方组价

弃方应采用自卸汽车运输，运输前需要装车，可以采用挖掘机或装载机装车，此处推荐使用装载机装车，定额工料机表如表 2-18 所示。

**表 2-18 1-1-10 装载机装土、石方**

工程内容 ①铲装土方或爆破后石方；②装车；③调位；④清理工作面。

单位：1000m³ 天然密实方

| 顺序号 | 项目 | 单位 | 代号 | 土方 | | | 软石 | | | 次坚石、坚石 | | |
|---|---|---|---|---|---|---|---|---|---|---|---|---|
| | | | | 装载机斗容量/m³ | | | | | | | | |
| | | | | 1 以内 | 2 以内 | 3 以内 | 1 以内 | 2 以内 | 3 以内 | 1 以内 | 2 以内 | 3 以内 |
| | | | | 1 | 2 | 3 | 4 | 5 | 6 | 7 | 8 | 9 |
| 1 | 1m³ 以内轮胎式装载机 | 台班 | 8001045 | 2.49 | — | — | 3.79 | — | — | 5.02 | — | — |
| 2 | 2m³ 以内轮胎式装载机 | 台班 | 8001047 | — | 1.41 | — | — | 2.13 | — | — | 2.81 | — |
| 3 | 3m³ 以内轮胎式装载机 | 台班 | 8001049 | — | — | 1.08 | — | — | 1.59 | — | — | 2.1 |
| 4 | 基价 | 元 | 9999001 | 1457 | 1390 | 1350 | 2218 | 2099 | 1987 | 2938 | 2769 | 2625 |

注：1. 装载机装土方，当需要推土机配合推松、集土时，其人工、推土机台班的数量按“推土机推运土方”第一个 20m 定额乘以 0.8 系数计算。

2. 装载机与自卸汽车可按表 2-19 配备。

**表 2-19 装载机与汽车表**

| 装载机斗容量/m³ | 1 以内 | | 2 以内 | | 3 以内 | | |
|---|---|---|---|---|---|---|---|
| 汽车装载质量/t | 6 以内 | 8 以内 | 10 以内 | 12 以内 | 15 以内 | 20 以内 | 30 以内 |

弃方需要先装车，后自卸汽车运输，装车选用 1-1-10-6 3m³ 以内装载机装软石工程量 24.4m³(天然方)；1-1-10-9 3m³ 以内装载机装次坚石、坚石工程量 24.4m³(天然方)。弃方运输考虑自卸汽车运输 3km 至弃土场，汽车运输选用定额 1-1-11 自卸汽车运土、石方，具体工料机表如表 2-20 所示。

选用定额 1-1-11-27 30t 以内自卸汽车运石 1km，再添加四个增运定额 1-1-11-28 30t 以内自卸汽车运石每增运 0.5km(平均运距 15km 以内)，工程量为天然方的 48.8m³。

纵横软件对挖石方的组价如图 2-7 所示。

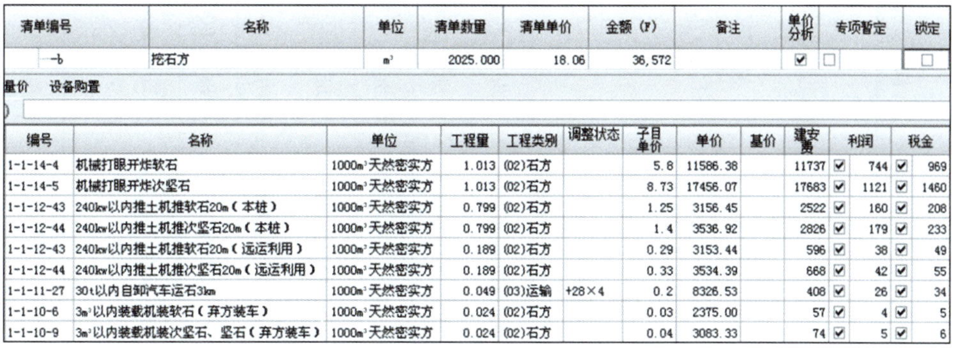

| 清单编号 | 名称 | 单位 | 清单数量 | 清单单价 | 金额(F) | 备注 | 单价分析 | 专项暂定 | 锁定 |
|---|---|---|---|---|---|---|---|---|---|
| -b | 挖石方 | m³ | 2025.000 | 18.06 | 36,572 | | ☑ | ☐ | ☐ |

量价 设备购置

| 编号 | 名称 | 单位 | 工程量 | 工程类别 | 调整状态 | 子目单价 | 单价 | 基价 | 建安费 | | 利润 | | 税金 |
|---|---|---|---|---|---|---|---|---|---|---|---|---|---|
| 1-1-14-4 | 机械打眼开炸软石 | 1000m³天然密实方 | 1.013 | (02)石方 | | 5.8 | 11586.38 | | 11737 | ☑ | 744 | ☑ | 969 |
| 1-1-14-5 | 机械打眼开炸次坚石 | 1000m³天然密实方 | 1.013 | (02)石方 | | 8.73 | 17456.07 | | 17683 | ☑ | 1121 | ☑ | 1460 |
| 1-1-12-43 | 240kw以内推土机推软石20m(本桩) | 1000m³天然密实方 | 0.799 | (02)石方 | | 1.25 | 3156.45 | | 2522 | ☑ | 160 | ☑ | 208 |
| 1-1-12-44 | 240kw以内推土机推次坚石20m(本桩) | 1000m³天然密实方 | 0.799 | (02)石方 | | 1.4 | 3536.92 | | 2826 | ☑ | 179 | ☑ | 233 |
| 1-1-12-43 | 240kw以内推土机推软石20m(远运利用) | 1000m³天然密实方 | 0.189 | (02)石方 | | 0.29 | 3153.44 | | 596 | ☑ | 38 | ☑ | 49 |
| 1-1-12-44 | 240kw以内推土机推次坚石20m(远运利用) | 1000m³天然密实方 | 0.189 | (02)石方 | | 0.33 | 3534.39 | | 668 | ☑ | 42 | ☑ | 55 |
| 1-1-11-27 | 30t以内自卸汽车运石3km | 1000m³天然密实方 | 0.049 | (03)运输 | +28×4 | 0.2 | 8326.53 | | 408 | ☑ | 26 | ☑ | 34 |
| 1-1-10-6 | 3m³以内装载机装软石(弃方装车) | 1000m³天然密实方 | 0.024 | (02)石方 | | 0.03 | 2375.00 | | 57 | ☑ | 4 | ☑ | 5 |
| 1-1-10-9 | 3m³以内装载机装次坚石、坚石(弃方装车) | 1000m³天然密实方 | 0.024 | (02)石方 | | 0.04 | 3083.33 | | 74 | ☑ | 5 | ☑ | 6 |

图 2-7 纵横软件对挖石方的组价

工程内容 ①等待装、运、卸；②空回。

表 2-20　1-1-11 自卸汽车运土、石方

单位：1000m³ 天然密实方

石　方　自卸汽车装卸质量/t

| 顺序号 | 项目 | 单位 | 代号 | 6以内 | | 8以内 | | 10以内 | | 12以内 | | 15以内 | | 20以内 | | 30以内 | |
|---|---|---|---|---|---|---|---|---|---|---|---|---|---|---|---|---|---|
| | | | | 第一个1km | 每增运0.5km | 第一个1km | 每增运0.5km | 第一个1km | 每增运0.5km | 第一个1km | 每增运0.5km | 第一个1km | 每增运0.5km | 第一个1km | 每增运0.5km | 第一个1km | 每增运0.5km |
| | | | | 15 | 16 | 17 | 18 | 19 | 20 | 21 | 22 | 23 | 24 | 25 | 26 | 27 | 28 |
| 1 | 6t以内自卸汽车 | 台班 | 8007013 | 13.86 | 1.71 | — | — | — | — | — | — | — | — | — | — | — | — |
| 2 | 8t以内自卸汽车 | 台班 | 8007014 | — | — | 10.71 | 1.39 | — | — | — | — | — | — | — | — | — | — |
| 3 | 10以内自卸汽车 | 台班 | 8007015 | — | — | — | — | 8.45 | 1.14 | — | — | — | — | — | — | — | — |
| 4 | 12t以内自卸汽车 | 台班 | 8007016 | — | — | — | — | — | — | 7.3 | 0.96 | — | — | — | — | — | — |
| 5 | 15t以内自卸汽车 | 台班 | 8007017 | — | — | — | — | — | — | — | — | 6.18 | 0.74 | — | — | — | — |
| 6 | 20t以内自卸汽车 | 台班 | 8007019 | — | — | — | — | — | — | — | — | — | — | 4.75 | 0.57 | — | — |
| 7 | 30t以内自卸汽车 | 台班 | 8007020 | — | — | — | — | — | — | — | — | — | — | — | — | 3.56 | 0.42 |
| 8 | 基价 | 元 | 9999001 | 7980 | 985 | 7285 | 945 | 6415 | 865 | 6143 | 808 | 5728 | 686 | 5322 | 639 | 4828 | 570 |

### 8. 石质路堤施工工艺流程

石质路堤施工工艺流程如下:测量放样→场地清理→基底处理→填料装运→分层填筑→摊铺平整→振动碾压→路基成型→路基整修→竣工验收。

### 9. 利用石方

利用石方的清单项如表 2-21 所示。

表 2-21　利用石方

| 子目号 | 子目名称 | 单位 | 工程量计量 | 工 程 内 容 |
|---|---|---|---|---|
| 204 | 填方路基 | | | |
| 204-1 | 路基填筑（包括填前压实） | | | |
| -b | 利用石方 | m³ | 1. 依据图纸所示地面线、路基设计横断面图,按平均断面面积法计算压实的体积,以立方米为单位计量;<br>2. 当填料中石料含量大于70%时,适用于本条;<br>3. 地面下沉增加的填方量按填料来源参照本条计量 | 1. 基底翻松、压实,挖台阶;<br>2. 临时排水、翻晒;<br>3. 边坡码砌;<br>4. 分层摊铺;<br>5. 小石块（或石屑）填缝、找补;<br>6. 洒水、压实;<br>7. 整型 |

根据清单工程量要求,按平均断面面积法计算压实的体积,以 m³ 为单位计量,需要填筑的压实方的量已经计算出,为 2148m³,以二级公路为标准,选择碾压定额,如表 2-22 所示。

表 2-22　1-1-18 机械碾压路基

工程内容主要为填方路基:①机械整平土方,机械解小并摊平石方;②拖式羊足碾回转碾压;③压路机前进、后退、往复碾压。

单位:1000m³ 压实方

| 顺序号 | 项目 | 单位 | 代号 | 碾压石方 | | | | | |
|---|---|---|---|---|---|---|---|---|---|
| | | | | 高速、一级公路 | | 二级公路 | | 三、四级公路 | |
| | | | | 振动压路机机械自身质量(t) | | | | | |
| | | | | 20 以内 | 25 以内 | 10 以内 | 15 以内 | 10 以内 | 15 以内 |
| | | | | 13 | 14 | 15 | 16 | 17 | 18 |
| 1 | 人工 | 工日 | 1001001 | 10 | 10 | 8 | 8 | 5 | 5 |
| 2 | 105kW 以内履带式推土机 | 台班 | 8001004 | 1.26 | 1.26 | 1.39 | 1.39 | 1.52 | 1.52 |

续表

| 顺序号 | 项　目 | 单位 | 代　号 | 碾压石方 | | | | | |
|---|---|---|---|---|---|---|---|---|---|
| | | | | 高速、一级公路 | | 二级公路 | | 三、四级公路 | |
| | | | | 振动压路机机械自身质量(t) | | | | | |
| | | | | 20 以内 | 25 以内 | 10 以内 | 15 以内 | 10 以内 | 15 以内 |
| | | | | 13 | 14 | 15 | 16 | 17 | 18 |
| 6 | 10t 以内振动压路机(单钢轮) | 台班 | 8001088 | — | — | 2.5 | — | 2.53 | — |
| 7 | 15t 以内振动压路机(单钢轮) | 台班 | 8001089 | — | — | — | 1.79 | — | 1.98 |
| 8 | 20t 以内振动压路机 | 台班 | 8001090 | 2.19 | — | — | — | — | — |
| 9 | 25t 以内振动压路机 | 台班 | 8001091 | — | 1.72 | — | — | — | — |
| 10 | $9m^3$/min 以内机动空压机 | 台班 | 8017049 | 1 | 1 | 0.8 | 0.8 | — | — |
| 11 | 小型机具使用费 | 台班 | 8099001 | 88.7 | 88.7 | 70.9 | 70.9 | — | — |
| 12 | 基价 | 元 | 9999001 | 6569 | 6332 | 5396 | 5067 | 4611 | 4460 |

若设计无要求，二级公路的碾压定额在 1-1-18-15 和 1-1-18-16 之间任选一个即可，本案例选用 1-1-18-16 二级公路填方路基 15t 以内振动压路机碾压土方，碾压工程量为 $2148m^3$，纵横软件对利用石方的组价如图 2-8 所示。

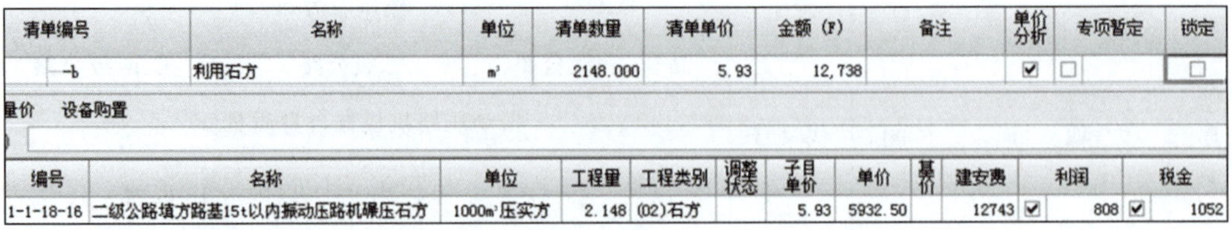

| 清单编号 | 名称 | 单位 | 清单数量 | 清单单价 | 金额 (F) | 备注 | 单价分析 | 专项暂定 | 锁定 |
|---|---|---|---|---|---|---|---|---|---|
| —b | 利用石方 | $m^3$ | 2148.000 | 5.93 | 12,738 | | ☑ | ☐ | ☐ |

量价　设备购置

| 编号 | 名称 | 单位 | 工程量 | 工程类别 | 调整状态 | 子目单价 | 单价 | 基价 | 建安费 | 利润 | 税金 |
|---|---|---|---|---|---|---|---|---|---|---|---|
| 1-1-18-16 | 二级公路填方路基15t以内振动压路机碾压石方 | $1000m^3$压实方 | 2.148 | (02)石方 | | 5.93 | 5932.50 | | 12743 ☑ | 808 ☑ | 1052 |

图 2-8　纵横软件对利用石方的组价

## 10. 路基清理现场

在开挖和填筑的施工工艺流程中，有“清表施工”这一工序，它包括在路基施工前对施工范围内垃圾、废料、腐殖土、树木、待拆结构物进行清除，但清表的计价定额不能放在挖方及填方清单项中，应单独放置在“场地清理”中，如表 2-23 所示。

表 2-23　场地清理

| 子目号 | 子目名称 | 单位 | 工程量计量 | 工程内容 |
|---|---|---|---|---|
| 202 | 场地清理 | | | |
| 202-1 | 清理与掘除 | | | |
| -a | 清理现场 | $m^2$ | 依据图纸所示位置及范围（路基范围以外临时工程用地清场等除外），按路基开挖线或填筑边线之间的水平投影面积以平方米为单位计量 | 1. 灌木、竹林、胸径小于10cm树木的砍伐及挖根；<br>2. 清除场地表面0～30cm范围内的垃圾、废料、表土（腐殖土）、石头、草皮；<br>3. 与清理现场有关的一切挖方、坑穴的回填、整平、压实；<br>4. 适用材料的装卸、移运、堆放及非适用材料的移运处理；<br>5. 现场清理 |

根据清单工程量计算规则"按路基开挖线或填筑边线之间的水平投影面积以平方米为单位计量"，计算出清表面积，如表 2-24 所示。

表 2-24　清除表土工程数量表

| 桩号 | 长度/m | 左右侧平均宽度/m | 清除面积/$m^2$ | 清除厚度/m | 清除数量/$m^3$ |
|---|---|---|---|---|---|
| K56+080～K56+120 | 40 | 7.8 | 312 | 0.3 | 94 |
| K56+220～K56+240 | 20 | 13.55　12 | 511 | 0.3 | 153 |
| 合　计 | 60 | | 823 | | 246.9 |

从表 2-24 中的数据可知本路基清表的工程量为 823$m^2$。

清理工作：在《预算定额》的路基工程中选择清表相关定额，可供选择的定额有 1-1-1 伐树、挖根、除草、清除表土，对应的定额工料机如表 2-25 所示。

表 2-25　1-1-1 伐树、挖根、除草、清除表土

工程内容　清除表土：推土机推挖表土，推出路基外。　　　　　　　　　　单位：表列单位

| 顺序号 | 项目 | 单位 | 代号 | 除草/1000$m^2$ | | 推土机推除草皮 | | 清除表土/100$m^3$ | |
|---|---|---|---|---|---|---|---|---|---|
| | | | | 人工割草 | 人工挖草皮 | 推土机功率/kW | | 推土机功率/kW | |
| | | | | | | 90以内 | 135以内 | 90以内 | 135以内 |
| | | | | 6 | 7 | 8 | 9 | 11 | 12 |
| 1 | 人工 | 工日 | 1001001 | 2 | 14.1 | — | — | 0.4 | 0.4 |
| 2 | 90kW以内履带式推土机 | 台班 | 8001003 | — | — | 0.3 | — | 0.21 | — |

续表

| 顺序号 | 项　目 | 单位 | 代　号 | 除草/1000m² | | | | 清除表土/100m³ | |
|---|---|---|---|---|---|---|---|---|---|
| | | | | 人工割草 | 人工挖草皮 | 推土机推除草皮 | | | |
| | | | | | | 推土机功率/kW | | 推土机功率/kW | |
| | | | | | | 90 以内 | 135 以内 | 90 以内 | 135 以内 |
| | | | | 6 | 7 | 8 | 9 | 11 | 12 |
| 3 | 135kW 以内履带式推土机 | 台班 | 8001006 | — | — | — | 0.18 | — | 0.12 |
| 4 | 基价 | 元 | 9999001 | 213 | 1499 | 314 | 288 | 262 | 235 |

注：清除表土和除草定额不可同时套用。清除的表土如需要远运，按土方运输定额另行计算。

可供选择的定额有 1-1-1-11 和 1-1-1-12，任选其一即可，定额工程量为 246.9$m^3$。

装工作：在《预算定额》中，用于装土的机械可以选择挖掘机和装载机，通过基价的比较，可选择性价比较高的装载机进行装土作业，定额 1-1-10 装载机装土、石方工料机如表 2-18 所示。

选择定额 1-1-10-3 3$m^3$ 以内装载机装土，按照天然密实方计算，装载机装土工程量为 246.9$m^3$。

采用自卸汽车运土，弃方 3km，定额工程量也为 246.9$m^3$。

纵横软件对场地清理的组价如图 2-9 所示。

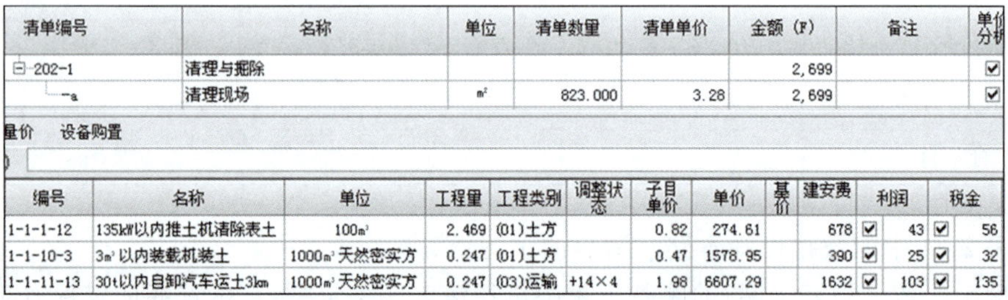

| 清单编号 | 名称 | 单位 | 清单数量 | 清单单价 | 金额（F） | 备注 | 单价分析 |
|---|---|---|---|---|---|---|---|
| 202-1 | 清理与掘除 | | | | 2,699 | | ☑ |
| -a | 清理现场 | m² | 823.000 | 3.28 | 2,699 | | ☑ |

量价　设备购置

| 编号 | 名称 | 单位 | 工程量 | 工程类别 | 调整状态 | 子目单价 | 单价 | 基价 | 建安费 | | 利润 | | 税金 |
|---|---|---|---|---|---|---|---|---|---|---|---|---|---|
| 1-1-1-12 | 135kW以内推土机清除表土 | 100m³ | 2.469 | (01)土方 | | 0.82 | 274.61 | | 678 | ☑ | 43 | ☑ | 56 |
| 1-1-10-3 | 3m³以内装载机装土 | 1000m³天然密实方 | 0.247 | (01)土方 | | 0.47 | 1578.95 | | 390 | ☑ | 25 | ☑ | 32 |
| 1-1-11-13 | 30t以内自卸汽车运土3km | 1000m³天然密实方 | 0.247 | (03)运输 | +14×4 | 1.98 | 6607.29 | | 1632 | ☑ | 103 | ☑ | 135 |

图 2-9　纵横软件对场地清理的组价

## 2.2　软土地基处理

特殊路基是指修建在不良地质现象、特殊地形地质情况、某些特殊气候因素等不利条件下的道路路基，包括湿黏土路基、软土地基、红黏土地区路基、膨胀土地区路基、黄土地区路基、盐渍土地区路基、风积沙及沙漠地区路基；季节性冻土地区路基、多年冻土地区路基、涎流冰地区路基、雪害地区路基；滑坡地段路基、崩塌与岩堆地段路基、泥石流地区路基；岩溶地区路基、采空区路基；沿河（沿溪）地区路基、水库地区路基、滨海地区路基。本书以软土地基（简称“软基”）为例进行讲解，以饱水的软弱黏土沉积为主的地区称为软土地区，例如饱水的软弱黏土和淤泥，这种情况下，必须对路面处理后才能修建路基，处理方法很多，本书以清淤换填的方法进行讲解，表 2-26 为清淤换填工程数量表。在软土地基上修建公路时，容易产生路堤失稳或沉降过大等问题。本书以清淤换填为例讲解软基组价的方法完成组价,如表 2-26 所示为清淤换填工程数量表。

软基组价

表 2-26  清淤换填工程数量表

| 序号 | 起讫桩号 | 类型 | 平均挖深/m | 处理面积/m² | 处理措施 | 换填碎石垫层/m³ | 挖淤泥/m³ |
|---|---|---|---|---|---|---|---|
| 1 | K56+080～K56+255 | 沟谷 | 1.5 | 1726.0 | 换填碎石 | 2589 | 2589 |
| 2 | K56+485～K56+650 | 沟谷 | 1.5 | 340.0 | 换填碎石 | 510 | 510 |
|  | 本段合计 |  |  |  |  | 3099 | 3099 |

清淤换填施工工艺流程:施工准备→场地清理→排水疏干→挖除软土→基底碾压→填筑换填材料→平整压实→质检→验收。

## 2.2.1 挖除淤泥

挖淤泥总量 3099m³,查找清单项,与挖淤泥对应的清单项如表 2-27 所示。

表 2-27  挖淤泥

| 子目号 | 子目名称 | 单位 | 工程量计量 | 工程内容 |
|---|---|---|---|---|
| 203 | 挖方路基 |  |  |  |
| 203-1 | 路基挖方 |  |  |  |
| -d | 挖淤泥 | m³ | 1. 依据图纸所示位置,挖除路基范围内淤泥以立方米为单位计量;<br>2. 弃土场绿化、防护工程、排水设施在相应章节内计量 | 1. 施工排水处理;<br>2. 挖除、装载、运输、卸车、堆放;<br>3. 现场清理 |

用来挖除淤泥的定额有 1-1-2 挖淤泥、湿土、流沙,具体工料机如表 2-28 所示。

表 2-28  1-1-2 挖淤泥、湿土、流沙

工程内容  人工挖运:①挖;②装;③运输;④卸除;⑤空回。
挖掘机挖装:①挖掘机就位;②挖淤泥、流沙;③装车或堆放一边;④移动位置;⑤清理工作面。

单位:1000m³

| 顺序号 | 项目 | 单位 | 代号 | 人工挖运 | | | | 挖掘机挖装淤泥、流沙 |
|---|---|---|---|---|---|---|---|---|
|  |  |  |  | 第一个 20m 挖运 | | | 手推车运输每增运 10m |  |
|  |  |  |  | 淤泥 | 砂性湿土 | 黏性湿土 |  |  |
|  |  |  |  | 1 | 2 | 3 | 4 | 5 |
| 1 | 人工 | 工日 | 1001001 | 386.3 | 212.9 | 276.8 | 8 | 6.5 |

续表

| 顺序号 | 项　目 | 单位 | 代　号 | 人工挖运 | | | | 挖掘机挖装淤泥、流沙 |
|---|---|---|---|---|---|---|---|---|
| | | | | 第一个 20m 挖运 | | | 手推车运输每增运 10m | |
| | | | | 淤泥 | 砂性湿土 | 黏性湿土 | | |
| | | | | 1 | 2 | 3 | 4 | 5 |
| 2 | 90kW 以内履带式推土机 | 台班 | 8001003 | — | — | — | — | 1.12 |
| 3 | $1m^3$ 以内履带式液压单斗挖掘机 | 台班 | 8001027 | — | — | — | — | 3.76 |
| 4 | 基价 | 元 | 9999001 | 41056 | 22627 | 29418 | 850 | 6356 |

注：挖掘机挖装的淤泥、流沙如需远运，按土方运输定额乘以系数 1.1 另行计算。

本项目挖淤泥工序可以选择人工挖淤泥，也可以选择机械挖淤泥，一般若设计无明确要求，首选机械开挖，定额 1-1-2-5 挖掘机挖装淤泥、流沙，定额工程量要求"按清场设计需要挖除的淤泥、湿土、流沙的天然方体积计量工程量"，工程量为 $3099m^3$。同时，该定额也将装车的工作包含其中，剩下只需要选择运输定额即可。运输定额考虑 1-1-11-13 30t 以内自卸汽车运土 3km，同时将定额包含所有人、材、机消耗量乘以 1.1，纵横造价软件对挖淤泥的组价如图 2-10 所示。

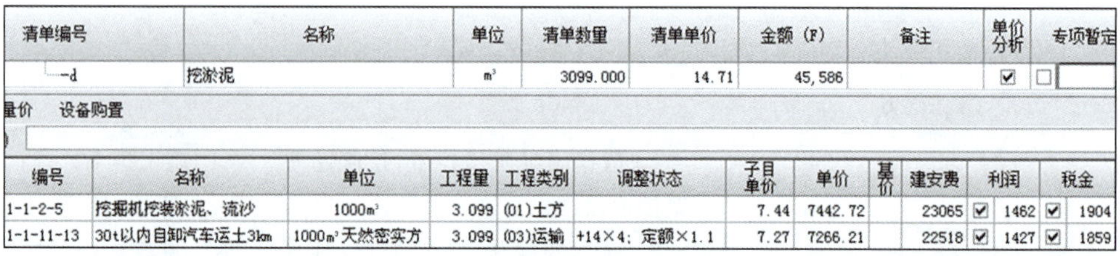

| 清单编号 | 名称 | 单位 | 清单数量 | 清单单价 | 金额 (F) | 备注 | 单价分析 | 专项暂定 |
|---|---|---|---|---|---|---|---|---|
| -d | 挖淤泥 | $m^3$ | 3099.000 | 14.71 | 45,586 | | ☑ | ☐ |

量价　设备购置

| 编号 | 名称 | 单位 | 工程量 | 工程类别 | 调整状态 | 子目单价 | 单价 | 基价 | 建安费 | | 利润 | | 税金 |
|---|---|---|---|---|---|---|---|---|---|---|---|---|---|
| 1-1-2-5 | 挖掘机挖装淤泥、流沙 | $1000m^3$ | 3.099 | (01)土方 | | 7.44 | 7442.72 | | 23065 | ☑ | 1462 | ☑ | 1904 |
| 1-1-11-13 | 30t以内自卸汽车运土3km | $1000m^3$天然密实方 | 3.099 | (03)运输 | +14×4；定额×1.1 | 7.27 | 7266.21 | | 22518 | ☑ | 1427 | ☑ | 1859 |

图 2-10　纵横造价软件对挖淤泥的组价

## 2.2.2　碎石垫层

换填碎石垫层不应放置于挖方路基中，本案例项目是为了处理软土地基，挖淤泥清单项的工程内容中并不包括基底处理。因此，碎石垫层应到特殊路基中根据要求选择对应的清单项，符合要求的清单项如表 2-29 所示。

表 2-29　软基垫层

| 子目号 | 子目名称 | 单位 | 工程量计量 | 工程内容 |
|---|---|---|---|---|
| 205 | 特殊地区路基处理 | | | |
| 205-1 | 软土路基处理 | | | |
| -c | 垫层 | | | |

续表

| 子目号 | 子目名称 | 单位 | 工程量计量 | 工程内容 |
|---|---|---|---|---|
| -c-3 | 碎石垫层 | m³ | 1. 依据图纸所示位置和断面尺寸,按图示碎石垫层密实体积以立方米为单位计量;<br>2. 因换填而挖除的非适用材料列入 203-1 相关子目计量 | 1. 基底清理;<br>2. 临时排水;<br>3. 分层铺筑;<br>4. 分层碾压 |

表 2-29 所示的工程量计量规则第 2 条刚好与挖淤泥清单工程量计量规则所要求的内容相呼应,说明 205-1-c-3 正是清淤换填中换填碎石对应的唯一清单项。清单工程量为压实状态的 3099m³ 碎石。与该清单项对应的定额应为 1-2-12-4,其工料机表如表 2-30 所示。

表 2-30  1-2-12 地基垫层

工程内容  砂、砂砾、石渣、碎石垫层:①铺筑;②整平;③分层碾压。                    单位:1000m³

| 顺序号 | 项目 | 单位 | 代号 | 垫层 | | | |
|---|---|---|---|---|---|---|---|
| | | | | 砂 | 砂砾 | 石渣 | 碎石垫层 |
| | | | | 1 | 2 | 3 | 4 |
| 1 | 人工 | 工日 | 1001001 | 8.6 | 9.1 | 17.3 | 17.3 |
| 2 | 砂 | m³ | 5503004 | 1271 | — | — | — |
| 3 | 砂砾 | m³ | 5503007 | — | 1237 | — | — |
| 4 | 石渣 | m³ | 5503012 | — | — | 1207 | — |
| 5 | 碎石 | m³ | 5505016 | — | — | — | 1207 |
| 6 | 75kW 以内履带式推土机 | 台班 | 8001002 | 0.67 | 0.71 | 1.8 | 1.8 |
| 7 | 12~15t 光轮压路机 | 台班 | 8001081 | 0.75 | 0.79 | 1.97 | 1.97 |
| 8 | 基价 | 元 | 9999001 | 100665 | 59703 | 51455 | 95993 |

选择定额 1-2-12-4 地基碎石垫层,定额工程量要求"按设计需要铺设的垫层的压实体积计算工程量",工程量为 3099m³,纵横造价软件对碎石垫层的组价如图 2-11 所示。

| 清单编号 | 名称 | 单位 | 清单数量 | 清单单价 | 金额(F) | 备注 |
|---|---|---|---|---|---|---|
| 205 | 特殊地区路基处理 | | | | 348,328 | |
| 205-1 | 软土路基处理 | | | | 348,328 | |
| -c | 垫层 | | | | 348,328 | |
| -c-3 | 碎石垫层 | m³ | 3099.000 | 112.40 | 348,328 | |

| 编号 | 名称 | 单位 | 工程量 | 工程类别 | 调整状态 | 子目单价 | 单价 | 基价 | 建安费 | 利润 | 税金 |
|---|---|---|---|---|---|---|---|---|---|---|---|
| 1-2-12-4 | 地基碎石垫层 | 1000m³ | 3.099 | (04)路面 | | 112.4 | 12396.26 | | 348316 | 22073 | 28760 |

图 2-11  纵横造价软件对碎石垫层的组价

## 2.3 路基排水

排水工程是指各种拦截、汇集、拦蓄、输送、排放危及路基、路面强度和稳定性的地表水或地下水的各类设备、设施和构筑物构成的排水系统的总称,主要由路基地表水排水系统、路面表面水排水系统、中央分隔带排水系统、路面内部水排水系统及地下水排水系统等组成。

### 2.3.1 混凝土盖板边沟

排水及边沟组价

边沟是指设置在挖方路基路肩外侧及低填方路基地脚外侧的纵向人工沟渠,用以收集路面的地面水,排除路基拦截道路上方边坡的坡面水,迅速汇集并把它们引入顺畅的排水通道中,通过桥涵等将其泄放到道路的下方。对应的实物图如图 2-12 所示;设计图如图 2-13 所示。

图 2-12 边沟实物图

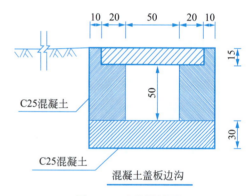

图 2-13 边沟设计图

边沟盖板组价

本项目盖板边沟工程数量表如表 2-31 所示。

表 2-31 混凝土盖板边沟工程数量表

| 序号 | 起讫桩号 | 工程名称 | 长度/m 右 | 工程项目及数量 ||||
|---|---|---|---|---|---|---|---|
| | | | | C25 混凝土/$m^3$ | 水沟挖土/$m^3$ | 钢筋/kg | 预制 C25 混凝土/$m^3$ |
| 1 | K56+550~K56+740 | 盖板边沟 | 190.0 | 125.4 | 193.8 | 6543.6 | 24.7 |
| 2 | K56+820~K57+000 | 盖板边沟 | 180.0 | 118.8 | 183.6 | 6199.2 | 23.4 |
| | 合　计 | | 370.0 | 244.2 | 377.4 | 12742.8 | 48.1 |

设计分析:边沟基础和沟身材料为现浇 C25 混凝土,盖板为钢筋混凝土,且为预制吊装。先对 C25 基础和沟身进行组价,后对钢筋混凝土盖板进行组价。

## 1. 盖板边沟施工工艺流程

混凝土边沟施工工艺流程为:施工准备→测量放样→沟槽开挖→混凝土浇筑→设置沉降缝→混凝土养护→安装盖板→验收。

边沟盖板施工工艺流程为:施工准备→场地硬化找平→模板制作与安装→钢筋制作与安装→混凝土浇筑→养护→验收。

## 2. 混凝土边沟

根据 C25 基础和沟身的要求选择对应的清单项,如表 2-32 所示。

表 2-32 混凝土边沟

| 子目号 | 子目名称 | 单位 | 工程量计量 | 工 程 内 容 |
|---|---|---|---|---|
| 207 | 坡面排水 | | | |
| 207-1 | 边沟 | | | |
| -c | 现浇混凝土 | $m^3$ | 依据图纸所示位置及断面尺寸,按照不同强度等级混凝土浇筑的边沟的体积以立方米为单位计量 | 1. 场地清理;<br>2. 地基平整夯实,断面补挖;<br>3. 铺设垫层;<br>4. 模板制作、安装、拆除;<br>5. 钢筋制作与安装;<br>6. 混凝土拌和、运输、浇筑、养护;<br>7. 回填 |

清单工程量中要求计算边沟混凝土的浇筑体积,边沟混凝土浇筑体积等价于断面补挖体积,下面演示清单工程量的计算过程。

边沟的开挖分为两部分,如图 2-14 所示沟槽结构图,一部分为临空面开挖体积 $V_{abcd}$,另一部分为断面补挖体积 $V_{ABCD}$,临空面的开挖已经包含在路基土石方开挖的方量中,可以参见清单项 203-1-a 工程量计量规则第 1 条:"依据图纸所示地面线、路基设计横断面图、路基土石比例,按平均断面积法计算,包括边沟、排水沟、截水沟的土方,按照天然体积以立方米为单位计量",在图 2-15 所示横断面图中,挖方面积 $A_w$ 里面也包括边沟临空面面积,因此,边沟的沟槽开挖,只计算断面补挖体积,也就是边沟基础和沟身所占体积。

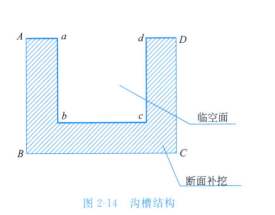

图 2-14 沟槽结构

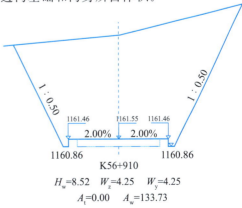

图 2-15 横断面图

计算断面补挖面积如下。

$$S_{ABCDdcba} = 1.1 \times 0.95 - 0.5 \times 0.5 - 0.9 \times 0.15 = 0.66(m^2)$$

$$V_{ABCDdcba} = 0.66 \times (190 + 180) = 244.2(m^3)(天然方)$$

清单工程量要求"按照不同强度等级混凝土浇筑的边沟的体积以立方米为单位计量",工程量为 244.2m³。

套定额前仔细阅读关于《预算定额》的第一章第三节(排水工程节)内容如下。

(1)边沟、排水沟、截水沟、盲沟的挖基费用按开挖沟槽定额计算,其他排水工程的挖基费用按第一节土、石方工程的相关定额计算。

(2)边沟、排水沟、截水沟、急流槽定额均未包括垫层的费用,需要时按有关定额另行计算。

(3)雨水篦子的规格与定额不同时,可按设计用量抽换定额中铸铁篦子的消耗。

(4)工程量计算规则。

① 本章定额砌筑工程的工程量为砌体的实际体积,包括构成砌体的砂浆体积。

② 本章定额预制混凝土构件的工程量为预制构件的实际体积,不包括预制构件中空心部分的体积。

③ 挖截水沟、排水沟的工程量为设计水沟断面积乘以水沟长度与水沟圬工体积之和。

④ 路基盲沟、中央分隔带盲沟(纵向、横向)的工程量按设计的工程内容计算。

⑤ 轻型井点降水定额按 50 根井管为一套,不足 50 根的按一套计算。井点使用天数按日历天数计算,使用时间按施工组织设计确定。

根据节说明第(1)条,在《预算定额》的路基工程中选择用沟槽开挖的定额,1-3-1 开挖沟槽,具体工料机表如表 2-33 所示。

表 2-33　1-3-1 开挖沟槽

工程内容　土质:①挂线;②人工或机械挖除;③人工将沟槽断面修理到设计要求。

单位:1000m³ 天然密实方

| 顺序号 | 项 目 | 单 位 | 代 号 | 人工开挖 | | 机械开挖 | |
|---|---|---|---|---|---|---|---|
| | | | | 土方 | 石方 | 土方 | 石方 |
| | | | | 1 | 2 | 3 | 4 |
| 1 | 人工 | 工日 | 1001001 | 200.1 | 313.5 | 67.1 | 148.3 |
| 2 | 空心钢钎 | kg | 2009003 | — | 13.5 | — | 13.5 |
| 3 | φ50mm 以内合金钻头 | 个 | 2009004 | — | 21 | — | 21 |
| 4 | 硝铵炸药 | kg | 5005002 | — | 154 | — | 154 |
| 5 | 非电毫秒雷管 | 个 | 5005008 | — | 176.7 | — | 176.7 |
| 6 | 导爆索 | m | 5005009 | — | 93.8 | — | 93.8 |
| 7 | 其他材料费 | 元 | 7801001 | — | 21.7 | — | 21.7 |
| 8 | 0.6m³ 以内履带式液压单斗挖掘机 | 台班 | 8001025 | — | — | 4.56 | 6.84 |
| 9 | 3m³/min 以内机动空压机 | 台班 | 8017047 | — | 11.69 | — | 11.69 |
| 10 | 小型机具使用费 | 元 | 8099001 | — | 336.9 | — | 336.9 |
| 11 | 基价 | 元 | 9999001 | 21267 | 40511 | 10927 | 28648 |

沟槽开挖的地质结构为土层,选用定额 1-3-1-1 或者 1-3-1-3 都可以进行沟槽开挖,本案例选用 1-3-1-3 机械开挖土方,定额工程量要求"按设计需要开挖沟槽的土石方天然密实体积计算工程量",工程量为 244.2m³。土质开挖后需要装车处理,选用定额 1-1-10-3 3m³ 以内装载机装土,定额工程量为 244.2m³。最后考虑自卸汽车弃土,选用 1-1-11-13 30t 以内自卸汽车运土 3km,定额工程量为 244.2m³。

混凝土沟身和基础选择配套定额 1-3-4 混凝土边沟、排水沟、截水沟、急流槽,定额工料机表如表 2-34 所示。

表 2-34　1-3-4 混凝土边沟、排水沟、截水沟、急流槽

工程内容　现浇混凝土:①模板安装、拆除、修理、涂脱模剂、堆放;②混凝土配运料、拌和、运输、浇筑、养护。

单位:10m³ 实体

| 顺序号 | 项目 | 单位 | 代号 | 边沟、排水沟 | | | | 现浇混凝土 |
|---|---|---|---|---|---|---|---|---|
| | | | | 混凝土预制块 | | | | |
| | | | | 预制 | | 铺砌 | | |
| | | | | 矩形 | 六边形 | 矩形 | 六边形 | |
| | | | | 1 | 2 | 3 | 4 | 5 |
| 1 | 人工 | 工日 | 1001001 | 15.4 | 16.7 | 8.8 | 9.9 | 12 |
| 2 | M10 水泥砂浆 | m³ | 1501003 | — | — | (0.44) | (0.44) | — |
| 3 | 普 C20-32.5-2 | m³ | 1503007 | (10.10) | (10.10) | — | — | (10.20) |
| 4 | 预制构件 | m³ | 1517001 | (10.10) | — | (10.10) | (10.10) | — |
| 5 | 钢模板 | t | 2003025 | 0.04 | 0.052 | — | — | — |
| 6 | 组合钢模板 | t | 2003026 | — | — | — | — | 0.026 |
| 7 | 铁件 | kg | 2009028 | — | — | — | — | 7.8 |
| 8 | 石油沥青 | t | 3001001 | — | — | 0.013 | 0.013 | 0.013 |
| 9 | 水 | m³ | 3005004 | 16 | 16 | 13 | 13 | 12 |
| 10 | 中(粗)砂 | m³ | 5503005 | 4.95 | 4.95 | 0.47 | 0.47 | 5 |
| 11 | 碎石(2cm) | m³ | 5505012 | 8.28 | 8.28 | — | — | 8.36 |
| 12 | 32.5 级水泥 | t | 5509001 | 3.182 | 3.182 | 0.137 | 0.137 | 3.213 |
| 13 | 其他材料费 | 元 | 7801001 | 28.6 | 28.6 | 0.9 | 0.9 | 15.7 |
| 14 | 250L 以内强制式混凝土搅拌机 | 台班 | 8005002 | 0.27 | 0.27 | — | — | 0.27 |
| 15 | 小型机具使用费 | 元 | 8099001 | 5 | 5 | — | — | — |
| 16 | 基价 | 元 | 9999001 | 4120 | 4323 | 1114 | 1231 | 3752 |

符合要求的定额只有 1-3-4-5 现浇混凝土边沟、排水沟,定额工程量为 244.2m³。该定额工程内容包括模板安装、拆除、修理、涂脱模剂、堆放、混凝土配运料、拌和、运输、浇筑、养护,与清单工程内容相呼应,因此混凝土沟身及基础只需要这一个定额即可。但需要注意的是,混凝土标号为 C25,定额自带的混凝土标号为 C20,因此需要对混凝土标号进行修改,在纵横软件中,选中 1-3-4-5 定额,选择定额调整,替换混凝土标号。纵横造价软件对混凝土边

沟的组价如图 2-16 所示。

| 清单编号 | 名称 | 单位 | 清单数量 | 清单单价 | 金额（F） | 备注 | 单价分析 | 专项暂定 | 锁 |
|---|---|---|---|---|---|---|---|---|---|
| ⊟207-1 | 边沟 | | | | 207,476 | | ☑ | ☐ | |
| —c | C25现浇混凝土 | $m^3$ | 244.200 | 476.65 | 116,398 | | ☑ | ☐ | |

量价　设备购置

| 编号 | 名称 | 单位 | 工程量 | 工程类别 | 调整状态 | 子目单价 | 单价 | 基价 | 建安费 | 利润 | | 税金 | |
|---|---|---|---|---|---|---|---|---|---|---|---|---|---|
| 1-3-1-3 | 机械开挖土方 | 0m³天然密实 | 0.244 | (01)土方 | | 12.78 | 12795.08 | | 3122 | ☑ | 198 | ☑ | 258 |
| 1-1-10-3 | 3m³以内装载机装土 | 0m³天然密实 | 0.244 | (01)土方 | | 1.58 | 1577.87 | | 385 | ☑ | 24 | ☑ | 32 |
| 1-1-11-13 | 30t以内自卸汽车运土3km | 0m³天然密实 | 0.244 | (03)运输 | +14×4 | 6.6 | 6606.56 | | 1612 | ☑ | 102 | ☑ | 133 |
| 1-3-4-5 | 现浇混凝土边沟 | 10m³实体 | 24.420 | (06)构造物 I | 普C20-32.5-2换普C25-32.5-2 | 455.68 | 4556.84 | | 111278 | ☑ | 7052 | ☑ | 9188 |

图 2-16　纵横造价软件对混凝土边沟的组价

### 3. 钢筋混凝土盖板

边沟盖板应在小型预制场预制好后，由运输车运输至现场，再吊装到对应沟槽位置上，与之对应的清单项为 207-1-e 预制安装混凝土盖板，清单内容如表 2-35 所示。

表 2-35　预制安装混凝土盖板

| 子目号 | 子 目 名 称 | 单位 | 工程量计量 | 工 程 内 容 |
|---|---|---|---|---|
| 207 | 坡面排水 | | | |
| 207-1 | 边沟 | | | |
| -e | 预制安装混凝土盖板 | $m^3$ | 依据图纸所示位置及断面尺寸，按照不同强度等级混凝土预制的盖板体积以立方米为单位计量 | 1. 场地清理；<br>2. 模板制作、安装、拆除；<br>3. 钢筋制作与安装；<br>4. 预制件预制、运输、装卸；<br>5. 预制件安装 |

清单工程量计量规则要求“按照不同强度等级混凝土预制的盖板体积以立方米为单位计量”，根据要求新增子目，子目名称为“C25”，混凝土工程量为 48.1$m^3$。

预制边沟盖板混凝土定额有 1-3-4-9 预制混凝土水沟盖板(矩形)和 1-3-4-10 预制混凝土水沟盖板(矩形带孔)两种类型，盖板形状如图 2-17 所示，从图纸看盖板形状为矩形不带孔，盖板钢筋工程量表如表 2-36 所示。选择定额 1-3-4-9 预制混凝土水沟盖板(矩形)，定额内容如表 2-37 所示。

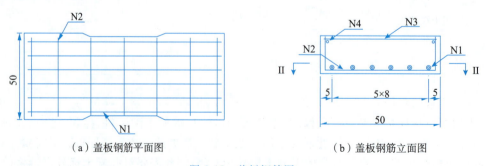

(a) 盖板钢筋平面图　　(b) 盖板钢筋立面图

图 2-17　盖板钢筋图

表 2-36 一块盖板工程数量表

| 项目 | 直径/mm | 长度/cm | 根数/根 | 重量/kg | C25/m³ |
|---|---|---|---|---|---|
| 带肋钢筋 N1 | φ18 | 102 | 6 | 12.23 | |
| 光圆钢筋 N2 | φ8 | 69.6 | 7 | 1.92 | |
| 光圆钢筋 N3 | φ8 | 52 | 7 | 1.44 | |
| 带肋钢筋 N4 | φ12 | 92 | 2 | 1.63 | |
| 合计 | | | | 17.22 | 0.065 |

表 2-37 1-3-4 混凝土边沟、排水沟、截水沟、急流槽

工程内容 混凝土预制块预制：①模板安装、拆除、修理、涂脱模剂、堆放；②混凝土配运料、拌和、运输、浇筑、养护；③预制块堆放。

单位：表列单位

| 顺序号 | 项目 | 单位 | 代号 | 水沟盖板 | | | |
|---|---|---|---|---|---|---|---|
| | | | | 预制 | | | 安装 |
| | | | | 混凝土 | | | |
| | | | | 矩形 | 矩形带孔 | 钢筋 | 10m³ |
| | | | | 10m³ | | 1t | |
| | | | | 9 | 10 | 11 | 12 |
| 1 | 人工 | 工日 | 1001001 | 15.4 | 21 | 7.4 | 6.2 |
| 2 | M10 水泥砂浆 | m³ | 1501003 | — | — | — | (0.38) |
| 3 | 普 C20-32.5-2 | m³ | 1503007 | (10.10) | (10.10) | — | — |
| 4 | 预制构件 | m³ | 1517001 | — | — | — | (10.10) |
| 5 | HPB300 钢筋 | t | 2001001 | — | — | 0.119 | — |
| 6 | HRB400 钢筋 | t | 2001002 | — | — | 0.906 | — |
| 7 | 20~22 号铁丝 | kg | 2001022 | 3.4 | 5.7 | 3.6 | — |
| 8 | 钢模板 | t | 2003025 | 0.016 | 0.026 | — | — |
| 11 | 水 | m³ | 3005004 | 16 | 16 | — | 10 |
| 12 | 中(粗)砂 | m³ | 5503005 | 4.95 | 4.95 | — | 0.41 |
| 13 | 碎石(2cm) | m³ | 5505012 | 8.28 | 8.28 | — | — |
| 14 | 32.5 级水泥 | t | 5509001 | 3.182 | 3.182 | — | 0.118 |
| 15 | 其他材料费 | 元 | 7801001 | 28.6 | 28.6 | — | — |
| 16 | 250L 以内强制式混凝土搅拌机 | 台班 | 8005002 | 0.27 | 0.27 | — | — |
| 17 | 小型机具使用费 | 元 | 8099001 | 5 | 5 | 6.3 | — |
| 18 | 基价 | 元 | 9999001 | 4007 | 4667 | 4149 | 758 |

选用定额1-3-4-9预制混凝土水沟盖板(矩形)，定额工程量要求"按设计边沟混凝土体积计算工程量，钢筋和砂浆体积不扣除"，查看表2-36，一块盖板0.065m³混凝土，一共有370÷0.5=740(块)，$V_{混凝土}=0.065×740=48.1(m^3)$，并调整定额混凝土标号为C25。

边沟盖板钢筋套用1-3-4-11水沟盖板钢筋，总量为12.7428t，查看表2-36一块盖板工程数量表，光圆钢筋和带肋钢筋各有不同。

先计算光圆钢筋量：

$$(1.92+1.44)×740=2486.4(kg)$$

带肋钢筋量：

$$(12.23+1.63)×740=10256.4(kg)$$

纵横软件中选择1-3-4-11水沟盖板钢筋，分别根据光圆钢筋和带肋钢筋的工程量进行组价，同时修正钢筋类型。

在预制场预制好的盖板需要通过运输工具运输到现场，在《预算定额》中"桥涵工程"第八节有小型构件运输定额，可以采用4-8-1手推车运及垫滚子绞运，或4-8-3载货汽车运输，本案例以8t载货汽车运输为例讲解，定额4-8-3如表2-38所示。

表2-38  4-8-3载货汽车运输

工程内容  第一个1km：①装卸、绑扎构件；②移动、安装、拆除装卸工具；③汽车等待装卸、运行、掉头、空回。
每增运0.5km：运走及空回。

单位：100m³ 实体

| 顺序号 | 项目 | 单位 | 代号 | 第一个1km | | | | | |
|---|---|---|---|---|---|---|---|---|---|
| | | | | 手摇卷扬机装卸 | | 汽车式起重机装卸 | | | |
| | | | | 载货汽车装载质量/t | | | | | |
| | | | | 8以内 | 10以内 | 4以内 | 6以内 | 8以内 | 10以内 |
| | | | | 5 | 6 | 7 | 8 | 9 | 10 |
| 1 | 人工 | 工日 | 1001001 | 9.9 | 8.6 | 5.4 | 4.9 | 4.6 | 4.3 |
| 2 | 锯材 | m³ | 4003002 | 0.31 | 0.31 | 0.22 | 0.22 | 0.22 | 0.22 |
| 3 | 其他材料费 | 元 | 7801001 | 44.3 | 44.3 | 44.3 | 44.3 | 44.3 | 44.3 |
| 4 | 4t以内载货汽车 | 台班 | 8007003 | — | — | 3.35 | — | — | — |
| 5 | 6t以内载货汽车 | 台班 | 8007005 | — | — | — | 2.98 | — | — |
| 6 | 8t以内载货汽车 | 台班 | 8007006 | 4.12 | — | — | — | 2.56 | — |
| 7 | 10t以内载货汽车 | 台班 | 8007007 | — | 3.6 | — | — | — | 2.21 |
| 8 | 5t以内汽车式起重机 | 台班 | 8009025 | — | — | 2.35 | 2.12 | 1.89 | 1.65 |
| 9 | 小型机具使用费 | 元 | 8099001 | 77.7 | 68 | — | — | — | — |
| 10 | 基价 | 元 | 9999001 | 4133 | 3897 | 4021 | 3714 | 3617 | 3359 |

4-8-3-5运输定额工程量为48.1m³。运输到现场后，需要对盖板进行安装，选用定额1-3-4-12水沟盖板安装，定额工程量也为48.1m³。纵横造价软件对盖板边沟的组价如图2-18所示。

| 清单编号 | 名称 | 单位 | 清单数量 | 清单单价 | 金额(F) | 备注 | 单价分析 | 专项暂定 | 锁定 |
|---|---|---|---|---|---|---|---|---|---|
| ⊟ -e | 预制安装混凝土盖板 | | | | 91,178 | | ☑ | ☐ | |
| -1 | C25 | m³ | 48.100 | 1895.59 | 91,178 | | ☑ | ☐ | |

量价 设备购置

| 编号 | 名称 | 单位 | 工程量 | 工程类别 | 调整状态 | 子目单价 | 单价 | 基价 | 建安费 | 利润 | 税金 |
|---|---|---|---|---|---|---|---|---|---|---|---|
| 1-3-4-9 | 预制混凝土水沟盖板(矩形) | 10m³ | 4.810 | (06)构造物I | | 469.23 | 4692.31 | 22570 ☑ | 1430 ☑ | 1864 |
| 1-3-4-11 | 水沟盖板钢筋(光圆) | 1t | 2.486 | (18)钢材及钢结构(除桥以外) | 2001001量1.025,2001002量0 | 255.8 | 4949.32 | 12304 ☑ | 780 ☑ | 1016 |
| 1-3-4-11 | 水沟盖板钢筋(带肋) | 1t | 10.256 | (18)钢材及钢结构(除桥以外) | 2001001量0,2001002量1.025 | 1033.37 | 4846.43 | 49705 ☑ | 3150 ☑ | 4104 |
| 1-3-4-12 | 水沟盖板安装 | 10m³ | 4.810 | (06)构造物I | | 88.79 | 887.94 | 4271 ☑ | 271 ☑ | 353 |
| 4-8-3-5 | 装载质量8t以内载重汽车1km(手摇卷扬机装卸) | 100m³实体 | 0.481 | (03)运输 | | 48.4 | 4839.92 | 2328 ☑ | 148 ☑ | 192 |

图 2-18 纵横造价软件对盖板边沟的组价

## 2.3.2 浆砌片石排水沟

排水沟是指将边沟、截水沟和路基附近、庄稼地里、住宅附近低洼处汇集的水引向路基、庄稼地、住宅地以外的水沟。其形状与边沟类似,一般没有盖板,设计图如图 2-19 所示。

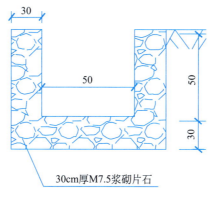

图 2-19 浆砌片石排水沟

浆砌片石排水沟施工工艺流程如下:测量放样→基坑开挖→沟体砌筑→养护。

本小节案例项目浆砌片石排水沟工程数量表如表 2-39 所示。

表 2-39 浆砌片石排水沟工程数量表

| 序号 | 起讫桩号 | 工程名称 | 单位/m | 长度 | | 工程项目及数量表 | | |
|---|---|---|---|---|---|---|---|---|
| | | | | 左 | 右 | M7.5浆砌片石/m³ | M10砂浆抹面/m² | 水沟挖基/m³ |
| 1 | K56+320~K56+520 | 排水沟 | | | 200.0 | 124.2 | | 124.2 |
| 2 | K56+740~K56+820 | 排水沟 | | | 80.0 | 49.7 | | 49.7 |
| | 合 计 | | | 0.0 | 280.0 | 173.9 | 588 | 173.9 |

查找清单项,浆砌片石排水沟对应的清单项为 207-2-a,具体内容如表 2-40 所示。

表 2-40　浆砌片石排水沟

| 子目号 | 子目名称 | 单位 | 工程量计量 | 工程内容 |
|---|---|---|---|---|
| 207 | 坡面排水 | | | |
| 207-2 | 排水沟 | | | |
| -a | 浆砌片石 | m³ | 依据图纸所示位置及断面尺寸,按浆砌片石的体积以立方米为单位计量 | 1. 场地清理;<br>2. 地基平整夯实,断面补挖;<br>3. 铺设垫层;<br>4. 砂浆拌制;<br>5. 浆砌片石、勾缝、抹面、养护;<br>6. 回填 |

　　根据清单工程量计量要求"按浆砌片石的体积以立方米为单位计量",修正子目名称为"M7.5 浆砌片石",本项目浆砌片石的工程量为 173.9m³。

　　沟槽开挖的地质结构为土层,选用定额 1-3-1-3 机械开挖土方,定额工程量为 173.9m³。土质开挖后需要装车处理,选用定额 1-1-10-3 3m³ 以内装载机装土,定额工程量为 173.9m³。最后选用 1-1-11-13 30t 以内自卸汽车运土 3km,定额工程量为 173.9m³。

　　浆砌片石沟身和基础选择配套定额 1-3-3 石砌边沟、排水沟、截水沟、急流槽,定额如表 2-41 所示。

表 2-41　1-3-3 石砌边沟、排水沟、截水沟、急流槽

工程内容　①拌、运砂浆;②选修石料;③砌筑、勾缝、养护。　　　　　　　　单位:10m³ 实体

| 顺序号 | 项目 | 单位 | 代号 | 边沟、排水沟 | |
|---|---|---|---|---|---|
| | | | | 浆砌片石 | 浆砌块石 |
| | | | | 1 | 2 |
| 1 | 人工 | 工日 | 1001001 | 6.6 | 6.5 |
| 2 | M7.5 水泥砂浆 | m³ | 1501002 | (3.50) | (2.70) |
| 3 | M10 水泥砂浆 | m³ | 1501003 | (0.33) | (0.20) |
| 4 | 水 | m³ | 3005004 | 18 | 18 |
| 5 | 中(粗)砂 | m³ | 5503005 | 4.17 | 3.16 |
| 6 | 片石 | m³ | 5505005 | 11.5 | — |
| 7 | 块石 | m³ | 5505025 | — | 10.5 |
| 8 | 32.5 级水泥 | t | 5509001 | 1.037 | 0.782 |
| 9 | 其他材料费 | 元 | 7801001 | 2.3 | 2.3 |
| 10 | 1.0m³ 以内轮胎式装载机 | 台班 | 8001045 | 0.08 | 0.08 |
| 11 | 400L 以内灰浆搅拌机 | 台班 | 8005010 | 0.15 | 0.12 |
| 12 | 基价 | 元 | 9999001 | 2229 | 2301 |

选择定额 1-3-3-1 浆砌片石边沟、排水沟,定额工程量要求"按设计排水沟的石砌圬工体积进行计算",定额工程量为 173.9m³。

设计图明确要求排水沟墙顶面用 M10 砂浆抹面(厚 2cm),选用《预算定额》中唯一的抹面定额 4-11-6-17 水泥砂浆抹面 2cm 厚,具体工料机如表 2-42 所示。

表 2-42　4-11-6 水泥砂浆勾缝及抹面

工程内容　抹面:清扫、洗刷、配、拌、运砂浆,抹平、养护。　　　　　　　　单位:10m²

| 顺序号 | 项目 | 单位 | 代号 | 水泥砂浆抹面(厚2cm) |
|---|---|---|---|---|
|  |  |  |  | 17 |
| 1 | 人工 | 工日 | 1001001 | 2.9 |
| 2 | M10 水泥砂浆 | m³ | 1501003 | (2.60) |
| 3 | 水 | m³ | 3005004 | 15 |
| 4 | 中(粗)砂 | m³ | 5503005 | 2.78 |
| 5 | 32.5 级水泥 | t | 5509001 | 0.837 |
| 6 | 基价 | 元 | 9999001 | 849 |

定额工程量要求"按设计需要实施抹面的砌体的外表面面积计算工程量",根据设计图计算抹面面积如下。

$$(0.3\times2+0.5+0.5+0.5)\times280=588(m^2)$$

纵横造价软件对浆砌片石排水沟的组价如图 2-20 所示。

| 清单编号 | 名称 | 单位 | 清单数量 | 清单单价 | 金额(F) | 备注 | 单价分析 | 专项暂定 |
|---|---|---|---|---|---|---|---|---|
| 207-2 | 排水沟 |  |  |  | 54,895 |  | ☑ | ☐ |
| —a | M7.5浆砌片石 | m³ | 173.900 | 315.67 | 54,895 |  | ☑ | ☐ |

| 编号 | 名称 | 单位 | 工程量 | 工程类别 | 调整状态 | 子目单价 | 单价 | 基价 | 建安费 | 利润 | 税金 |
|---|---|---|---|---|---|---|---|---|---|---|---|
| 1-3-3-3 | 机械开挖土方 | 1000m³天然密实方 | 0.174 | (01)土方 |  | 12.8 | 12793.10 | 2226 | ☑ | 141 ☑ | 184 |
| 1-1-10-3 | 3m³以内装载机装土 | 1000m³天然密实方 | 0.174 | (01)土方 |  | 1.58 | 1580.46 | 275 | ☑ | 17 ☑ | 23 |
| 1-1-11-13 | 30t以内自卸汽车运3km | 1000m³天然密实方 | 0.174 | (03)运输 | +14×4 | 6.61 | 6609.20 | 1150 | ☑ | 73 ☑ | 95 |
| 1-3-3-1 | 浆砌片石排水沟 | 10m³实体 | 17.390 | (06)构造物 I |  | 261.04 | 2610.41 | 45395 | ☑ | 2877 ☑ | 3748 |
| 4-11-6-17 | 水泥砂浆抹面2cm厚 | 100m² | 5.880 | (06)构造物 I |  | 33.63 | 994.73 | 5849 | ☑ | 371 ☑ | 483 |

图 2-20　纵横造价软件对浆砌片石排水沟的组价

# 第 3 章 防护与支挡工程

路基防护工程是防治路基病害、保证路基稳定、改善环境景观、保护生态平衡的重要设施。路基防护与支挡工程设施,按其作用不同,可分为边坡坡面防护、沿河路基防护、支挡构筑物三类。

(1) 边坡坡面防护是指在坡面上所做的各种铺砌和栽植的总称,可分为植物防护与圬工防护、工程防护(圬工防护)。坡面防护,主要是保护路基边坡表面,免受雨水冲刷,减缓温差及温度变化的影响,防止和延缓软弱岩土表面的风化、碎裂、剥蚀演变进程,从而保护路基边坡的整体稳定性,在一定程度上还可美化路容,协调自然环境。边坡坡面防护有以下三种分类方式。

① 植物防护:植草与喷播植草、铺草皮、种植灌木、喷混植生。

② 骨架植物防护:浆砌片石(或混凝土)骨架植草、水泥混凝土空心块护坡、锚杆混凝土框架植草。

③ 工程防护:喷护、挂网喷护、干砌片石护坡、浆砌片石护坡、护面墙。

(2) 沿河路基防护用于防护水流对路基的冲刷与淘刷,可分为植物防护、砌石护坡、混凝土护坡、土工织物软体沉排、土工膜袋、石笼防护、浸水挡土墙、护坦防护、抛石防护、排桩防护、丁坝、顺坝等。

(3) 支挡构筑物用以防止路基变形或支挡路基本体或山体的位移,以保证其稳定性,常用的类型有挡土墙、边坡锚固、土钉支护、抗滑桩等。

防护与支挡

挡土墙是为了防止填土或土体变形失稳,护坡主要目的为防止边坡受冲刷,如图 3-1 所示为挡土墙和护坡的实物图,图 3-2 为挡土墙和护坡在路基横断面上的设计图。

图 3-1 挡土墙和护坡

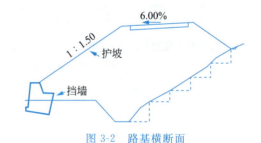

图 3-2 路基横断面

## 3.1 挡 土 墙

挡土墙在路基工程中极为常见,按照设置的位置划分,挡土墙可以分为路堑挡土墙、路肩挡土墙、路堤挡土墙、山坡挡土墙、浸水挡土墙;按照结构形式划分,挡土墙又分为重力式挡土墙、锚定式挡土墙、薄壁式挡土墙、加筋土挡土墙、土钉（钉土）挡土墙、柱板式挡土墙、桩板式挡土墙、垛式（框架式）挡土墙；按照墙体材料划分，挡土墙又可以分为石砌挡土墙、混凝土挡土墙、钢筋混凝土挡土墙、钢板挡土墙。常见的衡重式挡土墙如图 3-3 所示。

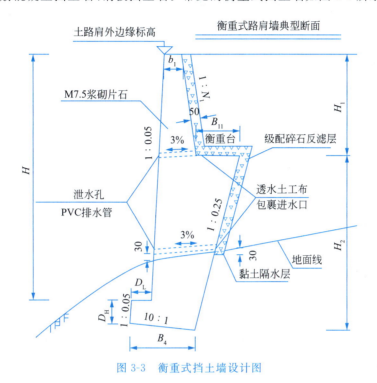

图 3-3　衡重式挡土墙设计图

## 3.1.1　浆砌片石挡土墙

### 1. 浆砌片石挡土墙施工工艺流程

施工工艺主要流程：施工准备→基坑开挖→砌筑基础→基坑回填→砌筑墙身→安装沉降缝→填筑反滤层、回填土→清理勾缝。

### 2. 浆砌片石挡土墙工程数量表

浆砌片石挡土墙对应的工程数量表如表 3-1 所示。

浆砌片石挡土墙组价

表 3-1　浆砌片石挡土墙对应的工程数量表

| 序号 | 起讫桩号或中心桩号 | 工程名称 | 位置 | 墙高/m | 长度/m | M7.5砂浆砌片石/m³ | 挖基/m³ 土 | 挖基/m³ 石 | 回填/m³ 土 | φ100 PVC管泄水孔/m | 沥青麻絮沉降缝/m |
|---|---|---|---|---|---|---|---|---|---|---|---|
| 1 | K56+000～K56+030 | 挡土墙衡重式路肩墙 | 左侧 | 4.0 | 30.0 | 152.3 | 21 | 85 | 32 | 15.9 | 60.0 |

续表

| 序号 | 起讫桩号或中心桩号 | 工程名称 | 位置 | 墙高/m | 长度/m | 工程数量 ||||| 
|---|---|---|---|---|---|---|---|---|---|---|
| | | | | | | M7.5砂浆砌片石/m³ | 挖基/m³ || 回填/m³ | φ100 PVC管泄水孔/m | 沥青麻絮沉降缝/m |
| | | | | | | | 土 | 石 | 土 | | |
| 2 | K56+030~K56+070 | 衡重式路肩墙 | 左侧 | 7.0 | 40.0 | 541.2 | 76 | 303 | 114 | 70.9 | 80.0 |
| | 本页小计 | | | | 70.0 | 693.5 | 97 | 388 | 146 | 86.8 | 140.0 |

### 3. 浆砌片石挡土墙组价

与浆砌片石挡土墙对应的清单项为209-3-a,具体内容如表3-2所示。

表3-2 浆砌片石挡土墙

| 子目号 | 子目名称 | 单位 | 工程量计量 | 工程内容 |
|---|---|---|---|---|
| 209 | 挡土墙 | | | |
| 209-3 | 砌体挡土墙 | | | |
| -a | 浆砌片(块)石 | m³ | 1. 依据图纸所示位置和断面尺寸,按图示不同强度等级水泥砂浆砌石体积以立方米为单位计量;<br>2. 不扣除沉降缝、泄水孔、预埋件所占体积 | 1. 基坑开挖、清理、平整、夯实;<br>2. 浆砌片(块)石,设泄水孔及其滤水层;<br>3. 接缝处理;<br>4. 勾缝、抹面、墙背排水设施设置、墙背填料分层填筑;<br>5. 清理、废方弃运 |

修改清单名称为M7.5浆砌片石,工程量为浆砌片石的量:693.5m³。

选择定额前,先理解《预算定额》第一章第四节节说明。

(1)本章定额中未列出的其他结构形式的砌石防护工程,需要时按"桥涵工程"项目的有关定额计算。

(2)本章定额中除注明者外,均不包括挖基、基础垫层的工程内容,需要时,按"桥涵工程"项目的有关定额计算。

(3)本章定额中除注明者外,均已包括按设计要求需要设置的伸缩缝,沉降缝的费用。

(4)本章定额中除注明者外,均已包括水泥混凝土的拌和费用。

(5)植草护坡定额中均已综合考虑黏结剂、保水剂、营养土、肥料、覆盖薄膜等的费用,使用定额时不得另行计算。

(6)预应力锚索护坡定额中的脚手架是按钢管脚手架编制的,脚手架宽度按2.5m考虑。

(7)工程量计算规则:

① 铺草皮工程量按所铺边坡的坡面面积计算。
② 护坡定额中以 100m² 或 1000m² 为计量单位的子目的工程量,按设计需要防护的边坡坡面面积计算。
③ 木笼、竹笼、铁丝笼填石护坡的工程量按填石体积计算。
④ 本章定额砌筑工程的工程量为砌体的实际体积,包括构成砌体的砂浆体积。
⑤ 本章定额预制混凝土构件的工程量为预制构件的实际体积,不包括预制构件中空心部分的体积。
⑥ 预应力锚索的工程量为锚索(钢绞线)长度与工作长度的质量之和。
⑦ 抗滑桩挖孔工程量按护壁外缘所包围的面积乘以设计孔深计算。

查阅浆砌片石挡土墙对应的定额,1-4-16 是最符合要求的定额,具体工料机如表 3-3 所示。

表 3-3　1-4-16 石砌挡土墙

工程内容　①选修石料;②拌、运砂浆;③搭、拆脚手架;④砌筑、勾缝、养护;⑤沉降缝胶泥制作与填抹;⑥排水孔下的胶泥铺设与孔口填石;⑦安装排水管。

单位:10m³ 实体

| 顺序号 | 项目 | 单位 | 代号 | 浆砌片、块石 | | | |
|---|---|---|---|---|---|---|---|
| | | | | 基础 | | 墙身 | |
| | | | | 片石 | 块石 | 片石 | 块石 |
| | | | | 5 | 6 | 7 | 8 |
| 1 | 人工 | 工日 | 1001001 | 5.6 | 5.3 | 6.8 | 6.4 |
| 2 | M7.5 水泥砂浆 | m³ | 1501002 | (3.50) | (2.70) | (3.50) | (2.70) |
| 3 | M10 水泥砂浆 | m³ | 1501003 | — | — | (0.07) | (0.04) |
| 4 | 8~12 号铁丝 | kg | 2001021 | — | — | 2.7 | 2.7 |
| 5 | 铁钉 | kg | 2009030 | — | — | 0.1 | 0.1 |
| 6 | 水 | m³ | 3005004 | 7 | 7 | 7 | 7 |
| 7 | 原木 | m³ | 4003001 | — | — | 0.03 | 0.03 |
| 8 | 锯材 | m³ | 4003002 | — | — | 0.02 | 0.02 |
| 9 | PVC 塑料管(φ50mm) | m | 5001013 | — | — | 1.8 | 1.8 |
| 10 | 黏土 | m³ | 5001003 | 0.03 | 0.03 | 0.18 | 0.18 |
| 11 | 中(粗)砂 | m³ | 5503005 | 3.82 | 2.94 | 3.89 | 2.99 |
| 12 | 片石 | m³ | 5505005 | 11.5 | — | 11.5 | — |
| 13 | 碎石(8cm) | m³ | 5005015 | — | — | 0.11 | 0.11 |
| 14 | 块石 | m³ | 5005025 | — | 10.5 | — | 10.5 |
| 15 | 32.5 级水泥 | t | 5509001 | 0.931 | 0.718 | 0.953 | 0.73 |
| 16 | 其他材料费 | 元 | 7801001 | 2.2 | 2.2 | 3.5 | 3.5 |
| 17 | 1m³ 以内轮胎式装载机 | 台班 | 8001045 | 0.1 | 0.1 | 0.1 | 0.1 |

续表

| 顺序号 | 项目 | 单位 | 代号 | 浆砌片、块石 | | | |
|---|---|---|---|---|---|---|---|
| | | | | 基础 | | 墙身 | |
| | | | | 片石 | 块石 | 片石 | 块石 |
| | | | | 5 | 6 | 7 | 8 |
| 18 | 400L以内灰浆搅拌机 | 台班 | 8005010 | 0.15 | 0.12 | 0.15 | 0.12 |
| 19 | 基价 | 元 | 9999001 | 2042 | 2116 | 2287 | 2346 |

挡土墙材质为浆砌片石,且本挡土墙并无基础,因此选择1-4-16-7浆砌片石挡土墙墙身,定额工程量要求"按挡土墙的设计圬工体积计算工程量",比对《预算定额》第一章第四节说明中工程量计算规则第4条,定额工程量应为693.5m³。

设计图中要求的砌筑、勾缝、泄水管,均已包括在该定额的工程内容中,使用定额时不需要另行计价;同时,《预算定额》第一章第四节说明中第3条明确伸缩缝已经包括在定额中,使用定额时,也不需要另行计价,至于它们的消耗量是否需要修改,可以参见《预算定额》总说明第4条,"不得因具体工程的施工组织、操作方法和材料消耗与定额规定不同而调整定额"。查看定额"工料机"表,其中既包含M7.5水泥砂浆,又包含M10水泥砂浆,定额中,M7.5水泥砂浆为砌筑砂浆,M10水泥砂浆为勾缝砂浆,若设计无明确要求,笔者建议不要对该材料进行修改。

挡土墙置于地基中,因此涉及挖土和回填土,209-3-a清单工程内容中,包括"基坑开挖、清理、平整、夯实",在《预算定额》查找基坑开挖定额,需要到第四章桥涵工程中才有基坑开挖相关定额,如4-1-1人工挖基坑土、石方;4-1-2人工挖卷扬机吊运基坑土、石方;4-1-3机械挖基坑土、石方。开挖基坑可选定额较多,本案例选用性价比最高的4-1-3-4 2.0m³以内挖掘机挖基坑≤1500m³土方和4-1-3-5机械挖基坑≤1500m³石方对土方和石方进行开挖,定额工料机表如表3-4所示。

表3-4 4-1-3 机械挖基坑土、石方

工程内容 其他基坑开挖:①安、移、拆卷扬机;②打眼、装药、爆破;③抓、挖石渣至坑外及人工清运石渣出坑外;④搭、拆脚手架及整修运土、石渣便道;⑤清理、整平、夯实土质基底,检平石质基底;⑥取土回填、铺平、洒水、夯实。

单位:1000m³

| 顺序号 | 项目 | 单位 | 代号 | 单个基坑体积1500m³以内 | | | | |
|---|---|---|---|---|---|---|---|---|
| | | | | 土方 | | | | 石方 |
| | | | | 卷扬机(配抓斗) | 挖掘机(斗容量:m³) | | | |
| | | | | | 0.6以内 | 1.0以内 | 2.0以内 | |
| | | | | 1 | 2 | 3 | 4 | 5 |
| 1 | 人工 | 工日 | 1001001 | 146.5 | 111.8 | 110.2 | 109.2 | 237.3 |
| 2 | 空心钢钎 | kg | 2009003 | — | — | — | — | 13.8 |

续表

| 顺序号 | 项目 | 单位 | 代号 | 单个基坑体积1500m³以内 | | | | |
|---|---|---|---|---|---|---|---|---|
| | | | | 土方 | | | | 石方 |
| | | | | 卷扬机（配抓斗） | 挖掘机（斗容量:m³) | | | |
| | | | | | 0.6以内 | 1.0以内 | 2.0以内 | |
| | | | | 1 | 2 | 3 | 4 | 5 |
| 3 | φ50mm以内合金钻头 | 个 | 2009004 | — | — | — | — | 21 |
| 4 | 硝铵炸药 | kg | 5005002 | — | — | — | — | 157.1 |
| 5 | 非电毫秒雷管 | 个 | 5005008 | — | — | — | — | 201 |
| 6 | 导爆索 | m | 5005009 | — | — | — | — | 90.8 |
| 7 | 其他材料费 | 元 | 7801001 | — | — | — | — | 22 |
| 8 | 0.6m³以内履带式液压单斗挖掘机 | 台班 | 8001025 | — | 3.25 | — | — | — |
| 9 | 1m³以内履带式机械单斗挖掘机 | 台班 | 8001035 | — | — | 2.66 | — | 3.46 |
| 10 | 2m³以内履带式机械单斗挖掘机 | 台班 | 8001037 | — | — | — | 1.66 | — |
| 11 | 30kN以内单筒慢动卷扬机 | 台班 | 8009080 | 20 | — | — | — | — |
| 12 | 9m³/min以内机动空压机 | 台班 | 8017049 | — | — | — | — | 7 |
| 13 | 小型机具使用费 | 元 | 8099001 | 625.3 | — | — | — | 340.2 |
| 14 | 基价 | 元 | 9999001 | 19276 | 14588 | 14511 | 14331 | 37722 |

土方开挖基坑套用 4-1-3-4 2.0m³ 以内挖掘机挖基坑≤1500m³ 土方，定额工程量要求"按设计开挖的基坑容积计算工程量"，土方基坑开挖工程量为97m³；石方开挖基坑套用 4-1-3-5 机械挖基坑≤1500m³ 石方，工程量为388m³。同时解读《预算定额》第四章第一节基坑开挖节说明，"开挖基坑土、石方运输按弃土于坑外10m范围内考虑；当坑上水平运距超过10m时，另按路基土、石方增运定额计算"，以及"开挖基坑定额中已综合了基底夯实、基坑回填及检平石质基底用工、湿处挖基还包括挖边沟、挖集水井及排水作业用工，使用定额时，不得另行计算"。因此，不需要考虑基坑回填的费用，同时弃方运输3km，需要套用定额 1-1-11-14 30t 以内自卸汽车运土每增运 0.5km（平均运距15km以内）和 1-1-11-28 30t 以内自卸汽车运石每增运 0.5km（平均运距15km以内）。增运定额工程量的计算如下所示。

【例3-1】 自卸汽车一直作为运输工具对弃方进行运输，定额如下。

1-1-11-13 30t 以内自卸汽车运土 1km 基价 3906 元。

1-1-11-14 30t 以内自卸汽车运土每增运 0.5km（平均运距 15km 以内）434 元；基坑挖方弃土外运 3km，则运费基价是多少？

**【解】** 根据《预算定额》第四章第一节基坑开挖节说明，基坑开挖的弃方只能套用增运定额 1-1-11-14 进行运输，运输距离总计 3km，一个增运定额只能提供 0.5km，因此需要 3÷0.5=6(个)增运定额，基价应为 434×6=2604(元)。

表 3-1 中没有要求进行抹面，因此不需要套用抹面定额；作为路基的护肩墙，墙背回填分层碾压费用已经并入路基填筑中，可不需要单独组价。

在纵横软件组价中，可以选择工程量乘以 6 倍，或者套 6 个增运定额。纵横造价软件对 M7.5 浆砌片石挡土墙的组价如图 3-4 所示。

| 清单编号 | 名称 | 单位 | 清单数量 | 清单单价 | 金额（F） | 备注 | 单价分析 | 专项暂定 | 锁定 |
|---|---|---|---|---|---|---|---|---|---|
| ⊟ 209-3 | 砌体挡土墙 | | | | 206,309 | | ☑ | ☐ | ☐ |
| —a | M7.5浆砌片石 | m³ | 693.500 | 297.49 | 206,309 | | ☑ | ☐ | ☐ |

量价　设备购置

| 编号 | 名称 | 单位 | 工程量 | 工程类别 | 调整状态 | 子目单价 | 单价 | 基价 | 建安费 | | 利润 | | 税金 |
|---|---|---|---|---|---|---|---|---|---|---|---|---|---|
| 1-4-16-7 | 浆砌片石挡土墙墙身 | 10m³ 实体 | 69.350 | (06)构造物Ⅰ | | 267.77 | 2677.66 | | 185696 | ☑ | 11768 | ☑ | 5333 |
| 4-1-3-4 | 2.0m³以内挖掘机挖基坑≤1500m³土方 | 1000m³ | 0.097 | (01)土方 | | 2.35 | 16773.20 | | 1627 | ☑ | 103 | ☑ | 134 |
| 4-1-3-5 | 机械挖基坑≤1500m³石方 | 1000m³ | 0.388 | (02)石方 | | 24.71 | 44167.53 | | 17137 | ☑ | 1086 | ☑ | 1415 |
| 1-1-11-14 | 30t以内自卸汽车运土每增运0.5km(平均运距15km以内) | 1000m³天然密实方 | 0.582 | (03)运输 | | 0.43 | 508.59 | | 296 | ☑ | 19 | ☑ | 24 |
| 1-1-11-28 | 30t以内自卸汽车运石每增运0.5km(平均运距15km以内) | 1000m³天然密实方 | 2.328 | (03)运输 | | 2.24 | 666.67 | | 1552 | ☑ | 98 | ☑ | 128 |

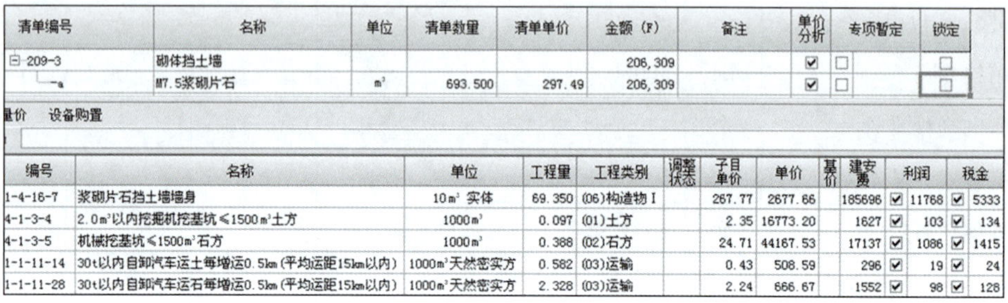

图 3-4 纵横造价软件对 M7.5 浆砌片石挡土墙的组价

## 3.1.2 扶壁式挡土墙

扶壁式挡土墙是指沿悬臂式挡土墙的立臂，每隔一定距离加一道扶壁，将立壁与踵板连接起来的挡土墙。一般为钢筋混凝土结构，属于薄壁式挡土墙的一种，它构造简单、施工方便，墙身断面较小，自身质量轻，可以较好地发挥材料的强度性能，能适应承载力较低的地基，对应的设计图如图 3-5 所示。

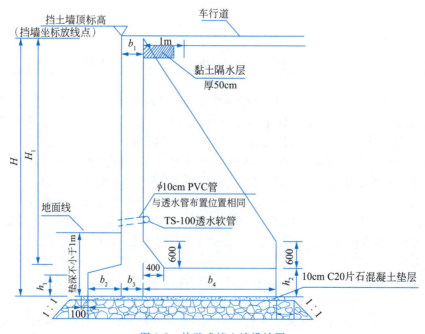

图 3-5 扶壁式挡土墙设计图

### 1. 扶壁式挡土墙施工工艺流程

施工工艺主要流程：准备、放样→挖基坑→浇垫层→绑墙底钢筋→支墙底侧模→浇底板→绑墙身钢筋→持墙身模板→浇墙身→拆模→墙背回填→验收。

### 2. 扶壁式挡土墙工程数量表

扶壁式挡土墙对应的工程数量表如表 3-5 所示。

表 3-5 扶壁式挡土墙对应的工程数量表

| 起讫桩号或中心桩号 | 工程名称 | 位置 | 工程数量 ||||||
|---|---|---|---|---|---|---|---|---|
| | | | C30 混凝土/m³ | 钢筋 HRB400/kg | 挖基/m³ 土 | φ5cm 透水管/m | φ10cm PVC 管 | C20 片石混凝土垫基/m³ |
| K56+080～K56+100 | 扶壁式挡土墙 | 右侧 | 860.0 | 77500.0 | 3500.0 | 300.0 | 50.0 | 1500.0 |

### 3. 扶壁式挡土墙组价

扶壁式挡土墙从材料上来讲属于钢筋混凝土挡土墙，清单项 209-5 混凝土挡土墙符合项目要求，具体内容如表 3-6 所示。

表 3-6 钢筋混凝土挡土墙

| 子目号 | 子目名称 | 单位 | 工程量计量 | 工程内容 |
|---|---|---|---|---|
| 209 | 挡土墙 | | | |
| 209-5 | 混凝土挡土墙 | | | |
| -a | 混凝土 | m³ | 1. 依据图纸所示位置和断面尺寸，按图示不同强度等级混凝土体积以立方米为单位计量；<br>2. 不扣除沉降缝、泄水孔、预埋件所占体积 | 1. 基坑开挖、清理、平整、夯实；<br>2. 模板制作、安装、拆除；<br>3. 混凝土拌和、运输、浇筑、养护；<br>4. 泄水孔及其滤水层、沉降缝设置；<br>5. 墙背填料分层填筑；<br>6. 清理，弃方处理 |
| -b | 钢筋 | kg | 1. 依据图纸所示及钢筋表所列钢筋质量以千克为单位计量；<br>2. 固定钢筋的材料、定位架立钢筋、钢筋接头、吊装钢筋、钢板、铁丝作为钢筋作业的附属工作，不另行计量 | 1. 钢筋的保护、储存及除锈；<br>2. 钢筋整直、接头；<br>3. 钢筋截断、弯曲；<br>4. 钢筋安设、支承及固定 |

本案例项目是将混凝土和钢筋分开列项,先对现浇混凝土进行组价,后对挡墙钢筋进行组价。

1) 混凝土墙身组价

混凝土清单的工程量计量要求"按图示不同强度等级混凝土体积以立方米为单位计量",本项目墙身混凝土标号等级为C30,工程量为860m³。

属于现浇混凝土挡土墙的定额为1-4-19-2,具体工料机如表3-7所示。

表3-7　1-4-19现浇混凝土挡土墙

工程内容　①模板组拼拆、安装、拆除、修理、涂脱模剂、堆放;②混凝土配运料、拌和、运输、浇筑(掺片石)、捣固、养护;③安装泄水管;④钢筋制作、绑扎、入模定位;⑤搭、拆脚手架。

单位:表列单位

| 顺序号 | 项目 | 单位 | 代号 | 片石混凝土 10m³ | 混凝土 10m³ | 钢筋 1t |
|---|---|---|---|---|---|---|
| | | | | 1 | 2 | 3 |
| 1 | 人工 | 工日 | 1001001 | 11.5 | 13.5 | 6.6 |
| 2 | 片C15-32.5-8 | m³ | 1503003 | (10.20) | — | — |
| 3 | 普C20-32.5-8 | m³ | 1503052 | — | (10.20) | — |
| 4 | HPB300钢筋 | t | 2001001 | — | — | 1.025 |
| 5 | 8~12号铁丝 | kg | 2001021 | 2.1 | 2.1 | — |
| 6 | 20~22号铁丝 | kg | 2001022 | — | — | 2.6 |
| 7 | 组合钢模板 | t | 2003026 | 0.016 | 0.016 | — |
| 8 | 电焊条 | kg | 2009011 | — | — | 3.5 |
| 9 | 铁件 | kg | 2009028 | 50.7 | 50.7 | — |
| 10 | 水 | m³ | 3005004 | 10 | 10 | — |
| 11 | 原木 | m³ | 4003001 | 0.04 | 0.04 | — |
| 12 | PVC塑料管($\phi$50mm) | m | 5001013 | 1.8 | 1.8 | — |
| 13 | 中(粗)砂 | m³ | 5503005 | 4.69 | 5.51 | — |
| 14 | 片石 | m³ | 5505005 | 2.19 | — | — |
| 15 | 碎石(8cm) | m³ | 5505015 | 7.14 | — | — |
| 16 | 32.5级水泥 | t | 5509001 | 2.448 | 2.876 | — |
| 17 | 其他材料费 | 元 | 7801001 | 19.9 | 19.9 | — |
| 18 | 250L以内强制式混凝土搅拌机 | 台班 | 8005002 | 0.27 | 0.31 | — |
| 19 | 8t以内汽车式起重机 | 台班 | 8009026 | 0.19 | 0.23 | — |
| 20 | 32kV·A以内交流电弧焊机 | 台班 | 8015028 | — | — | 0.47 |
| 21 | 小型机具使用费 | 元 | 8099001 | 13.2 | 13.2 | 16 |
| 22 | 基价 | 元 | 9999001 | 3733 | 4147 | 4253 |

该定额的工程内容包括模板安拆、混凝土配运料、拌和、运输、浇筑(掺片石)、捣固、养护、安装泄水管,这些工程内容已涵盖了清单工程内容要求的第 2、3、4 条工作内容。同时,作为路基的护肩墙,墙背回填分层碾压费用已经并入路基填筑中,清单工程内容第 5 条也不需要单独组价。1-4-19-2 定额混凝土标号为 C20,设计要求用 C30,需要修改混凝土标号。

与浆砌片石挡土墙基坑开挖与运输一致,选用 4-1-3-8 2.0$m^3$ 以内挖掘机挖基坑 >1500$m^3$ 土方,定额工程量为 3500$m^3$。弃方套用增运定额 1-1-11-14 进行运输,运距为 3km,定额工程量为 3500×6=21000($m^3$)。

纵横造价软件对混凝土挡土墙的组价如图 3-6 所示。

| 清单编号 | 名称 | 单位 | 清单数量 | 清单单价 | 金额(F) | 备注 | 单价分析 |
|---|---|---|---|---|---|---|---|
| ⊟ 209-5 | 混凝土挡土墙 | | | | 902,404 | | ☑ |
| —a | C30混凝土 | $m^3$ | 860.000 | 609.54 | 524,204 | | ☑ |
| —b | 钢筋(HRB400) | kg | 77500.000 | 4.88 | 378,200 | | ☑ |

量价 设备购置

| 编号 | 名称 | 单位 | 工程量 | 工程类别 | 调整状态 | 子目单价 | 单价 | 基价 | 建安费 | | 利润 | | 税金 |
|---|---|---|---|---|---|---|---|---|---|---|---|---|---|
| 1-4-19-2 | 现浇混凝土挡土墙 | 10$m^3$ | 86.000 | (06)构造物Ⅰ | 普C20-32.5-8换普C30-42.5-4 | 535.35 | 5353.45 | | 460397 | ☑ | 29176 | ☑ | 38014 |
| 4-1-3-8 | 2.0$m^3$以内挖掘机挖基坑>1500$m^3$土方 | 1000$m^3$ | 3.500 | (01)土方 | | 61.78 | 15180.86 | | 53133 | ☑ | 3367 | ☑ | 4387 |
| 1-1-11-14 | 30t以内自卸汽车运土每增运0.5km(平均运距15km以内) | 1000$m^3$天然密实方 | 21.000 | (03)运输 | | 12.41 | 508.14 | | 10671 | ☑ | 676 | ☑ | 881 |

图 3-6 纵横造价软件对混凝土挡土墙的组价

2)挡墙钢筋组价

清单工程量为 77500kg,根据设计要求修改清单名称为"钢筋(HRB400)",查看表 3-7 定额 1-4-19-3 现浇混凝土挡土墙钢筋是与混凝土挡土墙配套的钢筋定额,定额工程量为 77.5t,将工料机的钢筋修正为带肋钢筋。纵横造价软件对挡土墙钢筋的组价如图 3-7 所示。

| 清单编号 | 名称 | 单位 | 清单数量 | 清单单价 | 金额(F) | 备注 | 单价分析 | 专项暂定 | 锁定 |
|---|---|---|---|---|---|---|---|---|---|
| ⊟ 209-5 | 混凝土挡土墙 | | | | 907,994 | | ☑ | ☐ | ☐ |
| —a | C30混凝土 | $m^3$ | 860.000 | 616.04 | 529,794 | | ☑ | ☐ | ☐ |
| —b | 钢筋(HRB400) | kg | 77500.000 | 4.88 | 378,200 | | ☑ | ☐ | ☐ |

量价 设备购置

| 编号 | 名称 | 单位 | 工程量 | 工程类别 | 调整状态 | 子目单价 | 单价 | 基价 | 建安费 | | 利润 | | 税金 |
|---|---|---|---|---|---|---|---|---|---|---|---|---|---|
| 1-4-19-3 | 现浇混凝土挡土墙钢筋 | 1t | 77.500 | (18)钢材及钢结构(除桥以外) | 2001001量0,2001002量1.025 | 4.88 | 4877.41 | | 377999 | ☑ | 3954 | ☑ | 31211 |

图 3-7 纵横造价软件对挡土墙钢筋的组价

## 3.1.3 例题讲解

**【例 3-2】** 某三级公路因地势需要修筑护肩式垂直型挡土墙,如图 3-8 所示,采用 C30 混凝土进行浇筑,挡土墙长度共计 50m。现需要对该挡土墙进行组价,①试根据清单计量规则计算水泥混凝土挡土墙的清单工程量;②水泥混凝土的挡土墙采用定额 1-4-19-2 进行浇筑,原定额为 C20 混凝土,现需要更换为 C30 混凝土,试根据定额材料抽换原则进行定额的基价计算。设计图如图 3-8 所示(图中尺寸以 cm 计),混凝土挡土墙清单项如表 3-8 所示,现浇混凝土挡土墙定额如表 3-9 所示。

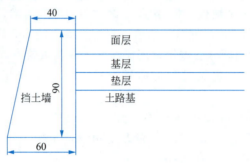

图 3-8 混凝土路肩墙设计图

表 3-8 混凝土挡土墙清单

| 209-5-a | 混凝土挡土墙 | m³ | 1. 依据图纸所示位置和断面尺寸,按图示不同强度等级混凝土体积以立方米为单位计量;<br>2. 不扣除沉降缝、泄水孔、预埋件所占体积 |
|---|---|---|---|

表 3-9 现浇混凝土挡土墙定额

| 1-4-19-2 | 现浇混凝土挡土墙/10m³ | | |
|---|---|---|---|
|  | 单位 | 消耗量 | 预算价 |
| 人工 | 工日 | 13.500 | 106.28 |
| 普 C20-32.5-8 | m³ | 10.200 | 0 |
| 8～12号铁丝 | kg | 2.100 | 4.36 |
| 组合钢模板 | t | 0.016 | 4700.85 |
| 铁件 | kg | 50.700 | 4.53 |
| 水 | m³ | 10.000 | 2.72 |
| 原木 | m³ | 0.040 | 1283.19 |
| PVC塑料管($\phi$50mm) | m | 1.800 | 6.41 |
| 中(粗)砂 | m³ | 5.510 | 87.38 |
| 碎石(8cm) | m³ | 8.360 | 82.52 |
| 32.5级水泥 | t | 2.876 | 307.69 |
| 其他材料费 | 元 | 19.900 | 1 |
| 250L以内强制式混凝土搅拌机 | 台班 | 0.310 | 177.86 |
| 8t以内汽车式起重机 | 台班 | 0.230 | 713.36 |
| 小型机具使用费 | 元 | 13.200 | 1 |
| 基价 | 元 | 4147.443 | 1 |

**注意**:1m³ 的混凝土中碎石、水泥、中粗砂都会涉及 0.02 的操作损耗,定额已包括该损耗。C20 混凝土配合比如表 3-10 所示,C30 混凝土配合比如表 3-11 所示。

表 3-10  C20 混凝土配合比

| C20 | 单位 | 单位:1m³ 混凝土 |
|---|---|---|
| 32.5♯水泥 | kg | 282 |
| 中粗砂 | m³ | 0.54 |
| 80mm 碎石 | m³ | 0.82 |

表 3-11  C30 混凝土配合比

| C30 | 单位 | 单位:1m³ 混凝土 |
|---|---|---|
| 32.5♯水泥 | kg | 377 |
| 中粗砂 | m³ | 0.46 |
| 40mm 碎石 | m³ | 0.83 |

【解】 清单工程量：

$$(0.4+0.6)\div 2\times 0.9\times 50=22.5(m^3)$$

下面计算消耗量。

32.5♯水泥消耗量：

$$377\times 10\div 1000\times 1.02=3.8454(t)$$

中粗砂消耗量：

$$0.46\times 10\times 1.02=4.692(m^3)$$

40mm 碎石消耗量：

$$0.83\times 10\times 1.02=8.466(m^3)$$

C30 混凝土挡土墙基价如表 3-12 所示。

表 3-12  C30 混凝土挡土墙基价

| 1-4-19-2 | 现浇混凝土挡土墙 | | |
|---|---|---|---|
|  | 单位 | 消耗量 | 预算价 |
| 人工 | 工日 | 13.500 | 106.28 |
| 普 C20-32.5-8 | m³ | 10.200 | 0 |
| 8～12 号铁丝 | kg | 2.100 | 4.36 |
| 组合钢模板 | t | 0.016 | 4700.85 |
| 铁件 | kg | 50.700 | 4.53 |
| 水 | m³ | 10.000 | 2.72 |
| 原木 | m³ | 0.040 | 1283.19 |
| PVC 塑料管($\phi$50mm) | m | 1.800 | 6.41 |
| 中(粗)砂 | m³ | 4.692 | 87.38 |
| 碎石(4cm) | m³ | 8.466 | 82.52 |
| 32.5 级水泥 | t | 3.8454 | 307.69 |
| 其他材料费 | 元 | 19.900 | 1 |
| 250L 以内强制式混凝土搅拌机 | 台班 | 0.310 | 177.86 |
| 8t 以内汽车式起重机 | 台班 | 0.230 | 713.36 |
| 小型机具使用费 | 元 | 13.200 | 1 |
| 基价 | 元 | 4382.988 | 1 |

## 3.2 边坡防护

边坡及三维网植草护坡组价

坡面防护主要是保护路基边坡表面免受雨水冲刷，减小温差及温度变化的影响，防止和延缓软弱岩土表面的风化、碎裂、剥蚀演变进程，从而保护路基边坡的整体稳定性，兼顾美化路容，协调自然环境，形成良好的景观效果。防护工程的分类如图3-9所示。

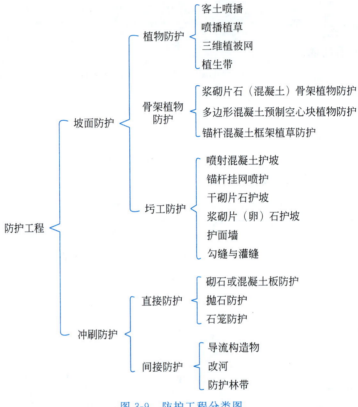

图 3-9　防护工程分类图

### 3.2.1 挂三维网植草护坡

三维网植草护坡是生态护坡的一种，边坡形成以后，通过种植植物，利用植物与岩、土体的相互作用（根系锚固作用）对边坡表层进行防护、加固，使之既能满足维护坡表层稳定的要求，又能恢复被破坏的自然生态环境的护坡方式，该方法目前在市场上应用较多。

三维网植草护坡设计图如图3-10所示。

**1. 挂三维网植草护坡施工工艺流程**

挂三维网植草护坡主要施工工艺流程为：准备工作→坡面整理→基层培土→安装三维土工网→喷射营养土→湿润坡面→喷播植草→喷洒养护液→施工完成。

# 第3章 防护与支挡工程

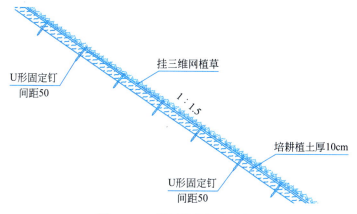

图 3-10　三维网植草护坡设计图

**2. 挂三维网植草护坡工程数量表**

挂三维网植草护坡对应的工程数量表如表 3-13 所示。

表 3-13　挂三维网植草护坡工程数量表

| 起讫桩号 | 工程名称 | 长度/m | 位置 | 坡面面积/m² | 工程数量 | | | | 备注 |
| --- | --- | --- | --- | --- | --- | --- | --- | --- | --- |
| | | | | | 三维网/m² | φ8 U形钉/kg | 植草面积/m² | 培耕植土/m³ | |
| K56+300~K56+420 | 挂三维网植草 | 120 | 右侧 | 1438.6 | 1438.6 | 1045.6 | 1438.6 | 143.9 | 填方高度<8m |
| K56+540~K56+620 | 挂三维网植草 | 80 | 右侧 | 900.4 | 900.4 | 654.4 | 900.4 | 90.0 | |
| 合　计 | | 200 | | 2339.0 | 2339.0 | 1700.0 | 2339.0 | 233.9 | |

**3. 挂三维网植草护坡组价**

查阅清单项,三维网植草护坡在《清单工程量计量规则》中第 700 章绿化及环境保护设施中,具体清单项内容如表 3-14 所示。

表 3-14　703 撒播草种和铺植草皮

| 子目号 | 子目名称 | 单位 | 工程量计量 | 工程内容 |
| --- | --- | --- | --- | --- |
| 703 | 撒播草种和铺植草皮 | | | |
| 703-5 | 三维土工网植草 | m² | 1. 依据图纸所示位置,按图示种植的面积以平方米为单位计量; | 1. 地表整理、修整坡面;<br>2. 铺设三维土工网及锚钉固定;<br>3. 铺设表土; |

续表

| 子目号 | 子目名称 | 单位 | 工程量计量 | 工程内容 |
|---|---|---|---|---|
| 703-5 | 三维土工网植草 | m² | 2. 扣除结构工程面积 | 4. 喷播草种（灌木籽）；<br>5. 扣除结构工程面积；<br>6. 浇水、施肥、除虫、除杂草、修剪、补种；<br>7. 清除垃圾、杂物 |

工程量清单明确要求"按图示种植的面积以平方米为单位计量"，坡面面积为2339m²。与挂三维网植草护坡匹配的定额为1-4-2-2 三维植被网挂网植草护坡，具体如表3-15所示。

表3-15  1-4-2 三维植被网挂网植草护坡

工程内容　挂网：①清理整平边坡坡面；②铺网、固定；③钢筋框条制作、绑扎及焊接。

单位：表列单位

| 顺序号 | 项目 | 单位 | 代号 | 土工格栅 | 三维植被网 | 铁丝网 | 钢筋 |
|---|---|---|---|---|---|---|---|
| | | | | 1000m² | | | 1t |
| | | | | 1 | 2 | 3 | 4 |
| 1 | 人工 | 工日 | 1001001 | 34.4 | 37.8 | 20.5 | 5.3 |
| 2 | HPB300 钢筋 | t | 2001001 | — | — | — | 1.025 |
| 3 | 8～12 号铁丝 | kg | 2001021 | — | — | 3.8 | — |
| 4 | 铁丝编织网 | m² | 2001026 | — | — | 1140.1 | — |
| 5 | 电焊条 | kg | 2009011 | — | — | — | 0.9 |
| 6 | U形锚钉 | kg | 2009034 | 138 | 315.2 | — | — |
| 7 | 三维植被网 | m² | 5001009 | — | 1249 | — | — |
| 8 | 土工格栅 | m² | 5007003 | 1142.6 | — | — | — |
| 9 | 其他材料费 | 元 | 7801001 | 42.9 | 111.3 | — | — |
| 10 | 32kV·A 以内交流电弧焊机 | 台班 | 8015028 | — | — | — | 0.12 |
| 11 | 小型机具使用费 | 元 | 8099001 | — | — | — | 17.3 |
| 12 | 基价 | 元 | 9999001 | 13760 | 16678 | 25488 | 4025 |

注：1. 本章定额挂铁丝网未包括锚固筋（或锚杆）的消耗，应按相应定额另行计算。

2. 挂网定额中钢筋子目仅适用于挂铁丝网的钢筋框条。

定额1-4-2-2 三维植被网挂网植草护坡的定额工程量计算需要查看第一章第四节说明，工程量计算规则第二条"护坡定额中以100m²或1000m²为计量单位的子目的工程量，按设计需要防护的边坡坡面面积计算"，本项目坡面面积为2339m²。因该定额的定额工程内容只有"清理整平边坡坡面、铺网、固定、钢筋框条制作、绑扎及焊接"，并不包含植草，因此该清单项下需要再添加喷播植草定额，具体工料机内容如表3-16 所示。

表 3-16　1-4-2 植草护坡

工程内容　机械液压喷播植草：①边坡整理；②喷播植草；③加覆盖物，固定；④初期养护。
喷混、客土喷播植草：①边坡整理、覆土，植生混合料拌和；②喷植生混合料；③加覆盖物，固定；④初期养护。

单位：1000m²

| 顺序号 | 项目 | 单位 | 代号 | 机械液压喷播植草 | | 喷混植草 | 客土喷播植草 | |
|---|---|---|---|---|---|---|---|---|
| | | | | 填方边坡 | 挖方边坡 | 植草厚度/cm | | |
| | | | | | | 10 | 6 | 8 |
| | | | | 7 | 8 | 9 | 10 | 11 |
| 1 | 人工 | 工日 | 1001001 | 15.5 | 17.8 | 38.4 | 31.4 | 36.2 |
| 2 | 水 | m³ | 3005004 | 90 | 100 | 300 | — | — |
| 3 | 草籽 | kg | 4013001 | 20 | 20 | 17.5 | 30 | 30 |
| 4 | 黏土 | m³ | 5501003 | — | — | 52 | — | — |
| 5 | 种植土 | m³ | 5501007 | 71.4 | 71.4 | — | 30.6 | 40.8 |
| 6 | 植物营养土 | m³ | 5501008 | — | — | 51 | 30.6 | 40.8 |
| 7 | 32.5 级水泥 | t | 5509001 | — | — | 1.02 | — | — |
| 8 | 其他材料费 | 元 | 7801001 | 4142.7 | 4575.7 | 557.3 | 2591.3 | 3732 |
| 9 | 液压喷播机 | 台班 | 8001132 | 1 | 1 | — | 2.21 | 2.6 |
| 10 | 250L 以内强制式混凝土搅拌机 | 台班 | 8005002 | — | — | 1.89 | 1.13 | 1.51 |
| 11 | 混凝土喷射机 | 台班 | 8005011 | — | — | 3.29 | — | — |
| 12 | 4t 以内载货汽车 | 台班 | 8007003 | 0.79 | 0.84 | 3.45 | 2.06 | 2.4 |
| 13 | 6000L 以内洒水汽车 | 台班 | 8007041 | 0.75 | 0.8 | 3.68 | 2.09 | 2.27 |
| 14 | 9m³/min 以内机动空压机 | 台班 | 8017049 | 0.84 | 1.04 | 4.23 | 2.5 | 2.96 |
| 15 | 小型机具使用费 | 元 | 8099001 | 44.7 | 50.8 | 26.8 | 59.8 | 73.1 |
| 16 | 基价 | 元 | 9999001 | 10174 | 11087 | 31109 | 22576 | 28149 |

注：本章定额中植草项目可根据设计用量调整定额中的草籽或种子的消耗。

因设计没有明确要求具体哪种喷播方式，因此定额 1-4-2-7～1-4-2-11 都可以进行选择，本案例项目采用机械液压喷播植草，因边坡处于填方（见表 3-16），故选用 1-4-2-7 机械液压喷播植草（填方边坡），定额工程量为 2339m²。纵横造价软件对挂三维网植草护坡的组价如图 3-11 所示。

图 3-11　纵横造价软件对挂三维网植草护坡的组价

## 3.2.2　衬砌拱护坡

骨架植物防护是指路基边坡采用混凝土或浆砌片石形成的框架式构筑物,并在框架内植草,以防止路基边坡溜坍的一种坡面防护形式。骨架植物防护是突出"植物＋工程"一体化防护设计的典型模式,把路基边坡工程防护与生态防护结合起来,达到了与环境因素高度协调的效果。

骨架植物防护实际是将坡面分割成若干骨架支撑的小块土坡,是分而治之的有效措施。骨架的作用在于支撑和分割坡面,消除坡面较大范围内相互渐变、牵引的影响,其具有规则的几何形状,造型美观。当骨架中的绿色植被形成后,绿白相间,拥有较好的防护绿化美化效果。衬砌拱护坡就是骨架防护中的一种,其设计图如图 3-12 所示。

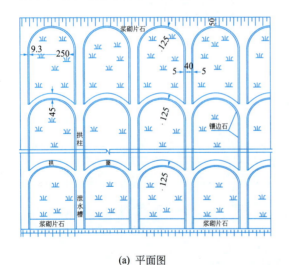

(a) 平面图

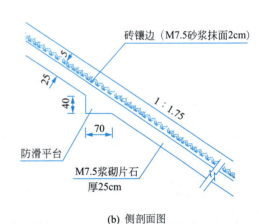

(b) 侧剖面图

图 3-12　衬砌拱护坡设计图

**1. 衬砌拱护坡施工工艺流程**

衬砌拱护坡主要施工工艺流程:准备工作→边坡处理→挂线开挖沟槽及基础→骨架砌筑→挂网＋喷播植草→勾缝→养护。

**2. 衬砌拱护坡工程数量表**

本衬砌拱护坡是位于平均高度不大于 10m 的路堤边坡,采用边坡防护方式。衬砌拱护坡对应的工程数量表如表 3-17 所示。

表 3-17 衬砌拱护坡对应的工程数量表

| 起讫桩号 | 工程名称 | 长度 右侧/m | 工程项目及数量 衬砌拱护坡 | | | | |
|---|---|---|---|---|---|---|---|
| | | | M7.5浆砌片石/m³ | 砖镶边/m³ | 植草/m² | 培耕植土/m³ | 挖基土方/m³ |
| K56+390～K56+520 | 衬砌拱护坡 | 130 | 372.0 | 36.8 | 1798.7 | 179.9 | 412.5 |

### 3. 衬砌拱护坡组价

材料为 M7.5 的浆砌片石拱形骨架护坡对应的清单项为 208-3-b 浆砌骨架护坡,对应的清单内容如表 3-18 所示。

表 3-18 浆砌骨架护坡

| 子目号 | 子目名称 | 单位 | 工程量计量 | 工程内容 |
|---|---|---|---|---|
| 208 | 护坡、护面墙 | | | |
| -b | 浆砌骨架护坡 | m³ | 1. 依据图纸所示位置和铺砌厚度、骨架形式、水泥砂浆强度,按照护坡体体积以立方米为单位计量;<br>2. 含碎落台、护坡平台浆砌骨架数量;<br>3. 扣除急流槽所占体积 | 1. 清理边坡,坡面夯实,基础开挖;<br>2. 浆砌片石;<br>3. 勾缝、抹面、养护;<br>4. 回填;<br>5. 清理现场 |

清单工程量计量规则中明确要求"按照护坡体体积以立方米为单位计量",所以清单工程量为 372m³。

基础开挖工作可以采用开挖基坑定额,基坑开挖分为人工挖基、人工挖卷扬机吊运和机械挖基坑,又根据设计图说明可知本案例填方边坡,边坡坡度不大于 1∶1,因此若设计无明确要求,三种基坑开挖方式都可以。本案例采用性价比最高的定额 4-1-3-4 2.0m³ 以内挖掘机挖基坑≤1500m³ 土方,定额工程量为 412.5m³。弃土方套用增运定额 1-1-11-14 进行运输,因运距为 3km,修改定额工程量为 412.5×6=2475(m³)。

浆砌片石拱形骨架护坡可以套用定额 1-4-11 石砌护坡,对应工料机表如表 3-19 所示。

表 3-19 1-4-11 石砌护坡

工程内容 ①拌、运砂浆;②选修石料;③搭移跳板;④砌筑、勾缝、养护。 单位:10m³ 实体

| 顺序号 | 项目 | 单位 | 代号 | 浆砌护坡坡高/m | | | |
|---|---|---|---|---|---|---|---|
| | | | | 10 以内 | | 10 以上 | |
| | | | | 浆砌片石 | 浆砌块石 | 浆砌片石 | 浆砌块石 |
| | | | | 2 | 3 | 4 | 5 |
| 1 | 人工 | 工日 | 1001001 | 7.7 | 8.5 | 7.5 | 8.3 |
| 2 | M7.5水泥砂浆 | m³ | 1501002 | (3.50) | (2.70) | (3.50) | (2.70) |

续表

| 顺序号 | 项 目 | 单位 | 代号 | 浆砌护坡坡高/m | | | |
|---|---|---|---|---|---|---|---|
| | | | | 10 以内 | | 10 以上 | |
| | | | | 浆砌片石 | 浆砌块石 | 浆砌片石 | 浆砌块石 |
| | | | | 2 | 3 | 4 | 5 |
| 3 | M10 水泥砂浆 | m³ | 1501003 | (0.23) | (0.14) | (0.23) | (0.14) |
| 4 | 水 | m³ | 3005004 | 16 | 16 | 16 | 16 |
| 5 | 中(粗)砂 | m³ | 5503005 | 4.06 | 3.09 | 4.06 | 3.09 |
| 6 | 片石 | m³ | 5505005 | 11.5 | — | 11.5 | — |
| 7 | 块石 | m³ | 5505025 | — | 10.5 | — | 10.5 |
| 8 | 32.5 级水泥 | t | 5509001 | 1.003 | 0.762 | 1.003 | 0.762 |
| 9 | 其他材料费 | 元 | 7801001 | 3.5 | 3.5 | 3.5 | 3.5 |
| 10 | 1m³ 以内轮胎式装载机 | 台班 | 8001045 | 0.1 | 0.1 | 0.1 | 0.1 |
| 11 | 400L 以内灰浆搅拌机 | 台班 | 8005010 | 0.15 | 0.12 | 0.15 | 0.12 |
| 12 | 基价 | 元 | 9999001 | 2334 | 2509 | 2312 | 2487 |

因坡高小于10m,故本项目套用定额 1-4-11-2 浆砌片石护坡(坡高 10m 以内),定额工程量 372m³。

需要注意的是 1-4-11-2 浆砌片石护坡(坡高 10m 以内)和 1-4-11-4 浆砌片石护坡(坡高 10m 以上)在算量上存在区别,若坡高在 10m 以上,则高于 10m 的面积套用定额 1-4-11-4,坡高 10m 内的面积依然套用定额 1-4-11-2。

拱形骨架周围会用青红砖进行镶边,工程量为 36.8m³。防护工程中没有可以匹配的定额,借用《预算定额》中路面部分砖镶边的定额:2-3-4-4 砌筑每米 4 块青(红)砖沥青路面镶边或定额 2-3-4-5 砌筑每米 8 块青(红)砖沥青路面镶边,具体工料机表如表 3-20 所示。两定额的差别为一个每米砌筑 4 块青(红)砖,一个每米砌筑 8 块青(红)砖,下面以 2-3-4-5 砌筑每米 4 块青(红)砖沥青路面镶边为例进行讲解。

表 3-20  2-3-4 沥青路面镶边

工程内容  镶边:刨边、安砌、浆砌片石抹面。                            单位:表列单位

| 顺序号 | 项 目 | 单位 | 代号 | 青(红)砖 | |
|---|---|---|---|---|---|
| | | | | 每米 4 块 | 每米 8 块 |
| | | | | 1000m(单边) | |
| | | | | 4 | 5 |
| 1 | 人工 | 工日 | 1001001 | 10.7 | 16.8 |
| 2 | 青(红)砖 | 千块 | 5507003 | 4.04 | 8.08 |

续表

| 顺序号 | 项 目 | 单位 | 代 号 | 青(红)砖 | |
|---|---|---|---|---|---|
| | | | | 每米 4 块 | 每米 8 块 |
| | | | | 1000m(单边) | |
| | | | | 4 | 5 |
| 3 | 基价 | 元 | 9999001 | 2718 | 4947 |

设计要求镶边砖工程量为 36.8$m^3$,定额工程量为 1000m(单边),单位不一致,需要对工程量进行换算。已知青(红)砖规格为 240mm×115mm×53mm,4 块 0.24m 的砖加上砖与砖之间抹的砂浆,拼接为 1m 的长度,那么 36.8$m^3$ 可以拼接的长度计算为

块数: 36.8÷0.24÷0.115÷0.053=25157(块)

米数: 25157÷4=6289(m)

因此砖镶边每米 4 块的定额工程量为 6289m,若为每米 8 块,则定额 2-3-4-5 工程量应为 3145m。

设计图中还要求用 M7.5 砂浆对镶边砖进行抹面处理,抹面厚度 2cm。已知镶边长度 6289m,砖块宽度为 0.053m,则砖块抹面面积为

$$S=6289\times 0.053=333.3(m^2)$$

选用定额 4-11-6-17 水泥砂浆抹面 2cm,修正抹面砂浆为 M7.5,定额工程量为 333.3$m^2$。

在 208-3-b 浆砌骨架护坡清单项的工程内容中,并未包括绿化相关工程内容,因此植草护坡组价不能放在 208-3-b 清单项中,需要另套清单项,具体可见第 8 章 8.2.1 小节内容。

纵横造价软件对浆砌片石拱形骨架护坡的组价如图 3-13 所示。

| 清单编号 | 名称 | 单位 | 清单数量 | 清单单价 | 金额 (F) | 备注 |
|---|---|---|---|---|---|---|
| 208 | 护坡、护面墙 | | | | 134,527 | |
| 208-3 | 浆砌片石护坡 | | | | 133,042 | |
| -b | M7.5浆砌片石拱形骨架护坡 | $m^3$ | 372.000 | 357.64 | 133,042 | |

量价 设备购置

| 编号 | 名称 | 单位 | 工程量 | 工程类别 | 调整状态 | 子目单价 | 单价 | 基价 | 建安费 | | 利润 | | 税金 |
|---|---|---|---|---|---|---|---|---|---|---|---|---|---|
| 4-1-3-4 | 2.0$m^3$以内挖掘机挖基坑≤1500$m^3$土方 | 1000$m^3$ | 0.413 | (01)土方 | | 18.63 | 16777.24 | | 6929 | ✓ | 439 | ✓ | 572 |
| 1-1-11-14 | 30t以内自卸汽车运土每增运0.5km(平均运距15km以内) | 1000$m^3$天然密实方 | 2.475 | (03)运输 | | 3.38 | 508.28 | | 1258 | ✓ | 80 | ✓ | 104 |
| 1-4-11-2 | 浆砌片石护坡(坡高10m以内) | 10$m^3$实体 | 37.200 | (06)构造物Ⅰ | | 273.25 | 2732.50 | | 101649 | ✓ | 6442 | ✓ | 8393 |
| 2-3-4-4 | 砌筑每米4块青(红)砖沥青路面镶边 | 1000m(单边) | 6.289 | (06)构造物Ⅰ | | 53.8 | 3182.22 | | 20013 | ✓ | 1268 | ✓ | 1652 |
| 4-11-6-17 | 水泥砂浆抹面2cm厚 | 100$m^2$ | 3.333 | (06)构造物Ⅰ | M10换M7.5 | 8.58 | 957.70 | | 3192 | ✓ | 202 | ✓ | 264 |

图 3-13 纵横造价软件对浆砌片石拱形骨架护坡的组价

## 3.2.3 锚杆框架梁护坡

### 1. 锚杆框架梁护坡施工工艺流程

锚杆框架梁护坡主要施工工艺流程:准备工作→搭设脚手架→边坡修整→锚杆钻孔→清孔、验孔→插入锚杆杆棒→锚杆孔注浆→开挖框架梁基础→立模支护→浇筑骨架混凝土→洒水养护→拆除模板→框架内填土夯实→挂网+喷播植草→验收。

### 2. 锚杆框架梁护坡工程数量表

锚杆框架梁工程数量表如表 3-21 所示。边坡一共有五级,每级边坡坡高 10m,坡率为 0.75,各级边坡所占面积如表 3-22 所示。

表 3-21 锚杆框架梁工程数量表

| 序号 | 起讫桩号 | 工程名称 | 长度/m 左 | 长度/m 右 | 挖方高度 最大中心挖高/m | 挖方高度 最大边坡高度/m | 坡面面积/m³ | 锚杆 φ60钻孔锚孔/m | 锚杆 M30砂浆/m³ | 锚杆 HRB400钢筋/kg | 锚杆 HPB300钢筋/kg | 横梁、竖梁 C25混凝土/m³ | 横梁、竖梁 HPB300钢筋/kg | 横梁、竖梁 HRB400钢筋/kg | 挖基石方/m³ | 备注 |
|---|---|---|---|---|---|---|---|---|---|---|---|---|---|---|---|---|
| 1 | K56+530~K56+740 | 锚杆框架梁 | | 210.0 | 19.0 | 41.0 | 5803.6 | 4361.9 | 27.5 | 22341.7 | 165.5 | 464.3 | 14803.0 | 36627.2 | 232 | 一、二、三、四、五级边坡 |
| 合计 | | | | 210.0 | | | 5803.6 | 4361.9 | 27.5 | 22341.7 | 165.5 | 464.3 | 14803.0 | 36627.2 | 232 | |

表 3-22 五级边坡参数

| 一级 | | | 二级 | | | 三级 | | | 四级 | | | 五级 | | |
|---|---|---|---|---|---|---|---|---|---|---|---|---|---|---|
| 高度 | 坡率 | 实际面积 | 高度 | 坡率 | 实际面积 | 高度 | 坡率 | 实际面积 | 高度 | 坡率 | 实际面积 | 高度 | 坡率 | 实际面积 |
| 10 | 0.75 | 2667.32 | 10 | 0.75 | 1427.35 | 10 | 0.75 | 918.5 | 10 | 0 | 428.02 | 10 | 1 | 362.41 |

### 3. 锚杆框架梁护坡组价

2018 年版的《清单工程量计量规则》中并没有与锚杆框架梁对应的清单项,因此组价时只能选择借用或者自定义添加清单项,首先考虑借用。查找满足锚杆和钢筋混凝土框架的项目,在《清单工程量计量规则》中满足这两个条件的有 213 预应力锚索边坡加固这一清单项,213-3 为锚杆,213-4 为混凝土框架梁,213-6 为框架梁钢筋,综上可以借用清单项 213,具体如表 3-23 所示。

表 3-23　213 预应力锚索边坡加固

| 子目号 | 子目名称 | 单位 | 工程量计量 | 工程内容 |
| --- | --- | --- | --- | --- |
| 213 | 预应力锚索边坡加固 | | | |
| 213-3 | 锚杆 | | | |
| -a | 钢筋锚杆 | kg | 依据图纸所示位置和规格、型号,按照安装的锚杆质量以千克为单位计量 | 1. 坡面清理;<br>2. 脚手架安设、拆除、完工清理和保养;<br>3. 钻孔、清孔、套管装拔;<br>4. 锚杆制作、安装、锚固、锚头处理;<br>5. 浆液制备、注浆、养护 |
| 213-4 | 混凝土框格梁 | m³ | 依据图纸所示位置及断面尺寸,按照不同强度等级混凝土浇筑体积,以立方米为单位计量 | 1. 边坡清理;<br>2. 模板制作、安装、拆除;<br>3. 混凝土制作、运输、浇筑、养护;<br>4. 清理现场 |
| 213-6 | 钢筋 | kg | 1. 依据图纸所示及钢筋表所列钢筋质量以千克为单位计量;<br>2. 固定钢筋的材料、定位架立钢筋、钢筋接头、吊装钢筋、钢板、铁丝作为钢筋作业的附属工作,不另行计量 | 1. 钢筋的保护、储存及除锈;<br>2. 钢筋整直、接头;<br>3. 钢筋截断、弯曲;<br>4. 钢筋安设、支承及固定 |

本案例项目为锚杆框架梁,并没有涉及预应力,因此无须添加与本案例无关的其他清单项(如 213-1、2、5),同时可修正 213 子目名称为"锚杆框架梁"。

1) 钢筋锚杆

首先讨论 213-3-a 钢筋锚杆清单工程量。工程量计量规则中明确提到"依据图纸所示位置和规格、型号,按照安装的锚杆质量以千克为单位计量",钢筋锚杆有两种型号,一种为

HRB400，另一种为HPB300，那么是否需要分别列项呢？答案是不需要，理由有两点：①如表3-24所示，光圆钢筋只是定位器，锚杆整体用带肋钢筋做成；②见锚杆钢筋定额工料机内容，定额已经包括了光圆钢筋的量，不需要额外套用清单及定额，因此钢筋锚杆清单项套一个即可，输入工程量22341.7kg。

表3-24 框架单元格每9m² 工程数量表

| 构件 | 编号 | 规格 | 型号 | 长度/m | 根数 | 总长/m | 总重/kg | 现浇C25混凝土/m³ | 钻孔/m φ90mm | M30水泥砂浆/m³ |
|---|---|---|---|---|---|---|---|---|---|---|
| 竖梁 | N1 | 16 | HRB400 | 3.00 | 6 | 18 | 28.44 | 0.72 | — | — |
|  | N3 | 8 | HPB300 | 1.32 | 22 | 29.04 | 11.478 |  | — | — |
| 横梁 | N2 | 16 | HRB400 | 3.00 | 6 | 18 | 28.44 |  | — | — |
|  | N4 | 8 | HPB300 | 1.32 | 22 | 29.04 | 11.478 |  | — | — |
| 4.0米长锚杆 | 锚杆 | 25 | HRB400 | 4.30 | 1 | 4.3 | 16.558 | — | 4.3 | 0.027 |
|  | N5 | 16 | HRB400 | 0.50 | 2 | 1 | 3.16 |  |  |  |
|  | N6 | 16 | HRB400 | 0.35 | 4 | 1.4 | 2.212 |  |  |  |
|  | 定位器 | 6.5 | HPB300 | 0.32 | 9 | 2.88 | 0.748 8 |  |  |  |

根据213-3-a清单工程内容套锚杆定额。关于锚杆埋设相关定额有四类，分别为1-4-8-10喷射混凝土护坡、1-4-10-1主动防护锚杆、1-4-10-3被动防护锚杆、1-4-24-5锚杆挡土墙锚杆制作、安装。先讨论定额施工工艺，清单工程内容要求如下："3.钻孔、清孔、套管装拔；4.锚杆制作、安装、锚固、锚头处理；5.浆液制备、注浆、养护"。1-4-10-1主动防护锚杆和1-4-10-3被动防护锚杆的定额工程内容中还包括"安放钢绳锚杆"，因此可以排除定额1-4-10-1和1-4-10-3。再看1-4-8-10喷射混凝土护坡，定额工程内容为"放样布孔；钻孔、清孔、移动钻具；锚杆制作、安设；砂浆拌和、灌浆"，施工工艺满足要求，但《预算定额释义手册》上明确说明"本定额中锚杆埋设仅适用于锚喷联合施工时的锚杆"，故排除定额1-4-8-10。最后满足要求的锚杆埋设定额只有借用定额1-4-24-5锚杆挡土墙锚杆制作、安装。定额1-4-24-5的具体工料机表如表3-25所示。

表3-25 1-4-24 锚杆挡土墙

工程内容 钻孔及压浆：脚手架搭、拆，坡面清理，定位，钻孔，浆液制作、压浆。
锚杆：制作、安装、锚固、锚头处理。

单位：表列单位

| 顺序号 | 项目 | 单位 | 代号 | 钻孔及压浆 100m 4 | 锚杆制作、安装 1t 5 |
|---|---|---|---|---|---|
| 1 | 人工 | 工日 | 1001001 | 38.6 | 9.1 |
| 2 | M30水泥砂浆 | m³ | 1501008 | (1.30) | — |

续表

| 顺序号 | 项 目 | 单位 | 代 号 | 钻孔及压浆 100m 4 | 锚杆制作、安装 1t 5 |
|---|---|---|---|---|---|
| 4 | 普 C15-32.5-4 | m³ | 1503033 | — | (0.18) |
| 5 | HPB300 钢筋 | t | 2001001 | | 0.023 |
| 6 | HRB400 钢筋 | t | 2001002 | | 1.025 |
| 9 | 钢板 | t | 2003005 | | 0.038 |
| 11 | 电焊条 | kg | 2009011 | | 2.9 |
| 12 | 铁件 | kg | 2009028 | 12.6 | |
| 13 | 水 | m³ | 3005004 | 4 | |
| 14 | 原木 | m³ | 4003001 | 0.1 | |
| 16 | 中(粗)砂 | m³ | 5503005 | 1.29 | 0.09 |
| 17 | 碎石(4cm) | m³ | 5505013 | — | 0.15 |
| 19 | 32.5 级水泥 | t | 5509001 | 0.796 | 0.06 |
| 20 | 其他材料费 | 元 | 7801001 | 149.4 | 39.5 |
| 21 | φ38mm~170mm 液压锚固钻机 | 台班 | 8001116 | 6.94 | — |
| 23 | 12t 以内汽车式起重机 | 台班 | 8009027 | 1.15 | |
| 24 | 30kN 以内单筒慢动卷扬机 | 台班 | 8009080 | — | 0.1 |
| 25 | 32kV·A 以内交流电弧焊机 | 台班 | 8015028 | | 0.26 |
| 26 | 9m³/min 以内机动空压机 | 台班 | 8017049 | 1.87 | |
| 27 | 小型机具使用费 | 元 | 8099001 | 208.5 | 6.6 |
| 28 | 基价 | 元 | 9999001 | 9075 | 4673 |

锚杆定额工程量计算规则要求"按设计锚杆质量计算工程量",工程量为 22.342t,该定额工程内容为"制作、安装、锚固、锚头处理",需要再补充定额 1-4-24-4 锚杆挡土墙钻孔及压浆。定额工程量计算规则要求"按设计锚杆长度计算工程量",工程量为 4361.9m。

因是五级边坡且边坡斜率为 0.75,坡度较陡,施工不便,所以需要搭设脚手架,脚手架应为满铺。在《预算定额》中借用护坡脚手架,定额为 1-4-9-1 预应力锚索护坡脚手架,具体工料机表如表 3-26 所示。

脚手架定额工程量计算规则为"按照路基边坡坡面计算工程量",本案例项目坡面面积为 5803.6m²。

表 3-26  1-4-9 预应力锚索护坡

工程内容  脚手架：①平整场地；②底座、垫脚架设；③搭、拆脚手架及跳板；④完工清理及保养。
地梁及锚座混凝土：①坡面清理；②模板安装、拆除、修理、涂脱模剂、堆放；③混凝土配运料、拌和、运输、浇筑、养护。
地梁及锚座钢筋：钢筋除锈、制作、焊接、绑扎。

单位：表列单位

| 顺序号 | 项目 | 单位 | 代号 | 脚手架 100m² | 地梁 混凝土 10m³ | 钢筋 1t |
|---|---|---|---|---|---|---|
| | | | | 1 | 2 | 3 |
| 1 | 人工 | 工日 | 1001001 | 6.8 | 21.4 | 7.1 |
| 2 | 普 C25-32.5-4 | m³ | 1503033 | — | (10.20) | — |
| 3 | HPB300 钢筋 | t | 2001001 | — | — | 0.128 |
| 4 | HRB400 钢筋 | t | 2001002 | — | — | 0.897 |
| 5 | 20～22 号铁丝 | kg | 2001022 | 1 | — | 4.6 |
| 6 | 型钢 | t | 2003004 | — | 0.015 | — |
| 7 | 钢管 | t | 2003008 | 0.025 | — | — |
| 8 | 组合钢模板 | kg | 2003026 | — | 0.51 | — |
| 9 | 电焊条 | kg | 2009011 | — | — | 4 |
| 10 | 铁件 | m³ | 2009028 | 10.6 | 24.6 | — |
| 11 | 水 | m³ | 3005004 | — | 12 | — |
| 12 | 锯材 | m³ | 4003002 | 0.06 | 0.01 | — |
| 13 | 中(粗)砂 | m³ | 5503005 | — | 4.9 | — |
| 14 | 碎石(4cm) | m³ | 5505013 | — | 8.47 | — |
| 15 | 32.5 级水泥 | t | 5509001 | — | 3.417 | — |
| 16 | 其他材料费 | 元 | 7801001 | 6.6 | 40.8 | — |
| 17 | 250L 以内强制式混凝土搅拌机 | 台班 | 8005002 | — | 0.33 | — |
| 18 | 4t 以内载货汽车 | 台班 | 8007003 | 0.04 | — | — |
| 19 | 32kV·A 以内交流电弧焊机 | 台班 | 8015028 | — | — | 1.62 |
| 20 | 小型机具使用费 | 元 | 8099001 | 2.6 | 32.9 | 7.7 |
| 21 | 基价 | 元 | 9999001 | 998 | 5070 | 4446 |

纵横造价软件对锚杆框架梁钢筋锚杆 HRB400 的组价如图 3-14 所示。

| 清单编号 | 名称 | 单位 | 清单数量 | 清单单价 | 金额（F） | 备注 |
|---|---|---|---|---|---|---|
| 213-3 | 锚杆 | | | | 654,405 | |
| —a | 钢筋锚杆HRB400 | kg | 22341.700 | 29.25 | 653,495 | |

| 编号 | 名称 | 单位 | 工程量 | 工程类别 | 调整状态 | 子目 | 单价 | 基价 | 建安费 | 利润 | 税金 |
|---|---|---|---|---|---|---|---|---|---|---|---|
| 1-4-24-5 | 锚杆挡土墙锚杆制作、安装 | 1t | 22.342 | (06)构造物I | | 5.47 | 5471.53 | | 122245 | ☑ 7747 | ☑ 10094 |
| 1-4-24-4 | 锚杆挡土墙钻孔及压浆 | 100m | 43.619 | (06)构造物I | | 20.75 | 10626.01 | | 463496 | ☑ 29372 | ☑ 38270 |
| 1-4-9-1 | 预应力锚索护坡脚手架 | 100m² | 58.036 | (06)构造物I | | 3.04 | 1168.84 | | 67835 | ☑ 4299 | ☑ 5601 |

图 3-14　纵横造价软件对锚杆框架梁钢筋锚杆 HRB400 的组价

2）钢筋混凝土框格梁

混凝土框格梁清单计量规则要求"按照不同强度等级混凝土浇筑体积以立方米为单位计量"，设计混凝土等级标号为 C25，添加子目，子目名称为"C25"，清单工程量为 464.3m³。

地梁定额可以考虑套用 1-4-9-2 预应力锚索护坡地梁混凝土，但该定额修筑的钢筋混凝土梁体比较大，本项目的框架梁还可以考虑套用另一个定额 1-4-5 现浇混凝土护坡中的混凝土框架梁，具体工料机如表 3-27 所示。

表 3-27　1-4-5 现浇混凝土护坡

工程内容　满铺式：①清理边坡；②模板制作、安装、拆除、修理；③混凝土配运料、拌和、运输、浇筑、抹平、养护。

框格（架）式：①清理边坡；②模板制作、安装、拆除、修理；③混凝土配运料、拌和、运输、浇筑、抹平、养护。

钢筋:除锈、制作、绑扎成型。

单位:表列单位

| 顺序号 | 项目 | 单位 | 代号 | 满铺式混凝土 | | 框格（架）式混凝土 | | 钢筋 |
|---|---|---|---|---|---|---|---|---|
| | | | | 坡高10m以内 | 坡高10m以上 | 坡高10m以内 | 坡高10m以上 | |
| | | | | 10m³ | | | | 1t |
| | | | | 1 | 2 | 3 | 4 | 5 |
| 1 | 人工 | 工日 | 1001001 | 11.1 | 13.3 | 15.3 | 18.1 | 9.5 |
| 2 | 普 C20-32.5-4 | m³ | 1503032 | (10.20) | (10.20) | (10.20) | (10.20) | — |
| 3 | HPB300 钢筋 | t | 2001001 | — | — | — | — | 0.817 |
| 4 | HRB400 钢筋 | t | 2001002 | — | — | — | — | 0.208 |
| 5 | 20～22 号铁丝 | kg | 2001022 | — | — | — | — | 3.6 |
| 6 | 型钢 | t | 2003004 | — | — | 0.022 | 0.022 | — |
| 7 | 组合钢模板 | t | 2003026 | — | — | 0.014 | 0.014 | — |
| 8 | 电焊条 | kg | 2009011 | — | — | — | — | 3.5 |

续表

| 顺序号 | 项目 | 单位 | 代号 | 满铺式混凝土 | | 框格(架)式混凝土 | | 钢筋 |
| --- | --- | --- | --- | --- | --- | --- | --- | --- |
| | | | | 坡高10m以内 | 坡高10m以上 | 坡高10m以内 | 坡高10m以上 | |
| | | | | 10m³ | | | | 1t |
| | | | | 1 | 2 | 3 | 4 | 5 |
| 9 | 铁件 | kg | 2009028 | — | — | 1.9 | 1.9 | — |
| 10 | 石油沥青 | t | 3001001 | 0.021 | 0.021 | 0.004 | 0.004 | |
| 11 | 水 | m³ | 3005004 | 12 | 12 | 12 | 12 | |
| 12 | 锯材 | m³ | 4003002 | 0.01 | 0.01 | 0.01 | 0.01 | |
| 13 | 中(粗)砂 | m³ | 5503005 | 5 | 5 | 5 | 5 | |
| 14 | 碎石(4cm) | m³ | 5505013 | 8.57 | 8.57 | 8.57 | 8.57 | |
| 15 | 32.5级水泥 | t | 5509001 | 3.04 | 3.04 | 3.04 | 3.04 | |
| 16 | 其他材料费 | 元 | 7801001 | 66.1 | 66.1 | 14.4 | 14.4 | |
| 17 | 250L以内强制式混凝土搅拌机 | 台班 | 8005002 | 0.32 | 0.33 | 0.32 | 0.33 | |
| 18 | 32kV·A以内交流电弧焊机 | 台班 | 8015028 | | | | | 1.53 |
| 19 | 小型机具使用费 | 元 | 8099001 | — | — | 2.4 | 2.4 | 6.8 |
| 20 | 基价 | 元 | 9999001 | 3558 | 3794 | 4030 | 4329 | 4735 |

套用定额 1-4-5-3 框格(架)式混凝土护坡(坡高10m以内)和定额 1-4-5-4 框格(架)式混凝土护坡(坡高10m以上),定额工程量"按照设计需要防护的路基边坡混凝土体积计算工程量",框架梁浇筑总体积为 464.3m³,根据定额要求计算坡面10m内的混凝土和坡面10m以上的混凝土梁体积。已知坡面总面积为 5803.6m²,一级边坡为 2667.32m²,那么一级边坡对应的混凝土量为

$$464.3 \times 2667.32 \div 5803.6 = 213.39 (m^3)$$

10m以上边坡混凝土用量为

$$464.3 - 213.39 = 250.91 (m^3)$$

因此 1-4-5-3 的定额工程量为 213.39m³,1-4-5-4 的定额工程量为 250.91m³,同时修改混凝土标号为 C25。

地梁挖基费用也放在混凝土框格梁清单中,基坑开挖有人工开挖和机械开挖,因坡面太陡,且有脚手架,采用人工开挖更符合实情,定额人工挖基如表 3-28 所示。

选择定额 4-1-1-7 人工挖基坑石方,定额工程量"按照设计开挖的基坑容积计算工程量",工程量为 232m³;弃土方套用增运定额 1-1-11-14 计算运输费用,因运距为 3km,修改定额工程量为 232×6=1392(m³)。

表 3-28 4-1-1 人工挖基坑土、石方

工程内容 ①人工挖土或人工打眼、装药、爆破石方,清运土、石渣出坑外;②安装、拆除简单脚手架及整修运土、石渣便道;③清理、整平、夯实土质基底,检平石质基底;④挖排水沟及集水井;⑤取土回填、铺平、洒水、夯实。

单位:$1000m^3$

| 顺序号 | 项 目 | 单位 | 代 号 | 土 方 | | | | 石方 |
|---|---|---|---|---|---|---|---|---|
| | | | | 干处 | | 湿处 | | |
| | | | | 基坑深/m | | | | |
| | | | | 3 以内 | 6 以内 | 3 以内 | 6 以内 | |
| | | | | 1 | 2 | 3 | 4 | 7 |
| 1 | 人工 | 工日 | 1001001 | 269.5 | 325.8 | 359.3 | 411.4 | 383.1 |
| 2 | 空心钢钎 | kg | 2009003 | — | — | — | — | 13.8 |
| 3 | $\phi$50mm 以内合金钻头 | 个 | 2009004 | — | — | — | — | 21.4 |
| 4 | 硝铵炸药 | kg | 5005002 | — | — | — | — | 157.1 |
| 5 | 非电毫秒雷管 | 个 | 5005008 | — | — | — | — | 201 |
| 6 | 导爆索 | m | 5005009 | — | — | — | — | 90.8 |
| 7 | 其他材料费 | 元 | 7801001 | — | — | — | — | 22 |
| 8 | $3m^3$/min 以内机动空压机 | 台班 | 8017047 | — | — | — | — | 11.81 |
| 9 | 小型机具使用费 | 元 | 8099001 | — | — | — | — | 340.2 |
| 10 | 基价 | 元 | 9999001 | 28642 | 34626 | 38186 | 43724 | 48070 |

注:基坑挖深超过 6m 时,每加深 1m,按挖基 6m 以内人工消耗量干处递增 5%,湿处递增 10%。

纵横造价软件对混凝土框架梁 C25 的组价如图 3-15 所示。

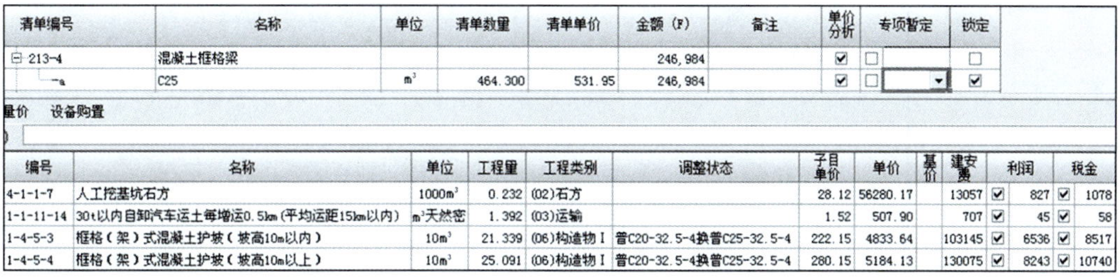

| 清单编号 | 名称 | 单位 | 清单数量 | 清单单价 | 金额(F) | 备注 | 单价分析 | 专项暂定 | 锁定 |
|---|---|---|---|---|---|---|---|---|---|
| 213-4 | 混凝土框格梁 | | | | 246,984 | | ☑ | ☐ | ☐ |
| -a | C25 | $m^3$ | 464.300 | 531.95 | 246,984 | | ☑ | ☐ | ☑ |

量价 设备购置

| 编号 | 名称 | 单位 | 工程量 | 工程类别 | 调整状态 | 子目单价 | 单价 | 基价 | 建安费 | 利润 | 税金 |
|---|---|---|---|---|---|---|---|---|---|---|---|
| 4-1-1-7 | 人工挖基坑石方 | $1000m^3$ | 0.232 | (02)石方 | | 28.12 | 56280.17 | | 13057 | ☑ 827 | ☑ 1078 |
| 1-1-11-14 | 30t以内自卸汽车运土每增运0.5km(平均运距15km以内) | $m^3$天然密 | 1.392 | (03)运输 | | 1.52 | 507.90 | | 707 | ☑ 45 | ☑ 58 |
| 1-4-5-3 | 框格(架)式混凝土护坡(坡高10m以内) | $10m^3$ | 21.339 | (06)构造物Ⅰ | 普C20-32.5-4换普C25-32.5-4 | 222.15 | 4833.64 | | 103145 | ☑ 6536 | ☑ 8517 |
| 1-4-5-4 | 框格(架)式混凝土护坡(坡高10m以上) | $10m^3$ | 25.091 | (06)构造物Ⅰ | 普C20-32.5-4换普C25-32.5-4 | 280.15 | 5184.13 | | 130075 | ☑ 8243 | ☑ 10740 |

图 3-15 纵横造价软件对混凝土框格梁 C25 的组价

框架梁钢筋清单工程量的计量要求为"依据图纸所示及钢筋表所列钢筋质量以千克为单位计量",横梁、竖梁的钢筋既有 HPB300,又有 HRB400,新建子目,对钢筋类型进行细分,工程量分别为 14803kg 和 36627.2kg。定额选择 1-4-5-5 现浇混凝土护坡钢筋,纵横造价软件对框架梁钢筋的组价如图 3-16 所示。

| 清单编号 | 名称 | 单位 | 清单数量 | 清单单价 | 金额（F） | 备注 | 单价分析 | 专项暂定 | 锁定 |
|---|---|---|---|---|---|---|---|---|---|
| ⊟213-6 | 钢筋 | | | | 282,290 | | ☑ | ☐ | ☐ |
| —a | HPB300 | kg | 14803.000 | 5.56 | 82,305 | | ☑ | ☐ | ☐ |
| —b | HRB400 | kg | 36627.200 | 5.46 | 199,985 | | ☑ | ☐ | ☐ |

选量价　设备购置

)

| 量价 | 编号 | 名称 | 单位 | 工程量 | 工程类别 | 调整状态 | 子目单价 | 单价 | 基价 | 建安费 | 利润 | 税金 |
|---|---|---|---|---|---|---|---|---|---|---|---|---|
| ☐ | 1-4-5-5 | 现浇混凝土护坡钢筋 | 1t | 14.803 | (18)钢材及钢结构(除桥以外) | 2001001量1.025,2001002量0 | 5.56 | 5564.35 | | 82369 | ☑ 5220 | ☑ 6801 |

(a) 光圆钢筋

| 清单编号 | 名称 | 单位 | 清单数量 | 清单单价 | 金额（F） | 备注 | 单价分析 | 专项暂定 | 锁定 |
|---|---|---|---|---|---|---|---|---|---|
| ⊟213-6 | 钢筋 | | | | 282,290 | | ☑ | ☐ | ☐ |
| —a | HPB300 | kg | 14803.000 | 5.56 | 82,305 | | ☑ | ☐ | ☐ |
| —b | HRB400 | kg | 36627.200 | 5.46 | 199,985 | | ☑ | ☐ | ☐ |

筛选量价　设备购置

( )

| 数量单价 | 编号 | 名称 | 单位 | 工程量 | 工程类别 | 调整状态 | 子目单价 | 单价 | 基价 | 建安费 | 利润 | 税金 |
|---|---|---|---|---|---|---|---|---|---|---|---|---|
| ☐ | 1-4-5-5 | 现浇混凝土护坡钢筋 | 1t | 36.627 | (18)钢材及钢结构(除桥以外) | 2001001量0,2001002量1.025 | 5.46 | 5461.79 | | 200049 | ☑ 12677 | ☑ 16518 |

(b) 带肋钢筋

图 3-16　纵横造价软件对框架梁钢筋的组价

## 3.2.4　锥坡

锥坡组价

锥坡是指为保护路堤边坡不受冲刷，在桥涵与路基相接处修筑的锥形护坡，又称为锥体护坡。在采用埋置式、桩式、柱式桥台或桥台布置不能完全挡土时，为保护桥头路堤的稳定，防止冲刷，应在两侧设置锥坡。锥坡设计图如图 3-17 所示。

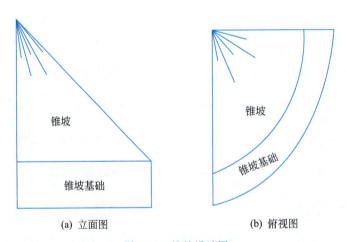

(a) 立面图　　(b) 俯视图

图 3-17　锥坡设计图

### 1. 锥坡施工工艺流程

锥坡施工主要工艺流程：准备工作→锥坡基础开挖→基础垫层施工→铺砌六棱块→预制块调整及勾缝→养护。

## 2. 锥坡工程数量表

锥坡对应的工程数量表如表 3-29 所示。

表 3-29　锥坡对应的工程数量表

| C30 预制六棱块/m³ | 填土/m³ |
|---|---|
| 2.0 | 58.6 |

## 3. 锥坡组价

锥坡为护坡的一种，采用预制六棱块满铺，查阅清单项，符合这一要求的为 208-4-b 混凝土预制件满铺护坡，具体清单内容如表 3-30 所示。

表 3-30　混凝土预制件满铺护坡

| 子目号 | 子目名称 | 单位 | 工程量计量 | 工 程 内 容 |
|---|---|---|---|---|
| 208-4 | 混凝土护坡 | | | |
| -b | 混凝土预制件满铺护坡 | m³ | 1. 依据图纸所示位置和构造尺寸，按照不同强度等级混凝土预制件铺砌坡面的实体体积以立方米为单位计量；<br>2. 含碎落台、护坡平台满铺混凝土数量；<br>3. 扣除急流槽所占体积 | 1. 清理边坡，坡面夯实，基坑开挖；<br>2. 预制场建设；<br>3. 预制件预制、运输、装卸；<br>4. 预制件安装；<br>5. 回填；<br>6. 清理现场 |

清单工程量要求"按照不同强度等级混凝土预制件铺砌坡面的实体体积以立方米为单位计量"，根据设计图纸，预制六棱块的体积为 2.0m³，清单子目名称修正为"C30 混凝土预制件满铺护坡（锥坡）"。与该清单项对应的定额为 1-4-6-1，定额工料机表如表 3-31 所示。

表 3-31　1-4-6 预制混凝土护坡

工程内容　预制：①模板制作、安装、拆除、修理；②混凝土配运料、拌和、运输、浇筑、捣固、抹平、养护；③块件堆放。

钢筋：除锈、制作、绑扎成型。

单位：表列单位

| 顺序号 | 项　　目 | 单位 | 代　号 | 预制混凝土 | | | |
|---|---|---|---|---|---|---|---|
| | | | | 混凝土块、席块护坡 | 骨架格 | 菱形格 | 钢筋 |
| | | | | 10m³ | | | 1t |
| | | | | 1 | 2 | 3 | 4 |
| 1 | 人工 | 工日 | 1001001 | 19.4 | 19.9 | 23 | 5.5 |
| 2 | 普 C20-32.5-4 | m³ | 1503032 | (10.10) | (10.10) | (10.10) | — |

续表

| 顺序号 | 项目 | 单位 | 代号 | 预制混凝土 | | | |
| --- | --- | --- | --- | --- | --- | --- | --- |
| | | | | 混凝土块、席块护坡 | 骨架格 | 菱形格 | 钢筋 |
| | | | | 10m³ | | | 1t |
| | | | | 1 | 2 | 3 | 4 |
| 3 | HPB300 钢筋 | t | 2001001 | — | — | — | 1.025 |
| 4 | 20~22 号铁丝 | kg | 2001022 | — | — | — | 4.2 |
| 5 | 型钢 | t | 2003004 | 0.012 | — | — | — |
| 6 | 组合钢模板 | t | 2003026 | — | 0.065 | 0.065 | — |
| 7 | 电焊条 | kg | 2009011 | 0.2 | — | — | — |
| 8 | 铁件 | kg | 2009028 | 1.1 | 8.6 | 8.6 | — |
| 9 | 水 | m³ | 3005004 | 16 | 16 | 16 | — |
| 10 | 锯材 | m³ | 4003002 | — | 0.03 | 0.03 | — |
| 11 | 中(粗)砂 | m³ | 5503005 | 4.95 | 4.95 | 4.95 | — |
| 12 | 碎石(4cm) | m³ | 5505013 | 8.48 | 8.48 | 8.48 | — |
| 13 | 32.5 级水泥 | t | 5509001 | 3.01 | 3.01 | 3.01 | — |
| 14 | 其他材料费 | 元 | 7801001 | 20.2 | 11.1 | 7.4 | — |
| 15 | 250L 以内强制式混凝土搅拌机 | 台班 | 8005002 | 0.32 | 0.32 | 0.37 | — |
| 16 | 32kV·A 以内交流电弧焊机 | 台班 | 8015028 | 0.02 | — | — | — |
| 17 | 小型机具使用费 | 元 | 8099001 | 0.1 | — | — | 6.6 |
| 18 | 基价 | 元 | 9999001 | 4326 | 4708 | 5042 | 4028 |

用清单工程内容讨论定额的组成,本案例没有基础开挖,因此不考虑清单工程内容第 1 条;清单工程内容第 2 条预制场的建设,对于小型构件来说,一般是在小型构件预制场集中预制的,此小节不单独讲解。清单工程内容第 3 条套用定额 1-4-6-1,1-4-6-1 预制混凝土预制块、席块护坡的定额工程内容满足预制件的预制,修正混凝土标号,定额工程量为 2m³;预制件的运输和装卸需要考虑定额 4-8-3-5 装载质量 8t 以内载重汽车 1km(手摇卷扬机装卸),定额工程量为 2m³,具体可参见表 2-41。清单工程内容第 4 条预制件的安装可以套用定额 1-4-6-5 铺砌混凝土席块(坡高 10m 以内),定额工程量为 2m³,具体工料机表如表 3-32 所示。

表 3-32　铺砌混凝土席块

工程内容　铺砌：①整平边坡；②制钉小木桩；③拌、运砂浆，运混凝土块件；④穿连席块或浆砌块件、填缝。

单位：10m³

| 顺序号 | 项目 | 单位 | 代号 | 铺砌混凝土席块 | |
|---|---|---|---|---|---|
| | | | | 坡高 10m 以内 | 坡高 10m 以上 |
| | | | | 5 | 6 |
| 1 | 人工 | 工日 | 1001001 | 9.7 | 11 |
| 3 | 预制构件 | m³ | 1517001 | (10.10) | (10.10) |
| 4 | HPB300 钢筋 | t | 2001001 | 0.08 | 0.08 |
| 9 | 其他材料费 | 元 | 7801001 | 98.4 | 98.4 |
| 10 | 基价 | 元 | 9999001 | 1396 | 1534 |

208-4-b 清单工程内容第 5 条"回填"是指存在基坑开挖的前提下进行的基坑回填，而非锥坡坡体回填土。锥坡回填应套用清单项 204-1-l 锥坡及台前溜坡填土，具体清单内容如表 3-33 所示。

表 3-33　锥坡及台前溜坡填土

| 子目号 | 子目名称 | 单位 | 工程量计量 | 工程内容 |
|---|---|---|---|---|
| 204-1 | 路基填筑（包括填前压实） | | | |
| -l | 锥坡及台前溜坡填土 | m³ | 依据图纸所示锥坡及台前溜坡填土数量，按照压实的体积以立方米为单位计量 | 1. 基底翻松、压实、挖台阶；<br>2. 填料的选择；<br>3. 临时排水；<br>4. 分层摊铺；<br>5. 洒水、压实；<br>6. 整型 |

该清单工程量计量规则要求"按照压实的体积以立方米为单位计量"，填土体积为 58.6m³，与该清单项对应的定额为 4-11-2-1 锥坡填土，具体工料机表如表 3-34 所示。

4-11-2-1 锥坡填土工程内容中的"装运土"，是指在场内运输距离 50m 范围内的土方开挖和装运，若 50m 范围内没有可供使用的土方，则需要借土填筑，应在该清单项下计入借土、挖土、装土、运土费用。

纵横造价软件对 C30 混凝土预制件满铺护坡（锥坡）的组价如图 3-18 所示。

表 3-34　4-11-2 锥坡填土、拱上填料、台背排水

工程内容　锥坡填土：挖装运土、洒水、平土、夯实。

拱上填料：取料、铺平、洒水、夯实。

台背排水：取运料、铺夯黏土层、铺碎(砾)石层、筑盲沟。

单位：$10m^3$ 实体

| 顺序号 | 项　目 | 单位 | 代　号 | 锥坡填土 | 拱上填料 | 台背排水 |
|---|---|---|---|---|---|---|
| | | | | 1 | 2 | 3 |
| 1 | 人工 | 工日 | 1001001 | 4.3 | 5.6 | 5.5 |
| 2 | 草皮 | $m^2$ | 4013002 | — | — | 7.46 |
| 3 | 黏土 | $m^3$ | 5501003 | — | — | 4.38 |
| 4 | 片石 | $m^3$ | 5505005 | — | — | 1.32 |
| 5 | 碎石(8cm) | $m^3$ | 5505015 | — | 13.26 | 4.73 |
| 6 | 小型机具使用费 | 元 | 8099001 | — | — | 4.5 |
| 7 | 基价 | 元 | 9999001 | 457 | 1689 | 1137 |

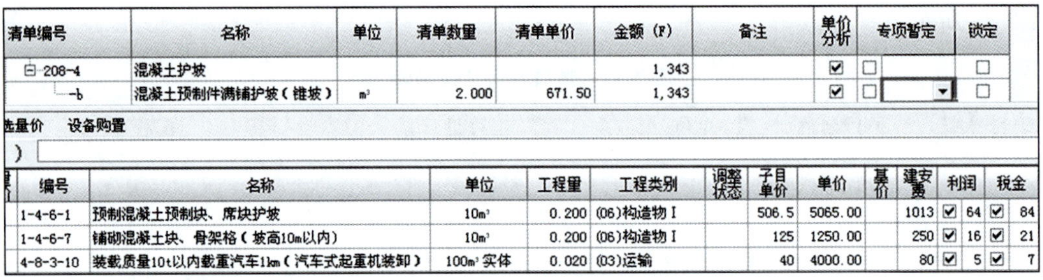

| 清单编号 | 名称 | 单位 | 清单数量 | 清单单价 | 金额(F) | 备注 | 单价分析 | 专项暂定 | 锁定 |
|---|---|---|---|---|---|---|---|---|---|
| 208-4 | 混凝土护坡 | | | | 1,343 | | ☑ | ☐ | ☐ |
| -b | 混凝土预制件满铺护坡(锥坡) | $m^3$ | 2.000 | 671.50 | 1,343 | | ☑ | ☐ | ☐ |

选量价　设备购置

| 编号 | 名称 | 单位 | 工程量 | 工程类别 | 调整状态 | 子目单价 | 单价 | 基价 | 建安费 | 利润 | 税金 |
|---|---|---|---|---|---|---|---|---|---|---|---|
| 1-4-6-1 | 预制混凝土预制块、席块护坡 | $10m^3$ | 0.200 | (06)构造物Ⅰ | | 506.5 | 5065.00 | | 1013 | ☑ 64 | ☑ 84 |
| 1-4-6-7 | 铺砌混凝土块、骨架格(坡高10m以内) | $10m^3$ | 0.200 | (06)构造物Ⅰ | | 125 | 1250.00 | | 250 | ☑ 16 | ☑ 21 |
| 4-8-3-10 | 装载质量10t以内载重汽车1km(汽车式起重机装卸) | $100m^3$ 实体 | 0.020 | (03)运输 | | 40 | 4000.00 | | 80 | ☑ 5 | ☑ 7 |

图 3-18　纵横造价软件对 C30 混凝土预制件满铺护坡(锥坡)的组价

纵横造价软件对锥坡及台前溜坡填土的组价如图 3-19 所示。

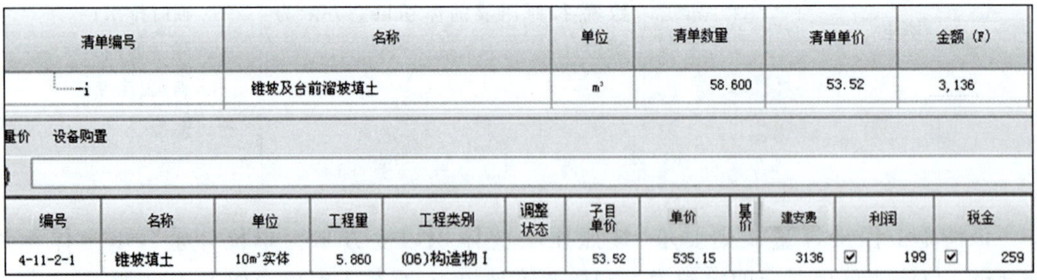

| 清单编号 | 名称 | 单位 | 清单数量 | 清单单价 | 金额(F) |
|---|---|---|---|---|---|
| -i | 锥坡及台前溜坡填土 | $m^3$ | 58.600 | 53.52 | 3,136 |

量价　设备购置

| 编号 | 名称 | 单位 | 工程量 | 工程类别 | 调整状态 | 子目单价 | 单价 | 基价 | 建安费 | 利润 | 税金 |
|---|---|---|---|---|---|---|---|---|---|---|---|
| 4-11-2-1 | 锥坡填土 | $10m^3$ 实体 | 5.860 | (06)构造物Ⅰ | | 53.52 | 535.15 | | 3136 | ☑ 199 | ☑ 259 |

图 3-19　纵横造价软件对锥坡及台前溜坡填土的组价

# 第4章 涵洞工程

涵洞是指在公路工程建设中,为了使公路顺利通过水渠而不妨碍交通,修筑于路面以下的排水孔道(过水通道),通过这种结构可以让水从公路的下面流过。涵洞用于跨越天然沟谷洼地排泄洪水,或横跨大小道路作为人、畜和车辆的立交通道,或作为农田灌溉水渠。涵洞由洞身和洞口两部分组成,洞口包括进口和出口。

洞身是涵洞的主要部分,其截面形成有圆形、矩形、拱形、箱形等。洞口建筑设置在涵洞的两端,有一字墙接跌水井、一字墙接排水沟、八字墙、端墙式和平头式等结构形式。基础的形式分为整体式和非整体式两种。

涵洞的附属工作包括锥形护坡、铺砌、路基边坡铺砌及人工水道等。

根据桥梁涵洞按跨径分类标准,涵洞的单孔跨径应小于5m,但圆管涵及箱涵不论管径或跨径大小、孔数多少,均称为涵洞。

涵洞及盖板涵组价

下面具体介绍涵洞的分类。

(1)按建筑材料分类:常用的有石涵、砖涵、混凝土涵、钢筋混凝土涵,有时也可以用木涵、陶瓷管涵、缸瓦管涵、铸铁管涵、波形钢管涵等。

(2)按构造形式分类:涵洞可分为圆管涵、拱涵、盖板涵、箱涵等。

(3)按洞顶填土情况,涵洞可分为洞顶不填土的明涵和洞顶填土厚度大于50cm的暗涵两类。

(4)按断面形状,涵洞可分为圆形涵、卵形涵、拱形涵、梯形涵、矩形涵、箱形涵等。按孔数分为单孔、双孔和多孔等。

(5)按水力性能,涵洞分为无压涵、半压力涵和压力涵。

本章节涉及《预算定额》第四章桥涵工程定额套用,其章说明如下。

> 本章定额包括开挖基坑,围堰、筑岛及沉井,打桩,灌注桩,砌筑,现浇混凝土及钢筋混凝土,预制、安装混凝土及钢筋混凝土构件,构件运输,拱盔、支架,钢结构和杂项工程等项目。
>
> 1)混凝土工程
>
> (1)定额中混凝土强度等级均按一般图纸选用,其施工方法除小型构件采用人拌人捣外,其他均按机拌机捣计算。
>
> (2)定额中混凝土工程除大型预制构件底座、混凝土搅拌站安装、拆除和钢桁架桥式码头项目中已考虑混凝土的拌和费用外,其他混凝土项目中均未考虑混凝土的拌和费用,应按有关定额另行计算。
>
> (3)定额中混凝土均按露天养护考虑,如采用蒸汽养护时,应从各有关定额中按每10m³扣减人工1个工日及其他材料费4元,并按蒸汽养护有关定额计算。

(4)定额中采用泵送混凝土的项目均已包括水平和向上垂直泵送所消耗的人工、机械,当水平泵送距离超过定额综合范围时,可按表4-1增列人工及机械消耗量。向上垂直泵送不得调整。

表4-1 泵送混凝土运输

| 项目 | | 定额综合的水平泵送距离/m | 每100m³混凝土每增加水平距离50m增列数量 | |
|---|---|---|---|---|
| | | | 人工/工日 | 混凝土输送泵/台班 |
| 基础 | 灌注桩 | 100 | 1.08 | 0.24 |
| | 其他 | 100 | 0.89 | 0.16 |
| 上、下部构造 | | 50 | 1.97 | 0.32 |
| 桥面铺装 | | 250 | 1.97 | 0.32 |

(5)混凝土中的钢板、型钢、钢管等预埋件,均作为附属材料列入混凝土定额内。连接用的钢板、型钢等则包括在安装定额内。

(6)大体积混凝土项目必须采用埋设冷却管降低混凝土水化热时,可根据实际需要另行计算。

(7)除另有说明外,混凝土定额中均已综合脚手架、上下架、爬梯及安全围护等搭、拆及摊销费用,使用定额时,不得另行计算。

2)钢筋工程

(1)定额中钢筋直径在10mm以上的接头,除注明为钢套筒连接外,均采用电弧搭接焊或电阻对接焊。

(2)定额中的钢筋按选用图纸分为HRB300、HRB400;设计中采用HRB500时,可将定额中的HRB400抽换为HRB500。当设计图纸的钢筋比例与定额有出入时,可调整钢筋品种的比例。

(3)定额中的钢筋是按一般定尺长度计算的;当设计提供的钢筋连接用钢套筒数量与定额有出入时,可按设计数量调整定额中的钢套筒消耗,其他消耗不调整。

3)模板工程

(1)模板不单列项目。混凝土工程中所需的模板包括钢模板、组合钢模板、木模板,均按其周转摊销量计入混凝土定额中。

(2)定额中的模板均为常规模板;当设计或施工对混凝土结构的外观有特殊要求需要对模板进行特殊处理时,可根据定额中所列的混凝土模板接触面积增列相应的特殊模板材料的费用。

(3)定额中所列的钢模板材料指工厂加工的、适用于某种构件的定型钢模板,其质量包括立模所需的钢支撑及有关配件;组合钢模板材料指市场供应的各种型号的组合钢模板,其质量仅为组合钢模板的质量,不包括立模所需的支撑、拉杆等配件,定额中已计入所需配件材料的摊销量;木模板按工地制作编制,定额中将制作所需工、料、机械台班消耗按周转摊销量计算。

(4)定额中均已包括各种模板的维修、保养所需的工、料及费用。

4）设备摊销费

定额中设备摊销费的设备指属于固定资产的金属设备,包括万能杆件、装配式钢桥桁架及有关配件拼装的金属架桥设备。挂篮、移动模架设备摊销费按设备质量每吨每月180元计算,其他设备摊销费按设备质量每吨每月140元(除设备本身折旧费用,还包括设备的维修、保养等费用)计算。各项目中注明允许调整的,可按计划使用时间调整。

5）工程量计算一般规则

（1）现浇混凝土、预制混凝土、构件安装的工程量为构筑物或预制构件的实际体积,不包括其中空心部分的体积。钢筋混凝土项目的工程量不扣除钢筋(钢丝、钢绞线)、预埋件和预留孔道所占的体积。

（2）构件安装定额中在括号内所列的构件体积数量,表示安装时需要备制的构件数量。

（3）钢筋工程量为钢筋的设计质量,定额中已计入施工操作损耗,一般钢筋因接长所需增加的钢筋质量已包括在定额中,不得将这部分质量计入钢筋设计质量内。对于某些特殊的工程,必须在施工现场分段施工采用搭接接长时,其搭接长度的钢筋质量未包括在定额中,应在钢筋的设计质量内计算。

## 4.1 盖 板 涵

### 4.1.1 盖板涵(预制吊装)施工工艺流程

盖板涵(预制吊装)施工工艺主要流程:测量放线→基坑开挖→下基础→现浇墙身→现浇板座→吊装盖板→出入口浆砌→防水层施工→涵洞回填及加固。

### 4.1.2 盖板涵工程数量表

本案例项目为盖板涵兼人行通道,孔数为1,洞身宽度4m,洞身高度3.5m,涵长42m,洞身为现浇钢筋混凝土,盖板为预制混凝土并吊装,进出口洞口都为八字墙。具体数据如表4-2所示。

表4-2 钢筋混凝土盖板涵兼通道工程数量表

(a)

| 右线桩号 | 孔数及孔径(孔—m) | 结构类型 | 涵长/m | 盖板 | | | C30混凝土盖板 |
|---|---|---|---|---|---|---|---|
| | | | | HRB400钢筋 | HPB300钢筋 | | |
| | | | | C22 | φ10 | φ8 | |
| | | | | kg | | | m³ |
| K48+323 | 1—4.0×3.5 | 盖板涵兼人行通道 | 42 | 7541.5 | 470.2 | 1262.1 | 69.9 |

续表

(b)

| 洞身 | | | | | | 基础 | | | | |
|---|---|---|---|---|---|---|---|---|---|---|
| 涵台补强钢筋 | 台帽钢筋 | C25混凝土台帽 | C25混凝土台身 | 防腐沥青防水层 | 沥青麻絮沉降缝 | HRB400钢筋 | | | 防水土工布 | C25混凝土盖板涵基础 |
| C12 | φ10 | | | | | C20 | C16 | C12 | | |
| kg | | m³ | m³ | m² | m² | kg | | | m² | m³ |
| 3134 | 1218 | 26.5 | 207.9 | 574 | 74 | 4313.4 | 1858.1 | 1155 | 728 | 252 |

(c)

| 洞口及其他附属结构物 | | | | | | | 洞身结合部 | 挖土方 | 挖石方 |
|---|---|---|---|---|---|---|---|---|---|
| C25混凝土帽石 | C20混凝土人行通道 | C20混凝土八字墙墙身 | C20混凝土八字墙基础 | C20混凝土洞口铺砌 | C20混凝土洞口截水墙 | C20片石混凝土侧墙 | | | |
| m³ | | | | | | | | | |
| 0.9 | 78.5 | 53.5 | 20.6 | 24.3 | 6.1 | 1.3 | | 17 | 6.6 |

盖板涵相关设计图如图 4-1～图 4-3 所示。

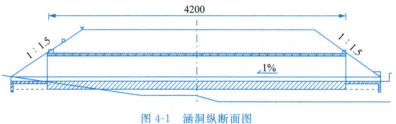

图 4-1 涵洞纵断面图

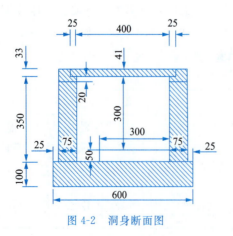

图 4-2 洞身断面图

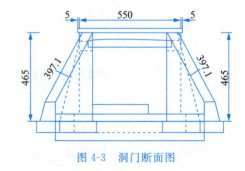

图 4-3 洞门断面图

### 4.1.3 盖板涵组价

本项目的涵洞为钢筋混凝土盖板涵兼人行通道,查阅清单项,套用符合要求的清单420-3,具体内容如表4-3所示。

表4-3 420-3 盖板涵、箱涵

| 子目号 | 子目名称 | 单位 | 工程量计量 | 工程内容 |
| --- | --- | --- | --- | --- |
| 420 | 盖板涵、箱涵 | — | — | — |
| 420-3 | 钢筋混凝土盖板涵洞兼通道 | m | 1. 依据图纸所示,按不同跨径的盖板通道涵长度以米为单位计量;<br>2. 基底软基处理参照第205节的相关规定计量,并列入第205节相应子目 | 1. 场地清理;<br>2. 围堰、排水,基坑开挖,基坑支护;<br>3. 基础及涵台施工;<br>4. 施工缝设置、处理;<br>5. 盖板预制,运输,安装;<br>6. 砂浆制作、填缝;<br>7. 铺设通道路面;砌筑边沟;<br>8. 防水、防冻、防腐措施;<br>9. 回填 |

清单工程量计量规则为"按不同跨径的盖板通道涵长度以米为单位计量",涵长度是指涵洞出入口两端墙外缘间的总长度,包括沉降缝、接缝在内,计算精度至0.01m。从设计图可知,涵长为42m,新建子目,输入涵洞参数"1—4.0×3.5(K44+323.0)"。

**1. 涵洞盖板**

涵洞盖板施工工艺流程:地底模制作、修理、铺塑料薄膜→组合钢模组拼、安装、涂脱模剂→钢筋制作、绑扎、焊接→混凝土配运料、拌和、运输、浇筑→养护→吊装→浇筑板件湿接缝。

本案例盖板为预制钢筋混凝土盖板,考虑先在预制场进行预制,然后运输至现场,最后吊装到涵洞上,并浇缝处理。涵洞盖板为C30混凝土预制,查找《预算定额》中第四章第七节内容,定额4-7-9预制矩形板、空心板符合涵洞盖板相关要求,具体工材机表如表4-4所示。

定额4-7-9-1与定额4-7-9-2的区别在于"跨径4m内"和"跨径8m内",当跨径刚好等于4m时,应选择"跨径4m内"的定额,理由是《预算定额》总说明中第17条定额表中注明某某数以内或某某数以下者,均包括某某数本身;而注明某某数以外或某某数以上者,则不包括某某数本身。

本定额的使用也涉及第四章第七节部分节说明内容,与盖板相关的节说明有以下两条:①预制钢筋混凝土上部构造中,矩形板、空心板、连续板、少筋微弯板、预应力桁架梁、顶推预应力连续梁、桁架拱、刚架拱均已包括底模板,其余的按配合底座(或台座)施工考虑。②预制构件的工程量为构件的实际体积(不包括空心部分的体积),但预应力构件的工程量为构件预制体积与构件端头封锚混凝土的数量之和,预制空心板的空心堵头混凝土已综合在预制定额内,计算工程量时,不应再计列这部分混凝土的数量。

**表 4-4　4-7-9 预制矩形板、空心板**

工程内容　①地底模制作、修理、铺塑料薄膜；②组合钢模组拼拆及安装、拆除、修理、涂脱模剂、堆放；③空心板端头封固；④钢筋除锈、制作、绑扎、焊接；⑤混凝土浇筑、捣固、养护；⑥立面凿毛。

Ⅰ. 矩形板　　　　　　　　　　　　　　　　　单位：表列单位

| 顺序号 | 项目 | 单位 | 代号 | 预制矩形板混凝土 跨径/m | | 预制矩形板钢筋 | |
|---|---|---|---|---|---|---|---|
| | | | | 4以内 | 8以内 | 现场加工 | 集中加工 |
| | | | | 10m³ 实体 | | 1t | |
| | | | | 1 | 2 | 3 | 4 |
| 1 | 人工 | 工日 | 1001001 | 14.1 | 11.2 | 4.8 | 3.5 |
| 2 | M10 水泥砂浆 | m³ | 1501003 | (0.59) | (0.37) | — | — |
| 3 | 普 C30-32.5-4 | m³ | 1503034 | (10.10) | (10.10) | — | — |
| 4 | HPB300 钢筋 | t | 2001001 | — | — | 0.269 | 0.267 |
| 5 | HRB400 钢筋 | t | 2001002 | — | — | 0.756 | 0.753 |
| 6 | 20~22 号铁丝 | kg | 2001022 | — | — | 3.49 | 3.49 |
| 7 | 型钢 | t | 2003004 | 0.012 | 0.01 | — | — |
| 8 | 组合钢模板 | t | 2003026 | 0.015 | 0.012 | — | — |
| 9 | 电焊条 | kg | 2009011 | — | — | 0.74 | 0.74 |
| 10 | 铁件 | kg | 2009028 | 5.4 | 4.3 | — | — |
| 11 | 水 | m³ | 3005004 | 17 | 17 | — | — |
| 12 | 原木 | m³ | 4003001 | 0.01 | 0.01 | — | — |
| 13 | 锯材 | m³ | 4003002 | 0.03 | 0.03 | — | — |
| 14 | 中(粗)砂 | m³ | 5503005 | 5.28 | 5.04 | — | — |
| 15 | 碎石(4cm) | m³ | 5505013 | 8.38 | 8.38 | — | — |
| 16 | 32.5 级水泥 | t | 5509001 | 3.991 | 3.923 | — | — |
| 17 | 其他材料费 | 元 | 7801001 | 57.8 | 42.2 | — | — |
| 18 | 数控钢筋弯箍机 | 台班 | 8015006 | — | — | — | 0.012 |
| 19 | 数控立式钢筋弯曲中心 | 台班 | 8015007 | — | — | — | 0.129 |
| 20 | 32kV·A 以内交流电弧焊机 | 台班 | 8015028 | — | — | 0.13 | 0.34 |
| 21 | 小型机具使用费 | 元 | 8099001 | 6 | 5.1 | 15 | — |
| 22 | 基价 | 元 | 9999001 | 4217 | 3824 | 3922 | 3913 |

定额 4-7-9-1 预制矩形板混凝土(跨径 4m 以内)的定额工程量要求"按设计预制构件的

混凝土体积计算",因此定额工程量应为 C30 混凝土,体积为 69.9m³。同时,本定额的工程内容中不包括混凝土的拌和费用,这点也参照第四章说明混凝土工程中第二条:定额中混凝土工程除大型预制构件底座、混凝土搅拌站安装、拆除和钢桁架桥式码头项目中已考虑混凝土的拌和费用外,其他混凝土项目中均未考虑混凝土的拌和费用,应按有关定额另行计算。因此,需要对混凝土的拌和费用单独套定额。

混凝土的拌和可以考虑用混凝土拌和楼或者混凝土拌和机等方式,具体项目具体分析,本案例项目采用拌和机拌和,如表 4-5 所示。

表 4-5　4-11-11 混凝土拌和及运输

工程内容　混凝土搅拌机拌和:人工配料、拌和、出料。

混凝土搅拌站(楼)安装、拆除:①砌筑砂、石料仓隔板、挡墙、围墙、浇筑搅拌站基座的全部工作;②搅拌站安装、拆除;③竣工后施工场地清理、拆除;④场内 50m 以内范围材料的运输。

混凝土搅拌站(楼)拌和:自动配料、拌和、出料。

Ⅰ. 混凝土搅拌机拌和　　　　　　　　　　　　　　　　　　　　　　　单位:10m³

| 顺序号 | 项目 | 单位 | 代号 | 混凝土搅拌机 容量/L ||||||
|---|---|---|---|---|---|---|---|---|---|
| | | | | 250 以内 | 350 以内 | 500 以内 | 750 以内 | 1000 以内 | 1500 以内 |
| | | | | 1 | 2 | 3 | 4 | 5 | 6 |
| 1 | 人工 | 工日 | 1001001 | 2 | 1.7 | 1.3 | 1 | 0.9 | 0.7 |
| 2 | 250L 以内强制式混凝土搅拌机 | 台班 | 8005002 | 0.4 | — | — | — | — | — |
| 3 | 350L 以内强制式混凝土搅拌机 | 台班 | 8005003 | — | 0.31 | — | — | — | — |
| 4 | 500L 以内强制式混凝土搅拌机 | 台班 | 8005004 | — | — | 0.24 | — | — | — |
| 5 | 750L 以内强制式混凝土搅拌机 | 台班 | 8005005 | — | — | — | 0.2 | — | — |
| 6 | 1000L 以内强制式混凝土搅拌机 | 台班 | 8005006 | — | — | — | — | 0.15 | — |
| 7 | 1500L 以内强制式混凝土搅拌机 | 台班 | 8005007 | — | — | — | — | — | 0.13 |
| 8 | 基价 | 元 | 9999001 | 284 | 248 | 203 | 175 | 165 | 155 |

套用定额 4-11-11-6 1500L 以内混凝土搅拌机,拌和定额工程量的计量规则为"按设计混凝土数量和混凝土施工操作损耗之和计算工程量"。矩形板混凝土的拌和运输过程中产生 0.01 的损耗,那么定额工程量应为

$$69.9 \times 1.01 = 70.6 (m^3)$$

混凝土盖板在小型构件预制场中浇筑成型后,会置于堆放区静置堆放,假设从预制场到现场有 1km 距离,仍需要将盖板运输至现场。运输构件定额可以考虑用载货汽车运输,构件有人工装卸、卷扬机装卸、汽车式起重机装卸三种装卸方式,推荐用机械装卸,本案例采用汽车式起重机装卸,具体工料机表如表 4-6 所示。

表 4-6　4-8-3 载货汽车运输

工程内容　第一个 1km:①装卸、绑扎构件;②移动、安装、拆除装卸工具;③汽车等待装卸、运行、掉头、空回。

每增运 0.5km:运走及空回。

单位:100m³ 实体

| 顺序号 | 项目 | 单位 | 代号 | 第一个 1km | | | | |
| --- | --- | --- | --- | --- | --- | --- | --- | --- |
| | | | | 手摇卷扬机装卸 | | 汽车式起重机装卸 | | |
| | | | | 载货汽车装载质量/t | | | | |
| | | | | 8 以内 | 10 以内 | 6 以内 | 8 以内 | 10 以内 |
| | | | | 5 | 6 | 8 | 9 | 10 |
| 1 | 人工 | 工日 | 1001001 | 9.9 | 8.6 | 4.9 | 4.6 | 4.3 |
| 2 | 锯材 | m³ | 4003002 | 0.31 | 0.31 | 0.22 | 0.22 | 0.22 |
| 3 | 其他材料费 | 元 | 7801001 | 44.3 | 44.3 | 44.3 | 44.3 | 44.3 |
| 4 | 4t 以内载货汽车 | 台班 | 8007003 | — | — | — | — | — |
| 5 | 6t 以内载货汽车 | 台班 | 8007005 | — | — | 2.98 | — | — |
| 6 | 8t 以内载货汽车 | 台班 | 8007006 | 4.12 | — | — | 2.56 | — |
| 7 | 10t 以内载货汽车 | 台班 | 8007007 | — | 3.6 | — | — | 2.21 |
| 8 | 5t 以内汽车式起重机 | 台班 | 8009025 | — | — | 2.12 | 1.89 | 1.65 |
| 9 | 小型机具使用费 | 元 | 8099001 | 77.7 | 68 | — | — | — |
| 10 | 基价 | 元 | 9999001 | 4133 | 3897 | 3714 | 3617 | 3359 |

套用 4-8-3-10 装载质量 10t 以内载重汽车 1km(汽车式起重机装卸),定额工程量要求"按设计预制构件的混凝土实体体积计算工程量",盖板混凝土浇筑的实体体积为 69.9m³。

盖板运输到现场后,需要进行吊装施工,因此还要求套用吊装定额,定额 4-7-10-1 起重机安装矩形板满足工作要求,具体工料机表如表 4-7 所示。

定额工程量要求"按设计预制安装构件的混凝土体积计算工程量",同时查阅《预算定额》第四章第七节说明中工程量计量规则第三条"安装的工程量为安装构件的体积",可以明确本定额 4-7-10-1 工程量为 69.9m³。

表 4-7 4-7-10 安装矩形板、空心板

工程内容 ①构件修整；②铺垫油毛毡支座；③埋设及拆除地笼；④起重机纵移过墩；⑤构件吊装。

单位：$10m^3$ 构件

| 顺序号 | 项 目 | 单位 | 代 号 | 起重机安装 | |
|---|---|---|---|---|---|
| | | | | 安装矩形板 | 安装空心板 |
| | | | | 1 | 2 |
| 1 | 人工 | 工日 | 1001001 | 3.8 | 2.6 |
| 2 | 油毛毡 | $m^2$ | 5009012 | 19.8 | — |
| 3 | 其他材料费 | 元 | 7801001 | — | 6.5 |
| 4 | 8t 以内汽车式起重机 | 台班 | 8009026 | 0.97 | — |
| 5 | 20t 以内汽车式起重机 | 台班 | 8009029 | — | 0.52 |
| 6 | 基价 | 元 | 9999001 | 1164 | 911 |

注：现浇企口混凝土及砂浆插缝采用桥面铺装定额计算。

预制盖板采用 HRB400 钢筋 7541.5kg、HPB300 钢筋 1732.3kg，钢筋可以现场加工制成，也可以在钢筋加工区加工完成后运输至现场，具体采用哪种施工方式可根据项目情况而定，本案例采用现场加工，加工完成后的钢筋可直接用于盖板钢筋绑扎，盖板钢筋加工定额如表 4-3 所示。选用定额 4-7-9-3 现场加工预制矩形板钢筋，钢筋定额工程量为 7.542t，同时修正工料机里的钢筋全部为 HRB400，再套定额 4-7-9-3，修正工料机里的钢筋全部为 HPB300，定额工程量为 1.732t。

纵横造价软件对涵洞盖板的组价如图 4-4 所示。

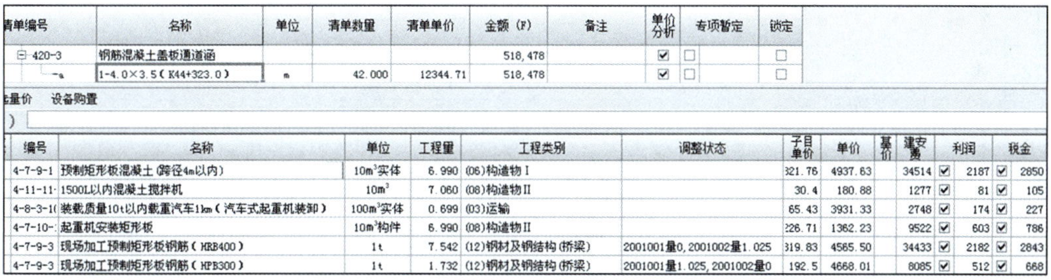

| 清单编号 | 名称 | 单位 | 清单数量 | 清单单价 | 金额（F） | 备注 | 单价分析 | 专项暂定 | 锁定 |
|---|---|---|---|---|---|---|---|---|---|
| 420-3 | 钢筋混凝土盖板通道涵 | | | | 518,478 | | ☑ | ☐ | ☐ |
| -a | 1-4.0×3.5（K44+323.0） | m | 42.000 | 12344.71 | 518,478 | | ☑ | ☐ | ☐ |

量价 设备购置

| 编号 | 名称 | 单位 | 工程量 | 工程类别 | 调整状态 | 子目单价 | 单价 | 基价 | 建安费 | | 利润 | | 税金 |
|---|---|---|---|---|---|---|---|---|---|---|---|---|---|
| 4-7-9-1 | 预制矩形板混凝土（跨径4m以内） | 10m³实体 | 6.990 | (06)构造物Ⅰ | | 321.76 | 4937.63 | | 34514 | ☑ | 2187 | ☑ | 2850 |
| 4-11-11- | 1500L以内混凝土搅拌机 | 10m³ | 7.060 | (08)构造物Ⅱ | | 30.4 | 180.88 | | 1277 | ☑ | 81 | ☑ | 105 |
| 4-8-3-1( | 装载质量10t以内载重汽车1km（汽车式起重机装卸） | 100m³实体 | 0.699 | (03)运输 | | 65.43 | 3931.33 | | 2748 | ☑ | 174 | ☑ | 227 |
| 4-7-10-: | 起重机安装矩形板 | 10m³构件 | 6.990 | (08)构造物Ⅱ | | 226.71 | 1362.23 | | 9522 | ☑ | 603 | ☑ | 786 |
| 4-7-9-3 | 现场加工预制矩形板钢筋（HRB400） | 1t | 7.542 | (12)钢材及钢结构（桥梁） | 2001001量0，2001002量1.025 | 319.83 | 4565.50 | | 34433 | ☑ | 2182 | ☑ | 2843 |
| 4-7-9-3 | 现场加工预制矩形板钢筋（HPB300） | 1t | 1.732 | (12)钢材及钢结构（桥梁） | 2001001量1.025，2001002量0 | 192.5 | 4668.01 | | 8085 | ☑ | 512 | ☑ | 668 |

图 4-4 纵横造价软件对涵洞盖板的组价

## 2. 涵洞洞身

涵洞洞身施工工艺流程：施工放样→钢筋制作与加工→模板安装→混凝土浇筑→养护→模板拆除。

涵洞台身为 C25 钢筋混凝土，现浇非预制，与之配套的定额为 4-6-2 墩、台身（实体式墩台），定额工料机如表 4-8 所示。

### 表 4-8  4-6-2 墩、台身

工程内容　①搭、拆脚手架及轻型上下架、安全爬梯；②定型钢模板安装、拆除、修理、涂脱模剂、堆放；③液压爬模拼拆及安装、提升、拆除、修理、涂脱模剂、堆放；④钢筋除锈、制作、电焊、绑扎及骨架吊装入模；⑤混凝土浇筑、捣固、养护。

Ⅰ．实体式墩台　　　　　　　　　　　　　　　　单位：表列单位

| 顺序号 | 项目 | 单位 | 代号 | 混凝土 | | |
|---|---|---|---|---|---|---|
| | | | | | 轻型墩台 | |
| | | | | 钢筋混凝土墩台 | 混凝土墩台 | |
| | | | | | 跨径/m | |
| | | | | | 4 以内 | 8 以内 |
| | | | | 10m³ 实体 | | |
| | | | | 1 | 2 | 3 |
| 1 | 人工 | 工日 | 1001001 | 13.3 | 15.4 | 12.5 |
| 2 | 普 C20-32.5-4 | m³ | 1503032 | — | (10.20) | (10.20) |
| 3 | 普 C25-32.5-4 | m³ | 1503033 | (10.20) | — | — |
| 9 | 钢丝绳 | t | 2001019 | 0.005 | 0.004 | 0.003 |
| 10 | 8～12 号铁丝 | kg | 2001021 | 0.3 | 0.55 | 0.32 |
| 12 | 钢管 | t | 2003008 | 0.009 | 0.015 | 0.009 |
| 13 | 钢模板 | t | 2003025 | 0.072 | 0.056 | 0.042 |
| 15 | 螺栓 | kg | 2009013 | 10.99 | 8.51 | 6.3 |
| 16 | 铁件 | kg | 2009028 | 6.48 | 5.02 | 3.71 |
| 17 | 铁钉 | kg | 2009030 | 0.25 | 0.46 | 0.27 |
| 18 | 水 | m³ | 3005004 | 12 | 12 | 12 |
| 19 | 锯材 | m³ | 4003002 | 0.03 | 0.06 | 0.03 |
| 20 | 中(粗)砂 | m³ | 5503005 | 4.9 | 5 | 5 |
| 22 | 碎石(4cm) | m³ | 5505013 | 8.47 | 8.57 | 8.57 |
| 24 | 32.5 级水泥 | t | 5509001 | 3.417 | 3.04 | 3.04 |
| 25 | 其他材料费 | 元 | 7801001 | 128 | 98.9 | 77.4 |
| 26 | 25t 以内汽车式起重机 | 台班 | 8009030 | 0.46 | 0.45 | 0.39 |
| 30 | 小型机具使用费 | 元 | 8099001 | 12.7 | 11.8 | 11.2 |
| 31 | 基价 | 元 | 9999001 | 5035 | 5071 | 4484 |

根据涵洞跨径标准套用定额 4-6-2-2 轻型墩台混凝土(跨径 4m 以内)，定额工程量"按

设计混凝土体积计算工程量计算",定额工程量为 207.9m³,同时替换混凝土标号为 C25。涵洞台身混凝土需要考虑拌和费用,套用定额 4-11-11-6 1500L 以内混凝土搅拌机,台身拌和损耗率为 0.02,拌和量为 207.9×1.02=212.1(m³)。

混凝土台帽可选用定额 4-6-3 墩、台帽及拱座,定额如表 4-9 所示。

表 4-9　4-6-3 墩、台帽及拱座

工程内容　①定型钢模板安装、拆除、修理、涂脱模剂、堆放;②钢筋除锈、制作、电焊、绑扎;③混凝土浇筑、捣固、养护。

单位:10m³ 实体

| 顺序号 | 项　目 | 单位 | 代　号 | 墩、台帽 | |
|---|---|---|---|---|---|
| | | | | 非泵送 | 泵送 |
| | | | | 1 | 2 |
| 1 | 人工 | 工日 | 1001001 | 12.4 | 10.4 |
| 2 | 普 C30-32.5-4 | m³ | 1503034 | (10.20) | — |
| 3 | 泵 C30-32.5-4 | m³ | 1503084 | — | (10.40) |
| 6 | 钢模板 | t | 2003025 | 0.049 | 0.049 |
| 7 | 螺栓 | kg | 2009013 | 5.91 | 5.91 |
| 8 | 铁件 | kg | 2009028 | 3.48 | 3.48 |
| 10 | 水 | m³ | 3005004 | 12 | 18 |
| 12 | 中(粗)砂 | m³ | 5503005 | 4.69 | 5.82 |
| 13 | 碎石(4cm) | m³ | 5505013 | 8.47 | 7.59 |
| 14 | 32.5 级水泥 | t | 5509001 | 3.845 | 4.37 |
| 15 | 其他材料费 | 元 | 7801001 | 86.2 | 86.4 |
| 16 | 60m³/h 以内混凝土输送泵 | 台班 | 8005051 | — | 0.15 |
| 17 | 25t 以内汽车式起重机 | 台班 | 8009030 | 0.66 | 0.33 |
| 18 | 小型机具使用费 | 元 | 8099001 | 11.4 | 9.4 |
| 19 | 基价 | 元 | 9999001 | 4991 | 4718 |

选用非泵送方式浇筑混凝土,定额 4-6-3-1 墩、台帽混凝土非泵送,选择非泵送是为了与其他结构浇筑方式统一,定额工程量为 26.5m³,修正混凝土标号为 C25。涵洞台帽混凝土需要考虑拌和费用,套用定额 4-11-11-6 1500L 以内混凝土搅拌机,台帽拌和损耗率为 0.02,拌和量为 27.03m³,拌和定额累计为 239.13m³。

涵洞台身钢筋 3134kg,选择与台身混凝土配套钢筋 4-6-2-10 现场加工实体式墩台钢筋,定额工程量为 3.134t。具体工料机如表 4-10 所示,并修改工料机的钢筋为带肋钢筋。

表 4-10　4-6-2 墩、台身

Ⅱ. 钢筋　　　　　　　　　　　　　　　　　　　　单位:1t

| 顺序号 | 项目 | 单位 | 代号 | 钢筋 ||
|---|---|---|---|---|---|
| | | | | 现场加工 | 集中加工 |
| | | | | 1t ||
| | | | | 10 | 11 |
| 1 | 人工 | 工日 | 1001001 | 5.3 | 4.3 |
| 7 | HPB300 钢筋 | t | 2001001 | 0.159 | 0.158 |
| 8 | HRB400 钢筋 | t | 2001002 | 0.866 | 0.862 |
| 11 | 20~22 号铁丝 | kg | 2001022 | 2.06 | 2.06 |
| 14 | 电焊条 | kg | 2009011 | 2.82 | 2.82 |
| 26 | 25t 以内汽车式起重机 | 台班 | 8009030 | — | 0.07 |
| 27 | 50kN 以内单筒慢动卷扬机 | 台班 | 8009081 | 0.41 | — |
| 28 | 数控立式钢筋弯曲中心 | 台班 | 8015007 | — | 0.11 |
| 29 | 32kV·A 以内交流电弧焊机 | 台班 | 8015028 | 0.55 | 0.55 |
| 30 | 小型机具使用费 | 元 | 8099001 | 14.1 | — |
| 31 | 基价 | 元 | 9999001 | 4118 | 4102 |

涵洞台帽需钢筋 1218kg,选择与台帽混凝土配套钢筋 4-6-3-8 集中加工桥(涵)台帽钢筋,具体工料机表如表 4-11 所示,定额工程量为 1.218t,并修改工料机的钢筋为光圆钢筋。

表 4-11　4-6-3 墩、台帽及拱座

工程内容　①定型钢模板安装、拆除、修理、涂脱模剂、堆放;②钢筋除锈、制作、电焊、绑扎;③混凝土浇筑、捣固、养护。

Ⅱ. 钢筋　　　　　　　　　　　　　　　　　　　　单位:1t

| 顺序号 | 项目 | 单位 | 代号 | 桥(涵)台帽 |
|---|---|---|---|---|
| | | | | 5 |
| 1 | 人工 | 工日 | 1001001 | 6.9 |
| 2 | HPB300 钢筋 | t | 2001001 | 0.17 |
| 3 | HRB400 钢筋 | t | 2001002 | 0.855 |
| 4 | 20~22 号铁丝 | kg | 2001022 | 2.86 |
| 5 | 电焊条 | kg | 2009011 | 2.23 |
| 6 | 32kV·A 以内交流电弧焊机 | 台班 | 8015028 | 0.32 |
| 7 | 小型机具使用费 | 元 | 8099001 | 18.8 |
| 8 | 基价 | 元 | 9999001 | 4181 |

洞身沥青防水层有专门的定额,如表 4-12 所示。

表 4-12  4-11-4 防水层

工程内容  ①搭、拆跳板;②配料、拌和、摊铺、拍紧、整型、养护;③安锅、裁铺油毛毡、涂沥青、洒布车洒布。

单位:表列单位

| 顺序号 | 项目 | 单位 | 代号 | 沥青油毡 | 涂沥青 | 防水剂 |
| --- | --- | --- | --- | --- | --- | --- |
| | | | | 10m² | | 1000m² |
| | | | | 4 | 5 | 6 |
| 1 | 人工 | 工日 | 1001001 | 0.8 | 0.6 | 2.6 |
| 3 | 石油沥青 | t | 3001001 | 0.051 | 0.039 | — |
| 5 | 桥面防水涂料 | kg | 5009005 | — | — | 1 664 |
| 6 | 油毛毡 | m² | 5009012 | 22 | — | — |
| 10 | 其他材料费 | 元 | 7801001 | 1.7 | 1.5 | — |
| 11 | 4000L 以内沥青洒布车 | 台班 | 8003038 | — | — | 0.06 |
| 12 | 基价 | 元 | 9999001 | 393 | 242 | 17384 |

涂沥青可套用定额 4-11-4-5 涂沥青防水层,定额工程"按需要设置的防水层面积计算工程量",定额工程量为 574m²。

涵洞洞身沉降缝套用 4-11-1 沥青麻絮沉降缝,具体工料机表如表 4-13 所示。

表 4-13  4-11-1 沥青麻絮沉降缝

工程内容  熬化、涂刷沥青,填塞沥青及麻絮。

单位:10m²

| 顺序号 | 项目 | 单位 | 代号 | 沥青麻絮沉降缝 |
| --- | --- | --- | --- | --- |
| | | | | 1 |
| 1 | 人工 | 工日 | 1001001 | 0.2 |
| 2 | 石油沥青 | t | 3001001 | 0.021 |
| 3 | 其他材料费 | 元 | 7801001 | 53.4 |
| 4 | 基价 | 元 | 9999001 | 170 |

注:定额单位每平方米指伸缩缝的接触面积。

套用 4-11-1-1 沥青麻絮伸缩缝(沉降缝),定额工程量按"设计圬工砌体的截面面积计算工程量",工程量为 74m²。

纵横造价软件对涵洞洞身的组价如图 4-5 所示。

**3. 涵洞基础**

本案例涵洞基础为 C25 混凝土基础,与轻型墩台配套的基础为 4-6-1-1 轻型墩台混凝土基础(跨径 4m 以内),对应的工料机表如表 4-14 所示。

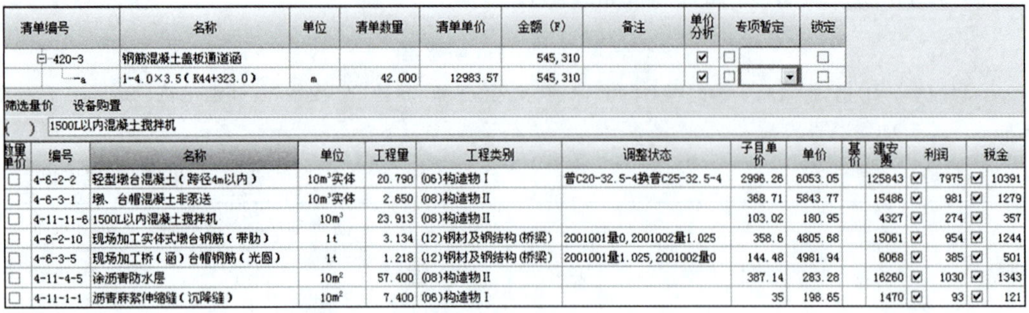

| 清单编号 | 名称 | 单位 | 清单数量 | 清单单价 | 金额(F) | 备注 | 单价分析 | 专项暂定 | 锁定 |
|---|---|---|---|---|---|---|---|---|---|
| 420-3 | 钢筋混凝土盖板通道涵 | | | | 545,310 | | ☑ | ☐ | ☐ |
| -a | 1-4.0×3.5(K44+323.0) | m | 42.000 | 12983.57 | 545,310 | | ☑ | ☐ | ☐ |

筛选量价 设备购置

( ) 1500L以内混凝土搅拌机

| 数量单价 | 编号 | 名称 | 单位 | 工程量 | 工程类别 | 调整状态 | 子目单价 | 单价 | 基价 | 建安费 | | 利润 | | 税金 |
|---|---|---|---|---|---|---|---|---|---|---|---|---|---|---|
| ☐ | 4-6-2-2 | 轻型墩台混凝土(跨径4m以内) | 10m³实体 | 20.790 | (06)构造物Ⅰ | 普C20-32.5-4换普C25-32.5-4 | 2996.26 | 6053.05 | | 125843 | ☑ | 7975 | ☑ | 10391 |
| ☐ | 4-6-3-1 | 墩、台帽混凝土非泵送 | 10m³实体 | 2.650 | (08)构造物Ⅱ | | 368.71 | 5843.77 | | 15486 | ☑ | 981 | ☑ | 1279 |
| ☐ | 4-11-11-6 | 1500L以内混凝土搅拌机 | 10m³ | 23.913 | (08)构造物Ⅱ | | 103.02 | 180.95 | | 4327 | ☑ | 274 | ☑ | 357 |
| ☐ | 4-6-2-10 | 现场加工实体式墩台钢筋(带肋) | 1t | 3.134 | (12)钢材及钢结构(桥梁) | 2001001量0,2001002量1.025 | 358.6 | 4805.68 | | 15061 | ☑ | 954 | ☑ | 1244 |
| ☐ | 4-6-3-5 | 现场加工桥(涵)台帽钢筋(光圆) | 1t | 1.218 | (12)钢材及钢结构(桥梁) | 2001001量1.025,2001002量0 | 144.48 | 4981.94 | | 6068 | ☑ | 385 | ☑ | 501 |
| ☐ | 4-11-4-5 | 涂沥青防水层 | 10m² | 57.400 | (08)构造物Ⅱ | | 387.14 | 283.28 | | 16260 | ☑ | 1030 | ☑ | 1343 |
| ☐ | 4-11-1-1 | 沥青麻絮伸缩缝(沉降缝) | 10m² | 7.400 | (06)构造物Ⅰ | | 35 | 198.65 | | 1470 | ☑ | 93 | ☑ | 121 |

图 4-5 纵横造价软件对涵洞洞身的组价

**表 4-14 4-6-1 基础、承台及支撑梁(混凝土)**

工程内容 ①模板制作、安装、拆除、修理、涂脱模剂、堆放；②钢筋除锈、制作、电焊、绑扎及骨架吊装入模；③安、拆灌注水下混凝土导管、漏斗等设备；④混凝土浇筑、捣固、养护；⑤凿桩头。

单位：$10m^3$ 实体

| 顺序号 | 项目 | 单位 | 代号 | 混凝土 基础 轻型墩台 跨径/m | |
|---|---|---|---|---|---|
| | | | | 4 以内 | 8 以内 |
| | | | | 1 | 2 |
| 1 | 人工 | 工日 | 1001001 | 8.1 | 7.2 |
| 4 | 普 C15-32.5-8 | $m^3$ | 1503051 | (10.20) | (10.20) |
| 5 | 钢模板 | t | 2003025 | 0.04 | 0.031 |
| 6 | 螺栓 | kg | 2009013 | 1.3 | 1 |
| 7 | 铁件 | kg | 2009028 | 10.2 | 7.9 |
| 8 | 水 | $m^3$ | 3005004 | 12 | 12 |
| 9 | 中(粗)砂 | $m^3$ | 5503005 | 5.61 | 5.61 |
| 12 | 碎石(8cm) | $m^3$ | 5505015 | 8.47 | 8.47 |
| 13 | 32.5 级水泥 | t | 5509001 | 2.581 | 2.581 |
| 14 | 其他材料费 | 元 | 7801001 | 37.4 | 27.6 |
| 15 | 25t 以内汽车式起重机 | 台班 | 8009030 | 0.34 | 0.21 |
| 16 | 小型机具使用费 | 元 | 8099001 | 10.2 | 9.7 |
| 17 | 基价 | 元 | 9999001 | 3657 | 3313 |

选用定额 4-6-1-1 轻型墩台混凝土基础(跨径 4m 以内)，定额工程量按“设计砼体积计

算工程量",工程量应为252m³,修改混凝土标号为C25;混凝土需要拌和,套用定额4-11-11-6 1500L以内混凝土搅拌机,拌和损耗率为0.02,拌和量为257.04m³。

基础钢筋为配套的4-6-1-13现场加工轻型墩台基础及支撑梁钢筋,修改工料机里的钢筋为HRB400,定额工程量为7326.48kg,工料机表如表4-15所示。

表4-15　4-6-1 基础、承台及支撑梁(钢筋)　　　　单位:1t 钢筋

| 顺序号 | 项目 | 单位 | 代号 | 标准化集中加工钢筋 | |
|---|---|---|---|---|---|
| | | | | 轻型墩台及支撑梁钢筋 | 承台钢筋 |
| | | | | 14 | 15 |
| 1 | 人工 | 工日 | 1001001 | 4.076 | 3.77 |
| 2 | HPB300 钢筋 | t | 2001001 | 0.058 | — |
| 3 | HRB400 钢筋 | t | 2001002 | 0.962 | 1.02 |
| 4 | 20~22 号铁丝 | kg | 2001022 | 2.033 | 2.575 |
| 5 | 电焊条 | kg | 2009011 | 1.151 | 3.654 |
| 6 | 数控立式钢筋弯曲中心 | 台班 | 8015007 | 0.101 | 0.134 |
| 7 | 32kV·A 以内交流电弧焊机 | 台班 | 8015028 | 0.274 | 0.483 |
| 8 | 基价 | 元 | 9999001 | 3906 | 3953 |

定额4-6-1-13现场加工轻型墩台基础及支撑梁钢筋的工程量为7.326t。

防水土工布可借用定额1-3-2-1土工布铺设,定额工程量为728m²,工料机表如表4-16所示。

纵横造价软件对涵洞基础的组价如图4-6所示。

表4-16　1-3-2 路基、中央分隔带盲沟

工程内容　铺设土工布、埋设PVC管、回填碎石、干拌砂铺筑。

单位:1000m³

| 顺序号 | 项目 | 单位 | 代号 | 土工布铺设 |
|---|---|---|---|---|
| | | | | 1 |
| 1 | 人工 | 工日 | 1001001 | 15 |
| 2 | 8~12 号铁丝 | kg | 2001021 | 1.33 |
| 3 | U 形锚钉 | kg | 2009034 | 69.06 |
| 6 | 土工布 | m² | 5007001 | 1062.5 |
| 10 | 其他材料费 | 元 | 7801001 | 95.5 |
| 11 | 基价 | 元 | 9999001 | 6527 |

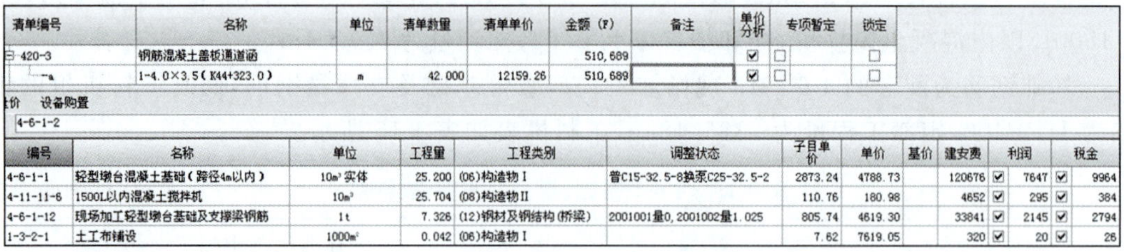

| 清单编号 | 名称 | 单位 | 清单数量 | 清单单价 | 金额（F） | 备注 | 单价分析 | 专项暂定 | 锁定 |
|---|---|---|---|---|---|---|---|---|---|
| 420-3 | 钢筋混凝土盖板通道涵 | | | | 510,689 | | ☑ | ☐ | ☐ |
| -a | 1-4.0×3.5（K44+323.0） | m | 42.000 | 12159.26 | 510,689 | | ☑ | ☐ | ☐ |

价　设备购置

4-6-1-2

| 编号 | 名称 | 单位 | 工程量 | 工程类别 | 调整状态 | 子目单价 | 单价 | 基价 | 建安费 | | 利润 | | 税金 |
|---|---|---|---|---|---|---|---|---|---|---|---|---|---|
| 4-6-1-1 | 轻型墩台混凝土基础（跨径4m以内） | 10m³实体 | 25.200 | (06)构造物Ⅰ | 普C15-32.5-8换泵C25-32.5-2 | 2873.24 | 4788.73 | | 120676 | ☑ | 7647 | ☑ | 9964 |
| 4-11-11-6 | 1500L以内混凝土搅拌机 | 10m³ | 25.704 | (08)构造物Ⅱ | | 110.76 | 180.98 | | 4652 | ☑ | 295 | ☑ | 384 |
| 4-6-1-12 | 现场加工轻型墩台基础及支撑梁钢筋 | 1t | 7.326 | (12)钢材及钢结构(桥梁) | 2001001量0,2001002量1.025 | 805.74 | 4619.30 | | 33841 | ☑ | 2145 | ☑ | 2794 |
| 1-3-2-1 | 土工布铺设 | 1000m² | 0.042 | (06)构造物Ⅰ | | 7.62 | 7619.05 | | 320 | ☑ | 20 | ☑ | 26 |

图 4-6　纵横造价软件对涵洞基础的组价

### 4. 涵洞洞口

涵洞洞口构筑物较多，有八字墙、截水墙、人行通道、洞口铺砌等，都是素混凝土构件。先考虑八字墙墙体浇筑，可选择混凝土挡土墙定额 1-4-19-2 现浇混凝土挡土墙(具体工料机参见表 3-7)，定额工程量为 53.5$m^3$，截水墙工程量为 6.1$m^3$，累计工程量为 59.6$m^3$。

八字墙基础套用定额 4-6-1-2 轻型墩台混凝土基础(跨径 8m 以内)，定额工程量为 20.6$m^3$，修正混凝土标号为 C20；拌和需额外套用定额 4-11-11-6 1500L 以内混凝土搅拌机，拌和损耗 0.02，拌和量为 2.101$m^3$。帽石混凝土借用 4-6-3-1 墩、台帽混凝土非泵送，工程量为 0.9$m^3$，修正混凝土标号为 C25；拌和需额外套用定额 4-11-11-6 1500L 以内混凝土搅拌机，拌和损耗率为 0.02，拌和量为 0.918$m^3$，拌和量总量为 3.019$m^3$。

混凝土洞口铺砌可借用 4-11-5 涵管基础垫层，具体工料机表如表 4-17 所示。

**表 4-17　4-11-5 涵管基础垫层**

工程内容　砂砾(砂)、碎(砾)石、片石垫层、运料、铺平、整平、夯实。

混凝土垫层：人工配运料、拌和、运输、浇筑、捣实及养护。

单位：10$m^3$ 实体

| 顺序号 | 项　　目 | 单位 | 代　号 | 填砂砾(砂) | 混凝土 |
|---|---|---|---|---|---|
| | | | | 1 | 6 |
| 1 | 人工 | 工日 | 1001001 | 2.9 | 5.1 |
| 3 | 普 C10-32.5-4 | $m^3$ | 1503030 | — | (10.20) |
| 4 | 水 | $m^3$ | 3005004 | — | 12 |
| 7 | 中(粗)砂 | $m^3$ | 5503005 | — | 5.2 |
| 8 | 砂砾 | $m^3$ | 5503007 | 12.75 | — |
| 9 | 片石 | $m^3$ | 5505005 | — | — |
| 10 | 碎石(4cm) | $m^3$ | 5505013 | — | 8.87 |
| 11 | 32.5 级水泥 | t | 5509001 | — | 2.295 |
| 12 | 其他材料费 | 元 | 7801001 | — | 2 |
| 13 | 基价 | 元 | 9999001 | 902 | 2504 |

选择定额 4-11-5-6 混凝土基础垫层，定额工程量为 24.3$m^3$，混凝土标号为 C20，拌和需额外套用定额 4-11-11-6 1500L 以内混凝土搅拌机，拌和损耗率为 0.02，拌和量为 24.8$m^3$。

混凝土人行通道可借用路面混凝土摊铺定额,摊铺方式分为人工摊铺和机械摊铺,考虑施工作业面的限制,涵洞内的路面摊铺更适合采用人工摊铺。定额 2-2-17-1 工料机表如表 4-18 所示。

表 4-18　2-2-17 水泥混凝土路面

工程内容　①模板制作、安装、拆除、修理、涂脱模剂;②拉杆、传力杆及补强钢筋制作、安装;③人工铺筑混凝土拌和、浇筑、捣固、真空吸水、抹平、压(刻)纹、养护;④切缝、灌注填缝料。

Ⅰ.普通混凝土　　　　　　　　　　　　　　　单位:1000m² 路面

| 顺序号 | 项　目 | 单位 | 代　号 | 人工铺筑 路面厚度/cm 20 | 人工铺筑 路面厚度/cm 每增减 1 |
|---|---|---|---|---|---|
|  |  |  |  | 1 | 2 |
| 1 | 人工 | 工日 | 1001001 | 174.2 | 7.3 |
| 2 | 普 C30-32.5-4 | m³ | 1503034 | (204.00) | (10.20) |
| 3 | HPB300 钢筋 | t | 2001001 | 0.004 | — |
| 4 | 型钢 | t | 2003004 | 0.054 | 0.003 |
| 5 | 石油沥青 | t | 3001001 | 0.099 | 0.004 |
| 6 | 煤 | t | 3005001 | 0.02 | 0.001 |
| 7 | 水 | m³ | 3005004 | 29 | 1 |
| 8 | 锯材 | m³ | 4003002 | 0.07 | — |
| 9 | 中(粗)砂 | m³ | 5503005 | 93.84 | 4.69 |
| 10 | 碎石(4cm) | m³ | 5505013 | 169.32 | 8.47 |
| 11 | 32.5 级水泥 | t | 5509001 | 76.908 | 3.845 |
| 12 | 其他材料费 | 元 | 7801001 | 265 | 3.8 |
| 15 | 混凝土电动真空吸水机组 | 台班 | 8003079 | 2.47 | — |
| 17 | 混凝土电动切缝机 | 台班 | 8003085 | 2.486 |  |
| 18 | 250L 以内强制式混凝土搅拌机 | 台班 | 8005002 | 5.28 | 0.26 |
| 19 | 10000L 以内洒水汽车 | 台班 | 8007043 | 1.12 |  |
| 20 | 小型机具使用费 | 元 | 8099001 | 251.1 | 12.5 |
| 21 | 基价 | 元 | 9999001 | 69421 | 3195 |

定额 2-2-17-1 人工铺筑混凝土路面厚度 20cm 需要修改混凝土标号为 C20,修改混凝土厚度为 50cm,定额工程量要求"按设计需要铺设的路面面积计算工程量",定额工程量的计算如下。

$$78.5 \div 0.5 = 157 (m^2)$$

纵横造价软件对涵洞洞门的组价如图4-7所示。

| 清单编号 | 名称 | 单位 | 清单数量 | 清单单价 | 金额(F) | 备注 | 单价分析 | 专项暂定 | 锁定 |
|---|---|---|---|---|---|---|---|---|---|
| ☐-420-3 | 钢筋混凝土盖板通道涵 | | | | 544,195 | | ☑ | ☐ | ☐ |
| ─a | 1-4.0×3.5（K44+323.0） | m | 42.000 | 12957.02 | 544,195 | | ☑ | ☐ ▼ | ☐ |

筛选量价 设备购置

| | 编号 | 名称 | 单位 | 工程量 | 工程类别 | 调整状态 | 子目单价 | 单价 | 基建安费 | 利润 | 税金 |
|---|---|---|---|---|---|---|---|---|---|---|---|
| ☐ | 1-4-19-2 | 现浇混凝土挡土墙（八字墙、截水墙） | 10m³ | 5.960 | (06)构造物I | | 689.1 | 4856.04 | 28942 ☑ | 1834 ☑ | 2390 |
| ☐ | 4-6-1-2 | 轻型墩台混凝土基础（跨径8m以内） | 10m³实体 | 2.060 | (06)构造物I | 普C15-32.5-8换普C20-32.5-2 | 208.19 | 4244.66 | 8744 ☑ | 554 ☑ | 722 |
| ☐ | 4-6-3-1 | 墩、台帽混凝土非泵送（洞口帽石） | 10m³实体 | 0.090 | (06)构造物II | 普C30-32.5换普C25-32.5-4 | 12.29 | 5733.33 | 516 ☑ | 33 ☑ | 43 |
| ☐ | 4-11-5-6 | 混凝土基础垫层 | 10m³实体 | 2.430 | (06)构造物I | 普C10-32.5换普C20-32.5-4 | 182.14 | 3148.15 | 7650 ☑ | 485 ☑ | 632 |
| ☐ | 4-11-11-6 | 1500L以内混凝土搅拌机 | 10m³ | | (06)构造物II | | 12 | 181.03 | 504 ☑ | 32 ☑ | 42 |
| ☐ | 2-2-17-1 | 人工铺筑混凝土路面厚度50cm | 1000m²路面 | 0.157 | (04)路面 | +2×30;普C30-32.5-4换普C20 | 676.9 | 81082.80 | 28430 ☑ | 1802 ☑ | 2347 |

图4-7 纵横造价软件对涵洞洞门的组价

### 5. 涵洞其他

洞身结合部的C20片石混凝土侧墙可借用梁板桥实体式墩台混凝土,具体工料机表如表4-19所示。

表4-19 4-6-2 墩、台身

工程内容 ①搭、拆脚手架及轻型上下架、安全爬梯;②定型钢模板安装、拆除、修理、涂脱模剂、堆放;③液压爬模拼拆及安装、提升、拆除、修理、涂脱模剂、堆放;④钢筋除锈、制作、电焊、绑扎及骨架吊装入模;⑤混凝土浇筑、捣固、养护。

Ⅰ.实体式墩台　　　　　　　　　　　　　　单位:10m³ 实体

| 顺序号 | 项　目 | 单位 | 代　号 | 混凝土实体式墩台 | |
|---|---|---|---|---|---|
| | | | | 梁板桥高度/m | |
| | | | | 10 以内 | 20 以内 |
| | | | | 4 | 5 |
| 1 | 人工 | 工日 | 1001001 | 11.5 | 12.5 |
| 2 | 片 C15-32.5-8 | m³ | 1503002 | (10.2) | (10.2) |
| 9 | 钢丝绳 | t | 2001019 | 0.002 | 0.001 |
| 10 | 8~12号铁丝 | kg | 2001021 | 0.16 | — |
| 12 | 钢管 | t | 2003008 | 0.009 | 0.005 |
| 13 | 钢模板 | t | 2003025 | 0.049 | 0.031 |
| 15 | 螺栓 | kg | 2009013 | 4.99 | 3.13 |
| 16 | 铁件 | kg | 2009028 | 2.95 | 1.85 |
| 17 | 铁钉 | kg | 2009030 | 0.14 | — |
| 18 | 水 | m³ | 3005004 | 12 | 12 |
| 19 | 锯材 | m³ | 4003002 | 0.02 | 0.01 |
| 20 | 中(粗)砂 | m³ | 5503005 | 4.79 | 4.79 |
| 21 | 片石 | m³ | 5505005 | 2.19 | 2.19 |

续表

| 顺序号 | 项 目 | 单位 | 代 号 | 混凝土实体式墩台 | |
|---|---|---|---|---|---|
| | | | | 梁板桥高度/m | |
| | | | | 10 以内 | 20 以内 |
| | | | | 4 | 5 |
| 22 | 碎石(8cm) | m³ | 5505015 | 7.24 | 7.24 |
| 24 | 32.5级水泥 | t | 5509001 | 2.193 | 2.193 |
| 25 | 其他材料费 | 元 | 7801001 | 82.7 | 54.4 |
| 26 | 25t以内汽车式起重机 | 台班 | 8009030 | 0.36 | 0.54 |
| 30 | 小型机具使用费 | 元 | 8099001 | 10.1 | 9.9 |
| 31 | 基价 | 元 | 9999001 | 4060 | 4227 |

选用定额 4-6-2-4 梁板桥实体式墩台混凝土(高 10m 内),定额工程量为 1.3m³,拌和需额外套用定额 4-11-11-6 1500L 以内混凝土搅拌机,拌和损耗率为 0.02,片石混凝土中混凝土含量为 0.85,拌和量为

$$1.3 \times 0.85 \times 1.02 = 1.13 (m^3)$$

挖土方套用基坑开挖定额 4-1-3-4 2.0m³ 以内挖掘机挖基坑≤1500m³ 土方,定额工程量为 17m³,运输套用 1-1-11-14 30t 以内自卸汽车运土每增运 0.5km(平均运距 15km 以内),定额工程量为 102m³;挖石方套用基坑开挖定额 4-1-3-5 机械挖基坑≤1500m³ 石方,定额工程量为 6.6m³,运输套用 1-1-11-28 30t 以内自卸汽车运石每增运 0.5km(平均运距 15km 以内),定额工程量为 40m³。

纵横造价软件对涵洞其他内容的组价如图 4-8 所示。

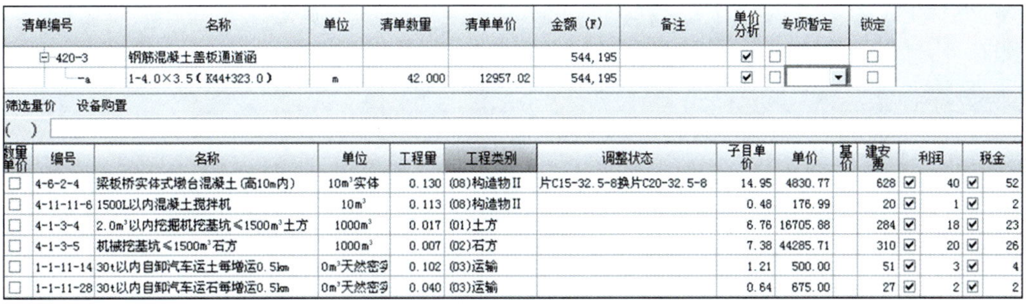

图 4-8 纵横造价软件对涵洞其他内容的组价

## 4.2 箱 涵

### 4.2.1 箱涵(现浇)施工工艺流程

箱涵(现浇)施工工艺主要流程:基坑开挖与基础处理→砂砾垫层施工→基础模板安

装→基础混凝土浇筑→墙身及顶板混凝土施工→拆模与养护→进出口及附属工程施工→台背填土及加固。

### 4.2.2 箱涵工程数量表

本案例项目为现浇箱涵,孔数为 1,洞身长度 8m,洞身高度 3.5m,涵长 52.15m,整体为钢筋混凝土结构,洞口为八字墙,具体数据如表 4-20 所示,涵洞设计图如图 4-9 和图 4-10 所示。

表 4-20 现浇箱涵工程数量表

(a)

| 中心桩号 | 孔数及孔径（孔—m） | 结构类型 | 涵长/m | 箱体 | | | | | |
|---|---|---|---|---|---|---|---|---|---|
| | | | | HRB400 钢筋 | | | C40 混凝土 | 防水卷材 | 沉降缝、施工缝处理 |
| | | | | C28 | C20 | C18 | | | |
| | | | | kg | | | m³ | m² | m² |
| K55+780.0 | 1—8×6.5 | 箱涵 | 52.15 | 125044.8 | 56451.7 | 38317.8 | 1537.5 | 2013 | 463.2 |

(b)

| 洞口及附属结构物 | | | | | 基础 | | 挖土方 | 挖石方 |
|---|---|---|---|---|---|---|---|---|
| C25 混凝土帽石 | C20 混凝土八字墙身 | C20 混凝土八字墙基础 | C20 混凝土洞口铺砌 | C20 混凝土洞口截水墙 | 砂砾垫层 | C20 混凝土基础 | | |
| m³ | | | | | | | | |
| 2.2 | 264.2 | 58.7 | 121.3 | 15.4 | 124.1 | 488.1 | 1411 | 507.7 |

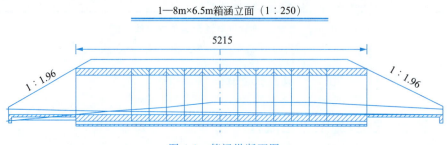

图 4-9 箱涵纵断面图

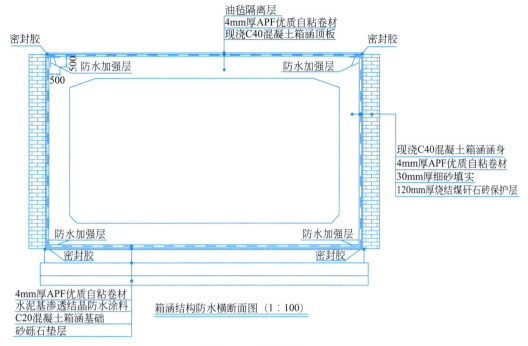

图 4-10 箱涵横断面图

## 4.2.3 箱涵组价

本项目的涵洞为现浇箱涵,查阅清单项,套用符合要求的清单 420-4 钢筋混凝土箱型通道涵,具体内容如表 4-21 所示。

表 4-21 420 盖板涵、箱涵

| 子目号 | 子目名称 | 单位 | 工程量计量 | 工 程 内 容 |
|---|---|---|---|---|
| 420 | 盖板涵、箱涵 | | — | — |
| 420-4 | 钢筋混凝土箱型通道涵 | m | 1. 依据图纸所示,按不同跨径的箱型通道涵长度计算,以米为单位计量;<br>2. 基底软基处理参照第 205 节的相关规定计量,并列入第 205 节相应子目 | 1. 围堰、排水,基坑开挖;<br>2. 垫层、基础施工;<br>3. 搭拆作业平台;<br>4. 模板安设、加固、检查;<br>5. 钢筋安设、支承及固定;<br>6. 混凝土配运料、拌和、运输、浇筑、养护;<br>7. 施工缝设置、处理;<br>8. 铺设通道路面,砌筑边沟;<br>9. 防水、防冻、防腐措施;<br>10. 回填 |

清单工程量计量规则为"按不同跨径的箱型通道涵长度计算,以米为单位计量",从设计图可得,涵长为52.15m,新建子目,输入涵洞参数"1—8×6.5(K55+780.0)"。

**1. 涵洞箱体**

本涵洞为现浇箱涵,用C40混凝土浇筑,查看《预算定额》,符合要求的定额为4-6-7现浇箱涵、拱涵,具体工料机表如表4-22所示。

表4-22 4-6-7 现浇箱涵、拱涵(混凝土)

工程内容 ①搭、拆脚手架及跳板;②模板安装、拆除、修理、涂脱模剂、堆放;③钢筋除锈、制作、电焊、绑扎及骨架吊装入模;④混凝土浇筑、捣固及养护。

单位:10m³ 实体

| 顺序号 | 项 目 | 单位 | 代 号 | 混凝土箱涵 | | |
|---|---|---|---|---|---|---|
| | | | | 箱涵跨径/m | | |
| | | | | 3以内 | 5以内 | 8以内 |
| | | | | 1 | 2 | 3 |
| 1 | 人工 | 工日 | 1001001 | 18.3 | 16.6 | 15.6 |
| 2 | 普C30-32.5-4 | m³ | 1503034 | (10.20) | (10.20) | (10.20) |
| 3 | HPB300钢筋 | t | 2001001 | 0.001 | 0.001 | 0.001 |
| 4 | 8～12号铁丝 | kg | 2001021 | — | 0.1 | 0.1 |
| 5 | 型钢 | t | 2003004 | 0.004 | 0.003 | 0.002 |
| 6 | 钢管 | t | 2003008 | 0.009 | 0.01 | 0.007 |
| 7 | 钢模板 | t | 2003025 | 0.078 | 0.058 | 0.048 |
| 8 | 门式钢支架 | t | 2003027 | 0.005 | 0.004 | 0.003 |
| 9 | 铁件 | kg | 2009028 | 1.9 | 1.4 | 1.1 |
| 10 | 铁钉 | kg | 2009030 | — | 0.1 | 0.1 |
| 11 | 水 | m³ | 3005004 | 12 | 12 | 12 |
| 12 | 原木 | m³ | 4003001 | 0.02 | 0.01 | 0.01 |
| 13 | 锯材 | m³ | 4003002 | 0.01 | 0.02 | 0.01 |
| 14 | 中(粗)砂 | m³ | 5503005 | 4.69 | 4.69 | 4.69 |
| 15 | 碎石(4cm) | m³ | 5505013 | 8.47 | 8.47 | 8.47 |
| 16 | 32.5级水泥 | t | 5509001 | 3.845 | 3.845 | 3.845 |
| 17 | 其他材料费 | 元 | 7801001 | 28.5 | 21.8 | 18.3 |
| 18 | 12t以内汽车式起重机 | 台班 | 8009027 | 0.71 | 0.71 | 0.71 |
| 19 | 20t以内汽车式起重机 | 台班 | 8009029 | 0.32 | 0.25 | 0.2 |
| 20 | 小型机具使用费 | 元 | 8099001 | 12.7 | 11.9 | 11.4 |
| 21 | 基价 | 元 | 9999001 | 5880 | 5497 | 5235 |

选用定额 4-6-7-3 跨径 8m 以内箱涵混凝土，定额工程量“按设计混凝土体积计算工程量”计算，定额工程量为 1537.5$m^3$，替换混凝土标号为 C40；拌和需额外套用定额 4-11-11-6 1500L 以内混凝土搅拌机，拌和损耗率为 0.02，拌和量为 1568.25$m^3$。同时套用现浇箱涵配套的钢筋定额，如表 4-23 所示。

表 4-23　4-6-7 现浇箱涵、拱涵（钢筋）　单位：1t

| 顺序号 | 项　　目 | 单位 | 代　号 | 混凝土箱涵 | | | |
|---|---|---|---|---|---|---|---|
| | | | | 钢　筋 | | | |
| | | | | 现场加工 | | 集中加工 | |
| | | | | 箱涵跨径/m | | | |
| | | | | 5 以内 | 8 以内 | 5 以内 | 8 以内 |
| | | | | 11 | 12 | 14 | 15 |
| 1 | 人工 | 工日 | 1001001 | 10.25 | 8.775 | 8.286 | 7.045 |
| 2 | HRB400 钢筋 | t | 2001002 | 1.02 | 1.02 | 1.02 | 1.02 |
| 3 | 20～22 号铁丝 | kg | 2001022 | 2.056 | 1.77 | 2.056 | 1.77 |
| 4 | 电焊条 | kg | 2009011 | 6.877 | 3.701 | 6.88 | 3.7 |
| 5 | 5t 以内汽车式起重机 | 台班 | 8009025 | 0.061 | 0.061 | — | — |
| 6 | 12t 以内汽车式起重机 | 台班 | 8009027 | — | — | 0.065 | 0.065 |
| 7 | 数控立式钢筋弯曲中心 | 台班 | 8015007 | — | — | 0.15 | 0.143 |
| 8 | 32kV·A 以内交流电弧焊机 | 台班 | 8015028 | 1.104 | 0.605 | 1.104 | 0.605 |
| 9 | 小型机具使用费 | 元 | 8099001 | 21.4 | 220.4 | — | — |
| 10 | 基价 | 元 | 9999001 | 4715 | 4446 | 4632 | 4383 |

选用定额 4-6-7-12 现场加工跨径 8m 以内箱涵钢筋，定额工程量为 219.814t。

沥青防水卷材的套用可查看表 4-12，选用定额 4-11-4-4 沥青油毡防水层，将定额工料机中的油毛毡替换为防水卷材，定额工程量 2013$m^2$。施工缝套用定额 4-11-1-1 沥青麻絮伸缩缝（沉降缝），定额工程量为 463.2$m^2$。

纵横造价软件对箱涵洞身的组价如图 4-11 所示。

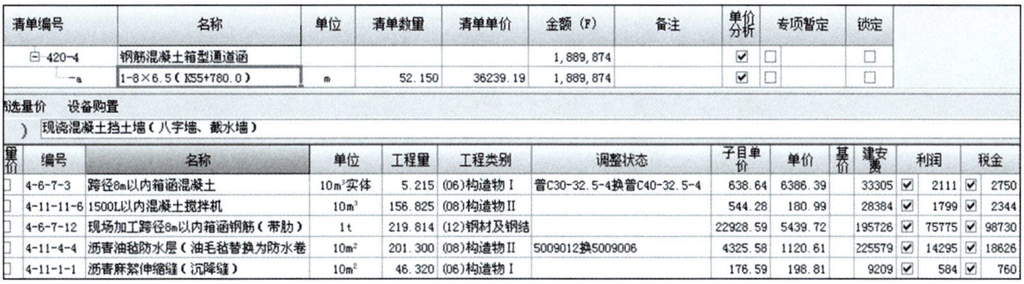

| 清单编号 | 名称 | 单位 | 清单数量 | 清单单价 | 金额（F） | 备注 | 单价分析 | 专项暂定 | 锁定 |
|---|---|---|---|---|---|---|---|---|---|
| ⊟420-4 | 钢筋混凝土箱型通道涵 | | | | 1,889,874 | | ☑ | ☐ | ☐ |
| -a | 1-8×6.5（K55+780.0） | m | 52.150 | 36239.19 | 1,889,874 | | ☑ | ☐ | ☐ |

筛选量价　设备购置

现浇混凝土挡土墙（八字墙、截水墙）

| 量价 | 编号 | 名称 | 单位 | 工程量 | 工程类别 | 调整状态 | 子目单价 | 单价 | 基价 | 建安费 | | 利润 | | 税金 |
|---|---|---|---|---|---|---|---|---|---|---|---|---|---|---|
| ☐ | 4-6-7-3 | 跨径8m以内箱涵混凝土 | 10m³实体 | 5.215 | (06)构造物Ⅰ | 普C30-32.5-4换普C40-32.5-4 | 638.64 | 6386.39 | | 33305 | ☑ | 2111 | ☑ | 2750 |
| ☐ | 4-11-11-6 | 1500L以内混凝土搅拌机 | 10m³ | 156.825 | (08)构造物Ⅱ | | 544.28 | 180.99 | | 28384 | ☑ | 1799 | ☑ | 2344 |
| ☐ | 4-6-7-12 | 现场加工跨径8m以内箱涵钢筋（带肋） | 1t | 219.814 | (12)钢材及钢结 | | 22928.59 | 5439.72 | | 195726 | ☑ | 75775 | ☑ | 98730 |
| ☐ | 4-11-4-4 | 沥青油毡防水层（油毛毡替换为防水卷 | 10m² | 201.300 | (08)构造物Ⅱ | 5009012换5009006 | 4325.58 | 1120.61 | | 225579 | ☑ | 14295 | ☑ | 18626 |
| ☐ | 4-11-1-1 | 沥青麻絮伸缩缝（沉降缝） | 10m² | 46.320 | (06)构造物Ⅰ | | 176.59 | 198.81 | | 9209 | ☑ | 584 | ☑ | 760 |

图 4-11　纵横造价软件对箱涵洞身的组价

### 2. 洞口及附属结构物

C25 混凝土帽石借用定额 4-6-3-2 墩、台帽混凝土泵送，修改混凝土为 C25，定额工程量为 2.2m³；拌和需额外套用定额 4-11-11-6 1500L 以内混凝土搅拌机，拌和损耗率为 0.02，拌和量为 2.244m³。

C20 混凝土八字墙身和 C20 混凝土洞口截水墙借用定额 1-4-19-2 现浇混凝土挡土墙，定额工程量为 279.6m³。

C20 混凝土八字墙基础借用定额 4-6-1-2 轻型墩台混凝土基础(跨径 8m 以内)，修改混凝土为 C20，定额工程量为 58.7m³；拌和需额外套用定额 4-11-11-6 1500L 以内混凝土搅拌机，拌和损耗率为 0.02，拌和量为 59.87m³。

C20 混凝土洞口铺砌可借用定额 4-11-5-6 混凝土基础垫层，修改混凝土标号为 C20，定额工程量为 121.3m³，拌和需额外套用定额 4-11-11-6 1500L 以内混凝土搅拌机，拌和损耗率为 0.02，拌和量为 123.73m³。

C20 混凝基础套用定额 4-11-5-6 混凝土基础垫层，修改混凝土标号为 C20，定额工程量为 488.1m³，拌和需额外套用定额 4-11-11-6 1500L 以内混凝土搅拌机，拌和损耗率为 0.02，拌和量为 497.86m³。砂砾垫层可参见表 4-18，选择定额 4-11-5-1 填砂砾(砂)基础垫层，定额工程量为 124.1m³。

挖土方套用基坑开挖定额 4-1-3-4 2.0m³ 以内挖掘机挖基坑≤1500m³ 土方，定额工程量为 1411m³，运输套用 1-1-11-14 30t 以内自卸汽车运土每增运 0.5km(平均运距 15km 以内)，定额工程量为 8466m³；挖石方套用基坑开挖定额 4-1-3-5 机械挖基坑≤1500m³ 石方，定额工程量为 507.7m³，运输定额 1-1-11-28 30t 以内自卸汽车运石每增运 0.5km(平均运距 15km 以内)，定额工程量为 3048m³。

纵横造价软件对箱涵洞口内容的组价如图 4-12 所示。

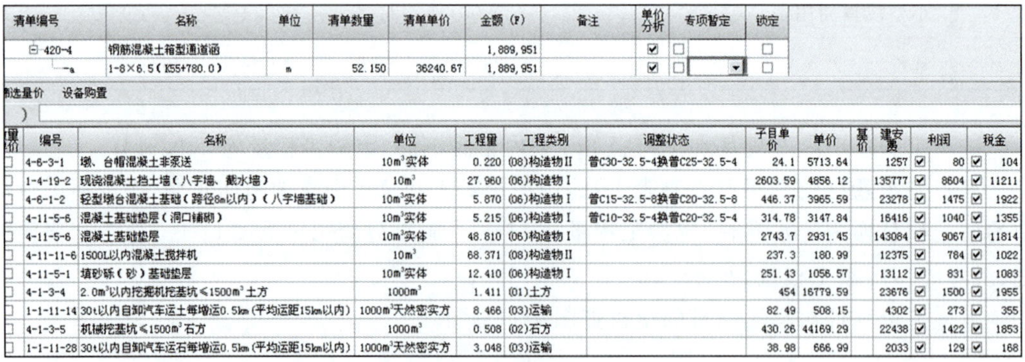

| 清单编号 | 名称 | 单位 | 清单数量 | 清单单价 | 金额 (F) | 备注 | 单价分析 | 专项暂定 | 锁定 |
|---|---|---|---|---|---|---|---|---|---|
| 420-4 | 钢筋混凝土箱型通道涵 | | | | 1,889,951 | | ☑ | ☐ | ☐ |
| -a | 1-8×6.5(K55+780.0) | m | 52.150 | 36240.67 | 1,889,951 | | ☑ | ☐ | ☐ |

筛选量价 设备购置

| 量价 | 编号 | 名称 | 单位 | 工程量 | 工程类别 | 调整状态 | 子目单价 | 单价 | 基价 | 建安费 | | 利润 | | 税金 |
|---|---|---|---|---|---|---|---|---|---|---|---|---|---|---|
| ☐ | 4-6-3-1 | 墩、台帽混凝土非泵送 | 10m³实体 | 0.220 | (08)构造物II | 普C30-32.5-4换普C25-32.5-4 | 24.1 | 5713.64 | | 1257 | ☑ | 80 | ☑ | 104 |
| ☐ | 1-4-19-2 | 现浇混凝土挡土墙(八字墙、截水墙) | 10m³ | 27.960 | (06)构造物I | | 2603.59 | 4856.12 | | 135777 | ☑ | 8604 | ☑ | 11211 |
| ☐ | 4-6-1-2 | 轻型墩台混凝土基础(跨径8m以内)(八字墙基础) | 10m³实体 | 5.870 | (06)构造物I | 普C15-32.5-8换普C20-32.5-8 | 446.37 | 3965.59 | | 23278 | ☑ | 1475 | ☑ | 1922 |
| ☐ | 4-11-5-6 | 混凝土基础垫层(洞口铺砌) | 10m³实体 | 5.215 | (06)构造物I | 普C10-32.5-4换普C20-32.5-4 | 314.78 | 3147.84 | | 16416 | ☑ | 1040 | ☑ | 1355 |
| ☐ | 4-11-5-6 | 混凝土基础垫层 | 10m³实体 | 48.810 | (06)构造物I | | 2743.7 | 2931.45 | | 143084 | ☑ | 9067 | ☑ | 11814 |
| ☐ | 4-11-11-6 | 1500L以内混凝土搅拌机 | 10m³ | 68.371 | (08)构造物II | | 237.3 | 180.99 | | 12375 | ☑ | 784 | ☑ | 1022 |
| ☐ | 4-11-5-1 | 填砂砾(砂)基础垫层 | 10m³实体 | 12.410 | (06)构造物I | | 251.43 | 1056.57 | | 13112 | ☑ | 831 | ☑ | 1083 |
| ☐ | 4-1-3-4 | 2.0m³以内挖掘机挖基坑≤1500m³土方 | 1000m³ | 1.411 | (01)土方 | | 454 | 16779.59 | | 23676 | ☑ | 1500 | ☑ | 1955 |
| ☐ | 1-1-11-14 | 30t以内自卸汽车运土每增运0.5km(平均运距15km以内) | 1000m³天然密实方 | 8.466 | (03)运输 | | 82.49 | 508.15 | | 4302 | ☑ | 273 | ☑ | 355 |
| ☐ | 4-1-3-5 | 机械挖基坑≤1500m³石方 | 1000m³ | 0.508 | (02)石方 | | 430.26 | 44169.29 | | 22438 | ☑ | 1422 | ☑ | 1853 |
| ☐ | 1-1-11-28 | 30t以内自卸汽车运石每增运0.5km(平均运距15km以内) | 1000m³天然密实方 | 3.048 | (03)运输 | | 38.98 | 666.99 | | 2033 | ☑ | 129 | ☑ | 168 |

图 4-12 纵横造价软件对箱涵洞口内容的组价

# 第 5 章 路面工程

路面是在道路路基上直接承受车辆荷载、由各种混合料铺筑而成的层状构造物,是道路的主要结构物。质量良好的路面应有足够的强度和良好的稳定性,其表面应达到平整、密实和抗滑的要求。路面结构由面层、基层与垫层组成。对应的路面结构设计图如图 5-1 所示,工程数量表如表 5-1 和表 5-2 所示。

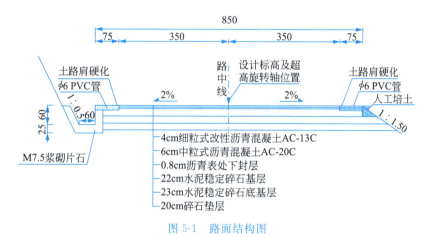

图 5-1 路面结构图

路面及碎石垫层组价

表 5-1 路面面层、基层和垫层的工程数量表

| 起讫桩号 | 铺筑长度/m | 工程数量 | | | | |
|---|---|---|---|---|---|---|
| | | 上面层 (4cm AC-13C 细粒式改性沥青混凝土)/m² | 下面层 (6cm AC-20C 中粒式沥青混凝土) /m² | 基层 (22cm 水泥稳定碎石) /m² | 底基层 (23cm 水泥稳定碎石)/m² | 垫层 (20cm 碎石) /m² |
| K40+000~K57+00 | 17000.00 | 119000.0 | 119000.0 | 144500.0 | 161228.0 | 172958.0 |
| 路面加宽 | 1104.97 | 1125.6 | 1125.6 | 1125.6 | 1125.6 | 1125.6 |
| 观景台路面 | — | 175.0 | 175.0 | 175.0 | 175.0 | 175.0 |
| 公交车站路面 | — | 385.2 | 385.2 | 385.2 | 385.2 | 385.2 |
| 合 计 | — | 120685.8 | 120685.8 | 146185.8 | 162913.8 | 174643.8 |

表 5-2　路面其他的工程数量表

| 起讫桩号 | 工程数量 | | | | |
|---|---|---|---|---|---|
| | 15cm 厚 C20 混凝土土路肩硬化/m³ | 石油沥青封层/m² | 改性乳化黏层/m² | 乳化沥青透层/m² | φ6.0 PVC 排水管/m |
| K40+000～K57+00 | 3825.0 | 144500.0 | 119000.0 | 144500.0 | 5780.0 |
| 路面加宽 | | 1125.6 | 1125.6 | 1125.6 | — |
| 观景台路面 | | 175.0 | 175.0 | 175.0 | |
| 公交车站路面 | | 385.2 | 385.2 | 385.2 | — |
| 合　计 | 3825.0 | 146185.8 | 120685.8 | 146185.8 | 5780.0 |

《预算定额》中对路面工程的章说明如下。

(1) 本章定额包括各种类型路面以及路槽、路肩、垫层、基层等,除沥青混合料路面、厂拌基层稳定土混合料运输、自卸车运输碾压水泥混凝土以 1000m³ 路面实体为计算单位外,其他均以 1000m² 为计算单位。

(2) 路面项目中的厚度均为压实厚度,培路肩厚度为净培路肩的夯实厚度。

(3) 本章定额中混合料是按最佳含水率编制,定额中已包括养护用水并适当扣除材料天然含水率,但山西、青海、甘肃、宁夏、内蒙古、新疆、西藏等省、自治区,由于湿度偏低,用水量可根据实际情况增加。

(4) 本章定额中凡列有洒水汽车的子目,均按 5km 范围内洒水汽车在水源处自吸水编制,不计水费。如工地附近无天然水源可利用,必须采用供水部门供水(如自来水)时,可根据定额子目中洒水汽车的台班数量,按每台班 35m³ 计算定额用水量,乘以供水部门规定的水价增列水费。洒水汽车取水的平均运距超过 5km 时,可按路基工程的洒水汽车洒水定额中的增运定额增加洒水汽车的台班消耗,但增加的洒水汽车台班消耗量不得再计水费。

(5) 本章定额中的水泥混凝土除摊铺机铺筑水泥混凝土路面及碾压混凝土路面外,均已包括其拌和的费用,使用定额时,不得再另行计算。

(6) 压路机台班按行驶速度:两轮光轮压路机为 2.0km/h、三轮光轮压路机为 2.5km/h、轮胎式压路机为 5.0km/h、振动压路机为 3.0km/h 进行编制。如设计为单车道路面宽度时,两轮光轮压路机乘以系数 1.14、三轮光轮压路机乘以系数 1.33、轮胎式压路机和振动压路机乘以系数 1.29。

(7) 自卸汽车运输稳定土混合料、沥青混合料和水泥混凝土定额项目,仅适用于平均运距在 15km 以内的混合料运输,当运距超过第一个定额运距单位时,其运距尾数不足一个增运定额单位的半数时不计;等于或超过半数时,按一个增运定额运距单位计算。当平均运距超过 15km 时,应按市场运价计算其运输费用。

## 5.1 碎石垫层

垫层是指为改善土基的湿度和温度状况,以保证面层和基层的强度、刚度和稳定性不受土基水温状况变化所造成的不良影响,而在基层(或底基层)和土基之间采用水稳性与隔热性好的材料修筑而成的路面结构层次。在排水不良和有冰冻翻浆的路段,通常应设置垫层,起排水、隔水、防冻、防污等作用。另外,垫层还起扩散行车荷载,减小土基的应力和变形,阻止路基土挤入基层影响基层等结构性能的作用。对垫层材料强度的要求不一定高,但水稳性和隔温性一定要好。常用垫层材料有两类:一类是用松散材料,如粗砂、砂砾、砾石、炉渣、片石等修筑的透水性垫层;另一类是用整体性材料,如水泥或石灰煤渣稳定粗粒土、石灰粉煤灰稳定粗粒土等修筑的稳定性垫层。

碎石垫层是一种古典的路面结构层,通常由几种不同粒径的碎石和石屑掺配拌制而成,粗、中、小碎石集料和石屑分别占一定比例,其颗粒组成符合规定的级配要求。起排水作用的碎石垫层、砂砾垫层的厚度宜为 0.5m,不应小于 0.3m,并应满足地基固结排水所需要的排水能力要求。当垫层兼起排淤作用时,其厚度应适当加大。垫层宜满铺,且两侧各宽出路堤底宽 0.5~1.0m。当路堤较宽且排水距离长,或者预计有大量地下水渗出,仅靠排水垫层不能完全满足排水需要时,可在适当位置设置排水盲沟。图 5-2 所示为碎石垫层实拍图。

图 5-2 碎石垫层实拍图

根据要求套用碎石垫层清单项,清单项 302-1 符合要求,清单内容如表 5-3 所示。

表 5-3 302-1 碎石垫层

| 子目号 | 子目名称 | 单位 | 工程量计量 | 工程内容 |
|---|---|---|---|---|
| 302 | 垫层 | | | |
| 302-1 | 碎石垫层 | m² | 依据图纸所示压实厚度,按照铺筑的顶面面积以平方米为单位计量 | 1. 检查、清除路基的浮土、杂物并洒水湿润;<br>2. 摊铺;<br>3. 整平、整型;<br>4. 洒水、碾压、整修 |

碎石垫层厚度为20cm,路基铺筑长度为17km,碎石垫层顶面宽度为10.174m,计算出的顶面面积为172958m²,再加上加宽、景观台、公交车站路面,累计铺筑的顶面面积为174643.8m²。

选择定额前,理解《预算定额》第二章第一节的说明如下。

(1)各类垫层、级配碎石、级配砾石基层的压实厚度在15cm以内,填隙碎石一层的压实厚度在12cm以内,各类稳定土基层、其他种类的基层和底基层压实厚度在20cm以内,拖拉机、平地机摊铺机和压路机的台班消耗按定额数量计算。如超过上述压实厚度进行分层拌和、摊铺、碾压时,拖拉机、平地机、摊铺机和压路机的台班消耗按定额数量加倍计算,每1000m³增加1.5个工日。

(2)各类稳定土基层定额中的材料消耗是按定配合比编制的,当设计配合比与定额标明的配合比不同时,有关材料可按下式进行换算:

$$C_i = [C_d + B_d \times (H - H_0)] \times \frac{L_i}{L_d} \tag{5-1}$$

式中:$C_i$——按设计配合比换算后的材料数量;

$C_d$——定额中基本压实厚度的材料数量;

$B_d$——定额中压实厚度每增减1cm的材料数量;

$H_0$——定额的基本压实厚度;

$H$——设计的压实厚度;

$L_d$——定额中标明的材料百分率;

$L_i$——设计配合比的材料百分率。

【例5-1】石灰粉煤灰稳定碎石基层,定额标明的配合比为石灰∶粉煤灰∶碎石=5∶15∶80,基本压实厚度为20cm;设计配合比为石灰∶粉煤灰∶碎石=4∶11∶85,设计压实厚度为21cm。各种材料调整后的数量如下。

熟石灰: $[22.77 + 1.139 \times (21 - 20)] \times \frac{4}{5} = 19.127(t)$

粉煤灰: $[63.963 + 3.198 \times (21 - 20)] \times \frac{11}{15} = 49.25(t)$

碎石: $[222.11 + 11.1 \times (16 - 15)] \times \frac{85}{80} = 247.79(m^3)$

(3)人工沿路翻拌和筛拌稳定土混合料定额中均已包括土的过筛工消耗,因此,土的预算价格中不应再计算过筛费用。

(4)本节定额中土的预算价格,按材料采集及加工和材料运输定额中的有关项目计算。

(5)各类稳定土基层定额中的碎石土和砂砾土分别指天然碎石土和天然砂砾土。

(6)各类稳定土底基层采用稳定土基层定额时,每1000m²路面减少12~15t光轮压路机0.18台班。

与碎石垫层清单项对应的定额为 2-1-1 路面垫层,定额工料机表如表 5-4 所示。

表 5-4　2-1-1 路面垫层

工程内容　铺筑、整平、洒水、碾压。

单位:1000m²

| 顺序号 | 项目 | 单位 | 代号 | 机械铺料 | | | | | |
|---|---|---|---|---|---|---|---|---|---|
| | | | | 压实厚度 15cm | | | 每增减 1cm | | |
| | | | | 粗砂 | 砂砾 | 碎石 | 粗砂 | 砂砾 | 碎石 |
| | | | | 11 | 12 | 15 | 16 | 17 | 20 |
| 1 | 人工 | 工日 | 1001001 | 0.6 | 0.5 | 0.5 | — | — | — |
| 2 | 砂 | m³ | 5003004 | 196.56 | — | — | 13.1 | — | — |
| 3 | 砂砾 | m³ | 5003007 | — | 191.25 | — | — | 12.75 | — |
| 4 | 煤渣 | m³ | 5003010 | | | | | | |
| 5 | 矿渣 | m³ | 5003011 | | | | | | |
| 6 | 碎石 | m³ | 5005016 | — | — | 186.66 | — | — | 12.44 |
| 7 | 120kW 以内自行式平地机 | 台班 | 8001058 | 0.22 | 0.22 | 0.27 | — | — | — |
| 8 | 12~15t 光轮压路机 | 台班 | 8001081 | 0.46 | 0.23 | 0.23 | — | — | — |
| 9 | 18~21t 光轮压路机 | 台班 | 8001083 | — | 0.33 | 0.44 | — | — | — |
| 10 | 10000L 以内洒水汽车 | 台班 | 8007043 | 0.19 | 0.19 | 0.17 | 0.01 | 0.01 | 0.01 |
| 11 | 基价 | 元 | 9999001 | 16072 | 9820 | 15164 | 1029 | 605 | 953 |

选择定额 2-1-1-15 机械铺碎石压实厚度 15cm,实际厚度 20cm,需要添加 5 个增厚定额 2-1-1-20 机械铺碎石每增减 1cm,根据《预算定额释义手册》的要求,定额工程量计算应"按设计需要铺设的路面垫层厚度、顶面面积计算工程量",因此定额工程量为 174643.8m²。同时,查看该手册第二章第一节说明第一条:"各类垫层、级配碎石、级配砾石基层的压实厚度在 15cm 以内,填隙碎石一层的压实厚度在 12cm 以内,各类稳定土基层、其他种类的基层和底基层压实厚度在 20cm 以内,拖拉机、平地机、摊铺机和压路机的台班消耗按定额数量计算。如超过上述压实厚度进行分层拌和、摊铺、碾压时,拖拉机、平地机、摊铺机和压路机的台班消耗按定额数量加倍计算,每 1000m³ 增加 1.5 个工日"。本案例属于级配碎石,超过 15cm 时可分两层进行摊铺和碾压。

纵横造价软件对路面碎石垫层的组价如图 5-3 所示。

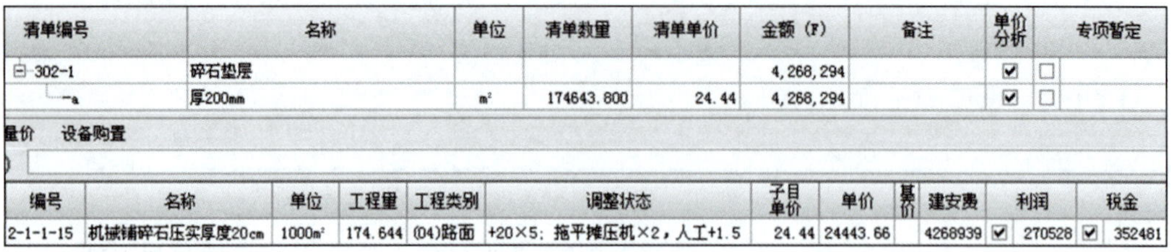

| 清单编号 | 名称 | 单位 | 清单数量 | 清单单价 | 金额（F） | 备注 | 单价分析 | 专项暂定 |
|---|---|---|---|---|---|---|---|---|
| ⊟302-1 | 碎石垫层 | | | | 4,268,294 | | ☑ | ☐ |
| —a | 厚200mm | m² | 174643.800 | 24.44 | 4,268,294 | | ☑ | ☐ |

量价　设备购置

| 编号 | 名称 | 单位 | 工程量 | 工程类别 | 调整状态 | 子目单价 | 单价 | 基价 | 建安费 | 利润 | 税金 |
|---|---|---|---|---|---|---|---|---|---|---|---|
| 2-1-1-15 | 机械铺碎石压实厚度20cm | 1000m² | 174.644 | (04)路面 | +20×5；拖平摊压机×2，人工+1.5 | 24.44 | 24443.66 | | 4268939 ☑ | 270528 ☑ | 352481 |

图 5-3　纵横造价软件对路面碎石垫层的组价

# 5.2　水泥稳定基层

基层是指设置在面层之下，与面层起承受行车荷载的反复作用，并将荷载传递到底基层、垫层和土基，起主要承重作用的路面结构层次。基层应具有足够的强度、刚度、水稳性和抗冻性。另外，基层应收缩性小，有足够的抗冲刷性和良好的平整度，与面层有良好的结合能力。基层根据公路等级和交通量大小可设置一层或两层，上层称为上基层，下层称为下基层。基层可分为无机结合料稳定类（整体型）和粒料类（嵌锁型、级配型），对高速公路、一级公路，应采用水泥稳定粒料、石灰粉煤灰（二灰）稳定粒料、沥青混合料以及级配碎砾石等材料铺筑。高速公路、一级公路的底基层和二级及二级以下公路的基层与底基层，除上述类型的材料外，也可采用水泥稳定土、石灰稳定土、石灰粉煤灰稳定土、石灰工业废渣、填隙碎石等或其他适宜的当地材料铺筑。有机结合料稳定类和粒料类统称为柔性基层，无机结合料稳定类则称为半刚性基层。

水稳碎石基层组价

无机结合料稳定类基层施工方法主要有路拌法施工和厂拌法施工两种，一般情况下二级及以上等级的公路采用集中厂拌法，厂拌法施工无机结合料路面基层是目前国内技术条件较成熟，也是使用较广泛的方法。

## 5.2.1　厂拌法施工工艺流程

厂拌法水泥稳定碎石主要施工工艺流程：经级配设计、检验、比选，确定施工配合比→施工准备→施工试验段→确定最终施工参数→混合料的拌和（控制含水量、结合料剂量、级配）→混合料的运输→摊铺、碾压（控制高程、厚度、平整度、横坡、压实度、宽度）→养生→成品验收。

## 5.2.2　水泥碎石组价

根据设计图说明要求，水泥稳定碎石基层的水泥用量不超过 6%，水泥稳定碎石底基层的水泥用量不超过 4%，本书以 6% 水泥稳定碎石基层为例进行讲解。在《工程量清单》第 300 章路面中查找对应的清单项，符合要求的清单项为 304-3，清单项具体如表 5-5 所示。

### 表 5-5 304 水泥混凝土底基层、基层

| 子目号 | 子目名称 | 单位 | 工程量计量 | 工程内容 |
|---|---|---|---|---|
| 304-3 | 水泥稳定土基层 | $m^2$ | 依据图纸所示压实厚度，按照铺筑的顶面面积以平方米为单位计量 | 1. 检查、清理下承层、洒水；<br>2. 拌和、运输、摊铺；<br>3. 整平、整型；<br>4. 洒水、碾压、初期养护 |

清单工程量的计量规则要求如下："依据图纸所示压实厚度，按照铺筑的顶面面积以平方米为单位计量"，水稳碎石基层厚度 22cm，水泥含量 6%，顶面面积为 17000×8.5＝144500($m^2$)，再加上路面加宽、观景台路面、公交车站路面面积，基层的总体摊铺面积为 146185.8$m^2$。新建子目，并修正名称为"厚 220mm 水泥碎石 6%"。

水泥稳定碎石材料需要拌和，拌和设备的产出量各有不同，有 50t/h、100t/h、200t/h、300t/h、400t/h、500t/h 六种不同产出量的拌和站，不同类型拌和站的安拆费也不同，选择拌和站时，不能盲目选大产出量，也不能盲目选经济的，需要根据项目建设需求量而定，保证产出量不低于最大需求量即可。本案例项目基层体积为

$$146185.8 \times 0.22 = 32160.9 (m^3)$$

查阅水泥稳定碎石密度，见本书附录 D 路面材料计算基础数据，查得水泥碎石密度为 2.3t/$m^3$，水泥碎石总质量为 32160.9×2.3＝73970(t)。

摊铺机摊铺水稳基层速度一般为 1m/min，采用 12.5m 宽度的摊铺机摊铺，一次摊铺成型，匀速的情况下，1h 摊铺 60m，那么 17000m 需要 283.3h，可得基层每小时的需求量为

$$73970 \div 283.3 = 261.1 (t/h)$$

同理，底基层也为水泥碎石，为节约成本，可考虑同用一个拌和设备，现对底基层水泥碎石的需求量进行计算。

底基层体积：

$$(162913.8 + 174643.8) \div 2 \times 0.23 = 38819.1 (m^3)$$

水泥碎石总质量为

$$38819.1 \times 2.3 = 89284 (t)$$

底基层需求量：

$$89284 \div 283.3 = 315.2 (t/h)$$

通过基层和底基层水泥碎石的需求量的计算，可供选择的拌和设备有 400t/h 或 500t/h 两种类型，为了节约成本推荐使用 400t/h 的拌和设备。选择对应产出量的拌和定额，具体如表 5-6 所示。

### 表 5-6 2-1-7 厂拌基层稳定土混合料

工程内容　装载机铲运料、上料、配运料、拌和、出料。

Ⅰ. 水泥稳定类　　　　　　　　　　　　　　　　单位：1000$m^2$

| 顺序号 | 项目 | 单位 | 代号 | 水泥碎石 水泥剂量5% | |
|---|---|---|---|---|---|
| | | | | 压实厚度20cm<br>221 | 每增减1cm<br>222 |
| 1 | 人工 | 工日 | 1001001 | 2.000 | 0.1 |

续表

| 顺序号 | 项 目 | 单位 | 代 号 | 水泥碎石 水泥剂量5% | |
|---|---|---|---|---|---|
| | | | | 压实厚度20cm | 每增减1cm |
| | | | | 221 | 222 |
| 4 | 水泥碎石 | m³ | 1507004 | (202.00) | (10.10) |
| 5 | 水 | m³ | 3005004 | 28 | 1 |
| 9 | 碎石 | m³ | 5003016 | 296.73 | 14.84 |
| 10 | 32.5级水泥 | t | 5509001 | 22.566 | 1.128 |
| 11 | 3m³以内轮胎式装载机 | 台班 | 8001049 | 0.420 | 0.02 |
| 12 | 300t/h以内稳定土厂伴设备 | 台班 | 8003011 | 0.2 | 0.01 |
| 13 | 基价 | 元 | 9999001 | 30532 | 1524 |

选择定额2-1-7-221 400t/h以内厂拌厚22cm碎石水泥(94∶6),定额工程量计算规则按照"设计需要铺设的路基(基层)每层的顶面面积计算",顶面面积为146185.8m²,在定额调整中辅助定额里将压实厚度从20cm修正为22cm;在稳定土一栏中将碎石水泥配合比修正为94∶6。材料拌和好后需要运输到现场,运输定额如表5-7所示。

表 5-7  2-1-8 厂拌基层稳定土混合料运输

工程内容  等待装、运、卸、空回。

单位:1000m³

| 顺序号 | 项 目 | 单位 | 代 号 | 自卸汽车装载质量/t | | | |
|---|---|---|---|---|---|---|---|
| | | | | 20以内 | | 30以内 | |
| | | | | 第一个1km | 每增运0.5km | 第一个1km | 每增运0.5km |
| | | | | 9 | 10 | 11 | 12 |
| 5 | 20t以内自卸汽车 | 台班 | 8007019 | 3.39 | 0.33 | — | — |
| 6 | 30t以内自卸汽车 | 台班 | 8007020 | — | — | 2.78 | 0.25 |
| 7 | 基价 | 元 | 9999001 | 3799 | 370 | 3770 | 339 |

套用2-1-8-11 30t以内自卸车运1km将拌和好的水泥碎石进行运输,假设运距3km,定额工程量按照"路面基层混合料的压实体积计算",压实体积为33395.1m³。运输到现场后需要进行摊铺,摊铺方式可采用平地机或者摊铺机施工,道路采用12.5m摊铺机进行摊铺,对应的工料机表如表5-8所示。

### 表 5-8　2-1-9 机械铺筑厂拌基层稳定土混合料

工程内容　机械摊铺混合料、整形、碾压、初期养护。　　　　　　　　　　　　　单位：1000m²

| 顺序号 | 项目 | 单位 | 代号 | 摊铺机铺筑 | | | | | |
|---|---|---|---|---|---|---|---|---|---|
| | | | | 摊铺机宽度/m | | | | | |
| | | | | 7.5 以内 | | 9.5 以内 | | 12.5 以内 | |
| | | | | 基层 | 底基层 | 基层 | 底基层 | 基层 | 底基层 |
| | | | | 7 | 8 | 9 | 10 | 11 | 12 |
| 1 | 人工 | 工日 | 1001001 | 2.8 | 2.8 | 2.5 | 2.5 | 2.2 | 2.2 |
| 2 | 其他材料费 | 元 | 7801001 | 301 | 301 | 301 | 301 | 301 | 301 |
| 6 | 12～15t 光轮压路机 | 台班 | 8001081 | 0.08 | 0.08 | 0.08 | 0.08 | 0.08 | 0.08 |
| 7 | 20t 以内振动压路机 | 台班 | 8001090 | 0.41 | 0.35 | 0.41 | 0.35 | 0.41 | 0.35 |
| 8 | 7.5m 以内稳定土摊铺机 | 台班 | 8003015 | 0.31 | 0.31 | — | — | — | — |
| 9 | 9.5m 以内稳定土摊铺机 | 台班 | 8003016 | — | — | 0.22 | 0.22 | — | — |
| 10 | 12.5m 以内稳定土摊铺机 | 台班 | 8003017 | — | — | — | — | 0.16 | 0.16 |
| 11 | 16～20t 轮胎式压路机 | 台班 | 8003067 | 0.2.5 | 0.22 | 0.25 | 0.22 | 0.25 | 0.22 |
| 12 | 10000L 以内洒水汽车 | 台班 | 8007043 | 0.16 | 0.16 | 0.16 | 0.16 | 0.16 | 0.16 |
| 13 | 基价 | 元 | 9999001 | 2107 | 1996 | 2090 | 1979 | 2040 | 1929 |

选择定额 2-1-9-11 12.5m 以内摊铺机铺筑基层，定额工程量要求按"路面基层（每层）的顶面面积计算工程量"，摊铺定额工程量为 146185.8m²。

拌和采用的是厂拌设备 400t/h 的拌和机，该拌和机需要考虑机器的安拆费，费用达到 281426 元，这么高的费用不能仅放在一个清单项中，需要进行分摊，分摊到基层和底基层清单项中（基层和底基层用的同种材料）。新建分摊名称，套用定额 2-1-10-5 400t/h 以内的稳定土厂拌设备生产能力，建设一座拌和站即可。执行分摊，选中基层和底基层的清单项，按"清单金额"或"混凝土的用量"进行分摊。软件操作如图 5-4 所示。

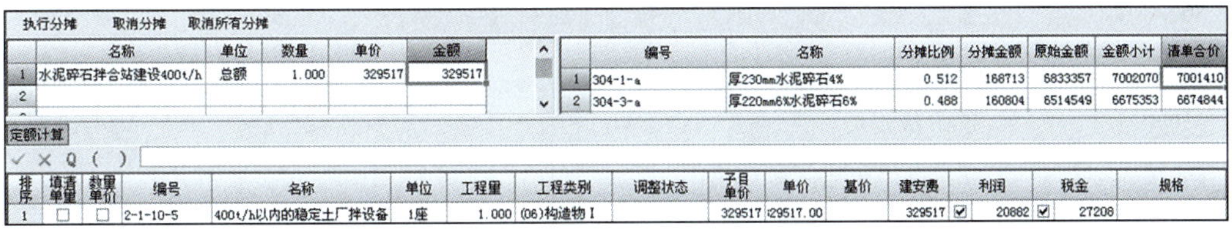

图 5-4　拌和设备安拆费分摊

纵横造价软件对6%水泥碎石基层的组价如图5-5所示。

| 清单编号 | 名称 | 单位 | 清单数量 | 清单单价 | 金额(F) | 备注 | 单价分析 |
|---|---|---|---|---|---|---|---|
| 304-3 | 水泥稳定土基层 | | | | 6,689,462 | | ☑ |
| —a | 厚220mm6%水泥碎石6% | m² | 146185.800 | 45.76 | 6,689,462 | | ☑ |

| 编号 | 名称 | 单位 | 工程量 | 工程类别 | 调整状态 | 子目单价 | 单价 | 基价 | 建安费 | | 利润 | | 税金 |
|---|---|---|---|---|---|---|---|---|---|---|---|---|---|
| 2-1-7-5 | 400t/h以内厂拌厚22cm碎石水泥(94:6) | 1000m² | 146.186 | (04)路面 | +222×2;94:6 | 40.8 | 40803.22 | | 5964859 | ☑ | 378001 | ☑ | 492511 |
| 2-1-8-11 | 30t以内自卸车运3km | 1000m³ | 33.395 | (03)运输 | +12×4 | 1.37 | 6002.49 | | 200453 | ☑ | 12703 | ☑ | 16551 |
| 2-1-9-11 | 12.5m以内摊铺机铺筑基层 | 1000m² | 146.186 | (04)路面 | | 2.39 | 2388.99 | | 349237 | ☑ | 22132 | ☑ | 28836 |
| | 水泥碎石拌合站建设400t/h | 总额 | 0.488 | (14)费率为0 | | 1.2 | 329517.00 | | 175276 | ☑ | 0 | ☑ | 14472 |

图5-5 纵横造价软件对6%水泥碎石基层的组价

纵横造价软件对4%水泥碎石底基层的组价如图5-6所示。

| 清单编号 | 名称 | 单位 | 清单数量 | 清单单价 | 金额(F) | 备注 | 单价分析 |
|---|---|---|---|---|---|---|---|
| 304-1 | 水泥稳定土底基层 | | | | 7,241,518 | | ☑ |
| —a | 厚230mm水泥碎石4% | m² | 162913.800 | 44.45 | 7,241,518 | | ☑ |

| 编号 | 名称 | 单位 | 工程量 | 工程类别 | 调整状态 | 子目单价 | 单价 | 基价 | 建安费 | | 利润 | | 税金 |
|---|---|---|---|---|---|---|---|---|---|---|---|---|---|
| 2-1-7-221 | 400t/h以内厂拌厚23cm碎石水泥(96:4) | 1000m² | 162.914 | (04)路面 | +222×3;96:4 | 39.55 | 39553.18 | | 6443767 | ☑ | 408350 | ☑ | 532054 |
| 2-1-8-11 | 30t以内自卸车运3km | 1000m³ | 37.470 | (03)运输 | +12×4 | 1.38 | 6002.48 | | 224913 | ☑ | 14253 | ☑ | 18571 |
| 2-1-9-11 | 12.5m以内摊铺机铺筑基层 | 1000m² | 162.914 | (04)路面 | | 2.39 | 2388.98 | | 389199 | ☑ | 24664 | ☑ | 32136 |
| | 水泥碎石拌合站建设400t/h | 总额 | 0.512 | (14)费率为0 | | 1.13 | 329517.00 | | 183897 | ☑ | 0 | ☑ | 15184 |

图5-6 纵横造价软件对4%水泥碎石底基层的组价

### 5.2.3 例题讲解

【例5-2】 水泥稳定级配碎石组价,如表5-9所示为厂拌20cm厚碎石水泥(95:5)的工料机表,水泥:集料=5:100,也就是水泥为集料质量的5%,水泥碎石密度2.3t/m³,某项目厚度20cm,摊铺面积为1000m²,实际施工碎石水泥配合比为94:6,请回答下列问题(最终结果保留2位小数)。

表5-9　2-1-7-5 厂拌厚20cm碎石水泥(95:5)工料机表

| 编　号 | 名　称 | 单位 | 消耗量 | 预算价 |
|---|---|---|---|---|
| 1001001 | 人工 | 工日 | 2.5 | 106.28 |
| 1507004 | 水泥碎石 | m³ | 202 | 0 |
| 3005004 | 水 | m³ | 28 | 2.72 |
| 5505016 | 碎石 | m³ | 296.73 | 75.73 |
| 5509001 | 32.5级水泥 | t | 22.566 | 307.69 |
| 8001049 | 3m³以内轮胎式装载机 | 台班 | 0.55 | 1249.79 |
| 8003011 | 300t/h内稳定土厂拌设备 | 台班 | 0.25 | 1301.08 |
| 9999001 | 基价 | 元 | 30769 | 1 |

**问题 1**：若碎石水泥配合比为 94∶6，试计算修改了水泥含量的碎石水泥定额基价。

【解】 方法一：利用预算定额第 2 章第 1 节说明中的第 2 条概念进行消耗量修改，如下。

水泥消耗量：$[22.566+1.128\times(20-20)]\times 6\div 5=27.079(\mathrm{kg})$

碎石消耗量：$[296.73+14.84\times(20-20)]\times 96\div 95=293.607(\mathrm{m}^3)$

方法二：若碎石水泥配合比为 94∶6，试计算修改了水泥含量的碎石水泥定额基价，如下。

95∶5 水泥质量：$202\times 2.3\times 0.05=23.23(\mathrm{t})$

95∶5 碎石质量：$202\times 2.3\times 0.95=441.37(\mathrm{t})$

水泥密度：$23.23\div 22.566=1.029\ (\mathrm{t/m^3})$

碎石密度：$441.37\div 296.73=1.487\ (\mathrm{t/m^3})$

94∶6 水泥质量：$464.6\times 0.06\div 1.029=27.079(\mathrm{kg})$

94∶6 碎石体积：$464.6\times 0.94\div 1.487=293.607(\mathrm{m}^3)$

所生成的材料的新基价如表 5-10 所示。

表 5-10　2-1-7-5 厂拌厚 20cm 碎石水泥（94∶6）新基价表

| 编　号 | 名　　称 | 单位 | 消耗量 | 预算价 |
| --- | --- | --- | --- | --- |
| 1001001 | 人工 | 工日 | 2.5 | 106.28 |
| 1507004 | 水泥碎石 | $\mathrm{m}^3$ | 202 | 0 |
| 3005004 | 水 | $\mathrm{m}^3$ | 28 | 2.72 |
| 5505016 | 碎石 | $\mathrm{m}^3$ | 293.607 | 75.73 |
| 5509001 | 32.5 级水泥 | t | 27.079 | 307.69 |
| 8001049 | 3$\mathrm{m}^3$ 以内轮胎式装载机 | 台班 | 0.55 | 1249.79 |
| 8003011 | 300t/h 内稳定土厂拌设备 | 台班 | 0.25 | 1301.08 |
| 9999001 | 基价 | 元 | 31921.31 | 1 |

**问题 2**：重庆雨季为 Ⅱ 区 4 个月，措施费为 0.71%，雨季施工增加费以各类工程的定额人工费和施工机械使用费之和为基数，乘以相应的费率。试计算本项目的雨季措施费。

【解】 $2.5\times 106.28+0.55\times 1249.79+0.25\times 1301.08=1278.35(元)$

$1278.35\times 0.0071=9.07(元)$

**问题 3**：施工辅助费是以各类工程的定额直接费为基数，路面费率为 0.818%，试计算施工辅助费。

【解】 $31921.31\times 0.818\%=261.12(元)$

**问题 4**：企业管理费中的基本费用是以各类工程的定额直接费为基数，费率为 2.427%，试计算基本费用。

【解】 $31921.31\times 2.427\%=774.96(元)$

**问题 5**：企业管理费中职工探亲路费是以各类工程的定额直接费为基数，费率为 0.159%，试计算职工探亲费。

【解】 $31921.31\times 2.427\%=50.75(元)$

**问题 6**：企业管理费中财务费是以各类工程的定额直接费为基数，费率为 0.404％，试计算职工探亲费。

【解】 31921.31×0.404％＝129(元)

**问题 7**：规费以各类工程人工费之和为基数，重庆规费为 36.6％，文中除人工费外，还有机械工 1.3 个工日，试计算规费。

【解】 3.8×106.28×36.6％＝147.81(元)

**问题 8**：利润是以定额直接费及措施费、企业管理费之和的 7.42％计算，试计算利润。

【解】 261.12＋774.96＋50.75＋129＋9.17＝33146.22(元)

33146.22×7.42％＝2459.45(元)

**问题 9**：增值税税金＝(直接费＋设备购置费＋措施费＋企业管理费＋规费＋利润)×9％，求该项目税金。

【解】 (33146.22＋2459.45＋147.81)×9％＝3217.81(元)

**问题 10**：厚度 20cm，摊铺面积为 1000m²，实际施工碎石水泥配合比为 94∶6 的水泥稳定碎石拌和的建安费是多少。

【解】 31921.31＋9.07＋261.12＋774.96＋50.75＋129＋147.81＋2459.45＋3217.81＝38971.28(元)

运用纵横软件对例题讲行计价的建安费分部分项表可见附录 G，由例题和软件组价可以发现，无论是手算还是机算，得出的结果应该可以达到一致，不同之处在于软件保留两位小数和基价的取整，在我们日常组价的时候，也需要注意各个费率和参数的变化影响最终成果的准确性。

## 5.3 沥青混凝土面层

沥青面层组价

沥青混凝土路面是由适当比例的各种不同大小颗粒的集料、矿粉和沥青，加热到一定温度后拌和，经摊铺压实而成的路面面层。采用相当数量的矿粉是沥青混凝土的一个显著特点。较高的黏结力使路面具有很高的强度，可以承受比较繁重的交通车流量。但沥青混凝土路面的允许拉应变值较小，会产生规则的横向裂缝，因而要求强度较高的基层对高温稳定性与低温稳定性均有要求。较小的空隙率使沥青混凝土路面具有透水性小，水稳性好，耐久性高，有较强的抵抗自然因素的能力，使用年限达 15～20 年。沥青混凝土路面适用于各级公路面层，是高等级公路较为常用的路面面层类型，一般沥青混凝土路面的面层由单层或双层或三层沥青混凝土组成。

### 5.3.1 热拌热铺沥青混合料施工工艺流程

热拌热铺沥青混合料主要施工工艺流程：拌和厂选址与建设→设备安装与调试→拌和站冷热料比例调试→试铺段沥青混合料拌和、运输、摊铺→沥青混合料拌和→沥青混合料运输→沥青混合料摊铺→沥青混合料压实→检测、验收。

## 5.3.2 沥青混凝土面层组价

本道路的路面面层分为两层,分别为 4cm AC-13C 细粒式改性沥青混凝土和 6cm AC-20C 中粒式沥青混凝土。先讲解 4cm AC-13C 细粒式改性沥青混凝土,查询清单项,与项目对应的清单项为 311-1,具体内容如表 5-11 所示。

表 5-11 311 改性沥青及改性沥青混合料

| 子目号 | 子目名称 | 单位 | 工程量计量 | 工程内容 |
| --- | --- | --- | --- | --- |
| 311 | 改性沥青及改性沥青混合料 | | | |
| 311-1 | 细粒式改性沥青混合料路面 | $m^2$ | 依据图纸所示级配类型及压实厚度,按照铺筑的顶面面积以平方米为单位计量 | 1. 检查和清理下承层;<br>2. 拌和设备安装、调试、拆除;<br>3. 改性沥青混合料生产;<br>4. 混合料运输、摊铺、碾压、成型;<br>5. 接缝;<br>6. 初期养护 |

清单工程量计量规则要求"按照铺筑的顶面面积以平方米为单位计量",顶面面积为 $120685.8m^2$,厚度为 40mm 的 AC-13C。

沥青混凝土材料需要拌和,拌和设备的产出量各有不同,有 30t/h、60t/h、120t/h、160t/h、240t/h、320t/h、380t/h t 种类型的拌和设备,与水稳拌和站的做法类似,沥青混凝土拌和站也需要根据项目建设需求量而定,保证产出量高于最大需求量即可。本道路上面层体积为

$$120685.8 \times 0.04 = 4827.4 (m^3)$$

查阅细粒式改性沥青混凝土密度,见本书附录 D 路面材料计算基础数据,查得密度为 $2.366t/m^3$,细粒式改性沥青混凝土总质量为 $4827.4 \times 2.366 = 11424.7(t)$。

摊铺机摊铺改性沥青混凝土的速度为 1~3m/min,采用摊铺机摊铺,一次摊铺成型,假设摊铺速度为 2m/min,匀速的情况下,1h 摊铺 120m,那么 17000m 需要 141.7h,可得基层每小时的需求量为

$$11424.7 \div 141.7 = 80.6(t/h)$$

同理,下面层为中粒式沥青混凝土,考虑共用同一个拌和设备,现对下面层的需求量进行计算。

中粒式沥青混凝土体积为

$$120685.8 \times 0.06 = 7241.1(m^3)$$

中粒式沥青混凝土总质量为

$$7241.1 \times 2.37 = 17161.5(t)$$

采用摊铺机摊铺,一次摊铺成型,摊铺机摊铺沥青混凝土的速度为 2~6m/min,假设摊铺速度为 4m/min,匀速的情况下,1h 摊铺 240m,那么 17000m 需要 70.8h,可得基层每小

时的需求量为

$$17161.5 \div 70.8 = 242.4 \text{(t/h)}$$

通过基层和底基层水泥碎石的需求量的计算，可供选择拌和设备有320t/h或380t/h两种类型，推荐使用320t/h的拌和设备，并对该拌和设备的安拆费进行分摊。选择对应产出量的拌和定额，具体如表5-12所示。

表5-12  2-2-11 沥青混凝土混合料拌和

工程内容  ①沥青加热、保温、输送；②装载机铲运料、上料、配运料；③矿料加热烘干；④拌和、出料。

单位：1000$m^3$ 路面实体

| 顺序号 | 项目 | 单位 | 代号 | 中粒式改性沥青混凝土 | | 细粒式改性沥青混凝土 | |
|---|---|---|---|---|---|---|---|
| | | | | 沥青混合料拌和设备生产能力/(t/h) | | | |
| | | | | 320以内 | 400以内 | 320以内 | 380以内 |
| | | | | 32 | 33 | 37 | 38 |
| 1 | 人工 | 工日 | 1001001 | 20.7 | 17 | 20.7 | 17 |
| 2 | 中粒式改性沥青混凝土 | $m^3$ | 1505009 | (1020) | (1020) | — | — |
| 3 | 细粒式改性沥青混凝土 | $m^3$ | 1505010 | — | — | (1020) | (1020) |
| 4 | 改性沥青 | t | 3001002 | 116.277 | 116.277 | 123.317 | 123.317 |
| 5 | 路面用机制砂 | $m^3$ | 5503006 | 406.73 | 406.73 | 416.26 | 416.26 |
| 6 | 矿粉 | t | 5503013 | 124.45 | 124.45 | 132.26 | 132.26 |
| 7 | 路面用碎石(1.5cm) | $m^3$ | 5505017 | 662.93 | 662.93 | 1072.53 | 1072.53 |
| 8 | 路面用碎石(2.5cm) | $m^3$ | 5505018 | 440.03 | 440.03 | — | — |
| 9 | 其他材料费 | 元 | 7801001 | 223.3 | 223.3 | 279.1 | 279.1 |
| 10 | 设备摊销费 | 元 | 7901001 | 2284.4 | 2284.4 | 2390.1 | 2390.1 |
| 12 | 3$m^3$以内轮胎式装载机 | 台班 | 8001049 | 2.64 | 1.72 | 2.63 | 2.63 |
| 16 | 320t/h以内沥青混合料拌和设备 | 台班 | 8003053 | 1.23 | — | 1.23 | — |
| 17 | 380t/h以内沥青混合料拌和设备 | 台班 | 8003054 | — | 0.99 | — | 0.99 |
| 18 | 5t以内自卸汽车 | 台班 | 8007012 | 1.46 | 1.28 | 1.46 | 1.28 |
| 19 | 基价 | 元 | 9999001 | 878825 | 874175 | 917518 | 914017 |

选用定额 2-2-11-37 320t/h 以内拌和细粒式改性沥青混凝土混合料,定额工程量计量规则为"按设计路面混合料的实体体积计算工程量",定额工程量为 4827.4m³。材料拌和好后,需要通过运输机械运输到现场,选用 2-2-13 沥青混合料运输,具体如表 5-13 所示。

表 5-13　2-2-13 沥青混合料运输

工程内容　等待装、运、卸、空回。

单位:1000m³

| 顺序号 | 项目 | 单位 | 代号 | 自卸汽车装载质量/t | | | |
|---|---|---|---|---|---|---|---|
| | | | | 20 以内 | | 30 以内 | |
| | | | | 第一个 1km | 每增运 0.5km | 第一个 1km | 每增运 0.5km |
| | | | | 9 | 10 | 11 | 12 |
| 5 | 20t 以内自卸汽车 | 台班 | 8007019 | 5.14 | 0.41 | — | — |
| 6 | 30t 以内自卸汽车 | 台班 | 8007020 | — | — | 3.88 | 0.32 |
| 7 | 基价 | 元 | 9999001 | 5759 | 459 | 5262 | 434 |

选用定额 2-2-13-11 30t 以内自卸车运输沥青混合料 1km,修改运输距离为 3km,定额工程量为 4827.4m³。沥青混合料的摊铺定额如表 5-14 所示,根据拌和设备的生产能力选择对应的摊铺定额。

表 5-14　2-2-14 沥青混合料路面铺筑

工程内容　①清扫整理下承层;②人工或机械摊铺沥青混合料;③找平、碾压;④初期养护。

单位:1000m³ 路面实体

| 顺序号 | 项目 | 单位 | 代号 | 机械摊铺沥青混凝土混合料 | | | |
|---|---|---|---|---|---|---|---|
| | | | | 沥青混合料拌和设备生产能力/(t/h) | | | |
| | | | | 320 以内 | | | |
| | | | | 粗粒式 | 中粒式 | 细粒式 | 砂粒式 |
| | | | | 50 | 51 | 52 | 53 |
| 1 | 人工 | 工日 | 1001001 | 14.6 | 14.8 | 15.8 | 21.1 |
| 2 | 12.5m 以内沥青混合料摊铺机 | 台班 | 8003060 | 1.45 | 1.46 | 1.47 | 1.47 |
| 3 | 15t 以内振动压路机(双钢轮) | 台班 | 8003065 | 6.1 | 6.14 | 6.18 | 6.18 |
| 4 | 16~20t 轮胎式压路机 | 台班 | 8003067 | 2.04 | 2.04 | 2.06 | 2.06 |
| 5 | 20~25t 轮胎式压路机 | 台班 | 8003068 | 3.9 | 3.92 | 3.94 | 3.94 |
| 6 | 10000L 以内洒水汽车 | 台班 | 8007043 | 0.5 | 0.5 | 0.5 | 0.5 |
| 7 | 基价 | 元 | 9999001 | 22900 | 23044 | 23288 | 23851 |

选用定额 2-2-14-50 机械摊铺细粒式沥青混凝土混合料（320t/h 以内），定额工程量为 4827.4m³。

320t/h 以内沥青混合料拌和设备安拆与水泥碎石基层的分摊做法一致，本书不再介绍，其定额 2-2-15 沥青混合料拌和设备安装、拆除如表 5-15 所示。

**表 5-15　2-2-15 沥青混合料拌和设备安装、拆除**

工程内容　①修建拌和设备、加热炉、储油罐（池）等基座及沉淀池的全部工作；②砌筑上料台；③拌和设备、加热炉、输油管线的安装、拆除；④设备调试。

单位：1 座

| 顺序号 | 项　目 | 单位 | 代　号 | 拌和设备生产能力/(t/h) | | |
|---|---|---|---|---|---|---|
| | | | | 240 以内 | 320 以内 | 380 以内 |
| | | | | 5 | 6 | 7 |
| 1 | 人工 | 工日 | 1001001 | 2006.6 | 2536.2 | 3350.1 |
| 2 | 型钢 | t | 2003004 | 0.069 | 0.101 | 0.122 |
| 3 | 组合钢模板 | t | 2003026 | 0.148 | 0.218 | 0.278 |
| 4 | 铁件 | kg | 2009028 | 103.9 | 135.9 | 151.38 |
| 5 | 水 | m³ | 3005004 | 1382 | 1849 | 2123.67 |
| 6 | 锯材 | m³ | 4003002 | 0.02 | 0.03 | 0.03 |
| 7 | 中(粗)砂 | m³ | 5503005 | 746.11 | 976.13 | 1103.16 |
| 8 | 片石 | m³ | 5505005 | 774.13 | 986.7 | 1090.11 |
| 9 | 碎石(4cm) | m³ | 5505013 | 138.03 | 202.89 | 247.08 |
| 10 | 块石 | m³ | 5505025 | 1060.23 | 1351.35 | 1492.92 |
| 11 | 32.5 级水泥 | t | 5509001 | 215.956 | 287.555 | 327.12 |
| 12 | 其他材料费 | 元 | 7801001 | 368.5 | 503.5 | 581.9 |
| 13 | 设备摊销费 | 元 | 7901001 | 27750.8 | 35469.7 | 37030 |
| 14 | 0.6m³ 以内履带式液压单斗挖掘机 | 台班 | 8001025 | 15.03 | 18.22 | 22.62 |
| 15 | 250L 以内强制式混凝土搅拌机 | 台班 | 8005002 | 5.02 | 7.38 | 11.75 |
| 17 | 20t 以内平板拖车组 | 台班 | 8007024 | 8.6 | 9.47 | 9.48 |
| 18 | 12t 以内汽车式起重机 | 台班 | 8009027 | 3.09 | 4.55 | — |
| 20 | 40t 以内汽车式起重机 | 台班 | 8009032 | 18.45 | 20.31 | 18.79 |
| 21 | 75t 以内汽车式起重机 | 台班 | 8009034 | 17.06 | 18.78 | 18.79 |
| 22 | 小型机具使用费 | 元 | 8099001 | 1151.2 | 1496.5 | 1692.2 |
| 23 | 基价 | 元 | 9999001 | 663604 | 833508 | 967072 |

纵横造价软件对 4cm 细粒式改性沥青混合料路面的组价如图 5-7 所示。

| 清单编号 | 名称 | 单位 | 清单数量 | 清单单价 | 金额（F） | 备注 | 单价分析 |
|---|---|---|---|---|---|---|---|
| 311 | 改性沥青及改性沥清混合料 | | | | 5,826,710 | | ☑ |
| 311-1 | 细粒式改性沥青混合料路面 | | | | 5,826,710 | | ☑ |
| -a | 厚40mmAC-13C | m² | 120685.800 | 48.28 | 5,826,710 | | ☑ |

选量价　设备购置

| 编号 | 名称 | 单位 | 工程量 | 工程类别 | 调整状态 | 子目单价 | 单价 | 基价 | 建安费 | | 利润 | | 税金 |
|---|---|---|---|---|---|---|---|---|---|---|---|---|---|
| 2-2-11-37 | 320t/h以内拌和细粒式改性沥青混凝土混合料 | 1000m³路面实体 | 4.827 | (04)路面 | | 42.97 | 1074301.43 | | 5185653 | ☑ | 328621 | ☑ | 428173 |
| 2-2-13-11 | 30t以内自卸车运输沥青混合料3km | 1000m³ | 4.827 | (03)运输 | +12×4 | 0.33 | 8193.91 | | 39552 | ☑ | 2506 | ☑ | 3266 |
| 2-2-14-50 | 机械摊铺粗粒式沥青混凝土混合料(320t/h以内) | 1000m³路面实体 | 4.827 | (04)路面 | | 1.07 | 26812.51 | | 129424 | ☑ | 8202 | ☑ | 10686 |
| | 沥青混凝土拌合站建设320t/h | 总额 | 0.444 | (14)费率为0 | | 3.91 | 975936.00 | | 472314 | ☑ | 0 | ☑ | 38998 |

图 5-7　纵横造价软件对 4cm 细粒式改性沥青混合料路面的组价

纵横造价软件对 6cm 中粒式沥青混合料路面的组价如图 5-8 所示。

| 清单编号 | 名称 | 单位 | 清单数量 | 清单单价 | 金额（F） | 备注 | 单价分析 |
|---|---|---|---|---|---|---|---|
| 309 | 热拌沥青混合料面层 | | | | 7,307,525 | | ☑ |
| 309-2 | 中粒式沥青混凝土 | | | | 7,307,525 | | ☑ |
| -a | 厚60mmAC-20C | m² | 120685.800 | 60.55 | 7,307,525 | | ☑ |

选量价　设备购置

沥青混合料运输

| 编号 | 名称 | 单位 | 工程量 | 工程类别 | 调整状态 | 子目单价 | 单价 | 基价 | 建安费 | | 利润 | | 税金 |
|---|---|---|---|---|---|---|---|---|---|---|---|---|---|
| 2-2-13-11 | 30t以内自卸车运输沥青混合料3km | 1000m³ | 7.241 | (03)运输 | +12×4 | 0.49 | 8193.90 | | 59332 | ☑ | 3760 | ☑ | 4899 |
| 2-2-14-51 | 机械摊铺中粒式沥青混凝土混合料(320t/h以内) | 1000m³路面实体 | 7.241 | (04)路面 | | 1.62 | 26981.36 | | 195372 | ☑ | 12381 | ☑ | 16132 |
| 2-2-11-13 | 320t/h以内拌和中粒式沥青混凝土混合料 | 1000m³路面实体 | 7.241 | (04)路面 | | 53.54 | 892403.26 | | 6461892 | ☑ | 409498 | ☑ | 533551 |
| | 沥青混凝土拌合站建设320t/h | 总额 | 0.556 | (14)费率为0 | | 4.9 | 975936.00 | | 591456 | ☑ | 0 | ☑ | 48836 |

图 5-8　纵横造价软件对 6cm 中粒式沥青混合料路面的组价

### 5.3.3 例题讲解

**【例 5-3】** 沥青混凝土拌和站根据产出量不同有 30t/h、60t/h、120t/h、160t/h、240t/h、320t/h、380t/h 七种类型的定额，某项目为细粒式改性沥青混凝土，厚 6cm，面积为 $24000m^2$，需要 3 个工作日才能摊铺完，干密度为 $2.363t/m^3$，试判断最低应选择哪种产出量的拌和站。

**【解】** 24000×0.06×2.363÷3÷8＝141.78(t/h)，故至少选择 160t/h 的拌和站。

## 5.4 封层、黏层、透层

### 5.4.1 封层

封层是为封闭表面空隙、防止水分浸入面层或基层而铺筑的沥青薄层。铺筑在面层表面的称为上封层，铺筑在面层下面的称为下封层。在沥青面层上铺筑的上封层主要用于以下情况：沥青面层的空隙较大，透水严重，有裂缝，或已修补的旧沥青路面；须加铺磨耗层改善抗滑性能的旧沥青路面；须铺筑磨耗层或保护层的新建沥青路面。而在沥青面层下铺筑下封层,是由于该路段位于多雨地区,且沥青面层空隙较大,渗水严重或在铺筑基层后,不能及时铺筑沥青面层,且须开放交通。上封层及下封层可采用拌和法或层铺法施工的单层式沥青表面处置,也可采用乳化沥青稀浆封层。新建的高速公路、一级公路的沥青路面上不宜采用稀浆封层铺筑上封层。

### 1. 封层施工工艺流程

封层施工主要施工工艺流程如下:下承层验收合格→下承层清洗、清扫→边缘处结构物、树木覆盖→洒油车洒乳化沥青→铺洒集料→边角人工补铺→碾压→维护及交通管制。

### 2. 封层组价

本案例为石油沥青封层,查看设计图,处于下封层,根据要求套用封层清单310-2,具体清单内容如表5-16所示。

表5-16　310 沥青表面处置与封层

| 子目号 | 子目名称 | 单位 | 工程量计量 | 工程内容 |
| --- | --- | --- | --- | --- |
| 310 | 沥青表面处置与封层 | | | |
| 310-2 | 封层 | m² | 依据图纸所示沥青种类、厚度,按照封层面积以平方米为单位计量 | 1. 检查和清扫下承层;<br>2. 试验段施工;<br>3. 专用设备洒布或施工封层;<br>4. 整型、碾压、找补;<br>5. 初期养护 |

根据清单工程量计量规则,新建子目石油沥青,清单工程量为146185.8m²。与清单配套的定额为2-2-16,关于石油沥青封层的定额如表5-17所示。

表5-17　2-2-16 透层、黏层、封层

工程内容　①清扫整理下承层;②沥青洒布车、稀浆封层机、同步碎石封层车洒布铺料;③人工铺撒矿料;④稀浆封层机铺料;⑤碾压、找补;⑥初期养护。

单位:1000m²

| 顺序号 | 项目 | 单位 | 代号 | 层铺法封层 | | | |
| --- | --- | --- | --- | --- | --- | --- | --- |
| | | | | 上封层 | | 下封层 | |
| | | | | 石油沥青 | 乳化沥青 | 石油沥青 | 乳化沥青 |
| | | | | 11 | 12 | 13 | 14 |
| 1 | 人工 | 工日 | 1001001 | 4.6 | 4.6 | 2.7 | 2.7 |
| 2 | 石油沥青 | t | 3001001 | 1.082 | — | 1.185 | — |
| 4 | 乳化沥青 | t | 3001005 | — | 0.953 | — | 1.004 |
| 5 | 煤 | t | 3005001 | 0.21 | — | 0.23 | — |
| 8 | 路面用石屑 | m³ | 5503015 | 7.14 | 7.14 | 8.16 | 8.16 |

续表

| 顺序号 | 项　　目 | 单位 | 代　号 | 层铺法封层 | | | |
|---|---|---|---|---|---|---|---|
| | | | | 上封层 | | 下封层 | |
| | | | | 石油沥青 | 乳化沥青 | 石油沥青 | 乳化沥青 |
| | | | | 11 | 12 | 13 | 14 |
| 9 | 其他材料费 | 元 | 7801001 | 20.5 | — | 21.5 | — |
| 10 | 设备摊销费 | 元 | 7901001 | 11.5 | — | 12.6 | — |
| 12 | 石屑撒布机 | 台班 | 8003030 | 0.02 | 0.02 | — | 0.02 |
| 14 | 8000L 以内沥青洒布车 | 台班 | 8003040 | 0.06 | 0.05 | 0.06 | 0.05 |
| 17 | 9～16t 轮胎式压路机 | 台班 | 8003066 | 0.3 | 0.3 | 0.3 | 0.3 |
| 24 | 小型机具使用费 | 元 | 8099001 | 3.2 | — | 3.5 | — |
| 25 | 基价 | 元 | 9999001 | 6566 | 4679 | 6939 | 4756 |

注：粒料基层浇洒透层沥青后，当不能及时铺筑面层并需要开放施工车辆通行时，每 1000$m^3$ 增加粗砂 0.83$m^3$、12～15t 光轮压路机 0.13 台班，沥青用量乘以系数 1.1。

选择下封层的石油沥青定额，2-2-16-13 石油沥青层铺法下封层，定额工程量“按设计需要铺设的面积计算”，应为 146185.8$m^2$。

纵横造价软件对石油沥青封层的组价如图 5-9 所示。

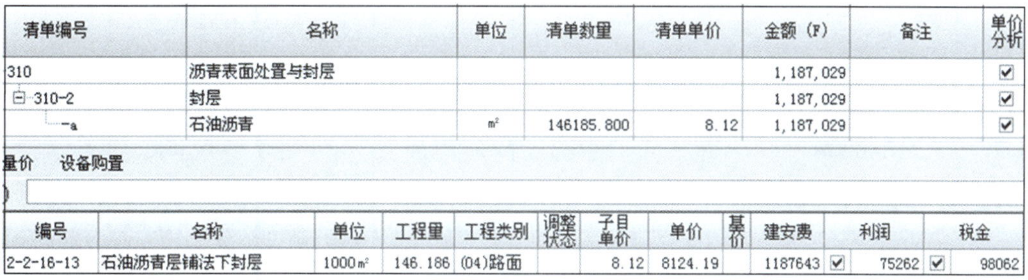

| 清单编号 | 名称 | 单位 | 清单数量 | 清单单价 | 金额 (F) | 备注 | 单价分析 |
|---|---|---|---|---|---|---|---|
| 310 | 沥青表面处置与封层 | | | | 1,187,029 | | ☑ |
| 310-2 | 封层 | | | | 1,187,029 | | ☑ |
| -a | 石油沥青 | $m^2$ | 146185.800 | 8.12 | 1,187,029 | | ☑ |

量价　设备购置

| 编号 | 名称 | 单位 | 工程量 | 工程类别 | 调整状态 | 子目单价 | 单价 | 基价 | 建安费 | 利润 | 税金 |
|---|---|---|---|---|---|---|---|---|---|---|---|
| 2-2-16-13 | 石油沥青层铺法下封层 | 1000$m^2$ | 146.186 | (04)路面 | | 8.12 | 8124.19 | | 1187643 ☑ | 75262 ☑ | 98062 |

图 5-9　纵横造价软件对石油沥青封层的组价

## 5.4.2　黏层

黏层是为加强路面的沥青层与沥青层之间、沥青层与水泥混凝土路面之间的黏结而洒布的沥青材料薄层。其作用在于使上、下沥青层或沥青层与构造物完全黏结成整体，主要应用于已被污染的沥青面层下面层、加铺沥青层旧沥青面层上、水泥混凝土路面或桥面上铺筑沥青面层时以及新铺沥青混合料接触的路缘石、雨水进水口、检查井的侧面等。

本案例为改性乳化沥青黏层，根据要求套用黏层清单 308-2，具体清单内容如表 5-18 所示。

表 5-18　308 黏层

| 子目号 | 子目名称 | 单位 | 工程量计量 | 工程内容 |
|---|---|---|---|---|
| 308 | 透层和黏层 | | | |
| 308-2 | 黏层 | m² | 依据图纸所示沥青品种、规格、喷油量，按照洒布面积以平方米为单位计量 | 1. 检查和清扫下承层；<br>2. 材料制备、运输；<br>3. 试洒；<br>4. 沥青洒布车均匀喷洒，并检测洒布用量；<br>5. 初期养护 |

根据清单工程量计量规则，新建子目"改性乳化沥青"，清单工程量为 120685.8 m²。与清单配套的定额为 2-2-16，关于改性乳化沥青黏层的定额如表 5-19 所示。

表 5-19　2-2-16 透层、黏层、封层

工程内容　①清扫整理下承层；②沥青洒布车、稀浆封层机、同步碎石封层车洒布铺料；③人工铺撒矿料；④稀浆封层机铺料；⑤碾压、找补；⑥初期养护。

单位:1000 m²

| 顺序号 | 项　目 | 单位 | 代　号 | 黏层 沥青层 石油沥青 | 黏层 沥青层 乳化沥青 | 黏层 沥青层 改性乳化 |
|---|---|---|---|---|---|---|
| | | | | 5 | 6 | 7 |
| 1 | 人工 | 工日 | 1001001 | — | — | 0.5 |
| 2 | 石油沥青 | t | 3001001 | 0.412 | — | — |
| 3 | 乳化沥青 | t | 3001005 | — | 0.464 | — |
| 4 | 改性乳化沥青 | t | 3001006 | — | — | 0.446 |
| 5 | 煤 | t | 3005001 | 0.08 | — | — |
| 7 | 其他材料费 | 元 | 7801001 | 14.8 | — | 19.9 |
| 8 | 设备摊销费 | 元 | 7901001 | 4.4 | — | 6.8 |
| 9 | 8000L 以内沥青洒布车 | 台班 | 8003040 | 0.02 | 0.02 | 0.03 |
| 10 | 9~16t 轮胎式压路机 | 台班 | 8003066 | — | | |
| 11 | 小型机具使用费 | 元 | 8099001 | 1.2 | | 5.6 |
| 12 | 基价 | 元 | 9999001 | 1948 | 1563 | 1711 |

选用定额 2-2-16-7 改性乳化沥青层黏层，定额工程量要求按"设计需要铺设的黏层面积计算工程量"，工程量为 120685.8 m²。

纵横造价软件对改性乳化沥青黏层的组价如图 5-10 所示。

| 清单编号 | 名称 | 单位 | 清单数量 | 清单单价 | 金额（F） | 备注 |
|---|---|---|---|---|---|---|
| 308-2 | 黏层 | | | | 241,372 | |
| —a | 改性乳化沥青 | m² | 120685.800 | 2.00 | 241,372 | |

| 编号 | 名称 | 单位 | 工程量 | 工程类别 | 调整状态 | 子目单价 | 单价 | 基价 | 建安费 | 利润 | 税金 |
|---|---|---|---|---|---|---|---|---|---|---|---|
| 2-2-16-7 | 改性乳化沥青沥青层粘层 | 1000m² | 120.686 | (04)路面 | | 2 | 2003.93 | | 241846 ✓ | 15326 ✓ | 19969 |

图 5-10　纵横造价软件对改性乳化沥青黏层的组价

## 5.4.3 透层

透层是指为使沥青面层与非沥青材料基层良好结合，在基层上浇洒低黏度液体沥青而形成的透入基层表面的薄层。其作用是将非沥青结构的基层与沥青下面层黏结成一个整体。表面致密的半刚性基层宜采用渗透性好的较稀的透层沥青，级配砂砾、级配碎石等粒料基层宜采用较稠的透层沥青。高速公路、一级公路的透层沥青应采用沥青洒布车喷洒，二级及二级以下公路也可采用手工沥青洒布机喷洒。

本案例为乳化沥青透层，根据要求套用透层清单308-1，如表5-20所示。

表 5-20　308 透层

| 子目号 | 子目名称 | 单位 | 工程量计量 | 工程内容 |
|---|---|---|---|---|
| 308 | 透层和黏层 | | | |
| 308-1 | 透层 | m² | 依据图纸所示沥青品种、规格、喷油量，按照洒布面积以平方米为单位计量 | 1. 检查和清扫下承层；<br>2. 材料制备、运输；<br>3. 试洒；<br>4. 沥青洒布车均匀喷洒并检测洒布用量；<br>5. 初期养护 |

根据清单工程量计量规则，新建子目"乳化沥青"，清单工程量为146185.8m²。与清单配套的定额为2-2-16，关于乳化沥青透层的定额如表5-21所示。

表 5-21　2-2-16 透层、黏层、封层

工程内容　①清扫整理下承层；②沥青洒布车、稀浆封层机、同步碎石封层车洒布铺料；③人工铺撒矿料；④稀浆封层机铺料；⑤碾压、找补；⑥初期养护。

单位：1000m²

| 顺序号 | 项目 | 单位 | 代号 | 透层 | | | |
|---|---|---|---|---|---|---|---|
| | | | | 粒料基层 | | 半刚性基层 | |
| | | | | 石油沥青 | 乳化沥青 | 石油沥青 | 乳化沥青 |
| | | | | 1 | 2 | 3 | 4 |
| 1 | 人工 | 工日 | 1001001 | — | | 0.2 | 0.2 |

续表

| 顺序号 | 项目 | 单位 | 代号 | 透层 | | | |
|---|---|---|---|---|---|---|---|
| | | | | 粒料基层 | | 半刚性基层 | |
| | | | | 石油沥青 | 乳化沥青 | 石油沥青 | 乳化沥青 |
| | | | | 1 | 2 | 3 | 4 |
| 2 | 石油沥青 | t | 3001001 | 1.082 | — | 0.824 | — |
| 3 | 乳化沥青 | t | 3001005 | — | 1.391 | — | 0.927 |
| 5 | 煤 | t | 3005001 | 0.21 | — | 0.16 | — |
| 6 | 路面用石屑 | m³ | 5503015 | — | — | 2.55 | 2.55 |
| 7 | 其他材料费 | 元 | 7801001 | 20.5 | — | 18.3 | — |
| 8 | 设备摊销费 | 元 | 7901001 | 11.5 | — | 8.7 | — |
| 9 | 8000L 以内沥青洒布车 | 台班 | 8003040 | 0.06 | 0.07 | 0.04 | 0.05 |
| 10 | 9～16t 轮胎式压路机 | 台班 | 8003066 | — | — | 0.12 | 0.12 |
| 11 | 小型机具使用费 | 元 | 8099001 | 3.2 | — | 2.4 | — |
| 12 | 基价 | 元 | 9999001 | 5105 | 4695 | 4257 | 3503 |

定额的选择与基层结构属性有关,水泥稳定碎石基层为半刚性基层,因此定额选择 2-2-16-4 乳化沥青半刚性基层透层,定额工程量要求按"设计需要铺设的透层面积计算工程量",定额工程量为 146185.8m²。

纵横造价软件对乳化沥青透层的组价如图 5-11 所示。

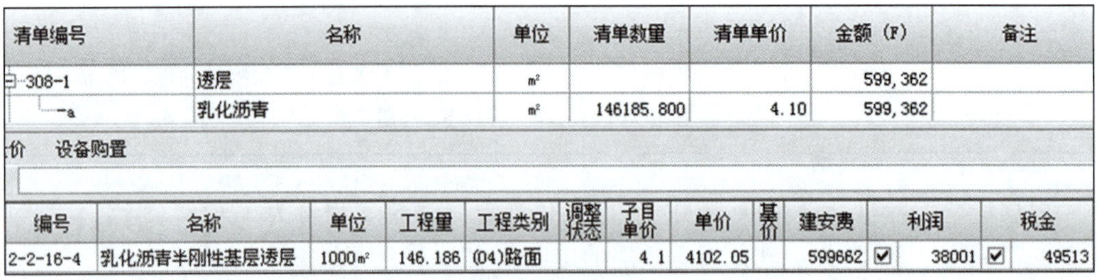

图 5-11　纵横造价软件对乳化沥青透层的组价

## 5.5　路面其他

### 5.5.1　土路肩加固

土路肩加固是指在土路肩表面浇筑一层混凝土或铺筑混凝土预制块、浆砌片(卵)石等,起到保护土路基不受雨水的冲刷破坏、路基边缘的稳定、提高行车的安全性等作用。

**1. 混凝土路肩施工工艺流程**

混凝土路肩施工工艺流程:准备工作→测量放样→混凝土路肩模板安装→浇筑混凝土→拆模→养生。

**2. 混凝土路肩组价**

本案例项目有15cm厚C20混凝土路肩,从设计图可以看到土路肩内每隔5m埋设 $\phi 6.0$ PVC管道用来排水,土路肩有现成的清单项313-3,具体如表5-22所示。

表5-22　313-3 路肩培土、中央分隔带回填土、土路肩加固及路缘石

| 子目号 | 子目名称 | 单位 | 工程量计量 | 工程内容 |
|---|---|---|---|---|
| 313 | 路肩培土、中央分隔带回填土、土路肩加固及路缘石 | | | |
| 313-3 | 现浇混凝土加固土路肩 | m³ | 依据图纸所示断面尺寸和混凝土强度等级,按照浇筑体积以立方米为单位计量 | 1. 路基整修;<br>2. 模板制作、安装、拆除、修理、涂脱模剂;<br>3. 混凝土拌和、制备、运输、摊铺、振捣、养护 |

根据《清单工程量计量规则》中工程量计量要求"依据图纸所示断面尺寸和混凝土强度等级,按照浇筑体积以立方米为单位计量"。新建清单子目,子目名称为C20,工程量为3825m³。

与清单配套的定额为2-3-5-1现浇混凝土加固土路肩,具体工料机表如表5-23所示。

表5-23　2-3-5 土路肩加固

工程内容　现浇及预制混凝土:①模板制作、安装、拆除、修理、涂脱模剂;②混凝土配运料、拌和、运墙、浇筑、养护。

单位:10m³

| 顺序号 | 项目 | 单位 | 代号 | 现浇混凝土 | 混凝土预制块预制、铺砌 | 浆砌片石 |
|---|---|---|---|---|---|---|
| | | | | 1 | 2 | 3 |
| 1 | 人工 | 工日 | 1001001 | 7.8 | 27.7 | 12.8 |
| 2 | M10水泥砂浆 | m³ | 1501003 | — | (1.69) | (3.94) |
| 3 | 普C25-32.5-4 | m³ | 1503033 | — | (10.10) | — |
| 4 | 普C30-32.5-4 | m³ | 1503034 | (10.20) | — | — |
| 5 | 型钢 | t | 2003004 | 0.007 | 0.027 | — |
| 6 | 钢板 | t | 2003005 | — | 0.003 | — |
| 7 | 电焊条 | kg | 2009011 | — | 0.4 | — |
| 8 | 铁件 | kg | 2009028 | — | 2.9 | — |

续表

| 顺序号 | 项目 | 单位 | 代号 | 现浇混凝土 | 混凝土预制块预制、铺砌 | 浆砌片石 |
|---|---|---|---|---|---|---|
| | | | | 1 | 2 | 3 |
| 9 | 水 | m³ | 3005004 | 12 | 17 | 1 |
| 10 | 锯材 | m³ | 4003002 | 0.05 | — | — |
| 11 | 中(粗)砂 | m³ | 5503005 | 5 | 6.66 | 4.22 |
| 12 | 片石 | m³ | 5505005 | — | — | 11.5 |
| 13 | 碎石(4cm) | m³ | 5505013 | 8.5 | 8.38 | — |
| 14 | 32.5 级水泥 | t | 5509001 | 3.845 | 3.91 | 1.225 |
| 15 | 其他材料费 | 元 | 7801001 | 4.3 | 26.1 | 1.2 |
| 16 | 1.0m³ 以内轮胎式装载机 | 台班 | 8001045 | 0.13 | — | — |
| 17 | 250L 以内强制式混凝土搅拌机 | 台班 | 8005002 | — | 0.37 | — |
| 18 | 3m³ 以内混凝土搅拌运输车 | 台班 | 8005028 | 0.24 | — | — |
| 19 | 15m³/h 以内混凝土搅拌站 | 台班 | 8005056 | 0.13 | — | — |
| 20 | 32kV·A 以内交流电弧焊机 | 台班 | 8015028 | — | 0.05 | — |
| 21 | 小型机具使用费 | 元 | 8099001 | 9.00 | 3.20 | 7.00 |
| 22 | 基价 | 元 | 9999001 | 3706 | 5724 | 2843 |

定额为 2-3-5-1 现浇混凝土加固土路肩的工程内容包括模板制作、安装、拆除、修理、涂脱模剂、混凝土配运料、拌和、运输、浇筑、养护，与清单工程内容对应，定额工程量为混凝土的浇筑体积 3825m³，并修改混凝土标号为 C20。

纵横造价软件对 C20 混凝土路肩的组价如图 5-12 所示。

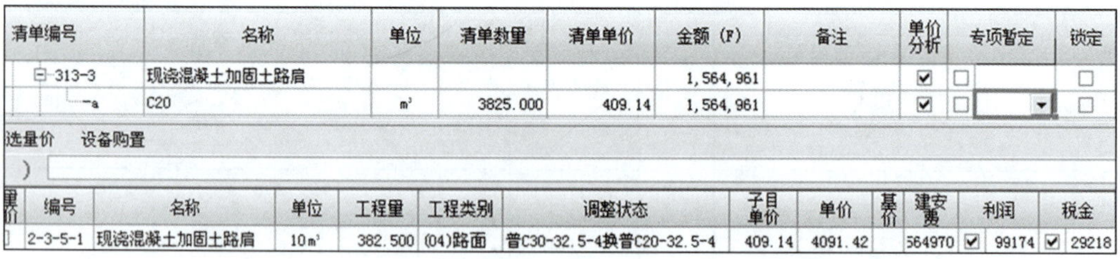

图 5-12 纵横造价软件对 C20 混凝土路肩的组价

### 5.5.2 中央分隔带

中央分隔带是指沿道路纵向设置的分隔车行道用的带状设施。分隔带内一般设置成盲沟，并回填土，填土上方进行绿化，图 5-13 为中央分隔带断面图。

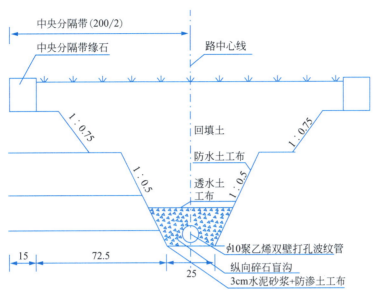

图 5-13 中央分隔带断面图

**1. 路缘石**

路缘石是指路面边缘与其他构造物分界处的标界石,一般用石块或混凝土块砌筑,本道路路缘石尺寸如图 5-14 所示,对应的工程量如表 5-24 所示。

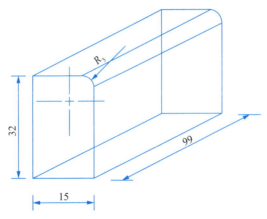

图 5-14 路缘石大样图

表 5-24 中央分隔带数量表

| 起讫桩号 | 长度 | 缘石 C25 预制混凝土 | 种植土 |
| --- | --- | --- | --- |
| | m | m³ | m³ |
| K55+520.00～K55+550.00 | 30 | 2.88 | 22.21 |

查阅清单项,选择与路缘石对应的清单,313-5 混凝土预制块路缘石,具体内容如表 5-25 所示。

表 5-25 混凝土预制块路缘石

| 子目号 | 子目名称 | 单位 | 工程量计量 | 工程内容 |
|---|---|---|---|---|
| 313 | 路肩培土、中央分隔带回填土、土路肩加固及路缘石 | | | |
| 313-5 | 混凝土预制块路缘石 | m³ | 依据图纸所示断面尺寸和混凝土强度等级,按照预制安装体积以立方米为单位计量 | 1. 预制场地平整、硬化处理;<br>2. 路缘石预制、装运;<br>3. 路基整修、基槽开挖与回填、废方弃运;<br>4. 基槽夯实;<br>5. 路缘石铺砌、勾缝;<br>6. 路缘石后背回填夯实 |

313-5 清单工程量要求"依据混凝土强度等级,按照预制安装体积以立方米为单位计量",清单工程量就是预制路缘石混凝土量,为 2.88m³。

根据清单工程内容选择定额,在"预算定额"中查找预制路缘石定额,有 2-3-3-4 预制混凝土预制块路缘石,如表 5-26 所示。定额中路缘石预制块是按照 49.5cm×30cm×12cm 规格进行编制,本案例路缘石尺寸虽与定额尺寸不一致,但无须调整,依据在于定额总说明第四条。

表 5-26  2-3-3 人行道及路缘石

工程内容　现浇及预制混凝土:①模板制作、安装、拆除、修理、涂脱模剂;②混凝土配运料、拌和、运输、浇筑、养护。

路缘石安砌:刨槽、安砌块件。

单位:10m³

| 顺序号 | 项目 | 单位 | 代号 | 路缘石 | | |
|---|---|---|---|---|---|---|
| | | | | 预制混凝土预制块 | 现浇混凝土 | 安砌路缘石 |
| | | | | 4 | 5 | 6 |
| 1 | 人工 | 工日 | 1001001 | 23.2 | 2.8 | 8.5 |
| 2 | M10 水泥砂浆 | m³ | 1501003 | — | — | (0.68) |
| 5 | 普 C25-32.5-4 | m³ | 1503033 | (10.10) | (10.20) | — |
| 6 | 型钢 | t | 2003004 | 0.021 | — | — |
| 7 | 钢板 | t | 2003005 | 0.001 | — | — |
| 8 | 电焊条 | kg | 2009011 | 0.1 | — | — |
| 9 | 铁件 | kg | 2009028 | 1.9 | — | — |
| 12 | 水 | m³ | 3005004 | 15 | 16 | 1 |

续表

| 顺序号 | 项目 | 单位 | 代号 | 路缘石 | | |
|---|---|---|---|---|---|---|
| | | | | 预制混凝土预制块 | 现浇混凝土 | 安砌路缘石 |
| | | | | 4 | 5 | 6 |
| 16 | 中(粗)砂 | m³ | 5503005 | 4.85 | 4.9 | 0.73 |
| 17 | 石屑 | m³ | 5505014 | — | 2.83 | — |
| 19 | 碎石(4cm) | m³ | 5505013 | 8.38 | 8.47 | — |
| 21 | 32.5级水泥 | t | 5509001 | 3.384 | 3.417 | 0.212 |
| 22 | 其他材料费 | 元 | 7801001 | 19.9 | 4.1 | — |
| 24 | 1.0m³以内轮胎式装载机 | 台班 | 8001045 | — | 0.13 | — |
| 25 | 混凝土路缘石机动铺筑机 | 台班 | 8003090 | — | 0.39 | — |
| 26 | 250L以内强制式混凝土搅拌机 | 台班 | 8005002 | 0.37 | — | — |
| 27 | 3m³以内混凝土搅拌运输车 | 台班 | 8005028 | — | 0.24 | — |
| 28 | 15m³/h以内混凝土搅拌站 | 台班 | 8005056 | — | 0.13 | — |
| 29 | 32kV·A以内交流电弧焊机 | 台班 | 8015028 | 0.02 | — | — |
| 30 | 小型机具使用费 | 元 | 8099001 | 1.30 | 26.30 | — |
| 31 | 基价 | 元 | 9999001 | 4873 | 3259 | 1035 |

套用定额 2-3-3-4 预制混凝土预制块路缘石,定额工程量"按设计需要铺设的体积计算工程量",定额工程量的计算为

$$0.15 \times 0.32 \times 30 = 2.88 (m^3)$$

在 2-3-3-4 定额中已经包括了混凝土的配料、拌和与运输,故无须再套混凝土拌运相关配额。继续套用定额 2-3-3-6 安砌路缘石,定额工程量为 2.88m³。从预制场到现场需要对构件进行运输,套用 4-8-3-10 装载质量 10t 以内载重汽车 1km(汽车式起重机装卸),定额工程量为 2.88m³。

纵横造价软件对路缘石的组价如图 5-15 所示。

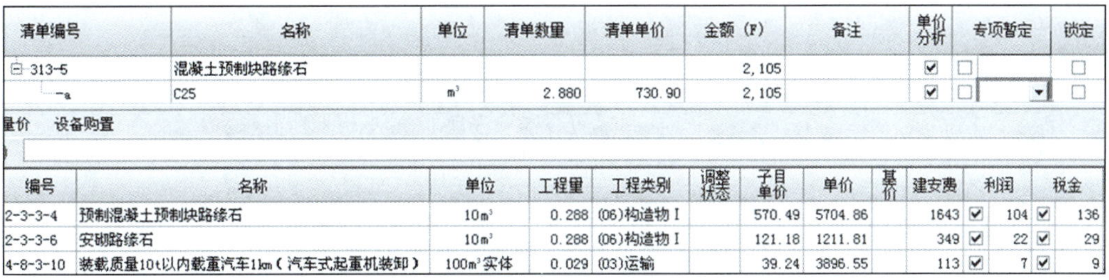

图 5-15 纵横造价软件对路缘石的组价

中央分隔带回填种植土可套用清单 313-2,如表 5-27 所示。

**表 5-27　混凝土预制块路缘石**

| 子目号 | 子 目 名 称 | 单位 | 工程量计量 | 工 程 内 容 |
|---|---|---|---|---|
| 313 | 路肩培土、中央分隔带回填土、土路肩加固及路缘石 | | | |
| 313-2 | 中央分隔带回填土 | $m^3$ | 依据图纸所示断面尺寸，按照压实体积以立方米为单位计量 | 1. 挖运土；<br>2. 路基整修、培土、整型；<br>3. 分层填筑、压实 |

查找《预算定额》中与中央分隔带回填土相关的定额，其中回填种植土可套用定额 5-1-9-3 中间带填土，工料机表如表 5-28 所示。

**表 5-28　5-1-9 中间带**

工程内容　中间带：①混凝土及钢筋的全部工序；②挖槽、浇筑混凝土、安装隔离墩；③安装中间带缘石、中间带填土；④钢管栏杆及防眩板的制作、安装及油漆。

单位：$10m^3$

| 顺序号 | 项目 | 单位 | 代　号 | 填土 |
|---|---|---|---|---|
| | | | | 3 |
| 1 | 人工 | 工日 | 1001001 | 2.6 |
| 13 | 基价 | 元 | 9999001 | 276 |

注：中间带的绿化，可按设计另行计算；当填土需要远运时，可按“路基工程”项目的土方运输定额另行计算。

定额 5-1-9-3 中间带填土按填土量进行计算，按图纸面积计算回填量为 $22.21m^3$。但该定额只负责将种植土人工回填，种植土还需要购买费，通过工料机添加，对种植土进行单独计价，查阅本书附录 E 定额人工、材料、设备单价表（节选），种植土不计场内运输及操作损耗，工程量为 $22.21m^3$。

纵横造价软件对分隔带回填种植土的组价如图 5-16 所示。

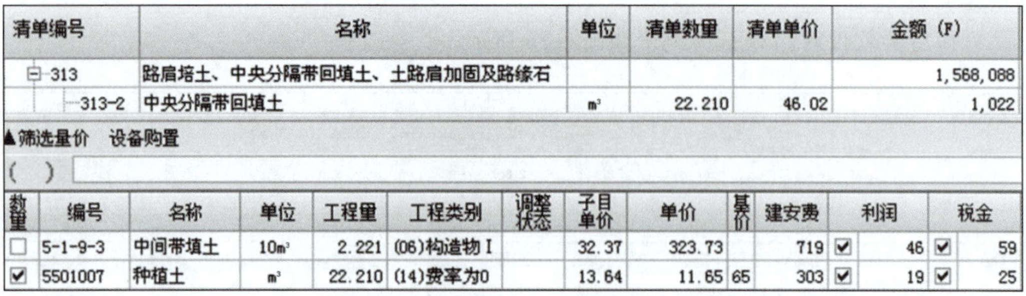

| 清单编号 | 名称 | 单位 | 清单数量 | 清单单价 | 金额（F） |
|---|---|---|---|---|---|
| 313 | 路肩培土、中央分隔带回填土、土路肩加固及路缘石 | | | | 1,568,088 |
| 313-2 | 中央分隔带回填土 | $m^3$ | 22.210 | 46.02 | 1,022 |

▲筛选量价　设备购置

( )

| 数量 | 编号 | 名称 | 单位 | 工程量 | 工程类别 | 调整状态 | 子目单价 | 单价 | 基价 | 建安费 | 利润 | 税金 |
|---|---|---|---|---|---|---|---|---|---|---|---|---|
| ☐ | 5-1-9-3 | 中间带填土 | $10m^3$ | 2.221 | (06)构造物Ⅰ | | 32.37 | 323.73 | | 719 | ☑ 46 | ☑ 59 |
| ☑ | 5501007 | 种植土 | $m^3$ | 22.210 | (14)费率为0 | | 13.64 | 11.65 | 65 | 303 | ☑ 19 | ☑ 25 |

图 5-16　纵横造价软件对分隔带回填种植土的组价

## 2. 中央分隔带盲沟

盲沟也叫渗沟，中央分隔带盲沟设计图如图 5-13 所示，工程数量表如表 5-29 所示。

表 5-29　中央分隔带盲沟工程数量表

| 工程名称 | 长度/m | 工程数量表 | | | | |
|---|---|---|---|---|---|---|
| | | M7.5 砂浆(3cm 厚)/m³ | 碎(砾)石(粒径 2~4cm)/m³ | 防渗土工布/m² | 渗水土工布/m² | $\phi$100 PVC 打孔波纹管/m |
| 中央分隔带盲沟 | 30 | 0.6 | 2.1 | 89 | 17 | 30.0 |

选择与中央分隔带盲沟匹配的清单项 314-4 中央分隔带渗沟,如表 5-30 所示。

表 5-30　314-4 中央分隔带渗沟

| 子目号 | 子目名称 | 单位 | 工程量计量 | 工程内容 |
|---|---|---|---|---|
| 314 | 路面及中央分隔带排水 | | | |
| 314-4 | 中央分隔带渗沟 | m | 依据图纸所示位置,分不同类型,按埋设长度以米为单位计量 | 1. 基槽开挖、废方弃运;<br>2. 垫层(基础)铺筑;<br>3. 制管、打孔;<br>4. 安放排水管;<br>5. 接头处理;<br>6. 填碎石、铺设土工布;<br>7. 回填、压实 |

清单工程量按"埋设长度以米为单位计量",渗沟埋设长度为 30m。与盲沟匹配的定额为 1-3-2 路基、中央分隔带盲沟,如表 5-31 所示。

表 5-31　1-3-2 路基、中央分隔带盲沟

工程内容　铺设土工布、埋设 PVC 管、回填碎石、干拌砂铺筑。

单位:列表单位

| 顺序号 | 项目 | 单位 | 代号 | 土工布铺设 1000m² | PVC 管安装 100m | 回填碎石 100m³ |
|---|---|---|---|---|---|---|
| | | | | 1 | 2 | 3 |
| 1 | 人工 | 工日 | 1001001 | 15 | 2.2 | 8.5 |
| 2 | 8~12 号铁丝 | kg | 2001021 | 1.33 | — | — |
| 3 | U 形锚钉 | kg | 2009034 | 69.06 | — | — |
| 5 | 塑料打孔波纹管($\phi$100mm) | m | 5001031 | — | 106 | — |
| 6 | 土工布 | m² | 5007001 | 1062.5 | — | — |
| 8 | 碎石 | m³ | 5505016 | — | — | 110 |
| 10 | 其他材料费 | 元 | 7801001 | 95.5 | 286.2 | — |

续表

| 顺序号 | 项　　目 | 单位 | 代　号 | 土工布铺设 | PVC 管安装 | 回填碎石 |
|---|---|---|---|---|---|---|
| | | | | $1000m^2$ | 100m | $100m^3$ |
| | | | | 1 | 2 | 3 |
| 11 | $2m^3$ 以内轮胎式装载机 | 台班 | 8001047 | — | — | 0.31 |
| 12 | 基价 | 元 | 9999001 | 6527 | 2150 | 9539 |

注：1. 本章定额不包括开挖土石方费用，需要时另行计算。
2. 排水管的型号、规格及消耗量与定额不一致时，可进行抽换。

首先套用定额 1-3-2-3 回填碎石，定额工程量按“盲沟回填碎石的压实体积计算工程量”，为 $2.1m^3$；套用定额 1-3-2-1 土工布铺设，修改工料机中土工布规格为防渗土工布，定额工程量按“设计盲沟土工布的展开面积计算工程量”，工程量为 $89m^2$；套用定额 1-3-2-1 土工布铺设，修改工料机中土工布规格为渗水土工布，为 $17m^2$；套用定额 1-3-2-2 PVC 管安装，定额工程量按“设计盲沟铺设的排水管长度计算工程量”，为 30m。最后借用 4-11-6-17 水泥砂浆抹面 2cm 厚，工料机表如表 2-41 所示。

选择定额 4-11-6-17，修改工料机中 M10 水泥砂浆为 M7.5 水泥砂浆，定额工程量要求按“设计需要实施抹面的砌体的外表面积计算工程量”，本案例需要用 $88.8m^3$ 砂浆抹面 3cm 厚，那么需要对定额工程量进行换算，等价于 2cm 抹面砂浆的面积为

$$0.6\div0.02=30(m^2)$$

纵横造价软件对中央分隔带盲沟的组价如图 5-17 所示。

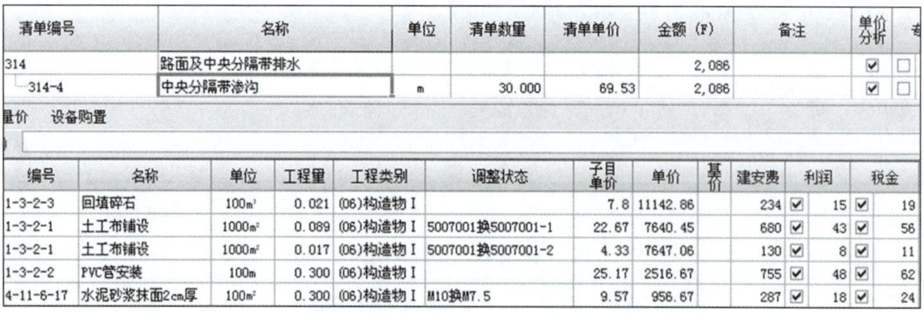

| 清单编号 | 名称 | 单位 | 清单数量 | 清单单价 | 金额（F） | 备注 | 单价分析 |
|---|---|---|---|---|---|---|---|
| 314 | 路面及中央分隔带排水 | | | | 2,086 | | ☑ |
| 314-4 | 中央分隔带渗沟 | m | 30.000 | 69.53 | 2,086 | | ☑ |

量价　设备购置

| 编号 | 名称 | 单位 | 工程量 | 工程类别 | 调整状态 | 子目单价 | 单价 | 基价 | 建安费 | 利润 | 税金 |
|---|---|---|---|---|---|---|---|---|---|---|---|
| 1-3-2-3 | 回填碎石 | $100m^3$ | 0.021 | (06)构造物Ⅰ | | 7.8 | 11142.86 | | 234 | 15 | 19 |
| 1-3-2-1 | 土工布铺设 | $1000m^2$ | 0.089 | (06)构造物Ⅰ | 5007001换5007001-1 | 22.67 | 7640.45 | | 680 | 43 | 56 |
| 1-3-2-1 | 土工布铺设 | $1000m^2$ | 0.017 | (06)构造物Ⅰ | 5007001换5007001-2 | 4.33 | 7647.06 | | 130 | 8 | 11 |
| 1-3-2-2 | PVC管安装 | 100m | 0.300 | (06)构造物Ⅰ | | 25.17 | 2516.67 | | 755 | 48 | 62 |
| 4-11-6-17 | 水泥砂浆抹面2cm厚 | $100m^2$ | 0.300 | (06)构造物Ⅰ | M10换M7.5 | 9.57 | 956.67 | | 287 | 18 | 24 |

图 5-17　纵横造价软件对中央分隔带盲沟的组价

## 3. 中央分隔带绿化

中央分隔带绿化工程数量表如表 5-32 所示。

**表 5-32　中央分隔带绿化工程数量**

| 回填种植土/$m^2$ | 播草籽/$m^2$ | 塔柏/株 |
|---|---|---|
| 22.21 | 48 | 30 |

绿化部分组价见 8.2 节的内容，本章不进行详细讲解。

# 第 6 章 桥梁工程

桥梁是跨越山川、河流或其他既有路线等障碍物的结构物,是公路、铁路、城市道路等交通网络的重要组成部分,在国家的政治、经济、国防等方面起着重要作用。我国桥梁的建造有着悠久的历史和辉煌的成就。据史料考证,我国早在 3000 多年前就已经开始建造吊桥(即悬索桥)和浮桥,到秦汉时期已广泛修建石梁桥。自 1937 年我国自己设计建造的第一座双层铁路、公路两用现代桥梁——钱塘江大桥,到 20 世纪 90 年代的上海杨浦大桥,21 世纪的杭州湾跨海大桥、重庆朝天门长江大桥,再到现在的港珠澳大桥。桥梁不仅承载着车辆和行人,更承载着我国的历史和文明,与我国的文化相伴而行。

桥梁理论基础知识

重庆是目前世界上桥梁数量最多、桥型种类最多的城市,是公认的"中国桥梁博物馆",誉为"中国桥都"。重庆境内几乎涵盖了世界上所有类型的现代桥梁,大大小小的桥梁总数已超 1.3 万座,其中不乏多项"世界第一",如世界最大跨径的混凝土拱桥万州长江大桥、世界最大跨径公轨两用结构拱桥菜园坝长江大桥、世界最大跨径拱桥朝天门长江大桥等。

桥梁组成部分的划分与桥梁结构体系有关。通常桥梁主要由上部构造、下部构造及基础、支座系统和附属工程四大部分组成(图 6-1)。

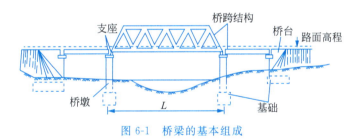

图 6-1 桥梁的基本组成

## 6.1 桥梁上部结构

上部结构又称桥孔结构或桥跨结构,是跨越障碍物(如河流、山谷等)的结构物。上部结构构件支承桥面或桥梁车道以及作用在桥面上的荷载,并传递给桥梁支座。上部结构主要指梁、拱圈、斜拉索的拉索、悬索桥的主缆及吊索等,其简图如图 6-2 所示。

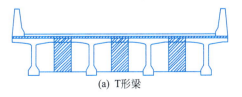

(a) T形梁

图 6-2 不同桥型上部结构

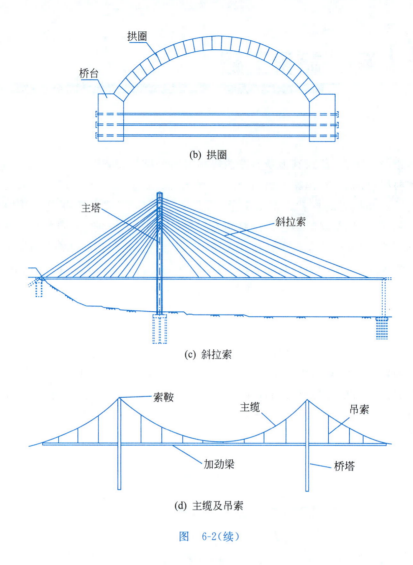

图 6-2(续)

## 6.1.1 预制安装预应力 T 形梁

梁体的预制安装一般是指在预制场或现场预制整孔梁或梁节段,再将预制的梁段起吊、运输、安装到既定位置。

T 形梁桥是国内外所建造的装配式钢筋混凝土简支梁桥中应用最为广泛的类型。T 形梁桥的上部结构由多片 T 形截面的主梁并列在一起装配连接而成,梁顶部的翼板构成行车道板,在横隔梁及翼板的边缘处均设有焊接钢板连接构造,用以将各主梁现浇连成整体。

预应力 T 形梁是指横截面形式为 T 形的预应力混凝土梁,其横断面如图 6-3 所示。两侧挑出部分称为翼缘,中间部分称为梁肋。由于预应力 T 形梁相当于是将矩形梁中对抗弯强度不起作用的受拉区混凝土挖去后形成的,与原有矩形抗弯强度完全相同,既可以节约混凝土,又可以减轻构件的自重,增加跨度。

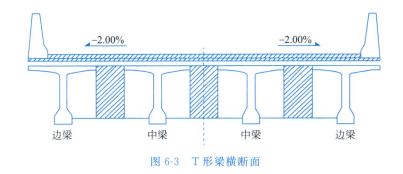

图 6-3 T 形梁横断面

预制的梁体有预制钢筋混凝土梁和预制预应力混凝土梁之分,两者在计量时所适用的清单不同,初学者容易混淆此处。未设置钢绞线的预制梁体构件为钢筋混凝土梁,此类构件在 2018 版《公路工程标准施工招标文件》中适用清单项为 410-4 预制混凝土上部结构;设置钢绞线的预制梁体构件为预制预应力钢筋混凝土梁,该类预制构件在 2018 版《公路工程标准施工招标文件》中适用清单项为 411-8 预制预应力混凝土上部结构。

桥梁上部结构预制预应力梁有先张法和后张法两种。先张法即先在台座上张拉预应力筋(钢绞线),张拉完成后开始绑扎钢筋,再浇筑混凝土、养护、拆模,待混凝土达到规定强度时放张。后张法是指先浇筑混凝土,待混凝土达到设计强度的 75% 以上后再张拉预应力钢筋以形成预应力混凝土构件的施工方法。相对于先张法,后张法在实际生产过程中运用较广,图 6-4、图 6-5 为钢绞线在 T 形梁的位置。

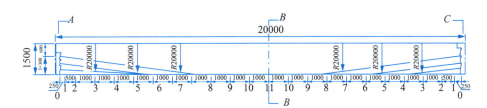

图 6-4 T 形梁钢绞线立面图

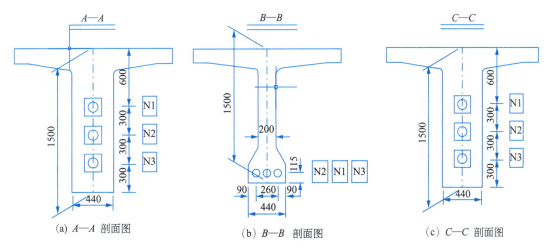

(a) A—A 剖面图　　(b) B—B 剖面图　　(c) C—C 剖面图

图 6-5 预应力钢绞线位置图

本章 6.1.3 小节重点讲解预应力钢绞线，本小节着重对后张法预制预应力 T 形梁的清单预算编制进行讲解。

**1. 预制 T 形梁**

预应力 T 形梁是指横截面形式为 T 形的预应力混凝土梁，其两侧挑出部分称为翼缘，中间部分称为肋。由于 T 形梁相当于将矩形梁中对抗弯强度不起作用的受拉区混凝土挖去后形成的，与原有矩形抗弯强度完全相同，既可以节约混凝土，又减轻构件的自重，提高了跨越能力。预制预应力 T 形梁施工工艺流程图如图 6-6 所示。

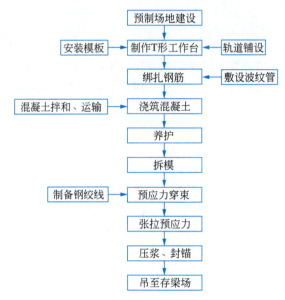

图 6-6　预制预应力 T 形梁施工工艺流程

后张法预制预应力 T 形梁的施工工序如下。

（1）按施工需要规划预制场地及张拉台座。

（2）根据施工需要及设备条件，选用塔吊或跨梁龙门吊作吊运工具，并铺设其行走轨道。

（3）统筹规划梁（板）拌和站及水、电管路的布设安装，一般预制场旁边都设有拌和站。

（4）预制模板由钢板、型钢组焊而成，应有足够的强度、刚度和稳定性，尺寸规范，表面平整光洁，接缝紧密，不漏浆。

（5）在绑扎工作台上将钢筋绑扎焊接成钢筋骨架，把波纹管按坐标位置定位固定。

（6）用龙门吊机将钢筋骨架吊装入模，绑扎隔板钢筋，埋设预埋件，在孔道两端及最低处设置压浆孔，在最高处设排气孔，安装模板。

（7）连续浇筑混凝土，养护、拆模。

（8）钢绞线按计算长度下料，计算长度为设计长度与工作长度之和，编匝成束，用牵引设备穿入孔道。

（9）当梁体强度达到设计要求或者 75% 的强度时，安装千斤顶等张拉设备，准备张拉。两端同时对称张拉，张拉完成后尽早压浆。

（10）用龙门吊机将梁体移至存梁场。

1）预制场地建设

预制场包括大型构件预制场和小型构件预制场,其中大型构件预制场主要指预制梁场,小型构件预制场主要有桥梁栏杆预制场、防护栏预制场、边坡防护构件预制场、小型盖板预制场等,预制场的建设对整个桥梁项目来说占据重要的地位,实践统计表明,一般预制场投资占工程估计的25%,预制梁场建设周期占完成制梁周期20%。T形梁预制场现场图如图6-7所示。

(a)

(b)

图6-7　T形梁预制场现场图

预制场地建设属于施工标准化建设范围,应在《工程量清单》第105节施工标准化105-5预制场以总额为单位计量,具体要求如下。

(1) 预制梁(板)场的规模及功能应满足施工需要,合理划分办公生活区、制梁区、存梁区、材料库房等。预制场建设应与桥梁下部结构施工基本同步启动,保证架梁和制梁的同步进行。

(2) 预制梁(板)场的地面应进行硬化,面层一般采用水泥混凝土面层。

(3) 制梁区和存梁区台座数量应根据梁板数量和工期要求来确定,并有一定的富余度。

(4) 梁(板)模板应实行准入制度,模板由专业厂家进行加工,模板数量和类型根据预制梁的总量和施工工期决定。

(5) 场地内根据梁板养护时间及台座数量,设置足够的梁体养护用自动喷淋设施,喷淋水压加压泵应能保证提供足够的水压,以确保梁片的每个部位均能养护到位。

(6) 应配置预制梁预应力智能数控张拉设备。

(7) 应配置梁体真空辅助压浆设备。

(8) 应配置能满足冬季施工的蒸汽养护设备。

(9) 小型预制构件制作时宜选用振动台,同时应使用专业生产厂家制作的高强度塑料模板。

2）绑扎钢筋

T形梁钢筋一般有专门的钢筋加工区,将原材料钢筋按照成品梁的设计要求制作成需要的尺寸和形状,加工好后由运输车运输至T形梁预制场进行T形梁钢筋绑扎,如图6-8所示为T形梁钢筋绑扎实景图。

图6-8 T形梁钢筋绑扎实景图

3)预制预应力T形梁

预制预应力混凝土T形梁属于上部结构,其梁体钢筋应在《工程量清单》第403节钢筋403-3上部结构钢筋以kg为单位计量,其中,固定筋的材料、定位架立筋、钢筋接头、吊装钢筋、钢板、铁丝作为钢筋作业的附属工作,不另行计量。预制预应力T形梁包括梁肋、翼缘板,预制过程中预埋横隔板、翼缘板、连续段钢筋,安装后现浇横隔板与连续段混凝土。

(1)HPB235、HPB300钢筋应符合《钢筋混凝土用钢 第1部分:热轧光圆钢筋》(GB 1499.1—2017)的规定,HRB335、HRB400钢筋应符合《钢筋混凝土用钢 第2部分:热轧带肋钢筋》(GB1499.2—2018)的规定。

(2)符合标准的其他国际上采用的钢筋,如经监理人批准,也可采用。

(3)钢筋笼或钢筋骨架中的钢板及其他项目所用的结构钢材,应符合图纸要求及《碳素结构钢》(GB/T 700—2006)中Q235钢的性能,结构钢材应和钢筋一样进行检验。

(4)所有钢筋应准确安设,当浇筑混凝土时,应用支承将钢筋牢固地固定。钢筋应系紧在一起,不允许在浇筑混凝土时安设或插入钢筋。

(5)用于保证钢筋固定于正确位置的预制混凝土垫块,其形状、大小应为监理人所接受,同时,其设计应保证混凝土垫块在浇筑混凝土时不倾倒。垫块混凝土的骨料粒径不得大于10mm,其配合比应按照《工程量清单》第410节办理,其强度应与相邻的混凝土强度一致。用1.3mm直径的退火软铁丝预埋于垫块内,以便与钢筋绑扎。不得用卵石、碎石或碎砖、金属管及木块作为钢筋的垫块。

(6)钢筋接头受力主筋的连接仅允许按图纸或按批准的加工图规定设置。

(7)钢筋的接头有焊接接头、绑扎搭接接头、机械接头。

(8)热轧钢筋应采用闪光对焊或电弧焊。

(9)常用钢筋机械接头有套筒挤压接头、锥螺纹接头、镦粗直螺纹接头等。

(10)适宜于预制的钢筋骨架或钢筋网的构件,宜先预制成钢筋骨架片或钢筋网片,运至工地就位后进行焊接或绑扎,以保证安装质量和加快施工进度。其中,预制成骨架的钢筋运输除了钢筋笼可套用定额4-7-33平板拖车运输钢筋笼外,其余钢筋若需运输,则应执行社会运输价格计算运费。

4)预制预应力混凝土浇筑

公路工程用混凝土原则上采用水泥混凝土拌和站集中拌和的方式进行生产,采用混凝土运输车运输,根据便道的通行条件、施工组织方式及经济成本确定混凝土运输车辆的容量,综合考虑混凝土凝结速度和浇筑速度的需要,保证浇筑工作不间断并使混凝土运输至浇筑地点时仍保持均匀性和规定的坍落度。浇筑前须架设模板,并对模板刷涂隔离剂,边浇筑边振捣,图6-9所示为T形梁梁体浇筑现场。

(a)

(b)

图6-9 T形梁梁体浇筑现场

预制预应力混凝土依据图纸所示体积分不同强度等级在第411-8预制预应力混凝土上部结构中以立方米($m^3$)为单位计量,其中,钢筋、钢材所占体积及单个面积在$0.03m^2$以内的孔洞不予扣除。后张法预应力混凝土梁的封锚混凝土在该节中计量,钢绞线管道内的水泥浆在子目411-4后张法预应力钢丝、411-5后张法预应力钢绞线、411-6后张法预应力钢筋中计价。

### 2. T形梁安装

预制装配式桥梁施工是将在预制场预制好的梁体运输至桥位处,使用合适的起重设备进行安装,并完成横向连接组成桥梁的施工方法,预制梁的安装主要有架桥机法、跨墩龙门式吊车架梁法、自行式吊车架梁法、扒杆架设法、浮吊架设法和高低腿龙门架配合架桥机架设法等。

安装预应力混凝土T形梁施工工艺流程:施工准备→墩顶横移滑道安装→墩顶支座安装→拼装架桥机→架桥机试吊、走行过孔→待架梁运送、喂梁→架桥机吊梁走行到位→横移梁对位→落梁→完成一孔梁架设→T形梁横隔板焊接→墩顶现浇连续段施工→翼板现浇接缝施工→墩顶负弯矩张拉→压浆→封锚。

预制预应力混凝土梁体的安装包含起吊、储存、运输、装卸和安装等步骤,相关费用在411-8预制预应力混凝土上部结构中计价,不单独计量。

### 3. T形梁组价案例讲解

**【案例6-1】** 某大桥桥宽与路基同宽,桥梁两岸地势平坦,预制场距离桥头500m,桥梁跨径5×20m+5×20m,为先简支后连续预应力混凝土T形梁,每跨布置梁片4片。T形梁的预制安装工期均按8个月计算,预制安装存在时间差,按1个月考虑。吊装设备考虑1个月安拆时间。施工组织设计提出20m跨度,9m高龙门吊机每套(每套2台)质量30t,双导梁架桥机全套质量101.5t。上部结构的主要工程量如表6-1所示。

请根据以上信息,列出该桥梁预制预应力T形梁的清单及所涉及的定额和工程量。

表 6-1  某桥梁主梁主要材料工程数量表

| 工程内容 | | | 单位 | 上部构造 |
|---|---|---|---|---|
| | | | | 主梁 |
| 混凝土 | | 预制 C50 | m³ | 650.1 |
| 钢筋 | HRB335 | φ28 | kg | 6678 |
| | | φ25 | kg | 25569 |
| | | φ16 | kg | 240 |
| | | φ12 | kg | 133127 |
| | | φ10 | kg | 165614 |
| | HPB235 | φ10 | kg | 37798 |
| | | φ8 | kg | 571 |

1）清单套取

根据项目内容套用 T 形梁钢筋清单项，符合要求的为 403-3，如表 6-2 所示。

表 6-2  403 钢筋

| 子目号 | 子目名称 | 单位 | 工程量计量 | 工程内容 |
|---|---|---|---|---|
| 403 | 钢筋 | | | |
| 403-3 | 上部结构钢筋 | kg | 1. 依据图纸所示及钢筋表所列钢筋质量以千克为单位计量；<br>2. 固定钢筋的材料、定位架立钢筋、钢筋接头、吊装钢筋、钢板、铁丝作为钢筋作业的附属工作，不另行计量 | 1. 钢筋的保护、储存及除锈；<br>2. 钢筋整直、接头；<br>3. 钢筋截断、弯曲；<br>4. 钢筋安设、支承及固定 |

预制 T 形梁混凝土属于上部结构，套用清单项 411-8 预制预应力混凝土上部结构，具体内容如表 6-3 所示。

表 6-3  411 预应力混凝土工程

| 子目号 | 子目名称 | 单位 | 工程量计量 | 工程内容 |
|---|---|---|---|---|
| 411 | 预应力混凝土工程 | | | |
| 411-8 | 预制预应力混凝土上部结构 | m³ | 1. 依据图纸所示体积分不同强度等级以立方米为单位计量；<br>2. 钢筋、钢材所占体积及单个面积在 0.03m² 以内的孔洞不予扣除；<br>3. 后张法预应力混凝土梁封端混凝土工程列入本子目 | 1. 搭拆工作平台；<br>2. 安拆模板；<br>3. 混凝土配料、拌和、运输、浇筑、养护；<br>4. 构件预制、运输、安装 |

形成的清单范本如表 6-4 所示。

表 6-4 上部结构工程量清单

| 子目号 | 子目名称 | 单位 | 数　量 | 单价 | 合价 |
|---|---|---|---|---|---|
| 403 | 钢筋 | | | | |
| 403-3 | 上部结构钢筋 | | | | |
| -a | 光圆钢筋(HPB300) | kg | 38369.000 | | |
| -b | 带肋钢筋(HRB400) | kg | 331228.000 | | |
| 411 | 预应力混凝土工程 | | | | |
| 411-8 | 预制预应力混凝土上部结构 | $m^3$ | 650.100 | | |

2) 定额套取

下面计算 T 形梁质量及运距。

全桥预制 T 形梁数量：$4\times10=40$(片)。

平均每片梁质量：$650.1\div40\times2.5\approx40.63$(t)。

T 形梁平均运距：$500+(5\times20+5\times20)/2=600$(m)，为预制场至桥头的距离与全桥长的一半之和。

清单 403-3-a 光圆钢筋(HPB300)对应套取的定额为表 6-5 所示内容。

表 6-5 清单 403-3-a 光圆钢筋(HPB300)

| 工程细目 | 定额代号 | 定额名称 | 工作内容 | 定额工程量 | 定额调整 | 说　明 |
|---|---|---|---|---|---|---|
| 光圆钢筋 | 4-7-14-3 | 现场加工预制预应力T形梁钢筋 | 钢筋除锈、制作、焊接、绑扎 | 38.369t | 带肋钢筋替换为光圆钢筋 | 1. 当设计图纸的钢筋比例与定额有出入时，可调整钢筋品种的比例。<br>2. 钢筋工程量为钢筋的设计质量，定额中已计入施工操作损耗，一般钢筋因接长所需增加的钢筋质量已包括在定额中，不得将这部分质量计入钢筋设计质量内。但对于某些特殊的工程，必须在施工现场分段施工采用搭接接长时，其搭接长度的钢筋质量未包括在定额中，应在钢筋的设计质量内计算 |

清单 403-3-b 带肋钢筋(HRB400)对应套取的定额为表 6-6 所示内容。

表 6-6  清单 403-3-b 带肋钢筋（HRB400）

| 工程细目 | 定额代号 | 定额名称 | 工作内容 | 定额工程量 | 定额调整 | 说明 |
|---|---|---|---|---|---|---|
| 带肋钢筋 | 4-7-14-3 | 现场加工预制预应力T形梁钢筋 | 钢筋除锈、制作、焊接、绑扎 | 331.228t | — | 1. 当设计图纸的钢筋比例与定额有出入时，可调整钢筋品种的比例。<br>2. 钢筋工程量为钢筋的设计质量，定额中已计入施工操作损耗，一般钢筋因接长所需增加的钢筋质量已包括在定额中，不得将这部分质量计入钢筋设计质量内。但对于某些特殊的工程，必须在施工现场分段施工采用搭接接长时，其搭接长度的钢筋质量未包括在定额中，应在钢筋的设计质量内计算 |

清单 411-8 预制预应力混凝土工程对应套取的定额为表 6-7 所示内容。

表 6-7  清单 411-8 预制预应力混凝土工程

| 工程细目 | 定额代号 | 定额名称 | 工作内容 | 定额工程量 | 定额调整 | 说明 |
|---|---|---|---|---|---|---|
| T形梁预制 | 4-7-14-1 | 预制预应力T形梁混凝土非泵送 | 钢模安装、拆除、修理、涂脱模剂、堆放；搭、拆跳板；混凝土浇筑、捣固及养护 | $65.01 \times 10 m^3$ | — | 预制构件的工程量为构件的实际体积（不包括空心部分的体积），但预应力构件的工程量为构件预制体积与构件端头封锚混凝土的数量之和 |
| 混凝土拌和 | 4-11-11-15 | $60 m^3/h$ 以内混凝土拌和站拌和 | 混凝土搅拌站（楼）拌和：自动配料、拌和、出料 | $6.501 \times 1.01 \times 100 m^3$ | — | 混凝土拌和量需要考虑混凝土损耗系数为 1.01 |

续表

| 工程细目 | 定额代号 | 定额名称 | 工作内容 | 定额工程量 | 定额调整 | 说　明 |
|---|---|---|---|---|---|---|
| 混凝土运输 | 4-11-11-24 | $6m^3$ 搅拌运输车运混凝土 1km | 第一个 1km：等待、装、卸、运行、掉头、空回、清洗车辆 | $6.501 \times 1.01 \times 100m^3$ | — | 1. 混凝土拌和量需要考虑混凝土损耗系数为 1.01。<br>2. 本桥梁混凝土运距暂按 2km 考虑 |
| | 4-11-11-25 | $6m^3$ 搅拌运输车运混凝土增运 0.5km | | | $\times 2$ | |
| 预制梁体出坑堆放 | 4-8-2-5 | 卷扬机牵引 50m 龙门架装车（构件质量 50t 以内） | 挂钩、起吊、装车、固定构件；等待、装、卸；运走、掉头及空回 | $65.01 \times 10m^3$ | — | 出坑堆放按照构件运输第一个运距单位定额计列 |
| 龙门吊使用 | 4-7-28-3 | 跨墩门架高 9m | 全套金属设备（包括起吊设备及钢轨）的安装、拆除；脚手架、绞车平台、张拉工作台、底板工作台、铁（木）梯等附属设备的制作、安装、拆除；混凝土枕块、平衡重的预制、安装；安装设备用的扒杆的移动；机具设备的擦拭、保养、堆放 | $3 \times 10t$ 金属设备 | 设备摊销费 $(5600/4) \times 10$ | 吊装设备使用共计 10 个月，超过定额的 4 个月使用期，定额需要调整 |
| 梁体运输 | 4-8-2-5 | 卷扬机牵引 50m 龙门架装车（构件质量 50t 以内） | 挂钩、起吊、装车、固定构件；等待、装、卸；运行、掉头及空回 | $6.501 \times 100m^3$ | — | 1. 单片梁均重量 40t，故套用构件质量 50t 以内定额。<br>2. 平均运距 600m |
| | 4-8-2-16 | 卷扬机牵引每增运 50m（构件质量 50t 以内） | 运走及空回 | | $\times 11$ | |

续表

| 工程细目 | 定额代号 | 定额名称 | 工作内容 | 定额工程量 | 定额调整 | 说明 |
|---|---|---|---|---|---|---|
| T形梁安装 | 4-7-14-9 | 双导梁安装T形梁 | 整修构件；构件吊起、纵移、落梁、横移就位、校正；T形梁横隔板接头钢板焊接及接缝现浇混凝土浇筑、捣固及养护和水泥砂浆嵌缝；I形梁横隔板、桥面板现浇混凝土浇筑、捣固及养护和组合钢模板拼拆及安装、拆除、修理、涂脱模剂、堆放；龙门起重机及单、双导梁纵移过墩；吊脚手架、安全网的装、拼、移动过渡 | 65.01×10m³ | | |
| 双导梁使用 | 4-7-28-2 | 双导梁 | 全套金属设备（包括起吊设备及钢轨）的安装、拆除；脚手架、绞车平台、张拉工作台、底板工作台、铁（木）梯等附属设备的制作、安装、拆除；混凝土枕块、平衡重的预制、安装；安装设备用的扒杆的移动；机具设备的擦拭、保养、堆放 | 10.15×10t | 设备摊销费(7200/4)×9 | 双导梁使用共计9个月,超过定额的4个月使用期,定额需要调整 |
| 路基上轨道 | 7-1-4-3 | 轨道铺设在路基上钢轨质量32kg/m | 铺设枕木、钢轨,安装配件；铺设道砟并捣固整平；拆除线路,材料分类堆放 | 500m×2 | 设备摊销费(2021.8/4)×9 | 超过定额的4个月使用期,需要调整定额 |
| 桥梁上轨道 | 7-1-4-3 | 轨道铺设在桥面上钢轨质量32kg/m | | 200m×2 | 设备摊销费(2021.8/4)×9 | 超过定额的4个月使用期,需要调整定额 |

纵横造价软件对预制预应力混凝土上部结构的组价如图6-10所示。

| 清单编号 | 名称 | 单位 | 清单数量 | 清单单价 | 金额（F） | 备注 | 单价分析 | 专项暂定 | 谈定 |
|---|---|---|---|---|---|---|---|---|---|
| 411-8 | 预制预应力混凝土上部结构 | m³ | 650.100 | 1598.94 | 1,039,471 | | ☑ | □ | □ |

单价 设备购置

| 编号 | 名称 | 单位 | 工程量 | 工程类别 | 调整状态 | 子目单价 | 单价 | 算价 | 建安费 | 利润 | | 税金 | | 规格型号 | 材料调整 | 工程项目 |
|---|---|---|---|---|---|---|---|---|---|---|---|---|---|---|---|---|
| 4-7-14-1 | 预制预应力T形梁混凝土丰泵送 | 10m³ | 65.010 | (08)构造物II | | 811.76 | 8117.61 | | 527726 | 33443 | ☑ | 43574 | ☑ | | □ | I.预制 |
| 4-11-11-15 | 60m³/h以内混凝土拌和站拌和 | 100m³ | 6.566 | (06)构造物I | | 10.95 | 1083.76 | | 7116 | 451 | ☑ | 588 | ☑ | | □ | III.混凝土搅拌站 |
| 4-11-11-24 | 6m³搅拌车运输混凝土2km | 100m³ | 6.501 | (03)运输 | +25×2 | 18.45 | 1844.79 | | 11993 | 760 | ☑ | 990 | ☑ | | □ | V.混凝土运输 |
| 4-11-11-25 | 6m³搅拌车运输混凝土增运0.5km | 100m³ | 6.501 | (03)运输 | | 0.92 | 92.29 | | 600 | 38 | ☑ | 50 | ☑ | | □ | V.混凝土运输 |
| 4-8-2-5 | 卷扬机牵引50m龙门架装车（构件质量50t以内） | 100m³实体 | 6.501 | (12)钢材及钢结构(桥梁) | | 7.54 | 753.88 | | 4901 | 311 | ☑ | 405 | ☑ | | □ | I.卷扬机牵引 |
| 4-7-28-3 | 跨墩门架高9m | 10t金属设备 | 3.000 | (12)钢材及钢结构(桥梁) | | 70.47 | 15271.67 | | 45815 | 2903 | ☑ | 3783 | ☑ | | ☑ | 金属结构吊装设备 |
| 4-8-2-5 | 卷扬机牵引50m龙门架装车（构件质量50t以内） | 100m³实体 | 6.501 | (03)运输 | | 7.54 | 753.88 | | 4901 | 311 | ☑ | 405 | ☑ | | □ | I.卷扬机牵引 |
| 4-8-2-16 | 卷扬机牵引每增运50m（构件质量50t以内） | 100m³实体 | 0.84 | (03)运输 | | 0.84 | 84.29 | | 548 | 35 | ☑ | 45 | ☑ | | □ | I.卷扬机牵引 |
| 4-7-14-9 | 双导梁安装T形梁 | 10m³ | 65.010 | (08)构造物II | | 197.13 | 1971.33 | | 128156 | 8121 | ☑ | 10582 | ☑ | | □ | II.安装 |
| 4-7-28-2 | 双导梁 | 10t金属设备 | 10.150 | (12)钢材及钢结构(桥梁) | | 230.08 | 14736.65 | | 149577 | 9479 | ☑ | 12350 | ☑ | | ☑ | 金属结构吊装设备 |
| 7-1-4-3 | 轨道铺设在路基上钢轨重32kg/m | 100m | 10.000 | (06)构造物I | | 185.19 | 12039.30 | | 120393 | 7629 | ☑ | 9941 | ☑ | | □ | 轨道铺设 |
| 7-1-4-4 | 轨道铺设在桥面上钢轨重32kg/m | 100m | 4.000 | (06)构造物I | | 58.06 | 9436.25 | | 37745 | 2392 | ☑ | 3117 | ☑ | | □ | 轨道铺设 |

图6-10 纵横造价软件对预制预应力混凝土上部结构的组价

### 6.1.2 现浇连续段

对于公路工程桥梁,为保证行车的舒适性,通常采用多跨连续梁结构以减少桥梁伸缩缝的数量,因此采用装配式施工的连续梁桥,在梁(板)架设完毕后,需要将处于简支体系的梁(板)按设计要求转换为连续体系。

先简支后连续梁桥的施工特点是先按简支梁规模化施工,在整跨梁预制、架设就位后,在支座处将墩顶湿接缝(现浇段)及预应力张拉把相邻跨的梁连接成连续梁。湿接缝即为纵向连接两跨简支梁,横向连接同跨梁板的现浇混凝土段。该类桥梁结构由预制梁段与现浇梁段组成,由双排支座变为单排支座的过程即为体系转变过程。我国广西柳南高速公路洛维大桥首次采用这种体系,通过预应力使结构连续,在负弯矩区施加了预应力,连续区的桥面开裂得以避免,提高道路使用性能。

现浇结合段混凝土在 2018 版《公路工程标准施工招标文件》中适用清单项 410-5 桥梁上部结构现浇整体化混凝土。

**1. 现浇湿接缝施工工艺**

桥梁现浇湿接缝工艺流程如图 6-11 所示。

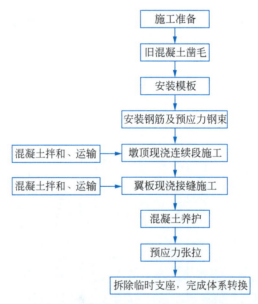

图 6-11 桥梁现浇湿接缝工艺流程简图

1) 现浇湿接缝施工准备

预制梁板安装在临时支座上,并调整好轴线与标高后即可进行湿接缝的施工。对梁顶板要浇注混凝土的范围内的梁板表层进行凿毛,确保新老混凝土的结合良好,如图 6-12 所示。

2) 安装预应力钢束

为防止预应力筋与管道间摩擦引起应力损失增加及改变预应力筋的受力,须严格控制预应力钢束的位置。在现浇段中预埋与预制梁中同种材料的预应力波纹管,须与预制梁段对应波纹管顺接,确保其连接可靠,不漏浆。

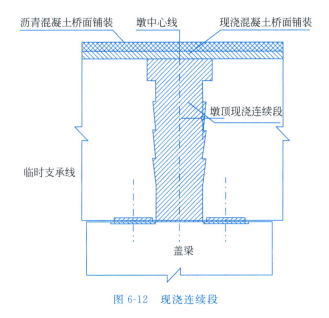

图 6-12 现浇连续段

3)预应力张拉

待现浇混凝土强度达到 100% 后,张拉预应力钢绞线,并封锚、压浆。拆除临时支座,完成整个体系转换过程。

针对现浇湿接缝内容编制预算的时候,需要注意以下两点。

(1)在安装 T 形梁时,如未考虑现浇混凝土部分定额,可按照现浇 T 形梁定额计算。

(2)桥面连续的钢绞线与预制预应力 T 形梁的钢绞线均在清单 411-5 后张法预应力钢绞线中计量,该部分内容将在下一小节详细阐述。

**2. 现浇连续段组价案例讲解**

【**案例 6-2**】 续案例 6-1,某大桥桥宽与路基同宽,桥梁两岸地势平坦,预制场距离桥头 500m,桥梁跨径 5×20m+5×20m,为先简支后连续预应力混凝土 T 形梁结构,每跨布置梁片 4 片。T 形梁的预制安装工期均按 8 个月计算,预制安装存在时间差,按 1 个月考虑。吊装设备考虑 1 个月安拆时间。施工组织设计提出 20m 跨度,9m 高龙门吊机每套质量 30t(每套 2 台),双导梁架桥机全套质量 101.5t。上部结构的主要工程量如表 6-8 所示。请根据以上信息,列出该桥梁现浇结合段的清单及所涉及的定额和工程量。

表 6-8 某桥梁主梁主要材料工程数量表

| 工程内容 | | 单位 | 上部构造 |
|---|---|---|---|
| | | | 主梁 |
| 现浇混凝土 C50 | 横隔板 | m³ | 19.8 |
| | 翼板 | m³ | 65.08 |
| | 现浇连续段 | m³ | 70.16 |

1) 清单套取

结构现浇段的现浇混凝土的清单项需要在 410 结构混凝土工程中才能找到对应的清单,根据结构属性选择 410-5 桥梁上部结构现浇整体化混凝土,具体如表 6-9 所示。

表 6-9　410 结构混凝土工程

| 子目号 | 子目名称 | 单位 | 工程量计量 | 工程内容 |
| --- | --- | --- | --- | --- |
| 410 | 结构混凝土工程 | | | |
| 410-5 | 桥梁上部结构现浇整体化混凝土 | $m^3$ | 1. 依据图纸所示体积分不同强度等级以立方米为单位计量;<br>2. 直径小于 200mm 的管子、钢筋、锚固件、管道、泄水孔或桩所占混凝土体积不予扣除;<br>3. 绞缝、湿接缝、先简支后连续现浇接头混凝土计入本子目 | 1. 工作面清理;<br>2. 搭拆作业平台;<br>3. 安拆支架、模板;<br>4. 混凝土配运料、拌和、运输、浇筑、养护 |

清单工程量计量规则要求"依据图纸所示体积分不同强度等级以立方米为单位计量",其中又要求"绞缝、湿接缝、先简支后连续现浇接头混凝土计入本子目",因此清单工程量需要将横隔板现浇部分、翼板现浇部分、先简支后连续现浇接头混凝土一起算量。

清单工程量:19.8+65.08+70.16=155.04(m³)。

形成的清单范本如表 6-10 所示。

表 6-10　桥梁上部结构现浇整体化混凝土

| 子目号 | 子目名称 | 单位 | 数量 | 单价 | 合价 |
| --- | --- | --- | --- | --- | --- |
| 410 | 结构混凝土工程 | | | | |
| 410-5 | 桥梁上部结构现浇整体化混凝土 | | | | |
| -a | C50 | m³ | 155.04 | | |

2) 定额套取

根据案例内容套用定额,对应调整和定额工程量总量如表 6-11 所示。

表 6-11　410-5-a 桥梁上部结构现浇整体化混凝土 C50

| 工程细目 | 定额代号 | 定额名称 | 工作内容 | 定额工程量 | 定额调整 | 说明 |
| --- | --- | --- | --- | --- | --- | --- |
| 现浇横隔板 | 4-7-14-15 | 现浇横隔板及桥面板 | T 形梁横隔板接头钢板焊接及接缝现浇混凝土浇筑、捣固及养护和水泥砂浆嵌缝 | 15.5×10m³ | — | 构件安装时的现浇混凝土的工程量为现浇混凝土和砂浆的数量之和。但如在安装定额中已计列砂浆消耗的项目,则在工程量中不应再计列砂浆的数量 |

续表

| 工程细目 | 定额代号 | 定额名称 | 工作内容 | 定额工程量 | 定额调整 | 说明 |
|---|---|---|---|---|---|---|
| 现浇翼板 | 4-7-14-10 | 现浇接缝混凝土 | T形梁横隔板接头钢板焊接及接缝现浇混凝土浇筑、捣固及养护和水泥砂浆嵌缝 | $8.484\times10m^3$ | — | 构件安装时的现浇混凝土的工程量为现浇混凝土和砂浆的数量之和。但如在安装定额中已计列砂浆消耗的项目，则在工程量中不应再计列砂浆的数量 |
| 墩顶连续段 | 4-6-9-3 | 现浇T形梁混凝土钢模非泵送 | 搭、拆轻型上下架；钢模板安装、拆除、修理、涂脱模剂、堆放；钢筋除锈、制作、电焊绑扎及骨架吊装入模；混凝土浇筑、捣固及养护 | $7.016\times10m^3$ 实体 | 混凝土标号抽换为C50 | 安装T形梁定额的现浇混凝土部分未考虑，可按照现浇T形梁定额计算 |
| 混凝土拌和 | 4-11-11-15 | $60m^3/h$以内混凝土拌和站拌和 | 混凝土搅拌站（楼）拌和：自动配料、拌和、出料 | $1.581\times100m^3$ | — | 混凝土拌和量需要考虑混凝土损耗系数为1.02 |
| 混凝土运输 | 4-11-11-24 | $6m^3$搅拌运输车运混凝土1km | 第一个1km：等待、装、卸、运行、掉头、空回、清洗车辆 | $1.581\times100m^3$ | — | 1. 混凝土拌和量需要考虑混凝土损耗系数为1.02。2. 本桥梁混凝土运距暂按1km考虑 |

### 6.1.3 预应力钢绞线

钢绞线在后张法预应力混凝土结构中采用较多，对后张法施工的预应力混凝土构件，通常的做法是在构件中预留孔道，待预应力钢绞线的应力张拉至控制应力后，用压力灌浆将预留孔道孔隙填实。钢绞线一般由7股$\phi 3mm$、$\phi 4mm$、$\phi 5mm$的高强度钢丝绞织在一起合成钢绞线，公称直径分别为9mm、12mm和15mm，抗拉强度设计值分别为$1130N/mm^2$、$1070N/mm^2$、$1000N/mm^2$，伸长率≥1%。

在用后张法张拉预应力筋时，要求混凝土符合设计要求，或不得低于设计强度等级的75%。

**1. 后张法预应力 T 形梁钢绞线施工工艺**

桥梁后张法预应力 T 形梁钢绞线穿束张拉工艺流程如图 6-13 所示。

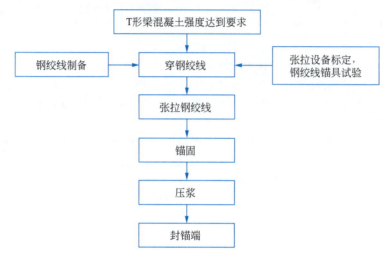

图 6-13　桥梁后张法预应力 T 形梁钢绞线穿束张拉工艺

1）混凝土强度要求

运用后张法张拉预应力筋时,在梁体绑扎钢筋时穿波纹管定位,如图 6-14 所示,立模浇筑混凝土,混凝土养生,待混凝土强度符合设计要求或不低于设计强度等级的 75% 时,穿钢绞线张拉。

图 6-14　波纹管定位实景图

2）钢绞线

目前桥梁工程中常用由 7 股高强钢丝捻制而成的公称直径为 15.2mm 的钢绞线,如图 6-15 所示,结构代号为 1×7,理论质量为 1.101kg/m。计算钢绞线每米理论质量时,取钢的密度为 $7.85g/cm^3$。

3）锚固

张拉后的钢绞线需要用锚具锚固在梁体两端,锚具即为始终对预应力筋保持锚固状态的锚固工具,图 6-16 所示为圆锚锚具图。

(a)                               (b)

图 6-15 钢绞线实物图

图 6-16 圆锚锚具

4）封锚

封锚混凝土在预制预应力 T 形梁混凝土中计量。实物如图 6-17 所示。

图 6-17 封锚

## 2. 钢绞线组价案例讲解

【案例 6-3】 续案例 6-2，某大桥桥宽与路基同宽，桥梁两岸地势平坦，预制场距离桥头 500m，桥梁跨径 5×20m+5×20m，为先简支后连续预应力混凝土 T 形梁结构，每跨布置梁片 4 片。T 形梁的预制安装工期均按 8 个月计算，预制安装存在时间差，按 1 个月考虑。吊装设备考虑 1 个月安拆时间。施工组织设计提出 20m 跨度，9m 高龙门吊机每套质量 30t（每套 2 台），双导梁架桥机全套质量 101.5t。上部结构中钢绞线的主要工程量如表 6-12 所

正弯矩和负弯矩钢绞线及参数图纸

示。扫二维码查看正弯矩和负弯矩钢绞线及参数图纸。请根据以上信息，列出该桥梁预应力钢绞线的清单及所涉及的定额和工程量。

表 6-12  某桥梁主梁主要材料工程数量表

| 工程内容 | | 单位 | 上部构造 |
|---|---|---|---|
| | | | 主梁 |
| $\phi^s15.2$ 钢绞线 | | kg | 28230 |
| 锚具 | 15-3 型 | 套 | 192 |
| | 15-4 型 | 套 | 64 |
| | 15-5 型 | 套 | 24 |
| | 15-6 型 | 套 | 144 |
| | 15-7 型 | 套 | 72 |
| 波纹管 | 内径 67mm×25mm | m | 1080.5 |
| | 内径 77mm×25mm | m | 360.2 |
| | 内径 $d=62$mm | m | 235.2 |
| | 内径 $d=77$mm | m | 2112.8 |

1）清单套取

根据项目内容套用钢绞线清单项，项目采用波纹管，可知钢绞线的张拉顺序为后张拉，满足后张法的预应力钢绞线清单项为 411-5，具体内容如表 6-13 所示。

表 6-13  后张法预应力钢绞线

| 子目号 | 子目名称 | 单位 | 工程量计量 | 工程内容 |
|---|---|---|---|---|
| 411-5 | 后张法预应力钢绞线 | kg | 1. 按图示两端锚具间的理论长度计算的预应力钢材质量，分不同材质以千克为单位计量；2. 除上述计算长度以外的锚固长度及工作长度的预应力钢材含入相应预应力钢材报价之中，不另行计量 | 1. 制作安装预应力钢材；2. 制作安装管道；3. 安装锚具、锚板；4. 张拉；5. 压浆；6. 封锚头 |

形成的清单范本如表 6-14 所示。

表 6-14  后张法预应力钢绞线工程量清单

| 子目号 | 子目名称 | 单位 | 数量 | 单价 | 合价 |
|---|---|---|---|---|---|
| 411 | 预应力混凝土工程 | | | | |
| 411-5 | 后张法预应力钢绞线 | kg | 28230 | | |

2）定额套取

套取定额前,查看《预算定额》第四章第七节说明中关于钢绞线的信息。

（1）制作、张拉预应力钢筋、钢绞线,是按不同的锚头形式分别编制的；当每吨钢筋的根数或每吨钢绞线的束数有变化时,可根据定额进行抽换。

（2）预应力钢筋、钢丝束及钢绞线定额中均已计入预应力管道及压浆的消耗量,使用定额时,不得另行计算。定额中不含铁皮管及波纹管的定位钢筋,需要时,应另行计算。定额中的束长为一次张拉的长度。

（3）对于钢绞线不同型号的锚具,使用定额时可按表6-15中规定计算。

表6-15 定额锚具型号　　　　　　　　　　　　　　　　　　　单位：孔

| 设计采用锚具型号 | 1 | 4 | 5 | 6 | 8 | 9 | 10 | 14 | 15 | 16 | 17 | 24 |
|---|---|---|---|---|---|---|---|---|---|---|---|---|
| 套用定额的锚具型号 | 3 | | 7 | | | | 12 | | | 19 | | 22 |

20m长的后张法预应力钢绞线,可供选择的定额只有4-7-19,具体工料机表如表6-16所示。

表6-16 4-7-19预应力钢筋及钢绞线

工程内容　预应力钢绞线制作、张拉：①波纹管安装；②安装压浆嘴、排气管、锚垫板、螺旋筋；③搭、拆临时脚手架及操作平台；④钢绞线束制作、穿束；⑤安装锚具、智能张拉机安装、张拉；⑥切割钢绞线（束）头、封锚头、清洗孔道及孔道压浆；⑦机具安装、拆除及保养；⑧张拉压浆数据分析汇总。

Ⅱ．预应力钢绞线　　　　　　　　　　　　　　　　　　　　　　　单位：1t钢绞线

| 顺序号 | 项目 | 单位 | 代号 | 束长/m 20以内 锚具型号 | | | | | |
|---|---|---|---|---|---|---|---|---|---|
| | | | | 3孔 | | 7孔 | | 12孔 | |
| | | | | 每吨 18.94束 | 每增减 1束 | 每吨 8.12束 | 每增减 1束 | 每吨 4.73束 | 每增减 1束 |
| | | | | 3 | 4 | 5 | 6 | 7 | 8 |
| 1 | 人工 | 工日 | 1001001 | 12.8 | 0.6 | 9.7 | 0.6 | 7.1 | 0.6 |
| 2 | 钢绞线 | t | 2001008 | 1.04 | — | 1.04 | — | 1.04 | — |
| 3 | 塑料波纹管SBG-50Y | m | 5001035 | 291 | — | | | | |
| 4 | 塑料波纹管SBG-60Y | m | 5001036 | — | | 125 | | | |
| 5 | 塑料波纹管SBG-75Y | m | 5001037 | — | | | | 73 | |
| 7 | 压浆料 | t | 5003003 | 0.67 | | 0.35 | | 0.3 | |
| 8 | 钢绞线圆锚(3孔) | 套 | 6005005 | 38.26 | 2.02 | | | | |
| 9 | 钢绞线圆锚(7孔) | 套 | 6005009 | | | 16.4 | 2.02 | | |
| 10 | 钢绞线图锚(12孔) | 套 | 6005013 | — | | | | 9.55 | 2.02 |

续表

| 顺序号 | 项目 | 单位 | 代号 | 束长/m 20以内 锚具型号 ||||||
|---|---|---|---|---|---|---|---|---|---|
| | | | | 3孔 || 7孔 || 12孔 ||
| | | | | 每吨 18.94束 | 每增减 1束 | 每吨 8.12束 | 每增减 1束 | 每吨 4.73束 | 每增减 1束 |
| | | | | 3 | 4 | 5 | 6 | 7 | 8 |
| 12 | 其他材料费 | 元 | 7801001 | 80.9 | — | 41.9 | — | 29.1 | — |
| 13 | 智品张拉系统 | 台班 | 8005079 | 2.27 | 0.12 | 0.97 | 0.12 | 0.57 | 0.12 |
| 14 | 智能压浆系统 | 台班 | 8005084 | 0.07 | — | 0.04 | — | 0.03 | — |
| 15 | 小型机具使用费 | 元 | 8099001 | 154.3 | 2.4 | 89 | 3.4 | 51.3 | 4 |
| 16 | 基价 | 元 | 9999001 | 12823 | 268 | 10385 | 434 | 9531 | 642 |

定额工程量要求按"预应力钢束的锚固长度与工作长度的质量之和计算工程量",不同束钢丝束组成的钢绞线需要分开计量,现对钢绞线工程量的计算如下。

(1)现浇连续段钢绞线。
- 边梁N1(BM15-3):12.253×3×1.101×2×16×2=2590.18618(kg),锚具64套。
- 边梁N2(BM15-4):12.253×4×1.101×2×16×2=3453.58157(kg),锚具64套。
- 中梁N1(BM15-3):12.253×3×1.101×2×16×2=2590.18618(kg),锚具64套。
- 中梁N2(BM15-3):12.253×3×1.101×2×16×2=2590.18618(kg),锚具64套。

(2)主梁钢绞线。

① 主梁边跨
- 边跨边梁N1(BM15-7):20.788×7×1.101×8=1281.70493(kg),锚具16套。
- 边跨边梁N2(BM15-7):20.764×7×1.101×8=1280.225184(kg),锚具16套。
- 边跨边梁N3(BM15-7):20.728×7×1.101×8=1278.005568(kg),锚具16套。
- 边跨中梁N1(BM15-6):20.788×6×1.101×8=1098.604224(kg),锚具16套。
- 边跨中梁N2(BM15-6):20.764×6×1.101×8=1097.335872(kg),锚具16套。
- 边跨中梁N3(BM15-6):20.728×6×1.101×8=1095.43334(kg),锚具16套。

② 主梁中跨
- 中跨边梁N1(BM15-7):20.788×7×1.101×12=1922.557392(kg),锚具24套。
- 中跨边梁N2(BM15-6):20.764×6×1.101×12=1646.003808(kg),锚具24套。
- 中跨边梁N3(BM15-6):20.728×6×1.101×12=1643.150016(kg),锚具24套。
- 中跨中梁N1(BM15-5):20.788×5×1.101×12=1373.255280(kg),锚具24套。
- 中跨中梁N2(BM15-6):20.764×6×1.101×12=1646.003808(kg),锚具24套。
- 中跨中梁N3(BM15-6):20.728×6×1.101×12=1643.150016(kg),锚具24套。

统计出钢绞线数量,汇总表如表 6-17 所示。

表 6-17　钢绞线数量汇总表

| 锚具型号 | 对应长度/m | 对应股数 | 钢绞线质量/kg | 锚具数量/套 | 1t 制作多少束 |
|---|---|---|---|---|---|
| 15-3 型 | 24.506 | 3 | 7770.559 | 192 | 12.35432 |
| 15-4 型 | 24.506 | 4 | 3453.582 | 64 | 9.265743 |
| 15-5 型 | 20.788 | 5 | 1373.255 | 24 | 8.738361 |
| 15-6 型 | 20.788 | 6 | 1098.604 | 16 | 7.281967 |
| 15-6 型 | 20.764 | 6 | 4389.343 | 64 | 7.290384 |
| 15-6 型 | 20.728 | 6 | 3286.3 | 48 | 7.303046 |
| 15-7 型 | 20.788 | 7 | 3204.262 | 40 | 6.241686 |
| 15-7 型 | 20.764 | 7 | 1280.225 | 16 | 6.248901 |
| 15-7 型 | 20.728 | 7 | 2373.439 | 32 | 6.259754 |

清单 411-5 后张法预应力钢绞线对应套取的定额如表 6-18 所示。

表 6-18　清单 411-5 后张法预应力钢绞线

| 工程细目 | 定额代号 | 定额名称 | 工作内容 | 定额工程量/t | 定额调整 | 说　明 |
|---|---|---|---|---|---|---|
| 24.506m 15-3 型 | 4-7-19-3 | 预应力钢绞线束长 20m 以内 3 孔每吨 18.94 束 | 预应力钢绞线制作、张拉：①安装波纹管；②安装压浆嘴、排气管、锚垫板、螺旋筋；③搭、拆临时脚手架及操作平台；④钢绞线束制作、穿束；⑤安装锚具、智能张拉机安装、张拉；⑥切割钢绞线（束）头、封锚头、清洗孔道及孔道压浆； | 7.771 | 每吨 18.94 束改为 12.35432 束 | 1. 制作张拉预应力钢筋、钢绞线是按不同的锚头形式分别编制的；当每吨钢筋的根数或每吨钢绞线的束数有变化时，可根据定额进行抽换。<br>2. 预应力钢筋、钢丝束及钢绞线定额中均已计入预应力管道及 |
| 24.506m 15-4 型 | 4-7-19-3 | 预应力钢绞线束长 20m 以内 4 孔每吨 18.94 束 | | 3.454 | 每吨 18.94 束改为 9.265743 束,锚具 3 孔改为 4 孔 | |
| 20.788m 15-5 型 | 4-7-19-5 | 预应力钢绞线束长 20m 以内 5 孔每吨 8.12 束 | | 1.373 | 每吨 8.12 束改为 8.738361 束,锚具 7 孔改为 5 孔 | |
| 20.788m 15-6 型 | 4-7-19-5 | 预应力钢绞线束长 20m 以内 6 孔每吨 8.12 束 | | 1.099 | 每吨 8.12 束改为 7.281967 束,锚具 7 孔改为 6 孔 | |
| 20.764m 15-6 型 | 4-7-19-5 | 预应力钢绞线束长 20m 以内 6 孔每吨 8.12 束 | | 4.389 | 每吨 8.12 束改为 7.290384 束,锚具 7 孔改为 6 孔 | |

续表

| 工程细目 | 定额代号 | 定额名称 | 工作内容 | 定额工程量/t | 定额调整 | 说 明 |
|---|---|---|---|---|---|---|
| 20.728m 15-6型 | 4-7-19-5 | 预应力钢绞线束长20m以内6孔每吨8.12束 | ⑦机具安装、拆除及保养；⑧张拉压浆数据分析汇总 | 3.286 | 每吨8.12束改为7.303046束,锚具7孔改为6孔 | 压浆的消耗量,使用定额时,不得另行计算。定额中不含铁皮管及波纹管的定位钢筋,需要时,应另行计算。定额中的束长为一次张拉的长度 |
| 20.788m 15-7型 | 4-7-19-5 | 预应力钢绞线束长20m以内7孔每吨8.12束 | | 3.204 | 每吨8.12束改为6.241686束 | |
| 20.764m 15-7型 | 4-7-19-5 | 预应力钢绞线束长20m以内7孔每吨8.12束 | | 1.28 | 每吨8.12束改为6.248901束 | |
| 20.728m 15-7型 | 4-7-19-5 | 预应力钢绞线束长20m以内7孔每吨8.12束 | | 2.373 | 每吨8.12束改为6.259754束 | |

## 6.2 桥梁下部结构

下部结构是支承上部结构并将荷载传递至地基的建筑物,位于桥跨结构之下,包括桥墩、桥台或索塔、墩台的基础,通常将设置在桥梁两端的结构称为桥台,两桥台之间则为桥墩。桥墩、桥台是支承桥跨结构并将结构自重和车辆等荷载传至地基的建筑物。

本节主要对桥墩进行施工工艺讲解及清单造价编制。

多跨桥的中间支承结构称为桥墩,桥墩分为重力式桥墩和轻型桥墩两大类。

重力式桥墩的运用较为普遍,一般为混凝土或石砌的实体结构,上有墩帽,下接基础。墩帽是桥墩顶端的传力部分,它通过支座承托上部构造,并将相邻两孔桥跨结构的自重和活载传到墩身上。墩身是桥墩的主体,通常由块石、混凝土或钢筋混凝土材料建造。一些高大桥墩为了减轻自重,将墩身内部作为空腔体,即空心墩。

当地基土质条件较差时,为减轻墩身质量,常采用轻型桥墩。轻型桥墩有钢筋混凝土薄壁墩、轻型实体桥墩、柱式桥墩。

柱式桥墩由分离的两根或多根立柱组成,是桥梁中采用较多的桥墩形式之一,本节主要对该类型桥墩进行讲解,如图6-18所示。

**1. 桥墩墩身施工工艺**

桥墩墩身施工工艺流程：施工放样→墩身钢筋制作安装→模板安装→分层浇筑混凝土→混凝土养护→模板拆除→墩身成品验收。

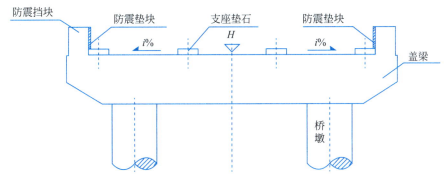

图 6-18 圆柱墩和盖梁

### 2. 桥梁下部结构组价案例讲解

**【案例 6-4】** 某桥梁下部结构设计为双柱式桥墩,扫二维码查看大桥布置和桥墩设计图纸提升模架按 10t 考虑。下部结构的主要工程量如表 6-19 所示。请根据以上信息,列出该桥桥墩的清单及所涉及的定额和工程量。

大桥布置和桥墩设计图

表 6-19 某桥梁下部结构主要工程量

| 工程内容 | | | 单位 | 桥 墩 | | | | |
|---|---|---|---|---|---|---|---|---|
| | | | | 盖梁 | 挡块 | 支座垫石 | 墩柱 | 墩柱系梁 |
| 现浇 C30 | | | m³ | 169.2 | 14.7 | | 540.4 | 32.5 |
| C40 小石子混凝土 | | | m³ | | | 2.5 | | |
| 钢筋 | HRB335 | φ28 | kg | 20654.1 | | | 47248 | |
| | | φ25 | kg | | | | 10442 | |
| | | φ22 | kg | | 3168 | | | 3367 |
| | | φ20 | kg | | | | | |
| | | φ16 | kg | | | | | |
| | | φ12 | kg | 1114.2 | | | | |
| | HPB235 | φ10 | kg | 5049.9 | 440 | 871 | 5425 | 747 |

1) 清单套取

根据项目内容套用桥墩钢筋、盖梁钢筋、墩系梁钢筋、挡块钢筋和支座垫石钢筋清单项,桥墩钢筋、盖梁钢筋、墩系梁钢筋都属于桥梁下部结构钢筋,套 403-2;挡块钢筋和支座垫石钢筋则属于附属结构钢筋,套 403-4。具体内容如表 6-20 所示。

下部结构混凝土都采用现浇施工,桥墩和墩系梁混凝土计入清单 410-2-b 桥墩混凝土中,盖梁混凝土有自有的清单项 410-2-c 盖梁混凝土,挡块和支座垫石应选择 410-6 现浇混凝土附属结构,具体内容如表 6-21 所示。

表 6-20  403 钢筋

| 子目号 | 子目名称 | 单位 | 工程量计量 | 工程内容 |
|---|---|---|---|---|
| 403 | 钢筋 | | | |
| 403-2 | 下部结构钢筋 | kg | 1. 依据图纸所示及钢筋表所列钢筋质量以千克为单位计量;<br>2. 固定钢筋的材料、定位架立钢筋、钢筋接头、吊装钢筋、钢板、铁丝作为钢筋作业的附属工作,不另行计量 | 1. 钢筋的保护、储存及除锈;<br>2. 钢筋整直、接头;<br>3. 钢筋截断、弯曲;<br>4. 钢筋安设、支承及固定 |
| 403-4 | 附属结构钢筋 | kg | 1. 依据图纸所示及钢筋表所列钢筋质量以千克为单位计量;<br>2. 缘石、人行道、防撞墙、栏杆、桥头搭板、枕梁、抗震挡块、支座垫块等构造物,其所用钢筋以及伸缩缝预埋的钢筋,均列入本子目计量;<br>3. 固定钢筋的材料、定位架立钢筋、钢筋接头、吊装钢筋、钢板、铁丝作为钢筋作业的附属工作,不另行计量 | 1. 钢筋的保护、储存及除锈;<br>2. 钢筋整直、接头;<br>3. 钢筋截断、弯曲;<br>4. 钢筋安设、支承及固定 |

表 6-21  410 结构混凝土工程

| 子目号 | 子目名称 | 单位 | 工程量计量 | 工程内容 |
|---|---|---|---|---|
| 410 | 结构混凝土工程 | | | |
| 410-2 | 混凝土下部结构 | | | |
| -b | 桥墩混凝土 | m³ | 1. 依据图纸所示体积分不同强度等级以立方米为单位计量;<br>2. 直径小于 200mm 的管子、钢筋、锚固件、管道、泄水孔或桩所占混凝土体积不予扣除 | 1. 场地清理;<br>2. 搭拆作业平台、支架;<br>3. 安拆模板;安设预埋件(包括支座预埋件、防震锚栓及套筒等);<br>4. 混凝土配运料、拌和、运输、浇筑、振捣、养护;<br>5. 防水、防冻、防腐措施 |

续表

| 子目号 | 子目名称 | 单位 | 工程量计量 | 工程内容 |
|---|---|---|---|---|
| -c | 盖梁混凝土 | m³ | 1. 依据图纸所示体积分不同强度等级以立方米为单位计量；<br>2. 直径小于200mm的管子、钢筋、锚固件、管道、泄水孔或桩所占混凝土体积不予扣除；<br>3. 墩梁固结混凝土计入本子目。桥墩上的支座垫石、防震挡块混凝土计入附属结构混凝土 | 1. 场地清理；<br>2. 搭拆作业平台、支架；<br>3. 安拆模板；安设预埋件（包括支座预埋件、防震锚栓及套筒等）；<br>4. 混凝土配运料、拌和、运输、浇筑、振捣、养护 |
| 410-6 | 现浇混凝土附属结构 | m³ | 1. 依据图纸所示体积分不同强度等级以立方米为单位计量；<br>2. 直径小于200mm的管子、钢筋、锚固件、管道、泄水孔或桩所占混凝土体积不予扣除；<br>3. 现浇缘石、人行道、防撞墙、栏杆、护栏、桥头搭板、枕梁、抗震挡块、支座垫石等列入本子目 | 1. 工作面清理；<br>2. 搭拆作业平台；<br>3. 安拆支架、模板；<br>4. 混凝土配运料、拌和、运输、浇筑、养护 |

形成的清单范本如表6-22所示。

表6-22 下部结构工程量清单

清单 第400章 桥梁、涵洞

| 子目号 | 子目名称 | 单位 | 数量 | 单价 | 合价 |
|---|---|---|---|---|---|
| 403 | 钢筋 | | | | |
| 403-2 | 下部结构钢筋 | | | | |
| -a | 光圆钢筋（HPB235、HPB300） | kg | 11221.000 | | |
| -b | 带肋钢筋（HRB335、HRB400） | kg | 82769.000 | | |
| 403-4 | 附属结构钢筋 | | | | |
| -a | 光圆钢筋（HPB235、HPB300） | kg | 1311.000 | | |
| -b | 带肋钢筋（HRB335、HRB400） | kg | 3168.000 | | |
| 410 | 混凝土结构工程 | | | | |
| 410-2 | 混凝土下部结构 | | | | |
| -b | 桥墩混凝土 | m³ | | | |
| -l | 现浇C30 | m³ | 572.900 | | |
| -c | 盖梁混凝土 | m³ | | | |

续表

清单 第400章 桥梁、涵洞

| 子目号 | 子目名称 | 单位 | 数量 | 单价 | 合价 |
|---|---|---|---|---|---|
| -1 | 现浇C30 | m³ | 169.200 | | |
| 410-6 | 现浇混凝土附属结构 | m³ | | | |
| -a | C30混凝土 | m³ | 14.700 | | |
| -b | C40小石子混凝土 | m³ | 2.500 | | |

2)定额套取

套取定额前,查看《预算定额》第四章第七节说明中关于钢绞线的信息,如下所示。

(1)现浇混凝土、预制混凝土、构件安装的工程量为构筑物或预制构件的实际体积,不包括其中空心部分的体积,钢筋混凝土项目的工程量不扣除钢筋(钢丝、钢绞线)、预埋件和预留孔道所占的体积。

(2)墩台高度为基础顶、承台顶或系梁底到盖梁顶、墩台帽顶或0号块件底的高度。

选择圆柱形桥墩定额4-6-2墩、台身,墩身混凝土对应的工料机定额表如表6-23所示,墩身钢筋对应的工料机定额表如表6-24所示。

**表6-23 4-6-2墩、台身**

工程内容 ①搭、拆脚手架及轻型上下架、安全爬梯;②定型钢模板安装、拆除、修理、涂脱模剂、堆放;③液压爬模安装、提升、拆除、修理、涂脱模剂、堆放;④钢筋除锈、制作、电焊、绑扎及骨架吊装入模;⑤混凝土浇筑、捣固、养护。

Ⅱ.柱式墩台  单位:10m³ 实体

| 顺序号 | 项目 | 单位 | 代号 | 混凝土 | | | | | |
|---|---|---|---|---|---|---|---|---|---|
| | | | | 圆柱式墩台 | | | | | |
| | | | | 非泵送 | | | 泵送 | | |
| | | | | 高度/m | | | | | |
| | | | | 10以内 | 20以内 | 40以内 | 10以内 | 20以内 | 40以内 |
| | | | | 12 | 13 | 14 | 15 | 16 | 17 |
| 1 | 人工 | 工日 | 1001001 | 11.1 | 15.6 | 17.8 | 8.9 | 12.5 | 16.7 |
| 2 | 普C25-32.5-4 | m³ | 1503033 | (10.20) | (10.20) | (10.20) | — | — | — |
| 3 | 泵C25-32.5-4 | m³ | 1503083 | — | — | — | (10.40) | (10.40) | (10.40) |
| 4 | HPB300钢筋 | t | 2001001 | — | | | | | |
| 5 | 钢丝绳 | t | 2001019 | 0.012 | 0.01 | 0.009 | 0.012 | 0.01 | 0.009 |

续表

| 顺序号 | 项目 | 单位 | 代号 | 混凝土 ||||||
|---|---|---|---|---|---|---|---|---|---|
| | | | | 圆柱式墩台 ||||||
| | | | | 非泵送 ||| 泵送 |||
| | | | | 高度/m ||||||
| | | | | 10以内 | 20以内 | 40以内 | 10以内 | 20以内 | 40以内 |
| | | | | 12 | 13 | 14 | 15 | 16 | 17 |
| 6 | 型钢 | t | 2003004 | — | 0.001 | 0.001 | — | 0.001 | 0.001 |
| 7 | 钢板 | t | 2003005 | 0.001 | 0.001 | — | — | 0.001 | — |
| 8 | 钢管 | t | 2003008 | — | 0.001 | 0.001 | — | 0.001 | 0.001 |
| 9 | 钢模板 | t | 2003025 | 0.071 | 0.061 | 0.054 | 0.071 | 0.061 | 0.054 |
| 10 | 安全爬梯 | t | 2003028 | 0.037 | 0.028 | 0.025 | 0.025 | 0.028 | 0.025 |
| 11 | 螺栓 | kg | 2009013 | 0.92 | 0.79 | 0.7 | 0.92 | 0.79 | 0.7 |
| 12 | 铁件 | kg | 2009028 | 5.72 | 16.87 | 18.08 | 4.86 | 16.87 | 18.08 |
| 13 | 水 | m³ | 3005004 | 12 | 12 | 12 | 18 | 18 | 18 |
| 14 | 锯材 | m³ | 4003002 | — | 0.01 | 0.01 | — | 0.01 | 0.01 |
| 15 | 中(粗)砂 | m³ | 5503005 | 4.9 | 4.9 | 4.9 | 6.03 | 6.03 | 6.03 |
| 16 | 碎石(4cm) | m³ | 5505013 | 8.47 | 8.47 | 8.47 | 7.59 | 7.59 | 7.59 |
| 17 | 32.5级水泥 | t | 5509001 | 3.417 | 3.417 | 3.417 | 3.869 | 3.869 | 3.869 |
| 18 | 其他材料费 | 元 | 7801001 | 29.7 | 25.4 | 25 | 29.7 | 25.4 | 25 |
| 19 | 60m³/h以内混凝土输送泵 | 台班 | 8005051 | — | — | — | 0.13 | 0.15 | 0.17 |
| 20 | 25t以内汽车式起重机 | 台班 | 8009030 | 0.45 | 0.59 | 0.39 | 0.2 | 0.2 | 0.13 |
| 21 | 40t以内汽车式起重机 | 台班 | 800902 | — | — | 0.3 | — | — | 0.08 |
| 22 | 小型机具使用费 | 元 | 8009001 | 8.9 | 9.4 | 9.4 | 7.2 | 7.2 | 7.2 |
| 23 | 基价 | 元 | 9999001 | 4862 | 5460 | 6023 | 4525 | 4966 | 5454 |

表 6-24　4-6-2 墩、台身　　　　单位:1t

| 顺序号 | 项目 | 单位 | 代号 | 钢筋 | | | | | | | | | |
|---|---|---|---|---|---|---|---|---|---|---|---|---|---|
| | | | | 现场加工 | | | | | 集中加工 | | | | |
| | | | | 高度/m | | | | | | | | | |
| | | | | 主筋焊接连接 | | | 主筋钢套筒连接 | | 主筋焊接连接 | | | 主筋钢套筒连接 | |
| | | | | 10以内 | 20以内 | 40以内 | 20以内 | 40以内 | 10以内 | 20以内 | 40以内 | 20以内 | 40以内 |
| | | | | 24 | 25 | 26 | 27 | 28 | 29 | 30 | 31 | 32 | 33 |
| 1 | 人工 | 工日 | 1001001 | 5.9 | 5.8 | 6.3 | 5.8 | 6.4 | 3.8 | 4.3 | 4.5 | 4.2 | 3.8 |
| 2 | HPB300钢筋 | t | 2001001 | 0.145 | 0.043 | 0.043 | 0.043 | 0.043 | 0.145 | 0.043 | 0.043 | 0.042 | 0.043 |
| 3 | HPB400钢筋 | t | 2001002 | 0.88 | 0.982 | 0.982 | 0.982 | 0.982 | 0.875 | 0.977 | 0.977 | 0.958 | 0.977 |
| 4 | 20～22号铁丝 | kg | 2001022 | 2.49 | 2.2 | 1.95 | 2.2 | 1.95 | 2.35 | 2.2 | 1.95 | 2.2 | 1.95 |
| 5 | 电焊条 | kg | 2009011 | 3.13 | 3.19 | 3.14 | 1.02 | 1.05 | 3.24 | 3.19 | 3.14 | 2.11 | 1.05 |
| 6 | 钢筋连接套筒 | 个 | 2009012 | — | — | — | 9.44 | 10.26 | — | — | — | 9.44 | 10.26 |
| 7 | 25t以内汽车式起重机 | 台班 | 8009030 | — | — | — | — | — | 0.13 | 0.13 | 0.14 | 0.13 | 0.14 |
| 8 | 50kN以内单筒慢动卷扬机 | 台班 | 8009081 | 0.44 | 0.45 | 0.47 | 0.26 | 0.26 | — | — | — | — | — |
| 9 | 全自动钢筋笼滚焊机 | 台班 | 8015008 | — | — | — | — | — | 0.083 | 0.091 | 0.094 | 0.091 | 0.094 |
| 10 | 32kV·A以内交流电弧焊机 | 台班 | 8015028 | 0.47 | 0.53 | 0.55 | 0.22 | 0.24 | 0.1 | 0.21 | 0.21 | — | — |
| 11 | 小型机具使用费 | 元 | 8009001 | 15.5 | 16.9 | 17.6 | 18.8 | 19.6 | — | — | — | 2.7 | 2.8 |
| 12 | 基价 | 元 | 9999001 | 4176 | 4170 | 4230 | 4126 | 4198 | 4025 | 4096 | 4132 | 4034 | 4071 |

圆柱墩无论套用混凝土还是钢筋,都要根据墩、台高度套定额,桥墩高度包括10m内、20m内和40m内三种类型定额,每个定额的工程量也需要分开计算。桥墩墩柱钢筋及混凝土须按照长度的不同分别计算,计算结果如表6-25所示。

表6-25 不同墩柱高度的钢筋及混凝土量

| 工程内容 | | | 单位 | 桥 墩 | | | |
|---|---|---|---|---|---|---|---|
| | | | | 墩柱汇总 | 10m以内桥墩 | 10～20m桥墩 | 20～40m桥墩 |
| 现浇C30 | | | m³ | 540.4 | 44.9 | 30.4 | 465.1 |
| 钢筋 | HRB335 | φ28 | kg | 47248 | — | — | 47248 |
| | HPB235 | φ25 | kg | 10442 | 5199 | 3084 | 2160 |
| | | φ10 | kg | 5425 | 796 | 413 | 4216 |

清单403-2-a下部结构光圆钢筋(HPB235、HPB300)对应套取的定额如表6-26所示。

表6-26 清单403-2-a下部结构光圆钢筋(HPB235、HPB300)

| 工程细目 | 定额代号 | 定额名称 | 工作内容 | 定额工程量 | 定额调整 | 说明 |
|---|---|---|---|---|---|---|
| 桥墩墩高10m以内 | 4-6-2-24 | 现场加工柱式墩台10m以内主筋焊接连接 | 钢筋除锈、制作、电焊、绑扎及骨架吊装入模 | 0.796t | 带肋钢筋抽换成光圆钢筋 | — |
| 桥墩墩高20m以内 | 4-6-2-25 | 现场加工柱式墩台20m以内主筋焊接连接 | | 0.413t | | |
| 桥墩墩高40m以内 | 4-6-2-26 | 现场加工柱式墩台40m以内主筋焊接连接 | | 4.216t | | |
| 墩系梁钢筋 | 4-6-4-10 | 现场加工系梁钢筋 | 钢筋除锈、制作、电焊、绑扎及骨架吊装入模 | 0.747t | | |
| 盖梁钢筋 | 4-6-4-9 | 现场加工盖梁钢筋 | | 5.050t | | |

清单403-2-b下部结构带肋钢筋(HRB335、HRB400)对应套取的定额为表6-27所示内容。

表 6-27　清单 403-2-b 下部结构带肋钢筋（HRB335、HRB400）

| 工程细目 | 定额代号 | 定额名称 | 工作内容 | 定额工程量 | 定额调整 | 说明 |
|---|---|---|---|---|---|---|
| 桥墩墩高 10m 以内 | 4-6-2-24 | 现场加工柱式墩台 10m 以内主筋焊接连接 | 钢筋除锈、制作、电焊、绑扎及骨架吊装入模 | 5.199t | 光圆钢筋抽换成带肋钢筋 | — |
| 桥墩墩高 20m 以内 | 4-6-2-25 | 现场加工柱式墩台 20m 以内主筋焊接连接 | | 3.084t | | |
| 桥墩墩高 40m 以内 | 4-6-2-26 | 现场加工柱式墩台 40m 以内主筋焊接连接 | | 49.408t | | |
| 墩系梁钢筋 | 4-6-4-10 | 现场加工系梁钢筋 | 钢筋除锈、制作、电焊、绑扎及骨架吊装入模 | 3.367t | | |
| 盖梁钢筋 | 4-6-4-9 | 现场加工盖梁钢筋 | | 21.768t | | |

清单 403-4-a 附属结构光圆钢筋（HPB235、HPB300）对应套取的定额为表 6-28 所示内容。

表 6-28　清单 403-4-a 附属结构光圆钢筋（HPB235、HPB300）

| 工程细目 | 定额代号 | 定额名称 | 工作内容 | 定额工程量/t | 定额调整 | 说明 |
|---|---|---|---|---|---|---|
| 支座垫石钢筋 | 4-6-2-88 | 现场加工支座垫石钢筋 | 钢筋除锈、制作、电焊、绑扎及骨架吊装入模 | 0.871 | 带肋钢筋抽换成光圆钢筋 | — |
| 挡块钢筋 | 4-6-4-9 | 现场加工盖梁钢筋 | | 0.44 | | |

清单 403-4-b 附属结构带肋钢筋（HRB335、HRB400）对应套取的定额为表 6-29 所示内容。

表 6-29　清单 403-4-b 附属结构带肋钢筋（HRB335、HRB400）

| 工程细目 | 定额代号 | 定额名称 | 工作内容 | 定额工程量/t | 定额调整 | 说明 |
|---|---|---|---|---|---|---|
| 挡块钢筋 | 4-6-4-9 | 现场加工盖梁钢筋 | 钢筋除锈、制作、电焊、绑扎及骨架吊装入模 | 3.168 | 光圆钢筋抽换成带肋钢筋 | — |

清单410-2-b-桥墩混凝土现浇C30对应套取的定额如表6-30所示。

表6-30　清单410-2-b-桥墩混凝土现浇C30

| 工程细目 | 定额代号 | 定额名称 | 工作内容 | 定额工程量 | 定额调整 | 说明 |
| --- | --- | --- | --- | --- | --- | --- |
| 桥墩墩高10m以内 | 4-6-2-12 | 圆柱式墩台混凝土非泵送（高10m以内） | ①搭、拆脚手架及轻型上、下架安全爬梯；②定型钢模板安装、拆除、修理、涂脱模剂、堆放；③液压爬模安装、提升拆除、修理、涂脱模剂、堆放；④混凝土浇筑、捣固养护 | 4.49×10m³ | 混凝土抽换为C30 | |
| 桥墩墩高20m以内 | 4-6-2-13 | 圆柱式墩台混凝土非泵送（高20m以内） | | 3.04×10m³ | | |
| 桥墩墩高40m以内 | 4-6-2-14 | 圆柱式墩台混凝土非泵送（高40m以内） | | 46.51×10m³ | | |
| 提升模架使用 | 4-7-28-7 | 提升架双柱墩高40m以内 | ①全套金属设备（包括起吊设备及钢轨）的安装拆除；②脚手架、绞车平台、张拉工作台、底板工作台、铁（木）梯等附属设备的制作、安装、拆除；③混凝土枕块、平衡重的预制、安装；④安装设备用的扒杆的移动；⑤机具设备的擦拭、保养堆放 | 2×10t | — | 本项目考虑两副模架同时施工 |
| 混凝土拌和 | 4-11-11-15 | 60m³/h以内混凝土拌和站拌和 | 混凝土搅拌站（楼）拌和：自动配料、拌和、出料 | 5.512×100m³ | — | 混凝土拌和需要考虑运输损耗系数为1.02，运输考虑1km |
| 混凝土运输 | 4-11-11-24 | 6m³搅拌运输车运混凝土1km | 混凝土运输的第一个1km；等待、装、卸、运行、掉头、空回、清洗车辆 | 5.512×100m³ | — | |

清单 410-2-c-1 盖梁混凝土现浇 C30 对应套取的定额为表 6-31 所示内容。

表 6-31　清单 410-2-c-1 盖梁混凝土现浇 C30

| 工程细目 | 定额代号 | 定额名称 | 工作内容 | 定额工程量 | 定额调整 | 说　明 |
|---|---|---|---|---|---|---|
| 盖梁混凝土 | 4-6-4-1 | 盖梁非泵送 | ①定型钢板安装、拆除、修理、涂脱模剂、堆放；②混凝土浇筑、捣固、养护 | 16.92×10m³ | — | — |
| 混凝土拌和 | 4-11-11-15 | 60m³/h 以内混凝土拌和站拌和 | 混凝土搅拌站（楼）拌和：自动配料、拌和、出料 | 1.726×100m³ | — | 混凝土拌和需要考虑运输损耗系数为1.02，运输考虑1km |
| 混凝土运输 | 4-11-11-24 | 6m³ 搅拌运输车运混凝土 1km | 混凝土运输中的第一个 1km：等待、装、卸、运行、掉头、空回、清洗车辆 | 1.726×100m³ | — | 混凝土拌和需要考虑运输损耗系数为1.02，运输考虑1km |

清单 410-6-a 现浇混凝土附属结构 C30 混凝土对应套取的定额为表 6-32 所示内容。

表 6-32　清单 410-6-a 现浇混凝土附属结构 C30 混凝土

| 工程细目 | 定额代号 | 定额名称 | 工作内容 | 定额工程量 | 定额调整 | 说　明 |
|---|---|---|---|---|---|---|
| 挡块混凝土 | 4-6-4-1 | 盖梁非泵送 | ①定型钢板安装、拆除、修理、涂脱模剂、堆放；②混凝土浇筑、捣固、养护 | 1.47×10m³ | — | 挡块混凝土适用盖梁混凝土定额 |
| 混凝土拌和 | 4-11-11-15 | 60m³/h 以内混凝土拌和站拌和 | 混凝土搅拌站（楼）拌和：自动配料、拌和、出料 | 0.15×100m³ | — | 混凝土拌和需要考虑运输损耗系数为1.02，运输考虑1km |

续表

| 工程细目 | 定额代号 | 定额名称 | 工作内容 | 定额工程量 | 定额调整 | 说　明 |
|---|---|---|---|---|---|---|
| 混凝土运输 | 4-11-11-24 | $6m^3$搅拌运输车运混凝土1km | 混凝土运输中的第一个1km；等待、装、卸、运行、掉头、空回、清洗车辆 | $0.15\times 100m^3$ | — | 混凝土拌和需要考虑运输损耗系数为1.02,运输考虑1km |

清单 410-6-b 现浇混凝土附属结构 C40 小石子混凝土对应套取的定额为表 6-33 所示内容。

**表 6-33　清单 410-6-b 现浇混凝土附属结构 C40 小石子混凝土**

| 工程细目 | 定额代号 | 定额名称 | 工作内容 | 定额工程量 | 定额调整 | 说　明 |
|---|---|---|---|---|---|---|
| 支座垫石混凝土 | 4-6-2-87 | 板式支座混凝土 | ①定型钢板安装、拆除、修理、涂脱模剂、堆放；②混凝土浇筑、捣固、养护 | $0.250\times 10m^3$ | 定额混凝土抽换成C40小石子混凝土 | 挡块混凝土适用盖梁混凝土定额 |
| 混凝土拌和 | 4-11-11-15 | $60m^3/h$以内混凝土拌和站拌和 | 混凝土搅拌站（楼）拌和：自动配料、拌和、出料 | $0.0260\times 100m^3$ | — | 混凝土拌和需要考虑运输损耗系数为1.02,运输考虑1km |
| 混凝土运输 | 4-11-11-24 | $6m^3$搅拌运输车运混凝土1km | 混凝土运输中的第一个1km；等待、装、卸、运行、掉头、空回、清洗车辆 | $0.0260\times 100m^3$ | — | 混凝土拌和需要考虑运输损耗系数为1.02,运输考虑1km |

## 6.3　桥梁基础结构

桥梁基础包括扩大基础、桩基础、沉井基础及地下连续墙等不同的结构形式,是将桥梁墩、台所承受的荷载传递至地基的结构物。其中扩大基础为浅基础,其他为深基础。

明挖扩大基础属于浅基础,是直接开挖基坑修建而成的实体基础,通常体积较大,其结构简单,施工方便,实际运用中较为常见。

桩基础适用于持力层较深,地基浅层土质较差,需要采取相对较深的基础时使用。

沉井基础抗震性能及承载力较强,适合在河床冲刷严重或持力层较深的地质条件中运用。

地下连续墙适用于对防水、抗渗有较严格要求的工程，或施工时邻近存在需要被保护的建筑物。

桩基础有沉桩基础、钻孔灌注桩、挖孔灌注桩三类。本节主要对钻孔灌注桩进行讲解。

钻孔灌注桩施工的主要工序有护筒埋设、泥浆循环系统、钻孔、吊装钢筋笼制作、灌注水下混凝土以及设置检测管等。

护筒具有稳定孔壁，防止坍孔，导向定位等功能，其内径一般大于桩径20cm，护筒顶一般应高于地面0.3m或水面1~2m，埋置深度在旱地为2~4m。

泥浆池与钻孔形成液循环系统悬浮钻渣，通常设两个，一个是沉淀池，另一个是泥浆池。泥浆的性能应与钻孔方法、土层情况相适应，泥浆的配合比和配制方法宜通过试验确定。

根据定额，钻孔灌注桩的成孔方式有卷扬机带冲击锥冲孔、冲击钻机冲孔、回旋钻机钻孔、潜水钻机钻孔、旋挖钻机钻孔及全套管钻机钻孔，该部分内容在《预算定额释义手册》中阐述如下。

(1)卷扬机带冲击锥冲孔。冲击锥由锥身、刃脚和转向装置三部分组成，锥身提供冲击锥所必需的重力和冲击动能刃脚位于冲锥的底部，为直接冲击、破碎土、石的部件；转向装置设于锥顶，与起吊钢丝绳连接，是使冲击锥能冲击成圆孔的关键部件。钻进时，卷扬机吊起冲击锥的钢丝绳，在悬重作用下顺钢丝捻扭的相反方向转动，带动冲击锥转动角度；冲击锥下落置于孔底，钢丝绳松弛后不受力，又因钢丝绳的弹性带动转向装置扭转过来。当再提起冲击锥时，又沿上述方向转动一个角度，这样就能冲成完整的圆桩孔。其施工工艺流程：场地处理→桩位放样→钻机就位→冲击钻进出渣→清孔→量孔。定额是按人工投放黏土利用钻锥冲击制造泥浆护壁的方式编制的，不考虑泥浆的循环利用，钻机的跨墩移动按载重汽车运输考虑，钻机横移按垫辊子绞运考虑，综合考虑了钻架、冲击锥、出渣筒、滑轮组、钻进、出渣、钻具移位等工程内容。

(2)冲击钻机冲孔。冲击式钻机是灌注桩基础施工的一种重要钻孔机械，能适应各种不同地质情况，特别是在卵石层中钻孔。冲击式钻机较其他钻机适应性更强。同时，用冲击式钻机钻孔，成孔后孔壁四周形成一层密实的土层，对稳定孔壁和提高桩基承载能力均有一定作用。冲击钻机钻孔通过冲击锤自由下落的冲击作用，将卵石或岩石破碎，钻渣随泥浆排出。其施工工艺流程：施工准备→桩位测定→钻机安放→冲孔清孔→成孔检查。

(3)回旋钻机钻孔。回旋钻机钻孔施工按泥浆循环类型可分为正循环回旋钻孔和反循环回旋钻孔。正循环回旋钻孔是使泥浆通过钻机的空心钻杆，从钻杆底部射出，底部的钻头在回旋时将土层搅成钻渣，钻渣被泥浆悬浮，随着泥浆上升而流到孔外，泥浆经过净化后再循环使用。反循环回旋钻孔同正循环相反，泥浆由钻杆外流(注)入井孔，用泵吸或气举将泥浆钻渣混合物从钻杆吸出，泥浆净化后再循环使用。若是护筒嵌入岩层可采用清水钻孔。其施工工艺流程：平台搭设→孔位放样→护筒施工→钻机安装→钻孔→成孔检查→清孔→钢筋笼吊放→混凝土灌注。定额是按正循环回旋钻孔的施工方法编制的，陆地上施工的钻机跨墩移动按载重汽车运输考虑，水中施工的钻机跨墩移动按驳船运输考虑，钻机横移按垫辊子绞运考虑；泥浆循环系统包括制浆池、储浆池、沉淀池和泥浆槽，泥浆循环系统的开挖按挖掘机开挖考虑。

(4)潜水钻机钻孔。潜水钻机的旋转动力装置直接安装在钻头上，随钻头潜入水中，放入孔底，由孔底钻头上旋转动力装置带动钻头钻进；钻杆不转只起连接传递抗扭输送泥浆的作用。采用泵举反循环或正循环方式将钻渣从孔内通过胶管或钻杆排出孔外。其施工工艺流程:平整场地→桩位放样→钻机安装→钻孔→清孔→成孔检查。定额是按泵吸反循环成孔的施工方法编制的。泥浆循环系统包括制浆池、储浆池、沉淀池和泥浆槽,泥浆循环系统的开挖按挖掘机开挖考虑,泥浆按泥浆搅拌机造浆编制,综合考虑了泥浆循环系统造浆、钻架、钻杆及钻头、钻进、清理泥浆池沉渣、钻具移位等工程内容。

(5)旋挖钻机钻孔。旋挖钻机是多功能、高效率的灌注桩桩孔的成孔设备,可以实现桅杆垂直的自动调节和钻孔深度的计量。旋挖钻孔施工是利用钻杆和钻头的旋转,以钻头自重并加液压作为钻进压力,使渣土装满钻斗后,提升钻斗出土石,通过钻斗的旋转钻进、提升、卸渣,反复循环而成孔,主要适用于砂土、黏性土、粉质土等土层施工。定额是按干法钻孔和静浆护壁法钻孔两种施工方法编制的,静浆护壁法钻孔选浆按一般黏土造浆编制。静浆护壁法施工时,钢护筒的埋设直接利用旋挖钻机下压埋设定额,深度按 3m 计算。

(6)全套管钻机钻孔。全套管钻机钻孔定额是按全套管钻机钻孔即贝诺特法的施工方法编制的,综合考虑了桩位场地清理、安拆钻机、压入和连接套管、磨桩、抓土、抽拔套管、清孔等工程内容。

### 1. 钻孔灌注桩施工工艺

钻孔灌注桩施工工艺图如图 6-19 所示。

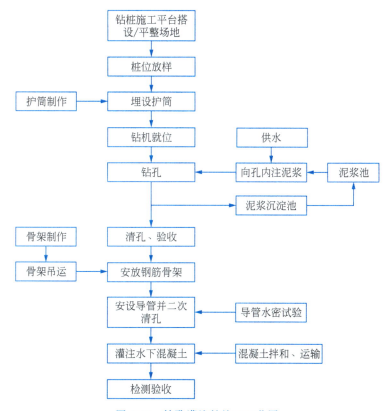

图 6-19 钻孔灌注桩施工工艺图

### 2. 钻孔灌注桩组价案例讲解

【案例 6-5】 某预应力 T 形梁连续梁桥,桥跨组合 5m×20m+5m×20m,混凝土自拌

桥梁全图

泵送,运距1km。该桥1、2、3、9号桩基础直径1.3m,桩基系梁断面尺寸80cm×80cm;10号桥台桩基直径1.2m,无桩基系梁;其余桩基础直径1.8m,桩基系梁断面尺寸120cm×120cm,桩基混凝土及钢筋用量如表6-34所示。枯水季节河底无流水,具体信息扫右侧二维码。请根据以上信息,列出该桥桩基础清单及所涉及的定额和工程量。

表6-34 桥梁桩基础主要材料工程数量表

| 工程材料 | 现浇C30 | 钢 筋 | | | | 声测管 |
|---|---|---|---|---|---|---|
| | | HRB335 | | | HPB235 | |
| | | φ28 | φ25 | φ16 | φ10 | |
| 单位 | m³ | kg | kg | kg | kg | kg |
| 桩基 | 538.0 | 27261 | 13821 | 507 | 4384 | 1888.4 |

1)清单套取

根据项目内容套取灌注桩钢筋清单项,符合要求的为403-1灌注桩基础钢筋,具体内容如表6-35所示;钻孔灌注桩有自己独有的清单项,为405-1-a陆上钻孔灌注桩,具体内容如表6-36所示。

表6-35 403-1 灌注桩基础钢筋

| 子目号 | 子目名称 | 单位 | 工程量计量 | 工程内容 |
|---|---|---|---|---|
| 403 | 钢筋 | | | |
| 403-1 | 基础钢筋(含灌注桩、承台、桩系梁、沉桩、沉井等) | kg | 1.依据图纸所示及钢筋表所列钢筋质量以千克为单位计量;<br>2.固定钢筋的材料、定位架立钢筋、钢筋接头、吊装钢筋、钢板、铁丝作为钢筋作业的附属工作,不另行计量 | 1.钢筋的保护、储存及除锈;<br>2.钢筋整直、接头;<br>3.钢筋截断、弯曲;<br>4.钢筋安设、支承及固定 |

表6-36 405-1-a 陆上钻孔灌注桩

| 子目号 | 子目名称 | 单位 | 工程量计量 | 工程内容 |
|---|---|---|---|---|
| 405 | 钻孔灌注桩 | | | |
| 405-1 | 钻孔灌注桩 | | | |
| -a | 陆上钻孔灌注桩 | m | 1.依据图纸所示桩长及混凝土强度等级,按照不同桩径的桩长以米为单位计量;<br>2.施工图设计水深小于2m(含2m)的为陆上钻孔灌注桩; | 1.安设护筒及设置钻孔平台;<br>2.钻机安拆、就位;<br>3.钻孔、成孔检查;<br>4.安装声测管; |

续表

| 子目号 | 子目名称 | 单位 | 工程量计量 | 工程内容 |
|---|---|---|---|---|
| -a | 陆上钻孔灌注桩 | m | 3. 桩长为桩底高程至承台底面或系梁底面。对于与桩连为一体的柱式墩台,如无承台或系梁时,则以桩位处原始地面线为分界线,地面线以下部分为灌注桩桩长。若图纸有标示的,按图纸标示为准 | 5. 混凝土制拌、运输、浇筑;<br>6. 破桩头;<br>7. 按招标文件技术规范 405.11 的规定进行桩基检测 |

清单工程量计量规则明确要求按照"不同桩径的桩长以米为单位计量",且明确要求"桩长为桩底高程至承台底面或系梁底面。对于与桩连为一体的柱式墩台,如无承台或系梁时,则以桩位处原始地面线为分界线,地面线以下部分为灌注桩桩长。若图纸有标示的,按图纸标示为准"。本案例 $\phi 1.3m$ 和 $\phi 1.8m$ 桩基均有桩基系梁,因此需要根据图纸计算桩基清单工程量:

10#桥台 $\phi 1.2m$ 桩桩长:$13 \times 2 = 26(m)$。

1#、2#、3#、9#桥墩 $\phi 1.3m$ 桩桩长:$[(13+15+12+14)-0.8\times 4]\times 2 = 101.6(m)$。

4#~8#桥墩 $\phi 1.8m$ 桩桩长:$[(14+14+19+15+15)-1.2\times 5] = 142(m)$。

形成的清单范本如表 6-37 所示。

表 6-37 工程量清单

| 子目号 | 子目名称 | 单位 | 数量 | 单价 | 合价 |
|---|---|---|---|---|---|
| 403 | 钢筋 | | | | |
| 403-1 | 基础钢筋(含灌注桩、承台、桩系梁、沉桩、沉井等) | | | | |
| -a | 光圆钢筋(HPB235、HPB300) | kg | 1334.900 | | |
| -b | 带肋钢筋(HRB335、HRB400) | kg | 10193.200 | | |
| 405 | 钻孔灌注桩 | | | | |
| 405-1 | 钻孔灌注桩 | | | | |
| -a | 陆上钻孔灌注桩 | | | | |
| -1 | $\phi 1.2m$ | m | 26.000 | | |
| -2 | $\phi 1.3m$ | m | 101.600 | | |
| -3 | $\phi 1.8m$ | m | 142.000 | | |

2) 定额套取

套取定额前,查看《预算定额》第四章第七节说明中关于钢绞线的信息,如下所示。

(1) 灌注桩造孔根据造孔的难易程度,将土质分为以下八种。

① 砂土:粒径不大于 2mm 的砂类土,包括淤泥、轻亚黏土。

② 黏土:亚黏土、黏土、黄土,包括土状风化。

③ 砂砾:粒径 2~20mm 的角砾、圆砾含量(指质量比,下同)小于或等于 50%,包括礓石及粒状风化。

④ 砾石:粒径 2~20mm 的角砾、圆砾含量大于 50%,有时还包括粒径 20~200mm 的碎石、卵石,其含量在 10%以内,包括块状风化。

⑤ 卵石:粒径 20~200mm 的碎石、卵石含量大于 10%,有时还包括块石、漂石,其含量在 10%以内,包括块状风化。

⑥ 软石:饱和单轴极限抗压强度在 40MPa 以下的各类松软的岩石,如盐岩、胶结不紧的砾岩、泥质页岩、砂岩、较坚实的泥灰岩、块石土及漂石土,软而节理较多的石灰岩等。

⑦ 次坚石:饱和单轴极限抗压强度在 40~100MPa 的各类较坚硬的岩石,如硅质页岩,硅质砂岩,白云岩,石灰岩,坚实的泥灰岩,较软的玄武岩、片麻岩、正长岩、花岗岩等。

⑧ 坚石:饱和单轴极限抗压强度在 100MPa 以上的各类坚硬的岩石,如硬玄武岩、坚实的石灰岩、白云岩、大理岩、石英岩、闪长岩、粗粒花岗岩、正长岩等。

(2) 灌注桩成孔定额分为人工挖孔、卷扬机带冲击锥冲孔、冲击钻机冲孔、回旋钻机钻孔、潜水钻机钻孔、旋挖钻机钻孔、全套管钻机钻孔七种。定额中已按摊销方式计入钻架的制作、拼装、移位、拆除及钻头维修所耗用的工、料机械台班数量,钻头的费用已计入设备摊销费中,使用本节定额时,不得另行计算。

(3) 灌注桩混凝土定额按机械拌和、工作平台上导管倾注水下混凝土编制,定额中已包括混凝土灌注设备(如导管等)摊销的工、料费用及扩孔增加的混凝土数量,使用定额时,不得另行计算。

(4) 钢护筒定额中,干处埋设按护筒设计质量的周转摊销量计入定额中,使用定额时,不得另行计算。水中埋设按护筒全部设计质量计入定额中,可根据设计确定的回收量按规定计算回收金额。

(5) 护筒定额中,已包括陆地上埋设护筒用的黏土或水中埋设护筒定位用的导向架及钢质或钢筋混凝土护筒接头用的铁件、硫黄胶泥等埋设时用的材料、设备消耗,使用定额时,不得另行计算。

(6) 浮箱工作平台定额中,每只浮箱的工作面积为 $3m \times 6m = 18m^2$。

(7) 使用成孔定额时,应根据施工组织设计的需要合理选用定额子目,当不采用泥浆船的方式进行水中灌注桩施工时,除按 90kW 以内内燃拖轮数量的一半保留拖轮和驳船的数量外,应扣除其余拖轮和驳船的消耗。

(8) 在河滩、水中采用围堰筑岛方法施工或搭设的便桥与工作平台相连时,应采用陆地上成孔定额计算。

(9) 本章定额是按一般黏土造浆进行编制的,当实际采用膨润土造浆时,其膨润土的用量可按定额中黏土用量乘以系数进行计算。即

$$Q = 0.095V$$

式中:$Q$——膨润土的用量,t;
$V$——黏土的用量,$m^3$。

(10) 当设计桩径与定额采用桩径不同时,可按表 6-38 系数调整。

表 6-38 不同桩径定额调整系数

(a)

| 计算基数 | | 桩径 150cm 以内 | | | 桩径 200cm 以内 | | | | 桩径 250cm 以内 | | | |
|---|---|---|---|---|---|---|---|---|---|---|---|---|
| 桩径/cm | | 120 | 130 | 140 | 160 | 170 | 180 | 190 | 210 | 220 | 230 | 240 |
| 调整系数 | 冲击锥、冲击钻 | 0.85 | 0.9 | 0.95 | 0.8 | 0.85 | 0.9 | 0.95 | 0.88 | 0.91 | 0.94 | 0.97 |
| | 回旋钻 | — | 0.94 | 0.97 | 0.75 | 0.82 | 0.87 | 0.92 | 0.88 | 0.91 | 0.94 | 0.96 |

(b)

| 计算基数 | | 桩径 300cm 以内 | | | | 桩径 350cm 以内 | | | |
|---|---|---|---|---|---|---|---|---|---|
| 桩径/cm | | 260 | 270 | 280 | 290 | 310 | 320 | 330 | 340 |
| 调整系数 | 回旋钻 | 0.72 | 0.78 | 0.85 | 0.92 | 0.7 | 0.78 | 0.85 | 0.93 |

(11) 工程量计算规则。

① 灌注桩成孔工程量按设计入土深度计算。定额中的孔深指护筒顶至桩底（设计高程）的深度。造孔定额中同一孔内的不同土质，无论其所在的深度如何，均采用总孔深定额。

② 人工挖孔的工程量按护筒（护壁）外缘所包围的面积乘以设计孔深计算。

③ 浇筑水下混凝土的工程量按设计桩径断面积乘以设计桩长计算，不得将扩孔因素计入工程量。

④ 灌注桩工作平台的工程量按施工组织设计需要的面积计算。

⑤ 钢护筒的工程量按护筒的设计质量计算。设计质量为加工后的成品质量，包括加劲肋及连接用法兰盘等全部钢材的质量。当设计提供不出钢护筒的质量时，可参考表 6-39 所示的质量进行计算，桩径不同时可内插计算。

表 6-39 不同桩径护筒质量

| 桩径/cm | 100 | 120 | 150 | 200 | 250 | 300 |
|---|---|---|---|---|---|---|
| 护筒单位质量/(kg/m) | 267.0 | 390.0 | 568.0 | 919.0 | 1504.0 | 1961.0 |

根据案例要求套用钻孔方式套用定额，4-4-4 回旋钻机钻孔如表 6-40 所示。

表 6-40 4-4-4 回旋钻机钻孔

工程内容 ①安、拆除岸上泥浆循环系统并造浆；②准备钻具，安、拆、移动钻架及钻机，安、拆钻杆及钻头；③钻进、压泥浆、浮渣、清理泥浆池沉渣；④清孔。

Ⅰ. 陆地上钻孔　　　　　　　　　　　　　　　　单位:10m

| 顺序号 | 项目 | 单位 | 代号 | 桩径 150cm 以内 | | | | | | | |
|---|---|---|---|---|---|---|---|---|---|---|---|
| | | | | 孔深 40m 以内 | | | | | | | |
| | | | | 砂土 | 黏土 | 砂砾 | 砾石 | 卵石 | 软石 | 次坚石 | 坚石 |
| | | | | 41 | 42 | 43 | 44 | 45 | 46 | 47 | 48 |
| 1 | 人工 | 工日 | 1001001 | 8 | 7.8 | 11.2 | 14.6 | 16.7 | 17.6 | 23 | 29.1 |

续表

| 顺序号 | 项目 | 单位 | 代号 | 桩径150cm以内 孔深40m以内 ||||||||
|---|---|---|---|---|---|---|---|---|---|---|---|
| | | | | 砂土 | 黏土 | 砂砾 | 砾石 | 卵石 | 软石 | 次坚石 | 坚石 |
| | | | | 41 | 42 | 43 | 44 | 45 | 46 | 47 | 48 |
| 2 | 电焊条 | kg | 2009011 | 0.1 | 0.3 | 0.4 | 0.6 | 1.1 | 1.2 | 1.4 | 1.7 |
| 3 | 铁件 | kg | 2009028 | 0.2 | 0.2 | 0.2 | 0.2 | 0.2 | 0.2 | 0.2 | 0.2 |
| 4 | 水 | m³ | 3005004 | 29 | 25 | 39 | 39 | 39 | 34 | 34 | 34 |
| 5 | 锯材 | m³ | 4003002 | 0.012 | 0.012 | 0.012 | 0.012 | 0.012 | 0.012 | 0.012 | 0.012 |
| 6 | 黏土 | m³ | 5001003 | 10.06 | 6.17 | 13.42 | 13.42 | 13.42 | 11.76 | 11.76 | 11.76 |
| 7 | 其他材料费 | 元 | 7801001 | 1.6 | 1.6 | 1.6 | 1.6 | 1.6 | 1.6 | 1.6 | 1.6 |
| 8 | 设备摊销费 | 元 | 7901001 | 15.6 | 17.1 | 18.2 | 21 | 34.2 | 37.3 | 45.6 | 51.3 |
| 9 | 1.0m³以内履带式机械单斗挖掘机 | 台班 | 8001035 | 0.03 | 0.03 | 0.03 | 0.03 | 0.03 | 0.03 | 0.03 | 0.03 |
| 10 | 15t以内载货汽车 | 台班 | 8007009 | 0.06 | 0.06 | 0.06 | 0.06 | 0.06 | 0.06 | 0.06 | 0.06 |
| 11 | 16t以内汽车式起重机 | 台班 | 8009028 | 0.07 | 0.07 | 0.07 | 0.07 | 0.07 | 0.07 | 0.07 | 0.07 |
| 12 | φ1500mm以内回旋钻机 | 台班 | 8011035 | 1.48 | 1.7 | 2.84 | 4.63 | 5.67 | 6.24 | 8.98 | 12 |
| 13 | 泥浆分离器 | 台班 | 8011056 | 0.08 | 0.08 | 0.09 | 0.11 | 0.12 | 0.13 | 0.14 | 0.16 |
| 14 | 泥浆搅拌机 | 台班 | 8011057 | 0.54 | 0.54 | 0.54 | 0.54 | 0.54 | 0.54 | 0.54 | 0.54 |
| 15 | 42kV·A以内交流电弧焊机 | 台班 | 8015029 | 0.01 | 0.03 | 0.04 | 0.06 | 0.11 | 0.12 | 0.14 | 0.17 |
| 16 | 基价 | 元 | 9999001 | 3338 | 3571 | 5592 | 8381 | 10036 | 10877 | 15159 | 19897 |

定额工程量要求"按照入土深度计算工程量"。钻孔定额工程量计算以 φ1.3m 桩基础为例进行讲解。φ1.3m 的桩基础入土地质按黏土∶砂砾∶软岩＝0.17∶0.23∶0.60 的比例取值。

机械钻孔离不开钢护筒，需要额外套用钢护筒定额 4-4-9 护筒制作、埋设、拆除，如表 6-41 所示。

表 6-41　4-4-9 护筒制作、埋设、拆除

工程内容　护筒埋设：制、安、拆导向架，吊埋就位，冲抓或振动沉埋，拆除。

Ⅱ．钢护筒　　　　　　　　　　　　　　　　　　　　　　　　　　　　　　　　　　　　单位：1t

| 顺序号 | 项　目 | 单位 | 代　号 | 干处埋设 | 水中埋设（水深：m） | | 旋挖钻机钢护筒埋设 |
|---|---|---|---|---|---|---|---|
| | | | | | 5 以内 | 双壁钢围堰内 | |
| | | | | 7 | 8 | 11 | 12 |
| 1 | 人工 | 工日 | 1001001 | 4.4 | 3.7 | 4.5 | 1.7 |
| 2 | 型钢 | t | 2003004 | — | 0.008 | 0.01 | — |
| 3 | 钢板 | t | 2003005 | — | 0.001 | 0.001 | — |
| 4 | 钢护筒 | kg | 2003022 | 0.1 | 1 | 1 | 0.1 |
| 5 | 电焊条 | m³ | 2009011 | — | 0.2 | 0.2 | — |
| 6 | 锯材 | m³ | 4003002 | — | 0.002 | 0.002 | — |
| 7 | 黏土 | m³ | 5501003 | 5.49 | — | — | — |
| 8 | 其他材料费 | 元 | 7801001 | — | 1.8 | 2.3 | — |
| 9 | 1.0m³ 以内履带式液压单斗挖掘机 | 台班 | 8001027 | — | — | — | 0.03 |
| 10 | 20t 以内汽车式起重机 | 台班 | 8009029 | 0.14 | 0.03 | 0.03 | — |
| 11 | 25t 以内汽车起重机 | 台班 | 8009030 | — | — | — | 0.03 |
| 12 | 50kN 以内单筒慢动卷扬机 | 台班 | 8009081 | — | 0.31 | 0.89 | — |
| 13 | 300kN 以内振动打拔桩锤 | 台班 | 8011012 | — | 0.23 | 0.02 | — |
| 14 | SR280R 旋挖钻机 | 台班 | 8011054 | — | — | — | 0.05 |
| 16 | φ150mm 电动多级水泵（≤180m） | 台班 | 8013013 | — | — | 0.02 | — |
| 17 | 32kV·A 以内交流电弧焊机 | 台班 | 8015028 | — | 0.02 | 0.42 | — |
| 18 | 147kW 以内内燃拖轮 | 台班 | 8019003 | — | 0.08 | 0.09 | — |
| 19 | 200t 以内工程驳船 | 台班 | 8019023 | — | 0.36 | 0.38 | — |
| 20 | 小型机具使用费 | 元 | 8099001 | — | 0.6 | 1.2 | — |
| 21 | 基价 | 元 | 9999001 | 1128 | 5135 | 5314 | 1066 |

钢护筒定额工程量计算以 φ1.3m 桩基础为例进行讲解。

$\phi1.3m$ 桩基护筒单位质量为 $\frac{568-390}{150-120}\times(130-120)+390\approx449.3(kg)$。

单根护筒考虑2.5m长,8根护筒共长:449.3×2.5×8=8986(kg)。

$\phi1.3m$ 桩基混凝土:134.1m³。

$\phi1.3m$ 桩基钢筋:光圆钢筋1334.9kg,带肋钢筋10193.2kg,声测管594.1kg。

清单405-1-a-2 $\phi1.3m$ 钻孔灌注桩对应套取的定额如表6-42所示。

表6-42 清单405-1-a-2 $\phi1.3m$ 钻孔灌注桩

| 工程细目 | 定额代号 | 定额名称 | 工作内容 | 定额工程量 | 定额调整 | 说明 |
| --- | --- | --- | --- | --- | --- | --- |
| 护筒 | 4-4-9-7 | 干处埋设钢护筒 | 制、装、拆导向架,吊埋就位,冲抓或振动沉埋,拆除 | 8.986t | | |
| 成孔 | 4-4-4-42 | 陆上桩径130cm以内孔深40m以内黏土 | ①装、拆岸上泥浆循环系统并造浆;②准备钻具,装拆、移钻架及钻机,安拆钻杆及钻头;③钻进、压泥浆、浮渣、清理泥浆池沉渣;④清孔 | 1.727×10m | 桩径130cm需要×0.94系数 | |
| | 4-4-4-41 | 陆上桩径130cm以内孔深40m以内砂土 | | 2.337×10m | | |
| | 4-4-4-46 | 陆上桩径130cm以内孔深40m以内软石 | | 6.096×10m | | |
| 混凝土 | 4-4-8-12 | 回旋潜水钻$\phi150cm$以内输送泵混凝土 | ①安拆导管及漏斗;②浇筑混凝土或水下混凝土;③凿除混凝土桩头 | 13.41×10m³ | 混凝土抽换为水下C30 | |
| 检测管 | 4-4-8-28 | 灌注桩检测管 | ①检测管截断封头;②套管制作、焊接;③对接、定位、焊接、固定,临时支撑保护 | 0.594t | | |

续表

| 工程细目 | 定额代号 | 定额名称 | 工作内容 | 定额工程量 | 定额调整 | 说明 |
|---|---|---|---|---|---|---|
| 混凝土拌和运输 | 4-11-11-16 | 90m³/h 以内混凝土拌和站拌和 | 混凝土搅拌站（楼）拌和：自动配料、拌和、出料 | 1.641×100m³ | | 工程量考虑损耗系数1.224 |
| | 4-11-11-24 | 6m³ 搅拌运输车运混凝土 1km | 第一个 1km：等待、装、卸、运行、掉头、空回、清洗车辆 | 1.641×100m³ | | |
| 桩渣外运 | 1-1-2-5 | 挖掘机挖装淤泥、流沙 | ①挖掘机就位；②挖淤泥流沙；③装车或堆放一边；④移动位置；⑤清理工作面 | 0.201×1000m³ | | 工程量为 1.5 倍混凝土数量 |
| | 1-1-11-9 | 15t 以内自卸汽车运土 1km | 等待、装、运、卸、空回 | 0.201×1000m³ | | |

# 第 7 章　隧道工程

公路隧道是供汽车通行的地下建筑物。隧道根据所处位置分为山岭隧道、城市隧道、水下隧道。按修筑方式的不同分为明挖隧道、暗挖隧道、沉管法隧道。按掘进方式的不同分为矿山法隧道、新奥法隧道、盾构法隧道、掘进机法隧道和破碎机法隧道。按布置方式的不同分为分离隧道、小净距隧道、连拱隧道和分岔隧道。按长度的大小分为短隧道、中隧道、长隧道、特长隧道，如表 7-1 所示。

表 7-1　公路隧道长度分类

| 分类 | 短隧道 | 中隧道 | 长隧道 | 特长隧道 |
| --- | --- | --- | --- | --- |
| 长度/m | $L \leqslant 500$ | $500 < L \leqslant 1000$ | $1000 < L \leqslant 3000$ | $L > 3000$ |

其中，公路工程中最常见的隧道为山岭隧道，是以克服山体障碍穿越山岭的隧道。明挖隧道也称明洞，是指先将地面挖开后露天修筑的隧道，一般还需要回填覆盖，在公路隧道施工中，明洞和棚洞都是采用明挖法施工。暗挖隧道是指先在地下开挖出隧道的空间，再在开挖出的空间内修筑隧道结构。矿山法隧道是在地层中以挖掘、爆破方式修建的隧道，认为围岩是荷载单元，先在隧道掘进开挖面上通过挖掘或钻眼、爆破开挖形成地下空间，随后根据围岩稳定情况和使用要求对围岩进行支护。新奥法是从岩石力学的观点出发而提出的一种施工方法，以利用围岩的自承能力为基点，采用锚杆和喷射混凝土为主要支护手段，及时进行支护，使围岩成为支护体系的组成部分，并通过对围岩和支护的量测、监控来指导隧道施工方法。盾构法主要用于市政工程。掘进机法隧道是采用机械破碎岩石、出渣、支护和推进连续作业修建的隧道。破碎机法隧道即采用硬岩破碎机开挖的隧道。

公路隧道多为山岭隧道，目前新奥法应用较为广泛。新奥法简称为 NATM，即新奥地利隧道施工方法。新奥法概念是奥地利学者拉布西维兹教授于 20 世纪 50 年代提出的，它以隧道工程经验和岩体力学理论为基础，将锚杆和喷射混凝土组合在一起，作为主要支护手段的一种施工方法，经过一些国家的许多实践和理论研究，于 60 年代取得专利权并正式命名。之后新奥法在西欧、北欧、美国和日本等许多地下工程中获得极为迅速的发展，已成为现代隧道新技术标志之一。新奥法将围岩视为隧道承载构件的一部分，围岩既是荷载又是承载结构；构筑薄壁、柔性与围岩紧贴的支护结构（以喷射混凝土锚杆为主要手段），使围岩与支护结构共同形成承载体系来承受外荷载，并最大限度地保持围岩稳定，因而不致松动破坏。

新奥法将锚杆、喷射混凝土适当进行组合，形成比较薄的衬砌层，即用锚杆和喷射混凝土来支护围岩，使喷射层与围岩紧密结合，形成围岩-支护系统，保持两者的共同变形，故而可以最大限度地利用围岩本身的承载力。新奥法是以喷射混凝土和锚杆作为主要支护手段，通过监测控制围岩的变形，充分利用围岩的自承能力和开挖面的空间约束作用的施工方法。新奥法的基本理论依据是在利用围岩本身所具有的承载效能的前提下,采用毫秒爆破和光面爆破技术进行断面开挖施工,并以复合式内、外两层衬砌形式来修建隧道的洞身,即以喷射混凝土、锚杆、钢筋网、钢支撑等为其外层支护形式,称为初次柔性支护。新奥法施工可划分为开挖、喷锚(初期支护)、模筑混凝土(二次衬砌)和装饰四个过程。

公路隧道的常见结构有洞门、明洞、初期支护、防水层、二次衬砌、仰拱、排水设施、路面结构、边沟、电缆沟、洞内装饰等,隧道横断面标准断面图如图7-1所示。隧道内还有通风设施、通信设施、照明设施、监控设施、供配电设施等机电设施及消防设施等。

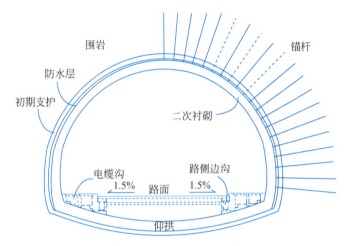

图7-1　隧道横断面标准断面图

新奥法的施工工艺流程如图7-2所示。

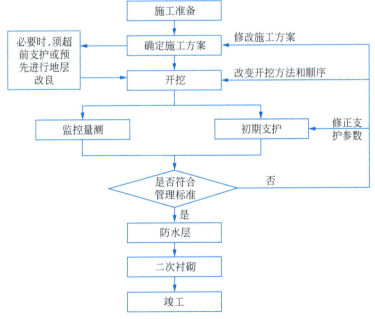

图7-2　新奥法的施工工艺流程

## 7.1 洞身开挖

隧道洞身土石方开挖是控制隧道造价的关键工作。在实际工作中,隧道开挖普遍存在超挖、欠挖现象。在编制隧道造价时,超挖的土石方是不计价的,更不可能计量。超挖会增加出渣量、衬砌工程量和回填工程量,从而多方面提高造价,不利于投资控制;同时,局部的过度超挖会影响围岩稳定性,增加安全隐患。而欠挖则会影响隧道结构的空间,从而导致支护结构厚度不满足要求。

隧道围岩分级是设计、施工的基础,也是选择施工方法和预算定额以及制定材料消耗标准的主要依据。

公路隧道围岩等级划分如表 7-2 所示。

表 7-2  公路隧道围岩等级划分

| 围岩级别 | 围岩或土体主要定性特征 | 围岩基本质量指标 BQ |
|---|---|---|
| Ⅰ | 坚硬岩,岩体完整,巨块状或巨厚层状整体结构 | >500 |
| Ⅱ | 坚硬岩,岩体较完整,块状或厚层状结构;<br>较坚硬岩,岩体完整,块状整体结构 | 550～451 |
| Ⅲ | 坚硬岩,岩体较破碎,巨块(石)碎(石)状镶嵌结构;<br>较坚硬岩或较软硬质岩,岩体较完整,块状体或中厚层状结构 | 450～351 |
| Ⅳ | 坚硬岩,岩体破碎,碎裂(石)结构;<br>较坚硬岩,岩体较破碎～破碎,镶嵌碎裂结构;<br>较软岩或软硬岩互层,且以软岩为主,岩体较完整～较破碎,中薄层状结构 | 350～251 |
| Ⅳ | 土体:<br>(1) 压密或成岩作用的黏性土及砂性土;<br>(2) 黄土($Q_1$,$Q_2$);<br>(3) 一般钙质、铁质胶结的碎、卵石土、大块石土 | — |
| Ⅴ | 较软岩,岩体破碎;<br>软岩,岩体较破碎～破碎;<br>极破碎各类岩体,碎、裂状、松散结构;<br>一般第四系的半干硬～硬塑的黏性土及稍湿至潮湿的一般碎、卵石土、圆砾、角砾土及黄土 | <250 |
| Ⅵ | 软塑状黏性土及潮湿、饱和粉细砂层、软土等 | — |

注:本表不适用于特殊条件的围岩分级,如膨胀性围岩、多年冻土等。

公路隧道的开挖方式由设计或施工组织设计提出,主要有全断面法、台阶法、环形开挖预留核心土法、中隔壁法(CD 法)、双侧壁导坑法及中导洞法等,应根据地质条件、隧道长度、断面大小、结构形式、工期要求、机械设备等选择适宜的开挖方案。

隧道开挖的主要方法是钻孔爆破法。应遵循"短进尺、强支护、弱爆破、勤观测"的原则进行挖掘;在确定开挖断面时,除应满足隧道净空和结构尺寸外,还应考虑围岩及初期支护影响变形。当采用复合式衬砌时,还应考虑适当预留变形量,预留变形量的大小可根据围岩级别、断面大小、埋置深度、施工方法及支护情况等确定。在施工过程中,预留变形量应根据现场监控测量结果进行调整。

洞身开挖断面尺寸应符合设计要求,边沟、电缆沟及边墙基础也同时开挖,所有开挖应按设计标明的开挖线进行施工,并一次挖够。

在编制清单预算时,应一并计入清单 503-1 洞身开挖的清单工程量,包含成洞断面、紧急停车带、车行横洞、人行横洞及设备洞室等的开挖土石方量。

对于隧道内的弃渣应严格执行隧道施工组织设计中提出的装渣运输方案,在弃渣装运作业过程中,不得干扰其他任何施工作业或其他设施。应分别计算定额中隧道开挖与弃渣。

定额 3-1-3 已包含的洞口外 500m 的运距,如洞外弃渣运距超过 500m,应予以扣除。使用洞外增运定额时,所选择的运输车辆应与隧道除渣定额的车辆选型相同。定额中已综合因超挖及预留变形需要回填的混凝土数量,不得将上述因素的工程量计入计价工程量内。

**1. 洞身开挖施工工艺**

隧道洞身开挖施工工艺流程如图 7-3 所示。

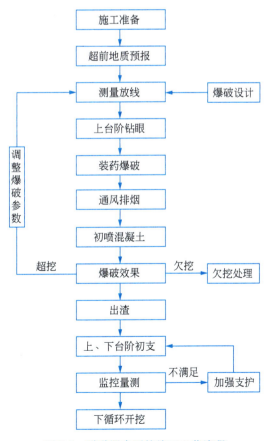

图 7-3 隧道洞身开挖施工工艺流程

## 2. 洞身开挖组价案例讲解

**【案例 7-1】** 某特长隧道左、右幅全长均值为 4500m，洞外出渣运距 1700m，超挖部分采用 C25 混凝土回填，围岩开挖级别及工程量如表 7-3 所示。

表 7-3 不同围岩开挖量

| 围岩级别 | Ⅴ级 | Ⅳ级 | Ⅲ级 |
| --- | --- | --- | --- |
| 开挖土石方量/m³ | 15788 | 261778 | 229352 |

请根据以上信息，列出该隧道洞身开挖的清单及所涉及的定额和工程量。

1) 清单套取

根据案例内容套隧道洞身开挖清单项，符合要求的为 503-1-a 洞身开挖，具体内容如表 7-4 所示。

表 7-4 洞身衬砌

| 子目号 | 子目名称 | 单位 | 工程量计量 | 工程内容 |
| --- | --- | --- | --- | --- |
| 503 | 洞身开挖 | | | |
| 503-1 | 洞身开挖 | | | |
| -a | 洞身开挖（不含竖井、斜井） | m³ | 1. 依据图纸所示成洞断面（不计允许超挖值及预留变形量的设计净断面）计算开挖体积，不分围岩级别，只区分为土方和石方，以立方米为单位计量；<br>2. 含紧急停车带、车行横洞、人行横洞以及设备洞室的开挖 | 1. 钻孔爆破；<br>2. 风、水、电作业及通风防尘；<br>3. 粉尘、有害气体、可燃气体测量监控及防护；<br>4. 临时支护及临时防排水；<br>5. 装渣、运输、卸车；<br>6. 填料分理、弃土整型、压实 |

形成的清单范本如表 7-5 所示。

表 7-5 洞身开挖工程量清单

| 子目号 | 子目名称 | 单位 | 数量 | 单价 | 合价 |
| --- | --- | --- | --- | --- | --- |
| 503 | 洞身开挖 | | | | |
| 503-1 | 洞身开挖 | | | | |
| -a | 洞身开挖（不含竖井、斜井） | m³ | 506918.000 | | |

2) 定额套取

清单 503-1-a 洞身开挖对应套取的定额如表 7-6 所示。

表 7-6　清单 503-1-a 洞身开挖（不含竖井、斜井）

| 工程细目 | 定额代号 | 定额名称 | 工作内容 | 定额工程量 | 定额调整 | 说　明 |
|---|---|---|---|---|---|---|
| 围岩开挖 | 3-1-3-27 | 正洞开挖：Ⅲ级围岩，隧长5000m以内 | 开挖：量测、画线、打眼、装药、爆破、找顶、修整。脚手架、踏步安装、拆除，一般排水 | 2293.52×100m³ 自然密实土、石 | — | 1. 定额按照一般凿岩机钻爆法施工的开挖方法进行编制。<br>2. 定额按现行隧道设计施工技术规范将围岩分为六级，即Ⅰ～Ⅵ级。<br>3. 开挖定额中已综合考虑超挖及预留变形因素。<br>4. 定额正洞机械开挖自卸汽车运输定额是按开挖、出渣运输分别编制，不分工程部位（即拱部、边墙、仰拱、底板、沟槽、洞室）均使用本定额 |
| | 3-1-3-28 | 正洞开挖：Ⅳ级围岩，隧长5000m以内 | | 2617.78×100m³ 自然密实土、石 | — | |
| | 3-1-3-29 | 正洞开挖：Ⅴ级围岩，隧长5000m以内 | | 157.88×100m³ 自然密实土、石 | — | |
| 围岩出渣 | 3-1-3-55 | Ⅰ～Ⅲ级围岩，隧长4500m以内 | 出渣：洞渣装、运、卸及道路养护 | 2293.52×100m³ 自然密实土、石 | — | 1. 洞内出渣运输定额已综合洞门外500m运距。当洞门外运距超过此运距时，可按照路基工程自卸汽车运输。土石方的增运定额加计增运部分的费用。<br>2. 定额内所用自卸汽车为20t |
| | 3-1-3-56 | Ⅳ、Ⅴ级围岩，隧长4500m以内 | | 2775.66×100m³ 自然密实土、石 | — | |
| 洞外增运 | 1-1-11-12 | 20t以内自卸汽车运土每增运 0.5km（平均运距 15km以内） | 运、卸、空回 | 15.788×1000m³ 天然密实方 | ×2 | 1. 配合出渣定额选用20t自卸汽车增运定额。<br>2. 定额中洞外出渣距离为500m，本隧道出渣距离达1.7km，应增加运距1.2km，按规定采用路基工程中增运定额计算。<br>3. 使用路基工程土石方增运定额时，当运距尾数不足一个增运定额单位的半数时不计，等于或超过半数时按一个增运定额运距单位计算，故增加运距为1.0km。 |

续表

| 工程细目 | 定额代号 | 定额名称 | 工作内容 | 定额工程量 | 定额调整 | 说　明 |
|---|---|---|---|---|---|---|
| 洞外增运 | 1-1-11-26 | 20t 以内自卸汽车运石每增运 0.5km（平均运距 15km 以内） | 运、卸、空回 | 491.13×1000m³ 天然密实方 | ×2 | 4. 一般情况下，Ⅴ、Ⅵ级围岩运输可按土方考虑，Ⅰ～Ⅳ级围岩运输可按石方考虑 |
| 隧道通风 | 3-1-15-5 | 正洞通风隧长 5000m 以内 | 通风机、风管搬运安装、调试使用维护及拆除 | 90×100 每延米洞身长 | — | 1. 定额单位为每 100 延米洞身长，本案例为双洞，因此工程量为隧道长度的 2 倍。<br>2. 施工通风及高压风水管和照明电线路单独编制定额项目 |
| 隧道照明 | 3-1-16-5 | 正洞风水管照明电路隧长≤5000m | 高压风、水管，照明、动力电线路、照明器材选配料，搬运、安装、铺设、调试，使用、维护及拆除 | 90×100 每延米洞身长 | — | 1. 定额单位为每 100 延米洞身长，本项目为双洞，因此工程量为隧道长度的 2 倍。<br>2. 施工通风及高压风水管和照明电线路单独编制定额项目 |

## 7.2　喷锚衬砌

　　隧道开挖后，要求及时施作初期支护，以控制围岩变形，防止围岩坍塌，发挥围岩结构的自稳作用。

　　目前复合式衬砌广泛应用在隧道工程中。在复合式衬砌中，第一层衬砌采用喷锚衬砌，通常称为初期支护，即本节所述内容；第二层衬砌采用拱墙整体浇筑的模注混凝土衬砌，也称为二次衬砌，7.3.1 小节将详细阐述二次衬砌。

　　喷锚衬砌是喷射混凝土支护、锚杆支护、喷射混凝土＋锚杆支护、喷射混凝土＋锚杆＋钢筋网支护、喷射混凝土＋锚杆＋钢筋网＋钢架支护的统称，是一种加固围岩、控制围岩变形、能充分利用和发挥围岩自承能力的衬砌形式，具有支护及时、柔性、紧贴围岩、与围岩共同工作等特点。

　　喷射混凝土支护：隧道开挖暴露后，须立即对开挖面进行初喷，这是维持围岩稳定和施工作业安全的重要环节。喷射混凝土支护是用高压将掺有速凝剂的混凝土拌和料，通过混凝土喷射机直接喷射到隧道开挖壁面上,形成喷混凝土支护结构。喷射混凝土支护具有不需要模板、施工速度快、早期强度高、密实度好、与围岩紧密黏结、不留空隙等优点。在隧道开挖后,及时施作喷射混凝土支护,可以起到封闭岩面,防止围岩风化松动,填充坑凹及裂隙,维护和提高围岩的整体性,帮助围岩发挥自身结构能力,调整围岩应力分布,防止应力集中,控制围岩变形,防止掉块、防止坍塌的作用。喷射混凝土分为初喷和复喷两次进行。初喷混凝土在开挖(或分部开挖)完成后立即进行,以尽早封闭岩面,防止表面风化剥落,如图 7-4 所示;复喷混凝土在安装锚杆和钢架后进行,使初期支护整体受力,以抑制围岩变形,如图 7-5 所示。

图 7-4　洞身初喷

图 7-5　洞身复喷

锚杆支护:预先在围岩钻好的锚孔内插入一定长度的锚杆体(一般是钢筋),并采用机械方法或锚固剂黏结的方法将锚杆体与围岩锚固在一起,如图 7-6 所示,形成锚杆支护结构。锚杆支护是利用锚杆的悬吊作用、组合拱作用和挤压作用,将围岩中被节理、裂隙切割的岩块串为一体、填补缝隙,起到改善围岩的力学性能,约束围岩内部和周边变形,调整围岩的受力状态,实现加固围岩、维护围岩稳定的作用。保证锚杆对围岩的支护作用的前提是将锚杆体与围岩锚固在一起,与围岩连成整体。锚杆的种类主要包括砂浆锚杆、药卷锚杆、中空注浆锚杆、自钻式锚杆、组合中空锚杆、树脂锚杆、楔缝式端头锚固式锚杆、管缝式锚杆等。

图 7-6　打入锚杆

钢筋网支护:为了提高喷射混凝土的抗剪强度和抗弯强度,提高喷射混凝土的整体性能,减少喷射混凝土的收缩裂纹,而在喷混凝土层中设置钢筋网,如图 7-7 所示。钢筋网应在初喷混凝土后再进行施工。钢筋网钢筋应随初喷面的凹凸起伏进行铺设,与初喷混凝土表面之间的间隙应不大于 30mm,并与先期施工的锚杆或专为固定钢筋网所用的短锚杆或其他固定装置绑扎或焊接。采用双层钢筋网时,第二层钢筋网应在第一层钢筋网被喷混凝土全部覆盖后进行铺设。

钢架支护:钢架一般用在围岩条件较差地段,围岩可能出现坍塌失稳或冒顶地段。钢架由于自身刚度较大,可提高喷射混凝土层的刚度和强度,安装后,即可发挥一定的支撑能力,如图 7-8 所示。钢架包括钢筋格栅钢架和型钢钢架,格栅钢架是由钢筋焊接加工而成,型钢钢架是由型钢加工成型。根据采用的型钢种类,钢架又分为工字钢钢架、U 形型钢钢架和 H 形型钢钢架,工程中多采用工字钢钢架。钢架主要用于自稳时间短、初期变形大或对地表下沉量有严格限制的地层中,是控制围岩变形与松弛、提高喷锚衬砌支护能力、维持围岩稳定的有效措施。

图 7-7　钢筋网　　　　　　　　　　　图 7-8　钢支撑

**1. 施工工艺**

隧道初衬施工工艺流程如图 7-9 所示。

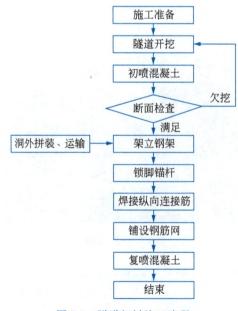

图 7-9　隧道初衬施工流程

## 2. 喷锚衬砌组价案例讲解

**【案例 7-2】** 某分离式山区高速公路隧道,全长 1462m,其初期支护工程量如表 7-7 所示。请根据以上信息,列出该隧道初期支护的清单及所涉及的定额和工程量。

表 7-7 某项目初期支护工程量

| 项 | 目 | | 单位 | 数量 |
|---|---|---|---|---|
| 初期支护 | 喷射混凝土 | C25 | m³ | 6440 |
| | 钢筋网 | ϕ8 | kg | 106000 |
| | 系统锚杆 | D25 中空注浆 | m | 87500 |
| | 钢支撑 | I-18 工字钢 | kg | 792300 |
| | | I-14 工字钢 | kg | 233800 |
| | 连接钢板 | Q235 | kg | 84600 |
| | 连接螺丝 | M20 | kg | 7300 |
| | 钢架连接钢筋 | ϕ22 | kg | 109500 |
| | 锁脚锚杆 | ϕ42mm×3.5mm 注浆小导管 | m | 35000 |
| | | 水泥浆 | m³ | 127.97 |

1) 清单套取

根据案例内容套隧道初期支护清单项,符合要求的清单项如表 7-8 所示。

表 7-8 洞身衬砌

| 子目号 | 子目名称 | 单位 | 工程量计量 | 工程内容 |
|---|---|---|---|---|
| 503 | 洞身开挖 | | | |
| 503-2 | 洞身支护 | | | |
| -b | 注浆小导管 | m | 依据设计图纸所示位置及尺寸,按钢管长度分不同的规格以米为单位计量 | 1. 场地清理;<br>2. 搭拆工作平台;<br>3. 布眼、钻孔、清孔;<br>4. 钢管制作、就位、顶进;<br>5. 浆液制作、注浆、检查、堵孔 |
| -c | 锚杆支护 | | | |
| -c-1 | 砂浆锚杆 | m | 依据设计图纸所示位置及尺寸,按锚杆长度分不同直径以米为单位计量 | 1. 搭、拆、移作业平台;<br>2. 锚杆及附件制作、运输;<br>3. 布眼、钻孔、清孔;<br>4. 浆液制作、注浆;<br>5. 锚杆就位、顶进、锚固 |

续表

| 子目号 | 子目名称 | 单位 | 工程量计量 | 工程内容 |
|---|---|---|---|---|
| -c-2 | 药包锚杆 | m | 依据设计图纸所示位置及尺寸,按锚杆长度分不同直径以米为单位计量 | 1. 搭、拆、移作业平台;<br>2. 锚杆及附件制作、运输;<br>3. 布眼、钻孔、清孔;<br>4. 药包浸泡及安装入孔;<br>5. 锚杆就位、顶进、锚固 |
| -d | 喷射混凝土支护 | | | |
| -d-1 | 钢筋网 | kg | 1. 依据设计图纸所示位置及尺寸,按图示钢筋网质量以千克为单位计量;<br>2. 钢筋网锚固件为钢筋网的附属工作,不另行计量 | 1. 搭、拆、移作业平台;<br>2. 布眼、钻孔、清孔、安设锚固件;<br>3. 挂网、绑扎、焊接、加固 |
| -d-2 | 喷射混凝土 | m³ | 依据设计图纸所示位置及尺寸,按图示喷射混凝土体积,分不同强度等级以立方米为单位计量 | 1. 冲洗岩面;<br>2. 安、拆、移喷射设备;<br>3. 搭、拆、移作业平台;<br>4. 配、拌、运混凝土;<br>5. 上料、喷射、养护 |
| -e | 钢支架支护 | | | |
| -e-1 | 型钢支架 | kg | 1. 依据设计图纸所示位置及尺寸,按型钢质量以千克为单位计量;<br>2. 型钢支架纵向连接钢筋作为附属工作,不另行计量;<br>3. 连接钢板、螺栓、螺帽、拉杆、垫圈为型钢支架的附属工作,均不另行计量 | 1. 场地清理;<br>2. 搭拆工作平台;<br>3. 型钢支架加工;<br>4. 型钢支架成型;<br>5. 型钢支架修整、焊接;<br>6. 安装就位、紧固螺栓;<br>7. 型钢支架纵向连接 |

形成的清单范本如表 7-9 所示。

表 7-9 喷锚衬砌工程量清单

| 子目号 | 子目名称 | 单位 | 数量 | 单价 | 合价 |
|---|---|---|---|---|---|
| 503 | 洞身开挖 | | | | |
| 503-2 | 洞身支护 | | | | |

续表

| 子目号 | 子目名称 | 单位 | 数量 | 单价 | 合价 |
|---|---|---|---|---|---|
| -b | 注浆小导管 | m | 3500 | | |
| -c | 锚杆支护 | | | | |
| -c-1 | 砂浆锚杆 | m | 35000 | | |
| -c-3 | 中空注浆锚杆 | m | 87500 | | |
| -d | 喷射混凝土支护 | | | | |
| -d-1 | 钢筋网 | kg | 106000 | | |
| -d-2 | 喷射混凝土 | | | | |
| -1 | C25 | m³ | 64400 | | |
| -e | 钢支架支护 | | | | |
| -e-1 | 型钢支架 | kg | 1026100 | | |

2）定额套取

清单 503-2-b 注浆小导管对应套取的定额如表 7-10 所示。

表 7-10　清单 503-2-b 注浆小导管

| 工程细目 | 定额代号 | 定额名称 | 工作内容 | 定额工程量 | 定额调整 | 说　明 |
|---|---|---|---|---|---|---|
| 锁脚锚杆 | 3-1-7-5 | 超前小导管 | 超前小导管：搭拆脚手架，布眼钻孔、清孔，钢管制作、就位顶管 | 35×100m | — | 1. 定额中超前小导管采用 $\phi 42mm \times 3.5mm$、每根长 4m 的热轧无缝钢管进行编制，钢管前端 10cm 呈尖锥状，尾部焊上 $\phi 6mm$ 加劲筋，管壁四周钻 8mm 压浆孔，尾部有 1.2m 不设压浆孔，定额已综合考虑脚手架、工作台和加劲筋等工程内容。<br>2. 超前小导管型号若与设计不同时，可按实际型号调整定额 |
| | 3-1-7-6 | 管棚、小导管注水泥浆 | 注浆：浆液制作、注浆、检查、堵孔 | 12.797×10m³ | — | |

清单 503-2-c-3 中空注浆锚杆对应套取的定额如表 7-11 所示。

表 7-11　清单 503-2-c-3 注浆小导管

| 工程细目 | 定额代号 | 定额名称 | 工作内容 | 定额工程量 | 定额调整 | 说明 |
|---|---|---|---|---|---|---|
| D25 中空注浆 | 3-1-6-3 | 中空注浆锚杆 | 中空锚杆:搭、拆、移脚手架,锚杆运输钻进,安装附件,砂浆拌和灌注,锚固 | 875×100m | — | 定额是按锚杆为全长黏结型锚杆、填充黏结料为水泥砂浆编制的,中空注浆锚杆包括锚杆体、锚头、止浆塞、垫板、螺母、注浆接头等。已综合考虑了脚手架、成孔、材料运输以及砂浆锚固等工程内容 |

清单 503-2-d-1 钢筋网对应套取的定额如表 7-12 所示。

表 7-12　清单 503-2-d-1 钢筋网

| 工程细目 | 定额代号 | 定额名称 | 工作内容 | 定额工程量 | 定额调整 | 说明 |
|---|---|---|---|---|---|---|
| $\phi 8$ 钢筋网 | 3-1-6-5 | 钢筋网 | 金属网:制作、挂网、绑扎、点焊、加固 | 106×1t | — | — |

清单 503-2-d-2-1 C25 喷射混凝土对应套取的定额如表 7-13 所示。

表 7-13　清单 503-2-d-2-1 C25 喷射混凝土

| 工程细目 | 定额代号 | 定额名称 | 工作内容 | 定额工程量 | 定额调整 | 说明 |
|---|---|---|---|---|---|---|
| 喷混 | 3-1-8-1 | 喷射混凝土 | 冲洗岩面,安、拆、移机具设备,混凝土及钢纤维混凝土上料、喷射养护,冲洗机具移动喷浆架 | 6440×10m³ | — | 定额按湿喷法施工工艺进行编制,综合考虑了混凝土回弹、操作运输等损耗,喷射施工所需的高压胶管、喷浆架、储水包,以及混凝土外掺剂等工程内容和消耗。定额中钢纤维用量按喷射混凝土质量的 3% 进行编制,若设计采用的钢纤维掺量或纤维品种与定额不同时,可按设计用量抽换本定额中钢纤维的消耗量 |
| 混凝土拌和 | 4-11-11-15 | 60m³/h 以内混凝土拌和站拌和 | 混凝土搅拌站(楼)拌和:自动配料、拌和、出料 | 772.8×100m³ | — | 混凝土拌和运输及回弹损耗系数×1.20 |

续表

| 工程细目 | 定额代号 | 定额名称 | 工作内容 | 定额工程量 | 定额调整 | 说明 |
|---|---|---|---|---|---|---|
| 混凝土运输 | 4-11-11-24 | 6m³搅拌运输车运混凝土1km | 混凝土运输：第一个1km；等待、装、卸、运行、掉头、空回、清洗车辆 | 772.8×100m³ | 人、机械、小型机具使用费×1.26 | 1. 洞内工程利用洞外定额，人、机械、小型机具使用费×1.26；2. 平均运距按1km考虑 |

清单503-2-e-1型钢支架对应套取的定额如表7-14所示。

表7-14　清单503-2-e-1型钢支架

| 工程细目 | 定额代号 | 定额名称 | 工作内容 | 定额工程量 | 定额调整 | 说明 |
|---|---|---|---|---|---|---|
| 型钢支架 | 3-1-5-1 | 制作安装型钢钢架 | 下料、成型、钻孔、焊接、修正、安装就位，紧固螺栓；拆除、整理、堆放 | 1110.7×1t钢架 | — | 1. 格栅钢架、型钢钢架、连接钢筋工程数量按钢架的设计质量计算。2. 该条定额计价工程量为型钢质量1026t及钢板质量84.6t之和。定额中，钢板2003005场内操作及运输损耗为6%，定额3-1-5-1中，每制作1t钢架消耗型钢0.96t，消耗钢板0.1t,合计1.06t，定额3-1-5-1型钢支架工程量为型钢质量及钢板质量之和作为计价工程量 |
| | 3-1-5-3 | 制作安装连接钢筋 | 下料、成型、钻孔、焊接、修正；安装就位，紧固螺栓；拆除、整理、堆放 | 109.5×1t钢架 | — | 1. 格栅钢架、型钢钢架、连接钢筋工程数量按钢架的设计质量计算。2. 虽然不计量连接钢筋，但需要单独计价 |

## 7.3 洞身衬砌

衬砌是指为控制和防止围岩变形或坍落,确保围岩稳定,处理涌水和漏水,或为隧道的内空整齐或美观等目的,将隧道的周边围岩覆盖起来的结构。公路隧道根据隧道围岩地质条件、施工条件和使用要求可采用喷锚衬砌、整体式衬砌或复合式衬砌。高速公路、一级公路、二级公路的隧道应采用复合式衬砌。复合式衬砌即隧道开挖后,先进行喷锚衬砌(初期支护)施工,铺设防水层,然后浇筑模筑混凝土衬砌(二次衬砌)。

二次衬砌是隧道工程施工在初期支护内侧施作的模筑混凝土或钢筋混凝土衬砌,与初期支护共同组成复合式衬砌。混凝土衬砌是隧道结构的重要组成部分,是隧道防水工程的最后一道防线,也是隧道外观美的直接体现。隧道混凝土衬砌的质量对隧道长期稳定、使用功能的正常发挥有很大影响。采用钻爆法开挖的隧道,混凝土衬砌通常现浇施工,也称为模筑混凝土衬砌,大量应用在整体式衬砌、复合式衬砌中的二次衬砌以及明洞衬砌中。

当设计荷载较大,特别是在不良地质深浅埋段、破碎围岩地段后期变荷载较大时,采用钢筋混凝土,以确保隧道支护结构的安全。二次衬砌施作的合理时间应根据施工监测数据确定,尽可能发挥初期支护的承载能力,但又不能超出其承载能力。

复合式衬砌是由初期支护、二次衬砌及中间夹防水层组合而成的衬砌形式。二次衬砌宜采用模筑混凝土或模筑钢筋混凝土结构,衬砌截面宜采用连接圆顺的等厚衬砌断面,仰拱厚度宜与拱墙厚度相同。

在全断面开挖成形或大断面开挖成形的隧道衬砌施工中,应尽量使用钢模板衬砌台车灌注混凝土整体衬砌。二次衬砌采用移动式混凝土泵或其他获准的机具连续浇筑,并应防止混凝土离析。边墙扩大基础的扩大部分及仰拱的拱座,应结合边墙施工一次完成。仰拱应先于衬砌浇筑完成,在施工安排中,应尽快修筑仰拱,以利于衬砌结构的整体受力。模板台车是指由门架结构、大块模板、调整机构(液压或螺杆)、行走机构等组成的隧道二次衬砌混凝土浇筑用的整体移动设备,如图7-10(a)、(b)所示。

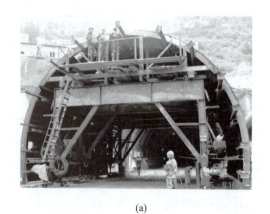
(a)

(b)

图7-10 钢模板衬砌台车

混凝土衬砌施工通常在初期喷锚支护后,通过测量确认岩体变形稳定后进行。二次衬砌施作前,应做好防水、排水的施工,当防水、排水系统经检查符合要求后,方可进行二次衬砌的施工,施工顺序目前多采用由下到上、先墙后拱的顺序连续浇筑。对于隧道纵向,则需要分段进行,分段长度一般为 8~12m。衬砌的施工缝应与设计的沉降缝、伸缩缝结合布置。混凝土的生产采用拌和站集中拌制(拌和站为 4 个料仓,自动计量),运输采用混凝土运输车,浇筑采用混凝土输送泵。模筑混凝土的材料和级配,应符合隧道衬砌的强度和耐久性要求,同时必须重视其抗冻、抗渗和抗侵蚀等性能。

**1. 二次衬砌施工工艺**

二次衬砌施工工艺流程如图 7-11 所示。

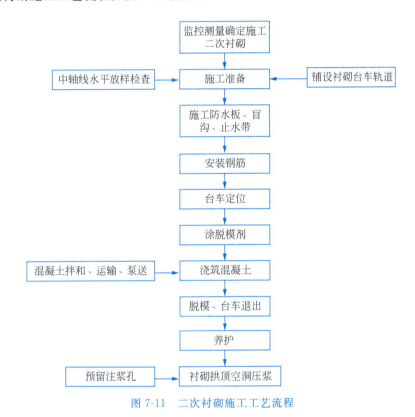

图 7-11 二次衬砌施工工艺流程

**2. 二次衬砌组价案例讲解**

【**案例 7-3**】 某分离式山区高速公路隧道,隧道全长 1462m,二次衬砌工程量如表 7-15 所示。请根据以上信息,列出该隧道二次衬砌的清单及所涉及的定额和工程量。

表 7-15 二次衬砌工程数量表

| | 项 目 | | 单位 | 数量 |
|---|---|---|---|---|
| 二次衬砌 | 拱部、边墙 | C35 防水混凝土 | m³ | 11540 |
| | 仰拱 | C35 | m³ | 7850 |
| | 钢筋 | HPB300 | kg | 49500 |
| | | HRB400 | | 1068600 |

1) 清单套取

根据案例内容套隧道二次衬砌清单项,符合要求的清单项如表 7-16 所示。

表 7-16 二次衬砌

| 子目号 | 子目名称 | 单位 | 工程量计量 | 工程内容 |
|---|---|---|---|---|
| 504 | 洞身衬砌 | | | |
| 504-1 | 洞身衬砌 | | | |
| -a | 钢筋 | kg | 1. 依据图纸所示及钢筋表所列钢筋质量以千克为单位计量；<br>2. 固定钢筋的材料、定位架立钢筋、钢筋接头、吊装钢筋、钢板、铁丝作为钢筋作业的附属工作,不另行计量 | 1. 钢筋的保护、储存及除锈；<br>2. 钢筋整直、接头；<br>3. 钢筋截断、弯曲；<br>4. 钢筋安设、支承及固定 |
| -b | 现浇混凝土 | m³ | 依据图纸所示位置及尺寸,按图示混凝土体积分不同强度等级以立方米为单位计量 | 1. 场地清理；<br>2. 基底检查；<br>3. 制作、安装、拆除模板；<br>4. 混凝土拌和、运输、浇筑、养护；<br>5. 设置施工缝、沉降缝 |
| 504-2 | 仰拱、铺底混凝土 | | | |
| -a | 现浇混凝土仰拱 | m³ | 依据图纸所示位置及尺寸,按图示混凝土体积分不同强度等级以立方米为单位计量 | 1. 场地清理；<br>2. 基底检查；<br>3. 模板制作、安装、拆除；<br>4. 混凝土拌和、运输、浇筑、养护；<br>5. 设置施工缝、沉降缝 |

形成的清单范本如表 7-17 所示。

表 7-17 洞身衬砌工程量清单

| 子目号 | 子目名称 | 单位 | 数量 | 单价 | 合价 |
|---|---|---|---|---|---|
| 504 | 洞身衬砌 | | | | |
| 504-1 | 洞身衬砌 | | | | |
| -a | 钢筋 | | | | |
| -1 | 光圆钢筋 | kg | 49500.000 | | |
| -2 | 带肋钢筋 | kg | 1068600.000 | | |
| -b | 现浇混凝土 | | | | |
| -1 | C35 | m³ | 11540.000 | | |

续表

| 子目号 | 子目名称 | 单位 | 数量 | 单价 | 合价 |
|---|---|---|---|---|---|
| 504-2 | 仰拱、铺底混凝土 | | | | |
| -a | 现浇混凝土仰拱 | | | | |
| -1 | C35 | m³ | 7850.000 | | |

2）定额套取

清单504-1-a-1光圆钢筋对应套取的定额如表7-18所示。

表7-18 清单504-1-a-1光圆钢筋

| 工程细目 | 定额代号 | 定额名称 | 工作内容 | 定额工程量 | 定额调整 | 说明 |
|---|---|---|---|---|---|---|
| 二衬钢筋 | 3-1-9-6 | 现场加工衬砌钢筋 | 除锈、制作、运输、绑扎、电焊 | 49.500×1t | 带肋钢筋抽换成光圆钢筋 | — |

清单504-1-a-2带肋钢筋对应套取的定额如表7-19所示。

表7-19 清单504-1-a-2带肋钢筋

| 工程细目 | 定额代号 | 定额名称 | 工作内容 | 定额工程量 | 定额调整 | 说明 |
|---|---|---|---|---|---|---|
| 二衬钢筋 | 3-1-9-6 | 现场加工衬砌钢筋 | 除锈、制作、运输、绑扎、电焊 | 1068.600×1t | — | — |

清单504-1-b-1 C35现浇混凝土对应套取的定额如表7-20所示。

表7-20 清单504-1-b-1 C35现浇混凝土

| 工程细目 | 定额代号 | 定额名称 | 工作内容 | 定额工程量 | 定额调整 | 说明 |
|---|---|---|---|---|---|---|
| 二衬混凝土 | 3-1-9-1 | 现浇混凝土衬砌（模板台车） | 模板台车浇筑混凝土；清理岩面及基底；台车就位、调整；挡头板制作、安装、拆除、修理、涂脱模剂、堆放，台车维护；混凝土浇筑、捣固及养护 | 1154×10m³ | 泵C25混凝土抽换成泵C35 | — |
| | 4-11-11-15 | 60m³/h以内混凝土拌和站拌和 | 混凝土搅拌站（楼）拌和；自动配料、拌和、出料 | 135.018×100m³ | — | 混凝土拌和运输损耗系数×1.17 |
| | 4-11-11-24 | 6m³搅拌运输车运混凝土1km | 混凝土运输：第一个1km；等待、装、卸、运行、掉头、空回、清洗车辆 | 135.018×100m³ | 人、机械、小型机具使用费×1.26 | 洞内工程利用洞外定额，人、机械、小型机具使用费×1.26 |

清单 504-2-a-1 C35 现浇混凝土仰拱对应套取的定额如表 7-21 所示。

表 7-21　清单 504-2-a-1 C35 现浇混凝土仰拱

| 工程细目 | 定额代号 | 定额名称 | 工作内容 | 定额工程量 | 定额调整 | 说明 |
|---|---|---|---|---|---|---|
| 二衬仰拱 | 3-1-9-3 | 现浇混凝土仰拱 | 混凝土仰拱：清理岩面及基底；挡头板制作、安装拆除修理、涂脱模剂、堆放；混凝土浇筑捣固及养护 | 785×10m³ | 泵 C25 混凝土抽换成泵 C35 | — |
| | 4-11-11-15 | 60m³/h 以内混凝土拌和站拌和 | 混凝土搅拌站（楼）拌和：自动配料、拌和、出料 | 81.64×100m³ | — | 混凝土拌和运输及回弹损耗系数×1.04 |
| | 4-11-11-24 | 6m³ 搅拌运输车运混凝土 1km | 混凝土运输第一个 1km：等待、装、卸、运行、掉头、空回、清洗车辆 | 81.64×100m³ | 人、机械、小型机具使用费×1.26 | 洞内工程利用洞外定额，人、机械、小型机具使用费×1.26 |

# 第 8 章 安全设施、绿化及环境保护措施

公路交通安全设施用于满足公路使用者安全行车的需要,它应具有以下四类使用功能:主动引导、被动防护、全时保障、隔离封闭。交通安全设施的设置原则应与设计方案保持一致。交通安全设施之间以及交通安全设施与公路主体工程和其他设施之间应互相协调、配合使用。

公路交通安全设施设计应坚持"安全、环保、舒适、和谐"的理念,注重公路出行的安全性、方便性、舒适性、愉悦性,体现"以人为本、安全至上"的指导思想,并应结合交通量的增长、运营需求以及技术发展状况等逐步补充、完善。

## 8.1 现浇混凝土护栏

护栏主要用来对公路上的车辆和行人起保护与防护作用,根据高度和材料的不同,每米长度的价格也会不同。

护栏组价

图 8-1 所示为钢筋混凝土护栏立面图,该护栏置于路肩挡墙上方,工程数量表如表 8-1 所示。

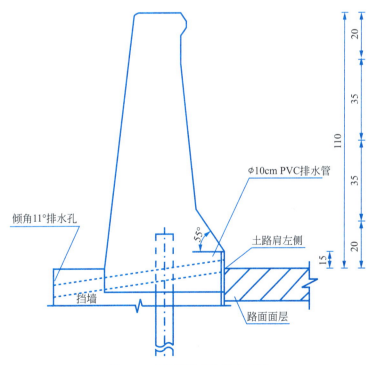

图 8-1 现浇混凝土护栏立面图

表 8-1 现浇混凝土挡墙工程数量表

| 起讫桩号 | 钢筋混凝土护栏 | | | | |
|---|---|---|---|---|---|
| | C30 现浇混凝土/m³ | HPB300 钢筋/kg | HRB400 钢筋/kg | ϕ45mm×3mm 镀锌钢管/kg | ϕ10cm PVC泄水管/m |
| K44+239～K44+280 | 16.7 | 97.2 | 3986.0 | 887.6 | 15.7 |

根据要求套用现浇混凝土护栏清单项,602-1-a 现浇混凝土护栏如表 8-2 所示。

表 8-2  602-1-a 现浇混凝土护栏

| 子目号 | 子目名称 | 单位 | 工程量计量 | 工程内容 |
|---|---|---|---|---|
| 602 | 护栏 | | | |
| 602-1 | 混凝土护栏(护墙、立柱) | | | |
| -a | 现浇混凝土护栏 | m³ | 1. 依据图纸所示位置和断面尺寸,按图示浇筑的不同强度的混凝土体积以立方米(m³)为单位计量;<br>2. 不扣除混凝土沉降缝、泄水孔所占体积;<br>3. 桥上混凝土护栏(护墙、立柱)在 410-6 中计量 | 1. 基槽开挖;<br>2. 铺筑垫层;<br>3. 模板制作、安装、拆除;<br>4. 混凝土制作、运输、浇筑、养护;<br>5. 沉降缝、泄水孔预留,灌缝处理;<br>6. 基坑回填,夯实;<br>7. 清理,弃方处理 |

清单工程量要求"按图示浇筑的不同强度的混凝土体积以立方米(m³)为单位计量",护栏浇筑的量为 16.7m³。在《预算定额》中第五章交通工程及沿线设施中套取定额,5-1-1 混凝土、砌体护栏满足本护栏定额的选择,如表 8-3 所示。

表 8-3  5-1-1 混凝土、砌体护栏

工程内容  现浇钢筋混凝土防撞护栏:①混凝土及钢筋的全部工序;②安装铸铁柱、栏杆;③铸铁柱、栏杆油漆。

Ⅱ. 现浇钢筋混凝土防撞护栏

| 顺序号 | 项目 | 单位 | 代号 | 墙体混凝土 10m³ 实体 | 墙体钢筋 | 铸铁柱及栏杆 1t |
|---|---|---|---|---|---|---|
| | | | | 5 | 6 | 7 |
| 1 | 人工 | 工日 | 1001001 | 16 | 8.8 | 9.2 |
| 2 | 普 C25-32.5-4 | m³ | 1503033 | (10.20) | — | — |
| 3 | HPB300 钢筋 | t | 2001001 | 0.001 | 1.025 | |
| 4 | 20～22 号铁丝 | kg | 2001022 | — | 5.1 | |

续表

| 顺序号 | 项目 | 单位 | 代号 | 墙体混凝土 10m³ 实体 | 墙体钢筋 1t | 铸铁柱及栏杆 1t |
|---|---|---|---|---|---|---|
| | | | | 5 | 6 | 7 |
| 5 | 钢管 | t | 2003008 | — | — | 0.362 |
| 6 | 钢模板 | t | 2003025 | 0.101 | — | — |
| 7 | 铸铁 | kg | 2003040 | — | — | 652 |
| 8 | 铁件 | kg | 2009028 | 13.3 | — | 90 |
| 9 | 水 | m³ | 3005004 | 12 | — | — |
| 10 | 原木 | m³ | 4003001 | 0.043 | — | — |
| 11 | 锯材 | m³ | 4003002 | 0.061 | — | — |
| 12 | 油漆 | kg | 5009002 | — | — | 8.1 |
| 13 | 中(粗)砂 | m³ | 5503005 | 4.9 | — | — |
| 14 | 碎石(4cm) | m³ | 5505013 | 8.47 | — | — |
| 15 | 32.5级水泥 | t | 5509001 | 3.417 | — | — |
| 16 | 其他材料费 | 元 | 7801001 | 14.2 | — | 8.6 |
| 17 | 250L以内强制式混凝土搅拌机 | 台班 | 8005002 | 0.29 | — | — |
| 18 | 1t以内机动翻斗车 | 台班 | 8007046 | 0.28 | — | — |
| 19 | 小型机具使用费 | 元 | 8099001 | 4.8 | 10.7 | — |
| 20 | 基价 | 元 | 9999001 | 4829 | 4387 | 4479 |

套用定额 5-1-1-5 现浇钢筋混凝土墙式护栏墙体混凝土,修改混凝土标号为 C30,定额工程量为 16.7m³。工程数量表中的 φ45mm×3mm 镀锌钢管的作用是将护栏与挡墙墙身进行连接与固定,也置于现浇混凝土护栏清单项中,根据工艺相似原则,借用 5-1-2 钢护栏中钢管立柱的定额,具体工料机表如表 8-4 所示。

表 8-4 5-1-2 钢护栏

工程内容 波形钢板护栏:①基础:混凝土工作的全部工序;②钢管柱:切割、焊接、钻孔、打桩机打入钢管柱、挖洞、浇筑柱脚混凝土;③型钢柱:打桩机打入柱;④波形钢板:安装撑架、固定螺栓及连接螺栓。

Ⅰ.波形钢板护栏

| 顺序号 | 项目 | 单位 | 代号 | 立柱钢管柱埋入 1t | 立柱钢管柱打入 | 型钢立柱打入 |
|---|---|---|---|---|---|---|
| | | | | 2 | 3 | 4 |
| 1 | 人工 | 工日 | 1001001 | 9.7 | 4.6 | 1.9 |

续表

| 顺序号 | 项　　目 | 单位 | 代　号 | 立柱钢管柱埋入 | 立柱钢管柱打入 | 型钢立柱打入 |
|---|---|---|---|---|---|---|
| | | | | 1t | | |
| | | | | 2 | 3 | 4 |
| 4 | 钢板 | t | 2003005 | 0.032 | 0.025 | — |
| 5 | 钢管立柱 | t | 2003015 | 1.01 | 1.01 | — |
| 6 | 型钢立柱 | t | 2003016 | — | — | 1.01 |
| 8 | 电焊条 | kg | 2009011 | 6 | 4.8 | — |
| 14 | 其他材料费 | 元 | 7801001 | 11.3 | 8.8 | — |
| 15 | 2t 以内载货汽车 | 台班 | 8007001 | 0.37 | 0.37 | 0.69 |
| 17 | 32kV·A 以内交流电弧焊机 | 台班 | 8015028 | 0.69 | 0.55 | — |
| 18 | 小型机具使用费 | 元 | 8099001 | 41.7 | 52 | 35.8 |
| 19 | 基价 | 元 | 9999001 | 6665 | 6073 | 5222 |

套用定额 5-1-2-2 波形钢板护栏立柱钢管柱埋入，工程量为 0.8876t。

$\phi$10cm PVC 泄水管可直接套取工料机材料单价，PVC 材料的操作损耗为 6%，详细内容可见本书附录 E 的定额人工、材料、设备单价表，则 PVC 的消耗量为

$$15.7\times1.06=16.799(\text{m})$$

纵横造价软件对混凝土护栏的组价如图 8-2 所示。

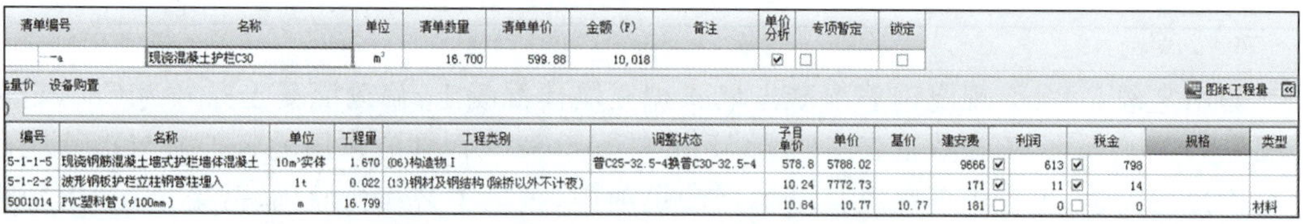

| 清单编号 | 名称 | 单位 | 清单数量 | 清单单价 | 金额（F） | 备注 | 单价分析 | 专项暂定 | 锁定 |
|---|---|---|---|---|---|---|---|---|---|
| —a | 现浇混凝土护栏C30 | m³ | 16.700 | 599.88 | 10,018 | | ☑ | ☐ | ☐ |

量价　设备购置　　　图纸工程量

| 编号 | 名称 | 单位 | 工程量 | 工程类别 | 调整状态 | 子目单价 | 单价 | 基价 | 建安费 | | 利润 | | 税金 | 规格 | 类型 |
|---|---|---|---|---|---|---|---|---|---|---|---|---|---|---|---|
| 5-1-1-5 | 现浇钢筋混凝土墙式护栏墙体混凝土 | 10m³实体 | 1.670 | (06)构造物 I | 普C25-32.5-4换普C30-32.5-4 | 578.8 | 5788.02 | | 9666 | ☑ | 613 | ☑ | 798 | | |
| 5-1-2-2 | 波形钢板护栏立柱钢管柱埋入 | 1t | 0.022 | (13)钢材及钢结构(除桥以外不计夜) | | 10.24 | 7772.73 | | 171 | ☑ | 11 | ☑ | 14 | | |
| 5001014 | PVC塑料管（$\phi$100mm） | m | 16.799 | | | 10.84 | 10.77 | 10.77 | 181 | ☐ | 0 | ☐ | 0 | | 材料 |

图 8-2　纵横造价软件对混凝土护栏的组价

护栏钢筋套用 5-1-1-6 现浇钢筋混凝土墙式护栏墙体钢筋，区分光圆钢筋和带肋钢筋，最后纵横造价软件组价如图 8-3 所示。

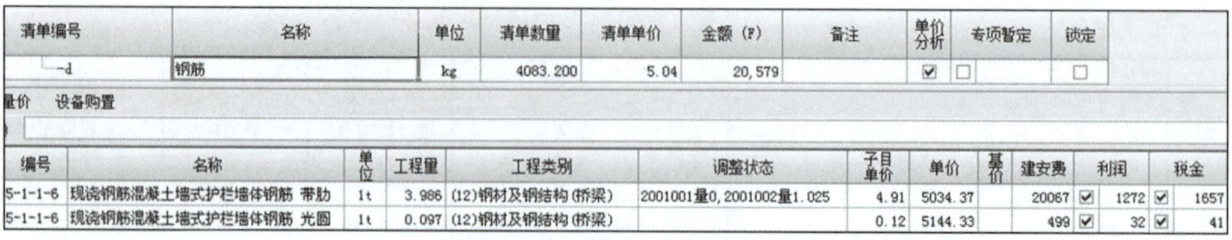

| 清单编号 | 名称 | 单位 | 清单数量 | 清单单价 | 金额（F） | 备注 | 单价分析 | 专项暂定 | 锁定 |
|---|---|---|---|---|---|---|---|---|---|
| —d | 钢筋 | kg | 4083.200 | 5.04 | 20,579 | | ☑ | ☐ | ☐ |

量价　设备购置

| 编号 | 名称 | 单位 | 工程量 | 工程类别 | 调整状态 | 子目单价 | 单价 | 基价 | 建安费 | | 利润 | | 税金 |
|---|---|---|---|---|---|---|---|---|---|---|---|---|---|
| 5-1-1-6 | 现浇钢筋混凝土墙式护栏墙体钢筋 带肋 | 1t | 3.986 | (12)钢材及钢结构(桥梁) | 2001001量0,2001002量1.025 | 4.91 | 5034.37 | | 20067 | ☑ | 1272 | ☑ | 1657 |
| 5-1-1-6 | 现浇钢筋混凝土墙式护栏墙体钢筋 光圆 | 1t | 0.097 | (12)钢材及钢结构(桥梁) | | 0.12 | 5144.33 | | 499 | ☑ | 32 | ☑ | 41 |

图 8-3　纵横造价软件对护栏钢筋的组价

## 8.2 环境绿化

绿化种植是指通过种植树木、花卉、草皮等绿色植物,来改善自然环境和人民生活、工作、学习的环境。绿化有两个范畴:一是国土绿化,即绿化祖国、植树造林,提高全国的森林覆盖率;二是在人类生活规划区内种植树木、花草,以改善城市生态环境,美化人们生活、工作、学习的环境,增强人民的身心健康。

《预算定额》第六章第一节说明如下。

> (1) 栽植子目中已包含死苗补植,使用定额时不得更改该内容。盆栽植物均按脱盆的规格套用相应的定额子目。
> (2) 苗木及地被植物的场内运输已在定额中综合考虑,使用定额时不得另行增加。
> (3) 本定额的工程内容中,清理场地指工程完工后,将树穴中的淤泥、杂物清除并归堆;当有淤泥、杂物需要外运时,按路基土石方运输有关定额子目另行计算。
> (4) 栽植子目中均已综合了挖树穴工程量,底肥费用计入其他材料费中,浇水按1次计算,其余内容按相应定额计算,但不得重复计算。栽植子目按土可用的情况进行编制;若需要换土,则按有关子目进行计算。
> (5) 当编制中央分隔带部分的绿化工程预算时,若中央分隔带内的填土没有计入该项工程预算,其填土可按路基土方有关定额子目计算,但应扣减树穴所占的体积。
> (6) 为了确保路基边坡的稳定而修建的各种形式的网格植草或播种草籽等护坡,应并入防护工程内计算。
> (7) 运苗木子目仅适用于自运苗木的运输。
> (8) 本定额中的胸径指距地坪1.30m高处的树干直径;株高指树顶端距地坪的高度;篱高指绿篱苗木顶端距地坪的高度。

### 8.2.1 喷播植草

衬砌拱护坡设计图说明里明确提到:"在绿化窗口喷播植草",喷播植草面积1798.7$m^2$,培植耕植土179.9$m^3$,选择喷播植草清单项703-6客土喷播,具体如表8-5所示。

表8-5 703 撒播草种和铺植草皮

| 子目号 | 子目名称 | 单位 | 工程量计量 | 工程内容 |
|---|---|---|---|---|
| 703 | 撒播草种和铺植草皮 | | | |
| 703-6 | 客土喷播 | $m^2$ | 依据图纸所示,按照客土喷播的面积以平方米为单位计量 | 1. 坡面整理;<br>2. 安设锚杆;<br>3. 安设铁丝网(钢丝网);<br>4. 绿化基材制备;<br>5. 喷播绿化基材;<br>6. 浇水、施肥、除虫、除杂草、修剪、补种;<br>7. 清除垃圾、杂物 |

清单工程量为 1798.7m²。查阅植草护坡定额,见表 3-16  1-4-2 植草护坡,选择客土喷播定额 1-4-2-11 客土喷播植草(厚度 8cm),定额工程量也为 1798.7m²。值得注意的是,定额种植土就是设计要求的耕植土,1798.7m² 喷播植草定额中有 73.387m³ 的种植土,具体计算如下:

$$1798.7 \div 1000 \times 40.8 \approx 73.387 (m^3)$$

但设计明确要求种植土的量应为 179.9m³,因此现在需要对种植土的消耗量进行修正。已知定额要求 1000m² 土地需要 40.8m³ 的种植土,现在从 1798.7m² 中取 1000m² 单位面积,看 1000m² 实际项目中种植土的量是多少,设该消耗量为 χ,具体如下:

$$\frac{1000}{\chi} = \frac{1798.7}{179.9}$$

$$\chi \approx 100$$

修正纵横软件中种植土的消耗量为 100,得到新工料机消耗量表如图 8-4 所示。

| 清单编号 | 名称 | 单位 | 清单数量 | 清单单价 | 金额 (F) |
|---|---|---|---|---|---|
| -703-6 | 客土喷播 | m² | 1798.700 | 33.77 | 60,742 |

| 编号 | 名称 | 单位 | 消耗量 | 定额价 | 预算价 | 型号规格 | 主材 | 新工料 |
|---|---|---|---|---|---|---|---|---|
| 1001001 | 人工 | 工日 | 65.124 | 106.28 | 106.28 | | ☑ | ☐ |
| 4013001 | 草籽 | kg | 53.97 | 70.8 | 70.8 | | ☑ | ☐ |
| 5501007 | 种植土 | m³ | 179.9 | 11.65 | 11.65 | | ☐ | ☐ |
| 5501008 | 植物营养土 | m³ | 73.399 | 291.26 | 291.26 | | ☑ | ☐ |
| 7801001 | 其他材料费 | 元 | 6713.868 | 1 | 1 | | ☑ | ☐ |
| 8001132 | 液压喷播机 | 台班 | 4.677 | 347.82 | 347.82 | CYP-4456 | ☐ | ☐ |
| 8005002 | 250L以内强制式混凝土搅拌机 | 台班 | 2.716 | 177.86 | 177.86 | JD250 | ☑ | ☐ |
| 8007003 | 4t以内载货汽车 | 台班 | 4.318 | 470.1 | 470.1 | CA10B | ☑ | ☐ |
| 8007041 | 6000L以内洒水汽车 | 台班 | 4.084 | 697.93 | 697.93 | YGJ5102GSSEQ | ☑ | ☐ |
| 8017049 | 9m³/min内机动空压机 | 台班 | 5.325 | 719.1 | 719.1 | VY-9/7 | ☑ | ☐ |
| 8099001 | 小型机具使用费 | 元 | 131.507 | 1 | 1 | | ☑ | ☐ |
| 9999001 | 基价 | 元 | 51881.361 | 1 | 1 | | ☑ | ☐ |

图 8-4  客土喷播工料机表图

纵横造价软件对客土喷播的组价如图 8-5 所示。

| 清单编号 | 名称 | 单位 | 清单数量 | 清单单价 | 金额 (F) | 备注 | 单价分析 |
|---|---|---|---|---|---|---|---|
| -703-6 | 客土喷播 | m² | 1798.700 | 33.77 | 60,742 | | ☑ |

量  设备购置

| 编号 | 名称 | 单位 | 工程量 | 工程类别 | 调整状态 | 子目单价 | 单价 | 基价 | 建安费 | 利润 | 税金 |
|---|---|---|---|---|---|---|---|---|---|---|---|
| 1-4-2-11 | 客土喷播植草(厚度8cm) | 1000m² | 1.799 | (06)构造物 I | 5501007量100 | 33.77 | 33767.09 | | 60747 | ☑ 3850 | ☑ 5016 |

图 8-5  纵横造价软件对客土喷播的组价

## 8.2.2 乔木栽种

乔木一般是指具有单一主干,在主干离地面有相当高度后才行分枝,且具有一定形态树冠的植物。乔木有落叶与常绿之分,也可分为大乔木(指树高 18m 以上者)、中乔木(指树高 9~18m 者)和小乔木(指树高在 9m 以下者)。

常绿乔木一般泛指能够保持全年继续生长且终年具有绿叶的乔木。这种乔木的叶的寿命是两三年或更长,每年都有新叶长出,也有部分脱落,由于陆续更新,所以终年保持常绿,如樟树、紫檀、马尾松、柚木等。

落叶乔木是指每年秋冬季节或干旱季节叶子全部脱落的乔木,一般指温带的落叶乔木,如山楂、梨、苹果、梧桐等。落叶是由短日照引起植物内部生长素减少、脱落酸增加,产生离层的结果。落叶是植物为了减少蒸腾、度过寒冷或干旱季节的一种适应,这一习性是植物在长期进化过程中形成的。

本道路中央分隔带设计乔木栽种,平面图如图 8-6 所示。

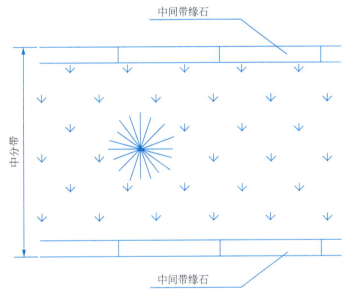

图 8-6  中央分隔带绿化平面图

分隔带内涉及塔柏栽植,绿化工程数量如表 8-6 所示。

表 8-6  中央分隔带绿化工程数量

| 回填种植土/m² | 播草籽/m² | 塔柏/株 |
| --- | --- | --- |
| 22.21 | 48 | 30 |

塔柏是柏科、圆柏属圆柏的栽培种,本道路的中央分隔带种植的塔柏属于乔木木类树种,乔木胸径在 7~8cm,株高 80cm 左右,株距 1m。胸径指距离地坪 1.3m 高处树干的直径,株高指树顶端距地坪的高度。乔木栽植的工艺流程:测量放样→挖树穴→下基肥→栽植→场地清理→洒水车浇水。

查找清单项,选择与塔柏栽种相关的清单项,704-1 人工种植乔木符合要求,具体清单内容如表 8-7 所示。

表 8-7　人工种植乔木

| 子目号 | 子目名称 | 单位 | 工程量计量 | 工程内容 |
|---|---|---|---|---|
| 704 | 种植乔木、灌木和攀缘植物 | | | |
| 704-1 | 人工种植乔木 | 棵 | 依据图纸所示位置,按图示种植的不同规格的各类乔木数量以棵为单位计量 | 1. 开挖种植穴(槽);<br>2. 换填种植土;<br>3. 苗木栽植;<br>4. 支撑、浇水、施肥、除虫、除杂草、修剪、补种;<br>5. 场地清理,废弃物装卸运输 |

新建清单子目,子目名称为"塔柏",清单工程量要求"图示种植的不同规格的各类乔木数量以棵为单位计量",根据要求,塔柏种植棵数为 30 棵。

乔木栽种分为带土球和裸根两类,塔柏为带土球乔木,乔木根据土球直径选择定额,具体可见表 8-8;因《预算定额》未能对定额与土球直径大小规格关联提供依据,现参照《重庆市园林绿化工程计价定额》(CQYLLHDE—2018)土球直径参考表选择塔柏土球直径大小,如表 8-9 所示。

表 8-8　6-1-1 乔木栽植

工作内容　挖树穴、下基肥、散苗木、栽植、支撑架搭设、场地清理、第一次浇水。　　　　单位:100 株

| 顺序号 | 项目 | 单位 | 代号 | 土球直径/cm | | | |
|---|---|---|---|---|---|---|---|
| | | | | 60 以内 | 70 以内 | 80 以内 | 90 以内 |
| | | | | 6 | 7 | 8 | 9 |
| 1 | 人工 | 工日 | 1001001 | 9.5 | 12.3 | 16.1 | 20.1 |
| 2 | 水 | m³ | 3005004 | 36 | 57 | 76 | 98 |
| 3 | 乔木 | 株 | 4009001 | 105 | 105 | 105 | 105 |
| 4 | 其他材料费 | 元 | 7801001 | 288.4 | 315.4 | 358.5 | 402.1 |
| 5 | 4000L 以内洒水汽车 | 台班 | 8007040 | 0.05 | 0.06 | 0.06 | 0.07 |
| 6 | 5t 以内汽车式起重机 | 台班 | 8009025 | — | 0.99 | 1.16 | 1.32 |
| 7 | 小型机具使用费 | 元 | 8099001 | 6.8 | 9.3 | 11.6 | 13.6 |
| 8 | 基价 | 元 | 9999001 | 6452 | 7473 | 8083 | 8721 |

表 8-9 乔木土球直径参考表

| 序号 | 乔木(胸径 mm 以内) | 土球直径/mm | 土球高/mm | 坑直径/mm | 坑深/mm | 换土量/$m^3$ |
|---|---|---|---|---|---|---|
| 1 | 20 | 200 | 150 | 400 | 350 | 0.039 |
| 2 | 40 | 300 | 200 | 500 | 400 | 0.064 |
| 3 | 60 | 400 | 300 | 600 | 500 | 0.104 |
| 4 | 80 | 600 | 400 | 800 | 600 | 0.188 |
| 5 | 100 | 700 | 450 | 900 | 650 | 0.240 |
| 6 | 120 | 800 | 500 | 1000 | 800 | 0.377 |
| 7 | 140 | 900 | 600 | 1100 | 900 | 0.473 |
| 8 | 160 | 1000 | 650 | 1200 | 950 | 0.564 |

本道路塔柏直径在 7～8cm，土球直径在 60cm 以内，选用定额 6-1-1-6 栽植土球直径 60cm 以内乔木，定额工程量为 30 棵。

查阅《预算定额》第六章第一节说明第(2)、(3)、(4)、(5)可知，乔木栽种可不需要额外套用挖树穴、苗木运输定额。

纵横造价软件对乔木栽种的组价如图 8-7 所示。

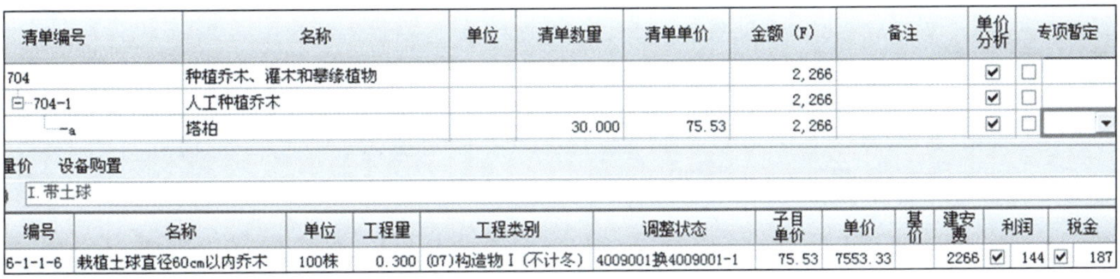

| 清单编号 | 名称 | 单位 | 清单数量 | 清单单价 | 金额（F） | 备注 | 单价分析 | 专项暂定 |
|---|---|---|---|---|---|---|---|---|
| 704 | 种植乔木、灌木和攀缘植物 | | | | 2,266 | | ☑ | ☐ |
| ⊟ 704-1 | 人工种植乔木 | | | | 2,266 | | ☑ | ☐ |
| -a | 塔柏 | | 30.000 | 75.53 | 2,266 | | ☑ | ☐ |

量价 设备购置

I. 带土球

| 编号 | 名称 | 单位 | 工程量 | 工程类别 | 调整状态 | 子目单价 | 单价 | 基价 | 建安费 | 利润 | 税金 |
|---|---|---|---|---|---|---|---|---|---|---|---|
| 6-1-1-6 | 栽植土球直径60cm以内乔木 | 100株 | 0.300 | (07)构造物 I (不计冬) | 4009001换4009001-1 | 75.53 | 7553.33 | | 2266 | ☑ 144 | ☑ 187 |

图 8-7 纵横造价软件对乔木栽种的组价

# 附　录

## 附录 A　全国冬季施工气温区划分表（节选）

| 省份 | 地区、市、自治州、盟（县） | 气温区 | |
|---|---|---|---|
| 浙江 | 杭州、嘉兴、绍兴、宁波、湖州、衢州、舟山、金华、温州、台州、丽水市 | 准二 | |
| 安徽 | 亳州 | 冬一 | I |
| | 阜阳、蚌埠、淮南、滁州、合肥、六安、马鞍山、芜湖、铜陵、池州、宣城、黄山市 | 准一 | |
| | 淮北、宿州市 | 准二 | |
| 福建 | 宁德（寿宁县、周宁县、屏南县）、三明市 | 准一 | |
| 江西 | 南昌、萍乡、景德镇、九江、新余、上饶、抚州、宜春市 | 准一 | |
| 山东 | 全境 | 冬一 | I |
| 河南 | 安阳、商丘、周口（西华县、淮阳县、鹿邑县、扶沟县、太康县）、新乡、三门峡、洛阳、郑州、开封、鹤壁、焦作、济源、濮阳、许昌市 | 冬一 | I |
| | 驻马店、信阳、南阳、周口（西华县、淮阳县、鹿邑县、扶沟县、太康县除外）、平顶山、漯河 | 准二 | |
| 湖北 | 武汉、黄石、荆州、荆门、鄂州、宜昌、咸宁、黄冈、天门、潜江、仙桃市、恩施 | 准一 | |
| | 孝感、十堰、襄阳、随州市、神农架林区 | 准二 | |
| 湖南 | 全境 | 准一 | |
| 重庆 | 城口县 | 准一 | |
| 四川 | 阿坝（黑水县）、甘孜（新龙县、道浮县、泸定县） | 冬一 | II |
| | 甘孜（甘孜县、康定市、白玉县、炉霍县） | 冬二 | I |
| | 阿坝（壤塘县、红原县、松潘县）、甘孜自治州（德格县） | | II |
| | 阿坝（阿坝县、若尔盖县、九寨沟县）、甘孜自治州（石渠县、色达县） | 冬三 | |
| | 广元市（青川县）、阿坝（汶川县、小金县、茂县、理县）、甘孜（巴塘县、雅江县、得荣县、九龙县、理塘县、乡城县、稻城县）、凉山自治州（盐源县、木里县） | 准一 | |
| | 阿坝（马尔康市、金川县）、甘孜自治州（丹巴县） | 准二 | |

## 附录 B  全国雨季施工雨量区及雨季期划分表（节选）

| 省份 | 地区、市、自治州、盟（县） | 雨量区 | 雨季期（月数） |
|---|---|---|---|
| 广西 | 百色、河池、南宁、崇左 | Ⅱ | 5 |
| 广西 | 桂林、玉林、梧州、北海、贵港、钦州、防城港、贺州、柳州、来宾 | Ⅱ | 6 |
| 海南 | 全境 | Ⅱ | 6 |
| 重庆 | 全境 | Ⅱ | 4 |
| 四川 | 阿坝（松潘县、小金县）、甘孜（丹巴县、石渠县） | Ⅰ | 1 |
| 四川 | 泸州（古蔺县）、阿坝（阿坝县、若尔盖县）、甘孜（道孚县、炉霍县、甘孜县、巴塘县、乡城县） | Ⅰ | 2 |
| 四川 | 德阳、乐山（峨边县）、雅安（汉源县）、阿坝（壤塘县）、甘孜（泸定县、新龙县、德格县、白玉县、色达县、得荣县）、凉山（美姑县） | Ⅰ | 3 |
| 四川 | 绵阳（江油市、安州区、北川县除外）、广元、遂宁、宜宾（长宁县、珙县、兴文县除外）、阿坝（黑水县、红原县、九寨沟县）、甘孜（九龙县、雅江县、理塘县）、凉山（会理县、木里县、宁南县） | Ⅰ | 4 |
| 四川 | 南充（仪陇县除外）、广安（岳池县、武胜县、邻水县）、达州（大竹县）、阿坝（马尔康市）、甘孜（康定市）、凉山（甘洛县） | Ⅰ | 5 |
| 四川 | 自贡（富顺县除外）、绵阳（北川县）、内江、资阳、雅安市（石棉县）、甘孜（稻城县）、凉山（盐源县、雷波县、金阳县） | Ⅱ | 3 |
| 四川 | 成都、自贡（富顺县）、攀枝花、泸州（古蔺县除外）、绵阳（江油市、安州区）、眉山（洪雅县除外）、乐山（峨边县、峨眉山市、沐川县除外）、宜宾（长宁县、珙县、兴文县）、广安市（岳池县、武胜县、邻水县除外）、凉山（西昌市、德昌县、会理县、会东县、喜德县、冕宁县） | Ⅱ | 4 |
| 四川 | 眉山（洪雅县）、乐山（峨眉山市、沐川县）、雅安（汉源县、石棉县除外）、南充（仪陇县）、巴中、达州（大竹县、宣汉县除外）、凉山（昭觉县、布拖县、越西县） | Ⅱ | 5 |
| 四川 | 达州（宣汉县）、凉山（普格县） | Ⅱ | 6 |

## 附录 C 重庆费率表

单位：%

| 序号 | 工程类别 | 措施费 | | | | | | | | | 综合费率 | | 企业管理费 | | | | | | 规费 | | | | 综合费率 |
|---|---|---|---|---|---|---|---|---|---|---|---|---|---|---|---|---|---|---|---|---|---|---|---|
| | | 冬季施工增加费 | 雨季施工增加费 | 夜间施工增加费 | 高原地区施工增加费 | 风沙地区施工增加费 | 沿海地区施工增加费 | 行车干扰施工增加费 | 施工辅助费 | 工地转移费 | I | II | 基本费用 | 主、副食运费补贴 | 职工探亲路费 | 职工取暖补贴 | 财务费用 | 综合费率 | 养老保险费 | 失业保险费 | 医疗保险费 | 工伤保险费 | 住房公积金 | |
| 1 | 2 | 3 | 4 | 5 | 6 | 7 | 8 | 9 | 10 | 11 | 12 | 13 | 14 | 15 | 16 | 17 | 18 | 19 | 20 | 21 | 22 | 23 | 24 | 25 |
| 1 | 土方 | | 0.700 | | | | | | 0.521 | 0.238 | 0.938 | 0.521 | 2.747 | 0.122 | 0.192 | | 0.271 | 3.332 | 16.000 | 0.500 | 10.000 | 1.600 | 8.500 | 36.600 |
| 2 | 石方 | | 0.667 | | | | | | 0.470 | 0.182 | 0.849 | 0.470 | 2.792 | 0.108 | 0.204 | | 0.259 | 3.363 | 16.000 | 0.500 | 10.000 | 1.600 | 8.500 | 36.600 |
| 3 | 运输 | | 0.781 | | | | | | 0.154 | 0.165 | 0.946 | 0.154 | 1.374 | 0.118 | 0.132 | | 0.264 | 1.888 | 16.000 | 0.500 | 10.000 | 1.600 | 8.500 | 36.600 |
| 4 | 路面 | | 0.710 | | | | | | 0.818 | 0.342 | 1.052 | 0.818 | 2.427 | 0.066 | 0.159 | | 0.404 | 3.056 | 16.000 | 0.500 | 10.000 | 1.600 | 8.500 | 36.600 |
| 5 | 隧道 | | | | | | | | 1.195 | 0.274 | 0.274 | 1.195 | 3.569 | 0.096 | 0.266 | | 0.513 | 4.444 | 16.000 | 0.500 | 10.000 | 1.600 | 8.500 | 36.600 |
| 6 | 构造物 I | | 0.491 | | | | | | 1.201 | 0.278 | 0.769 | 1.201 | 3.587 | 0.114 | 0.274 | | 0.466 | 4.441 | 16.000 | 0.500 | 10.000 | 1.600 | 8.500 | 36.600 |
| 7 | 构造物 I（不计冬） | | 0.491 | | | | | | 1.201 | 0.278 | 0.769 | 1.201 | 3.587 | 0.114 | 0.274 | | 0.466 | 4.441 | 16.000 | 0.500 | 10.000 | 1.600 | 8.500 | 36.600 |
| 8 | 构造物 II | | 0.565 | | | | | | 1.537 | 0.354 | 0.919 | 1.537 | 4.726 | 0.126 | 0.348 | | 0.545 | 5.745 | 16.000 | 0.500 | 10.000 | 1.600 | 8.500 | 36.600 |
| 9 | 构造物 III（桥梁） | | 1.164 | | | | | | 2.729 | 0.661 | 1.825 | 2.729 | 5.976 | 0.225 | 0.551 | | 1.094 | 7.846 | 16.000 | 0.500 | 10.000 | 1.600 | 8.500 | 36.600 |
| 10 | 构造物 III（除桥以外不计雨夜） | | | | | | | | 2.729 | 0.661 | 0.661 | 2.729 | 5.976 | 0.225 | 0.551 | | 1.094 | 7.846 | 16.000 | 0.500 | 10.000 | 1.600 | 8.500 | 36.600 |

续表

| 序号 | 工程类别 | 措施费 | | | | | | | 综合费率 | | 企业管理费 | | | | | | 规费 | | | | 综合费率 |
|---|---|---|---|---|---|---|---|---|---|---|---|---|---|---|---|---|---|---|---|---|---|
| | | 冬季施工增加费 | 雨季施工增加费 | 夜间施工增加费 | 高原地区施工增加费 | 风沙地区施工增加费 | 沿海地区施工增加费 | 行车干扰施工增加费 | 施工辅助费 | 工地转移费 | I | II | 基本费用 | 主、副食运费补贴 | 职工探亲路费 | 职工取暖补贴 | 财务费用 | 综合费率 | 养老保险费 | 失业保险费 | 医疗保险费 | 工伤保险费 | 住房公积金 | |
| 11 | 技术复杂大桥 | | 0.689 | | | | | | 1.677 | | 1.102 | 1.677 | 4.143 | 0.101 | 0.208 | | 0.637 | 5.089 | 16.000 | 0.500 | 10.000 | 1.600 | 8.500 | 36.600 |
| 12 | 钢材及钢结构（桥梁） | | | | | | | | 0.564 | 0.373 | 0.373 | 0.564 | 2.242 | 0.104 | 0.164 | | 0.653 | 3.163 | 16.000 | 0.500 | 10.000 | 1.600 | 8.500 | 36.600 |
| 13 | 钢材及钢结构（除桥以外不计夜） | | | | | | | | 0.564 | 0.373 | 0.373 | 0.564 | 2.242 | 0.104 | 0.164 | | 0.653 | 3.163 | 16.000 | 0.500 | 10.000 | 1.600 | 8.500 | 36.600 |
| 14 | 费率为0 | | | | | | | | | | | | | | | | | | | | | | | |
| 15 | 路面（不计雨） | | | | | | | | 0.818 | 0.342 | 0.342 | 0.818 | 2.427 | 0.066 | 0.159 | | 0.404 | 3.056 | 16.000 | 0.500 | 10.000 | 1.600 | 8.500 | 36.600 |
| 16 | 构造物 I（不计雨） | | | | | | | | 1.201 | 0.278 | 0.278 | 1.201 | 3.587 | 0.114 | 0.274 | | 0.466 | 4.441 | 16.000 | 0.500 | 10.000 | 1.600 | 8.500 | 36.600 |
| 17 | 构造物 III（除桥以外） | | 1.164 | | | | | | 2.729 | 0.661 | 1.825 | 2.729 | 5.976 | 0.225 | 0.551 | | 1.094 | 7.846 | 16.000 | 0.500 | 10.000 | 1.600 | 8.500 | 36.600 |
| 18 | 钢材及钢结构（除桥以外） | | | | | | | | 0.564 | 0.373 | 0.373 | 0.564 | 2.242 | 0.104 | 0.164 | | 0.653 | 3.163 | 16.000 | 0.500 | 10.000 | 1.600 | 8.500 | 36.600 |

# 附录 D 路面材料计算基础数据

(1) 多种材料混合结构，按压实混合料干密度计算，各种路面压实混合料干密度如表 D-1 所示。

表 D-1 路面材料计算基础数据表

单位：t/m³

| 路面名称 | 水泥稳定土基层 ||||||||| 石灰稳定土基层 |||||| 石灰、粉煤灰稳定土基层 ||||| 嵌锁级配型基层、面层 ||||
|---|---|---|---|---|---|---|---|---|---|---|---|---|---|---|---|---|---|---|---|---|---|---|---|---|
| | 水泥土 | 水泥砂 | 水泥砂砾 | 水泥碎石 | 水泥石屑 | 水泥石碴 | 水泥碎石土 | 水泥砂砾土 | 石灰砂土 | 石灰砂砾 | 石灰碎石 | 石灰砂砾土 | 石灰碎石土 | 石灰土碎石 | 石灰粉煤灰 | 石灰粉煤灰砂土 | 石灰粉煤灰砂 | 石灰粉煤灰砂砾 | 石灰粉煤灰碎石 | 粒料改善砂黏土 | 级配碎石 | 级配砾石 | 填隙碎石 | 泥结碎石 |
| 干密度 | 1.768 | 2.07 | 2.255 | 2.30 | 2.16 | 2.12 | 2.17 | 2.130 | 1.730 | 2.120 | 2.16 | 1.967 | 1.995 | 1.995 | 1.18 | 1.52 | 1.70 | 2.000 | 2.070 | 1.92 | 2.120 | 2.291 | 2.00 | 2.172 |

| 路面名称 | 石灰、粉煤灰稳定土基层 || 石灰、煤渣稳定土基层 ||||| 水泥石灰稳定土基层 ||||
|---|---|---|---|---|---|---|---|---|---|---|---|
| | 石灰粉煤灰矿渣 | 石灰粉煤灰煤矸石 | 石灰煤渣 | 石灰煤渣土 | 石灰煤渣碎石 | 石灰煤渣矿渣 | 石灰煤渣碎石土 | 水泥石灰砂砾 | 水泥石灰（砾）石 | 水泥石灰土 | 水泥石灰土砂 | 水泥石灰碎石土 |
| 干密度 | 1.67 | 1.72 | 1.29 | 1.495 | 1.820 | 1.62 | 1.820 | 2.160 | 2.206 | 1.766 | 1.926 | 2.012 | 2.040 |

续表

| 路面名称 | 磨耗层 | | | 沥青碎石 | | | | 沥青稳定碎石(ATB) | 沥青混凝土 | | | 改性沥青混凝土 | | | 橡胶沥青混凝土 | | | 沥青玛蹄脂(SMA) | 橡胶沥青玛蹄脂 |
|---|---|---|---|---|---|---|---|---|---|---|---|---|---|---|---|---|---|---|---|
| | 砂土 | 级配砂砾 | 煤渣 | 特粗式 | 粗粒式 | 中粒式 | 细粒式 | | 粗粒式 | 中粒式 | 细粒式 | 粗粒式 | 中粒式 | 细粒式 | 粗粒式 | 中粒式 | 细粒式 | | |
| 干密度 | 1.92 | 2.22 | 1.62 | 2.294 | 2.294 | 2.280 | 2.263 | 2.294 | 2.377 | 2.370 | 2.362 | 2.377 | 2.374 | 2.366 | 2.377 | 2.370 | 2.363 | 2.365 | 2.365 |

（2）各种路面材料松方干密度如表 D-2 所示。

表 D-2　路面材料松方干密度　　单位：t/m³

| 材料名称 | 沥青路面用碎石 | 沥青路面用机制砂 | 煤矸石 | 矿渣 | 土 | 煤渣 | 石屑 | 碎石土 | 石渣 | 砾石 | 砂砾 | 砂砾土 | 黏土 | 风化石 |
|---|---|---|---|---|---|---|---|---|---|---|---|---|---|---|
| 干密度 | 1.521 | 1.510 | 1.400 | 1.200 | 1.240 | 0.800 | 1.530 | 1.600 | 1.500 | 1.620 | 1.650 | 1.700 | 1.300 | 1.330 |

（3）单一材料结构，按压实系数计算，各种材料压实系数如表 D-3 所示。

表 D-3　压实系数

| 路面名称 | 级配碎石 | 碎石 | 砾石 | 砂 | 砂土 | 砂砾 | 煤渣 | 矿渣 | 天然砂砾 | 风化石 |
|---|---|---|---|---|---|---|---|---|---|---|
| 压实系数 | 1.280 | 1.340 | 1.200 | 1.220 | 1.260 | 1.280 | 1.250 | 1.650 | 1.300 | 1.310 |

（4）各种沥青混凝土油石比如表 D-4 所示。

表 D-4　沥青混凝土油石比　　单位：%

| 沥青混合料类型 | 沥青碎石 | | | | 沥青稳定碎石(ATB) | 沥青混凝土 | | | 改性沥青混凝土 | | | 橡胶沥青混凝土 | | | 沥青玛蹄脂 | 橡胶沥青玛蹄脂 |
|---|---|---|---|---|---|---|---|---|---|---|---|---|---|---|---|---|
| | 特粗式 | 粗粒式 | 中粒式 | 细粒式 | | 粗粒式 | 中粒式 | 细粒式 | 粗粒式 | 中粒式 | 细粒式 | 粗粒式 | 中粒式 | 细粒式 | | |
| 油石比 | 3.33 | 3.63 | 3.88 | 4.19 | 3.87 | 4.45 | 4.80 | 5.22 | 4.89 | 5.22 | 6.01 | 4.58 | 4.97 | 5.97 | 6.21 | 6.76 |

# 附录 E  定额人工、材料、设备单价表（节选）

| 序号 | 名称 | 代号 | 规格 | 单位 | 单位质量/kg | 场内运输及操作损耗 | 单价/元 |
|---|---|---|---|---|---|---|---|
| 316 | HPB300 钢筋 | 2001001 |  | t | 1000 | 2.5 | 3333.33 |
| 317 | HPB400 钢筋 | 2001002 |  | t | 1000 | 2.5 | 3247.86 |
| 323 | 钢绞线 | 2001008 | 普通，无松弛 | t | 1000 | 4 | 4786.32 |
| 355 | 钢板 | 2003005 | A3,$\delta=5\sim40mm$ | t | 1000 | 6 | 3547.01 |
| 356 | 圆钢 | 2003006 |  | t | 1000 | 6 | 3333.33 |
| 483 | 乳化沥青 | 3001005 | 阳离子类乳化沥青、阳离子类乳化改性沥青、阴离子类乳化改性沥青 | t | 1000 | 3 | 3333.33 |
| 484 | 改性乳化沥青 | 3001006 |  | t | 1000 | 3 | 3589.74 |
| 486 | 重油 | 3003001 |  | kg | 1 | 2 | 3.59 |
| 487 | 汽油 | 3003002 | 93 号 | kg | 1 | 2 | 8.29 |
| 488 | 柴油 | 3003003 | 0 号、−10 号、−20 号 | kg | 1 | 2 | 7.44 |
| 504 | 原木 | 4003001 | 混合规格 | m³ | 750 | 5 | 1283.19 |
| 545 | PVC 塑料管（$\phi50mm$） | 5001013 |  | m | 0.77 | 6 | 6.41 |
| 546 | PVC 塑料管（$\phi100mm$） | 5001014 |  | m | 2.71 | 6 | 10.77 |
| 553 | $\phi100mm$ 以内双壁波纹管 | 5001021 |  | m |  | 6 | 14.27 |
| 563 | 塑料打孔波纹管（$\phi100mm$） | 5001031 |  | m |  | 6 | 15.38 |
| 627 | 硝铵炸药 | 5005002 | 1 号、2 号岩石硝铵炸药 | kg | 1 | 1 | 11.97 |
| 632 | 电雷管 | 5005007 | 6 号瞬发电雷管，带脚线 1.5m | 个 | 0.007 | 3 | 2.31 |
| 636 | 土工布 | 5007001 | 宽 4～5m | m² | 0.28 | 2 | 4.27 |

续表

| 序号 | 名称 | 代号 | 规格 | 单位 | 单位质量/kg | 场内运输及操作损耗 | 单价/元 |
|---|---|---|---|---|---|---|---|
| 638 | 土工格栅 | 5007003 | 宽6m,聚乙烯单向、双向拉伸、聚丙烯双向、玻璃纤维 | m² | 0.45 | 2 | 8.29 |
| 645 | 涂料 | 5009004 | 毛面涂料 | kg | 1 | 4 | 11.97 |
| 647 | 防水卷材 | 5009006 |  | m² |  | 2 | 29.06 |
| 679 | 土 | 5501002 | 路面用堆方 | m³ | 1400 | 4 | 9.71 |
| 682 | 碎石土 | 5501005 | 天然堆方 | m³ | 1550 | 2 | 31.55 |
| 684 | 种植土 | 5501007 |  | m³ |  |  | 11.65 |
| 691 | 砂 | 5503004 | 路面用堆方 | m³ | 1500 | 4 | 77.67 |
| 692 | 中(粗)砂 | 5503005 | 混凝土、砂浆用堆方 | m³ | 1500 | 4 | 87.38 |
| 695 | 天然砂砾 | 5003008 |  | m³ | 1700 | 2 | 18.45 |
| 701 | 石屑 | 5503014 | 粒径≤0.8cm堆方 | m³ | 1500 | 2 | 73.79 |
| 739 | 青(红)砖 | 5507003 | 240mm×115mm×53mm | 千块 | 2600 | 1 | 391.26 |
| 741 | 32.5级水泥 | 5509001 |  | t | 1000 | 2 | 307.69 |
| 983 | 电线 | 7001004 | 6～25mm² BLX铝芯 500V | m |  | 5 | 1.97 |

# 附录 F  重庆市交通局关于发布重庆市公路工程补充性造价依据（2019-1）的通知

渝交路〔2019〕29 号

各区县（自治县）交通局，有关单位：

交通运输部发布了《公路工程建设项目投资估算编制办法》（JTG 3820—2018）、《公路工程建设项目概算预算编制办法》（JTG 3830—2018）及《公路工程估算指标》（JTG/T 3821—2018）、《公路工程概算定额》（JTG/T 3831—2018）、《公路工程预算定额》（JTG/T 3832—2018）、《公路工程机械台班费用定额》（JTG/T 3833—2018）（2018 年第 86 号公告，以下简称"2018 编制办法及配套定额"），自 2019 年 5 月 1 日起施行。

按照《重庆市公路工程造价管理实施细则》的有关规定，市交通造价站根据 2018 编制办法及配套定额，结合我市公路建设实际情况编制了《重庆市公路工程补充性造价依据（2019-1）》，现予发布。各单位在执行过程中若有建议或意见，请及时函告市交通造价站。

重庆市公路工程补充性造价依据（2019-1）如下。

### 1  人工费标准

人工工日单价标准确定为 101 元/工日。人工工日单价仅作为编制造价文件的依据，不作为施工企业实发工资的依据。

### 2  费率标准

2.1  规费费率标准确定为 36.6%，其中：养老保险费 16%、失业保险费 0.5%、医疗保险费 10%、工伤保险费 1.6%、住房公积金 8.5%，并根据国家和我市有关政策实行动态调整（对政策规定费率为幅度值的，取中值）。规费费率仅作为编制造价文件的依据，不作为施工企业实际交纳费用的依据。

2.2  税金税率按照现行建筑业增值税税率 9% 执行，并根据国家公布的税率实行动态调整。

2.3  其他费率按照 2018 编制办法及配套定额确定的费率执行。

### 3  执行时间

3.1  自 2019 年 5 月 1 日起，公路工程建设项目行政许可申请受理的投资估算、设计概算和施工图预算，均按照 2018 编制办法及配套定额和本补充性造价依据执行。

3.2  在 2019 年 5 月 1 日前，公路工程建设项目行政许可申请已经批准或者已经受理尚未批准的投资估算、设计概算和施工图预算，仍按照重庆市交通委员会《关于执行交通运输部〈公路工程基本建设项目概算预算编制办法〉（JTG B06—2007）的通知》（渝交委路〔2008〕31 号）及相关补充规定执行。

3.3  按照《重庆市公路工程设计变更管理办法》编审的设计变更概算预算文件，执行原批准造价文件所采用的编制办法及配套定额和补充性造价依据。

抄送：交通运输部路网中心，市发展改革委，市住房城乡建委。

重庆市交通局办公室　　　　　　　　　　　　2019 年 4 月 30 日印发

## 附录 G 水稳碎石 94∶6 建安费表

| 代号 | 工、料、机名称 | | 单位 | 单价/元 | 定额 | 数量 | 金额/元 | 数量 | 金额/元 |
|---|---|---|---|---|---|---|---|---|---|
| | 工程项目 | | | 300t/h 以内厂拌设备（默认） | | | 合 计 | | |
| | 工程细目 | | | 厂拌厚20cm碎石水泥（94∶6） | | | | | |
| | 定额单位 | | | 1000m² | | | | | |
| | 工程数量 | | | 1.000 | | | | | |
| | 定额表号 | | | 2～1～7～5 改 | | | | | |
| 1 | 人工 | | 工日 | 106.28 | 2.500 | 2.500 | 266 | 2.500 | 266 |
| 2 | 水 | | m³ | 2.72 | 28.000 | 28.000 | 76 | 28.000 | 76 |
| 3 | 碎石 | | m³ | 75.73 | 293.607 | 293.607 | 22235 | 293.607 | 22235 |
| 4 | 32.5级水泥 | | t | 307.69 | 27.079 | 27.079 | 8332 | 27.079 | 8332 |
| 5 | 3m³以内轮胎式装载机 | | 台班 | 1249.79 | 0.550 | 0.550 | 687 | 0.550 | 687 |
| 6 | 300t/h内稳定土厂拌设备 | | 台班 | 1301.08 | 0.250 | 0.250 | 325 | 0.250 | 325 |
| 7 | 基价 | | 元 | 1.00 | 31921.000 | 31921.000 | 31921 | 31921.000 | 31921 |
| | 直接费 | | 元 | | | | 31922 | | 31922 |
| | 措施费 | Ⅰ | 元 | | 1279 | 0.710% | 9 | | 9 |
| | | Ⅱ | 元 | | 31922 | 0.818% | 261 | | 261 |
| | 企业管理费 | | 元 | | 31922 | 2.990% | 954 | | 954 |
| | 规费 | | 元 | | 404 | 36.600% | 148 | | 148 |
| | 利润 | | 元 | | 33140 | 7.42% | 2459 | | 2459 |
| | 税金 | | 元 | | 35756 | 9% | 3218 | | 3218 |
| | 金额合计 | | 元 | | | | 38971 | | 38971 |

# 参考文献

[1] 交通运输部路网监测与应急处置中心.公路工程建设项目概算预算编制办法(JTG 3830—2018)[M].北京:人民交通出版社,2018.
[2] 交通运输部路网监测与应急处置中心.公路工程预算定额(JTG/T 3832—2018)[M].北京:人民交通出版社,2018.
[3] 中华人民共和国交通运输部.公路工程标准施工招标文件[M].北京:人民交通出版社,2018.
[4] 方申.《公路工程预算定额》释义手册[M].北京:人民交通出版社,2019.
[5] 宾雪峰.公路工程造价编制与案例分析[M].北京:人民交通出版社,2012.